东北商品粮基地土地保障关键技术研究

马龙泉 狄 春 陈建龙 关国锋 等 著

科学出版社
北京

内 容 简 介

本书以黑龙江省为典型区，针对我国东北耕地总体质量不高、局部土地生态功能下降、建设占用优质耕地比例较大等问题，以确保东北商品粮基地粮食产能持续增长为目标，通过研究双向压力下土地利用格局优化技术、基本农田集中建设与保护关键技术、耕地后备资源生态化开发技术、城乡建设用地再开发技术、沿边开放带土地支撑关键技术等在内的一整套商品粮基地土地保障关键技术，构建"数量稳定、质量提升、生态安全、布局优化、机制激励"一体的东北商品粮基地土地保障关键技术体系，为稳定和提高东北商品粮基地粮食产能提供技术支撑，保障国家粮食安全。

本书可供自然资源领域的科研技术人员及管理人员参考，也可以作为高等院校土地资源管理、资源环境与城乡规划管理、地理学等专业教师和研究生的参考书。

图书在版编目（CIP）数据

东北商品粮基地土地保障关键技术研究 / 马龙泉等著. —北京：科学出版社，2024.6

ISBN 978-7-03-074371-8

Ⅰ. ①东… Ⅱ. ①马… Ⅲ. ①粮食基地—农业用地—土地利用—研究—黑龙江省 Ⅳ. ①F321.1

中国版本图书馆 CIP 数据核字（2022）第 248496 号

责任编辑：孟莹莹　程雷星 / 责任校对：樊雅琼
责任印制：徐晓晨 / 封面设计：无极书装

斜 学 出 版 社 出版
北京东黄城根北街 16 号
邮政编码：100717
http://www.sciencep.com

固安县铭成印刷有限公司印刷
科学出版社发行　各地新华书店经销

*

2024 年 6 月第　一　版　开本：787×1092　1/16
2024 年 6 月第一次印刷　印张：18 1/4
字数：433 000

定价：166.00 元
（如有印装质量问题，我社负责调换）

作者委员会

主　　　任：马龙泉　狄　春　陈建龙　关国锋
副　主　任：艾　东　倪红伟　类淑霞　郑　浩　李　宏　王继丰
参与撰写人员：贾广新　杨厚翔　徐恩宇　汤永玲　张荣群　陈　丽
　　　　　　　罗春雨　师　军　袁顺全　张　伟　侯淑涛　刘学伟
　　　　　　　刘英汉　薛　雪　邹　阳　王文秀　朱道光　郭文栋
　　　　　　　刘永兵　李　翔　刘　锐　邱延顺　罗奇云　韩欣洋
　　　　　　　曾佳荷　孙玮健　郑福云　焉志远　张庆文　吕振宇
　　　　　　　李海洋　王语檬　孙　蓉　吴　玥　陈凌伟　王盛安
　　　　　　　胡　玥　王业融　秦　舒　周建菲　刘赢男　祁雪莲
　　　　　　　张弘强　崔　玲　梁雪石　刘　峰　宫金辉　张艳丽
　　　　　　　杨　颖　李达书　张漫琳

前　言

中国作为当前世界上的人口大国，面临着保障粮食安全的挑战。粮食安全始终是关系我国国民经济发展、社会稳定和国家自立的全局性重大战略问题。东北地区土地资源丰富，耕地后备资源潜力巨大，粮食商品化率高，是我国最重要的商品粮基地，在我国粮食安全中发挥了"压舱石"和"稳压器"的关键性作用。特别是在全球不稳定因素增加和世界粮食危机加重的大背景下，东北地区担负"中国饭碗"的责任更重了。

进入 21 世纪以来，随着城镇化、工业化的加速发展和振兴东北老工业基地等战略的全面实施，东北社会经济发展强劲，用地需求量倍增，亟须通过科技创新和技术改造提高耕地产能、改善生态环境、释放用地潜力、确保粮食安全，满足经济社会发展要求。在振兴东北老工业基地和加快沿边开放开发的新时期，东北商品粮基地土地利用面临着保障粮食安全和保障经济发展的双向压力，开展旨在缓解东北地区双向压力的土地保障技术研究，对于确保东北商品粮基地粮食产能、土地生态安全和社会经济振兴的意义十分重大。

本书立足于东北地区实际，以黑龙江省为例，从理论到实践，将理论探讨和方法创新相结合，系统研究了与东北商品粮基地土地保障有关的关键技术和理论方法，在规模化基本农田集中建设与质量监测、不同类型区基本农田质量提升技术、耕地后备资源生态化开发、东北农村居民点用地标准、沿边开放带土地多功能经营等方面有所创新。

全书共 6 章，第 1 章为绪论，主要阐述研究背景、研究目的及主要内容、国内外相关研究进展、研究方法及技术路线、研究区概况；第 2 章研究双向压力下土地利用格局优化的技术；第 3 章研究基本农田集中建设与保护关键技术；第 4 章研究耕地后备资源生态化开发技术；第 5 章研究城乡建设用地再开发技术；第 6 章研究沿边开放带土地支撑关键技术。

本书在 2013 年国土资源部公益性行业科研专项"东北商品粮基地土地保障关键技术研究"（201311002）的研究成果基础上撰写而成，是整个项目研究团队的成果。参与本书撰写的还有黑龙江省国土空间规划研究院、中国农业大学、黑龙江省科学院自然与生态研究所、北京城市系统工程研究中心的专家学者。作者在本书写作过程中，得到了原国土资源部科技与国际合作司有关领导和本领域专家的悉心指导和帮助，在此一并致以衷心的感谢。

限于作者水平，书中难免存在不足和疏漏之处，敬请同行专家、学者悉心指教！

马龙泉

2023 年 8 月

目 录

前言
1 绪论 ··· 1
　1.1 研究背景 ··· 1
　1.2 研究目的及主要内容 ··· 1
　　1.2.1 研究目的 ··· 1
　　1.2.2 主要研究内容 ·· 2
　1.3 国内外相关研究进展 ··· 5
　　1.3.1 耕地质量研究 ·· 5
　　1.3.2 基本农田保护研究 ·· 7
　　1.3.3 土地利用研究 ·· 8
　　1.3.4 耕地后备资源开发研究 ··· 11
　　1.3.5 沿边开放带土地空间格局研究 ··································· 12
　1.4 研究方法及技术路线 ··· 14
　　1.4.1 研究方法 ·· 14
　　1.4.2 技术路线 ·· 14
　1.5 研究区概况 ·· 15
　　1.5.1 自然地理概况 ·· 15
　　1.5.2 社会经济概况 ·· 16
　　1.5.3 土地资源概况 ·· 16
　　1.5.4 东北商品粮基地概况 ··· 17
　　1.5.5 黑龙江省概况 ·· 18
2 双向压力下土地利用格局优化技术研究 ·································· 19
　2.1 研究框架 ··· 20
　　2.1.1 PSR 概念框架内涵 ··· 20
　　2.1.2 土地利用的 PSR 模型 ··· 21
　　2.1.3 土地利用格局优化的"P+PSR"模型 ·························· 22
　2.2 相关空间规划体系 ·· 23
　　2.2.1 我国空间规划体系概述 ··· 23
　　2.2.2 黑龙江区域空间规划体系概况 ·································· 25
　　2.2.3 黑龙江各类规划对土地利用的影响 ··························· 26
　2.3 土地利用的双向压力分析 ·· 27
　　2.3.1 基于规划的土地利用驱动型压力分析 ······················· 27

2.3.2 基于规划的土地利用限制型压力分析 ································ 30
　2.4 土地利用的状态分析 ··· 32
　　2.4.1 黑龙江省耕地状态分析 ·· 32
　　2.4.2 黑龙江省建设用地状态分析 ·· 41
　　2.4.3 黑龙江省生态用地状态分析 ·· 45
　　2.4.4 黑龙江省土地利用状态综合分析 ··· 49
　2.5 黑龙江省土地利用响应分析 ··· 52
　　2.5.1 基于响应的黑龙江省"经济-耕地-生态"现实压力分区 ·········· 52
　　2.5.2 基于规划的黑龙江省各压力分区的土地利用格局优化方向 ······· 63
　　2.5.3 其他响应措施 ·· 71

3 基本农田集中建设与保护关键技术研究 ··· 73
　3.1 基本农田分级建设及标准研究 ··· 73
　　3.1.1 研究任务、技术路线及数据情况 ··· 73
　　3.1.2 主要技术内容 ·· 76
　　3.1.3 研究结果 ·· 80
　　3.1.4 研究总结 ·· 82
　3.2 基本农田集中建设与质量监测技术研究 ····································· 83
　　3.2.1 基本农田（耕地）适度经营规模研究 ······································· 83
　　3.2.2 基本农田质量监测技术研究 ·· 96
　3.3 不同类型区基本农田质量提升技术研究 ··································· 105
　　3.3.1 研究任务及技术路线 ·· 105
　　3.3.2 研究区数据情况 ·· 105
　　3.3.3 研究的主要内容及结果分析 ·· 106
　3.4 基本农田保护机制研究 ··· 118
　　3.4.1 研究任务及技术路线 ·· 118
　　3.4.2 典型调研区数据来源及分析 ·· 120
　　3.4.3 我国基本农田保护机制存在的问题 ··· 122
　　3.4.4 基本农田保护机制影响因素实证研究 ····································· 123
　　3.4.5 研究总结 ·· 129

4 耕地后备资源生态化开发技术研究 ·· 130
　4.1 耕地后备资源潜力与生态环境影响评价技术研究 ··················· 131
　　4.1.1 耕地后备资源开发历史分析 ·· 131
　　4.1.2 耕地后备资源潜力分析 ·· 132
　　4.1.3 耕地后备资源潜力分级开发评价研究 ····································· 137
　　4.1.4 耕地后备资源开发生态环境影响评价指标体系与方法研究 ··· 157
　4.2 耕地后备资源景观格局及其生态效应研究 ······························· 167
　　4.2.1 景观格局指数的选择 ·· 167
　　4.2.2 耕地后备资源景观格局数据处理 ··· 167

		4.2.3 景观格局分析 ··· 167
		4.2.4 耕地后备资源生态景观保护及优化 ······································ 172
	4.3 耕地后备资源生态化开发技术研究 ·· 175
		4.3.1 耕地后备资源生态化分区研究 ·· 176
		4.3.2 耕地后备资源生态化开发评价的步骤 ····································· 184
		4.3.3 耕地后备资源生态化开发分级评价结果 ·································· 185
		4.3.4 耕地后备资源生态化开发模式研究 ·· 188
5 城乡建设用地再开发应用技术研究 ··· 191
	5.1 黑龙江省城乡建设用地现状 ·· 192
		5.1.1 城乡建设用地结构与布局 ··· 192
		5.1.2 城乡建设用地动态变化 ·· 195
		5.1.3 黑龙江省城乡建设用地节约集约评价 ····································· 197
		5.1.4 黑龙江省城乡建设用地存在的问题 ·· 203
	5.2 城市更新与城镇建设用地再开发 ··· 205
		5.2.1 城镇建设用地利用现状 ·· 205
		5.2.2 土地城镇化与人口城镇化关系分析 ·· 207
		5.2.3 资源型城市更新与建设用地再开发 ·· 209
	5.3 农村居民点用地整理与再开发 ·· 211
		5.3.1 农村居民点用地与耕地面积相关性 ·· 211
		5.3.2 农村居民点用地结构 ··· 214
		5.3.3 农村居民点土地利用标准 ··· 218
		5.3.4 农村居民点用地整理潜力与释放 ·· 220
	5.4 工矿废弃地复垦与再开发 ·· 224
		5.4.1 工矿废弃地复垦方法与模式 ·· 224
		5.4.2 工矿废弃地复垦规划技术研究 ··· 228
		5.4.3 矿山生态复垦基质开发及效果研究 ·· 233
6 沿边开放带土地支撑关键技术研究 ··· 237
	6.1 沿边开放带概况 ·· 237
		6.1.1 沿边开放带地理位置概况 ··· 237
		6.1.2 沿边开放带土地利用概况 ··· 239
		6.1.3 沿边开放带园区概况 ··· 239
		6.1.4 沿边开放带农用地概况 ·· 239
	6.2 沿边开放带土地利用空间格局优化 ·· 240
		6.2.1 沿边开放带土地利用态势与功能定位 ····································· 240
		6.2.2 沿边开放带土地优化功能分区 ··· 242
		6.2.3 沿边开放带土地利用结构优化与模式分析 ······························· 244
	6.3 沿边开放带园区用地集约优化分析 ·· 246
		6.3.1 不同类型园区土地集约利用评价 ·· 246

  6.3.2　不同类型园区土地资源优化配置研究 …………………………………… 251
  6.3.3　沿边开放带园区土地集约优化配置存在的问题 ………………………… 260
6.4　沿边开放带农用地多功能经营技术研究 …………………………………………… 261
  6.4.1　沿边开放带农用地多功能的定位 ………………………………………… 261
  6.4.2　沿边开放带农用地多功能体系利用评价 ………………………………… 262
  6.4.3　农用地多功能经营规划 …………………………………………………… 277
参考文献 ………………………………………………………………………………………… 280

1 绪　　论

1.1　研究背景

　　粮食安全是经济发展、社会安定和国家富强的根本，粮食安全始终是关系我国国民经济发展、社会稳定和国家自立的全局性重大战略问题。中国作为世界人口大国一直面临保障粮食安全的挑战，特别是随着工业化、城镇化的发展以及人口增加和人民生活水平提高，粮食消费需求呈刚性增长，而耕地减少、水资源短缺、气候变化等对粮食生产的约束日益突出，保障粮食安全面临严峻挑战。

　　东北商品粮基地，是全国重要的粮食主产区、商品粮供给区和增产潜力区，是我国具有重要战略意义的"粮食市场稳压器"和"压舱石"。主要包括三江平原、松嫩平原和辽河平原三个片区，涉及省份主要包括黑龙江省、吉林省和辽宁省。新中国成立以来，粮食生产中心从南方逐步北移，自2005年起北方15个省（区、市）粮食生产能力占全国份额超过50%，标志着以北方粮食主产区为主导的中国粮食生产新区域格局的形成。21世纪以来，东北地区粮食总产量和商品粮总量连创新高，成为全国粮食增长最快、贡献最大的区域，为全国提供了超过1/3的商品粮。东北商品粮基地在保障国家粮食安全方面发挥着越来越重要的作用。

　　东北地区土地资源丰富，耕地后备资源潜力大，是我国最重要的商品粮基地，在保障国家粮食安全中发挥了关键性作用。在振兴东北老工业基地和加速沿边开放开发的关键时期，东北商品粮基地土地利用面临着粮食安全和经济发展的双向压力，亟待开展缓解双向压力的土地保障技术研究。

　　黑龙江省无论在地形、积温、降水等自然条件上，还是在耕地面积、粮食产量、种植结构及规模化程度等属性上都具有较好的典型性和代表性，以黑龙江省作为典型区对东北商品粮基地保障关键技术进行研究可充分地反映东北商品粮基地的实际情况。

1.2　研究目的及主要内容

1.2.1　研究目的

　　以确保东北商品粮基地粮食产能持续增长为目标，以稳定耕地数量为基础、提高耕地质量为根本、改善生态功能为保障、优化用地布局为手段、健全保护机制为动力，研究集成双向压力下土地利用格局优化、规模化基本农田集中建设与保护、耕地后备资源生态化开发、城乡建设用地再开发与空间优化、沿边开放带土地支撑等一整套东北商品粮基地土地保障关键技术，为东北商品粮基地粮食产能持续增长提供技术支撑。

1.2.2 主要研究内容

1.2.2.1 双向压力下土地利用格局优化技术研究

1) 双向压力下土地利用"压力-状态-响应"技术研究

在影响土地利用的宏观要素之间建立一种系统上的联系，研究各种关键因素对建设用地、耕地数量和产能形成的影响及作用机理，研究存量和新增建设用地、存量和新增耕地、后备资源的空间分布、时序演变、利用效率、质量状况、趋势、潜力等状态，构建压力-状态-响应（pressure-state-response, P-S-R 或 PSR）模型，提出规模化基本农田集中建设与保护、耕地后备资源生态化开发、城乡建设用地再开发与空间优化、沿边开放带土地支撑技术等相应措施。

（1）土地利用的双向压力测度技术研究。在研究东北社会经济发展各项建设对土地的需求、国土整治和环境保护的要求，以及国家粮食安全对东北商品粮基地粮食产能增长的要求基础上，筛选与构建土地利用压力测度指标，结合建设用地需求与耕地保护和粮食安全要求，利用时空分析技术，研究各种关键因素对耕地数量和产能的压力。

（2）土地利用状态分析技术研究。在人口、资源、环境和发展（population resources environment development, PRED）基础上，利用时空分析技术，针对三江平原区规模化基本农田集中建设与保护、三江平原湿地生态功能区耕地后备资源生态化、东部煤电化基地区城乡建设用地再开发与空间优化、沿边开放带土地支撑技术等五个示范区的特征，分别提出双向压力下土地利用状态测度指标。

（3）土地利用响应技术研究。利用时空分析技术，针对双向压力及其对土地利用状态的影响，结合区域土地利用战略目标，从法规政策、规划计划、综合决策机制、行政管理水平和能力建设、公众参与机制和能力建设等多领域，提出一系列土地利用政策响应措施。

2) 双向压力下土地利用格局优化决策支持系统的构建

针对东北商品粮基地土地利用面临双向压力加剧的现实问题，充分利用现代决策支持技术，根据上述构建的"压力-状态-响应"模型，在建立五个示范区的基础数据库、专家知识库、时空模型分析等功能模块的基础上，开发双向压力下土地利用格局优化决策支持系统，实现不同压力-状态下备选情景方案的空间可视化模拟，为研究东北商品粮基地土地利用格局优化关键响应技术提供决策支持。

3) 土地利用格局优化关键技术

开展基于"点-核-轴-带-网-区"不同空间尺度的土地利用格局综合分区情景模拟，对不同压力下的土地利用状态进行情景模拟与分析，提出土地利用格局梯次配置响应措施；开展五个示范区的压力-状态的情景模拟，分别优选出规模化基本农田集中建设与保护关键技术、三江平原湿地生态功能区耕地后备资源生态化开发技术、城乡建设用地再开发与空间优化技术、沿边开放带土地支撑技术。

1.2.2.2 规模化基本农田集中建设与保护关键技术研究

1）东北商品粮基地基本农田分级建设及标准研究

研究基于产能及质量构成要素的基本农田分级方法，形成东北商品粮基地基本农田分级建设标准。具体包括：

基本农田保护区分级方法研究——收集区域内农用地分等定级资料，建立基本农田产能核算模型，根据区域内基本农田质量、基本农田产能，研究基于产能及质量构成要素的基本农田分级方法，并划分示范区基本农田保护级别。

高标准基本农田建设标准研究——根据东北区域特点，构建高标准基本农田建设指标体系。以国家高标准基本农田建设规范为基础，研究适合东北规模化经营特点的高标准基本农田建设标准。

2）规模化基本农田集中建设与质量监测技术研究

研究适应区域农业现代化生产的基本农田集中建设最优规模、基本农田质量监测技术。

基本农田集中建设适度规模研究——根据东北商品粮基地农业现代化生产特点，从技术先进性、经济可行性和管理有效性等方面综合考虑，研究适合东北粮食生产实际情况的基本农田建设适度规模及其方案。

基本农田质量监测技术研究——为确保基本农田质量不降低，开展适合东北规模化经营的基本农田质量监测技术研究，初步形成相对快速、简便、经济上较为合理的基本农田质量监测技术方法。

3）不同类型区基本农田质量提升关键技术

以不同类型区基本农田质量评价技术为基础，针对不同类型区影响基本农田产能及综合质量提升的限制性因素，研究基本农田质量提升关键技术，提出不同类型区基本农田质量提升模式。

基本农田不同类型区分区技术研究——以黑龙江省农业综合区划、农业生产经营模式等为依据，通过主成分分析、模糊聚类分析等方法，将全省基本农田划分为不同的类型区。

不同类型区基本农田质量提升技术研究——针对不同类型区基本农田生产的主要限制性因素，研究基本农田保育、中低产田综合改良等质量提升技术。依据不同类型区基本农田质量提升技术，结合不同类型区区域特点，探索总结不同类型区基本农田质量提升模式。

4）基本农田保护机制研究

研究东北商品粮基地基本农田利益补偿机制、基本农田规模化流转集聚激励等机制，构建东北商品粮基地基本农田保护机制体系。

1.2.2.3 耕地后备资源生态化开发技术研究

1）耕地后备资源潜力与生态环境影响评价技术研究

开展耕地后备资源潜力分析，研究耕地后备资源潜力分级开发标准，研究适合东北商品粮基地的耕地后备资源开发环境影响评价指标体系与方法。

2）耕地后备资源景观格局及其生态效应研究

针对现有耕地后备资源呈现景观破碎化、连通性降低以及景观单一等问题，以3S[遥感（remote sensing，RS）、地理信息系统（geography information systems，GIS）和全球导航卫星系统（global navigation satellite systems，GNSS）的统称]技术与景观指数为研究手段，对耕地后备资源景观格局进行分析，重点开展耕地后备资源景观类型研究和耕地后备资源景观格局及其生态效应研究，为耕地后备资源的生态化开发提供依据。

3）耕地后备资源生态化开发技术研究

根据耕地后备资源分布区的生态背景，研究耕地后备资源分级开发标准及其与有机农业、生态农业相结合的耕地后备资源生态开发模式。

1.2.2.4　城乡建设用地再开发与空间优化技术研究

1）城乡建设用地释放潜力评估技术

研究城乡建设用地再开发潜力动态评估技术，研究城乡建设用地节约集约评估技术，研究城乡建设用地释放置换及释放复垦潜力评估技术。

2）基于城市更新的建设用地再开发技术

针对基于城市更新、产业结构调整、城市转型等，研究释放的建设用地潜力用于城乡建设的综合再开发关键技术。

3）城乡建设用地复垦与高效利用关键技术

研究城乡建设用地释放置换技术，研究城乡建设用地复垦技术，研究城乡融合型集设施生产、保护、隔离、景观、休闲等多功能为一体的基本农田建设与高效利用技术。

1.2.2.5　沿边开放带土地支撑技术研究

1）沿边开放带土地利用空间格局优化技术研究

根据沿边开放带建设中，不同沿边开放区域和城市产业发展侧重点的差异，结合沿边地区国内土地利用与国外发展的协调度分析，开展沿边开放带土地利用空间格局优化技术研究。

2）沿边开放带园区用地集约优化配置技术研究

从内涵挖潜入手，开展沿边开放带园区用地集约利用潜力评价技术研究，建立园区用地的集约利用潜力评价指标体系，构建沿边开放带园区用地集约利用潜力评价模型。从沿边开放开发规划功能区域划分和产业带发展布局入手，研究支撑国际经贸大通道枢纽、外向型产业体系、综合保税区和跨境经贸科技合作区、特色旅游产业建设的土地集约优化配置模型。在构建沿边开放带园区用地优化配置模型基础上，针对不同土地利用类型区的集约利用评价结果，研究确定多套针对性的集约优化配置模式。

3）沿边开放带农用地多功能经营技术研究

基于充分利用"两种资源"与"两个市场"的发展思路，深入分析沿边开放带建设与粮食生产、流通、农地保护问题的关系，结合沿边开放带建设特色农业生产格局构建，研究集农地保护、特色产品、观光旅游、生态友好等于一体的农用地多功能规划技术；以沿边开放带农用地功能规划布局为基础，结合沿边开放带建设中农业、工业及其他特色产业对农用地的需求的研究，探讨农用地多功能经营的评价指标体系和评价技术；从构建环境友好型和资源节约型土地利用环境角度出发，以构建区域统筹、城乡协调、功能齐全、生态良好的景观风貌为蓝图，研究探索沿边开放带不同分区内的农用地多功能经营模式；从机制、制度和政策层面，结合沿边开放战略对农产品的多方面需求，深入研究在保障区域农用地数量、质量和粮食安全的基础上，全面挖掘农用地生产的潜力、实现农用地多功能经营的土地保障机制。

1.3 国内外相关研究进展

1.3.1 耕地质量研究

1.3.1.1 耕地质量的内涵研究

学术界对土地及耕地的质量有各自不同的观点，张露等（2004）认为土地质量的内涵包括三个方面，即土地的生态环境质量、土地的经济质量及土地的管理质量；李继明等（2011）则认为，土地质量一般指土地健康（health）或条件（condition），尤指土地利用和环境管理的可持续能力；冷疏影等（2005）在研究中认为，土地质量是指土地的状况或条件，包括与人类需求有关的土壤、水及生物特性，关系到以生产、保护及环境管理为目的的土地条件与能力；马克伟（1991）在其主编的《土地大辞典》中认为：土地质量是土地各种属性综合影响效应的总和，即土地的综合属性，也是土地对某种用途适宜不适宜，或适宜程度的表示。

耕地是特定利用方式下的土地，在研究土地质量的基础上，一些学者对耕地质量这个概念进行了详细的研究。邹德生和马雁（1994）根据耕地质量的诊断因子对其概念进行了界定，认为耕地质量是以下七个诊断特性综合作用的反映：养分特性，盐渍化特性，水、气、热状况，土体构型特征，人为土层特征，侵蚀性，耕性。该定义充分体现了耕地质量的地力属性，即自然属性。吴群（2002）认为，衡量耕地质量主要有三个方面的因素：①耕地适宜性，指耕地被持续用于特定用途时所表现出的适宜与否及其程度的特性。②耕地生产潜力，指在一定的自然生态条件下耕地所能生产人类所需产品的潜在能力。生产潜力大小取决于两个因素，一是作物本身的生理习性，二是作物生长的环境条件，主要是光、温、水、土等因子，这种生产潜力通常是在优化管理条件下丰产年农田可能达到的最高产量，生产潜力的大小反映出耕地本身地力的高低和质量的优劣。③耕地现实生产力，是指耕地在现有的农业生产技术、管理与投入产出水平下所能达到的现实生产能力，反映了不同地区耕地利用的社会经济属性，揭示了耕地质量的差异和利用效率的高低，是耕地自然再生产与经济再生产相互交融的综合体现。陈斌等（1995）认为，耕地土壤质量应包括土壤生产质量和土壤环境质量两个方面，以是否适于人类生产、生活和发展作为衡量标准，因此，既要有生产的观点，又要有生态的观点。其中，土壤生产质量即土壤肥力，是土壤为植物生长供应营养和协调环境的能力，包含水、肥、气、热等诸多因素，还包括土壤的物理性质、化学性质及生物条件，而土壤环境质量即土壤环境对人类健康的适宜程度，主要指土壤污染的程度。

1.3.1.2 耕地质量监测方面研究

1949年以来，我国先后进行过多次土地资源清查。1951~1953年进行了全国范围内的查田定产，主要清查耕地面积、调查产量、查清耕地类别、编造清册。1958年，全国开展了第一次大范围的土壤普查工作，主要任务是调查耕地土壤，并没有测算土地利用的分类面积。1979年，我国开展了第二次土壤普查，基本查清了全国主要土地资源的数量、分布格局、利用结构等。1985年，我国开始了土壤监测工作，主要采用分层监测方法，监测点的布设分为国家级、省级和县级三个层面。截至1997年，布设连续5年以上的国家级监测点153个，分布在17个省（自治区、直辖市）的95个县，覆盖了16个主要土类，省级、县级监测点共2000多个。国家级监测点在布设过程中，主要依据耕地基础地力高低的不同，选择代表性较高的地块作为监测点；县级监测点则一般采用农业部规范的统一布点方法，即网格布点法。耕地等别质量监测样点的合理布设是顺利实施监测方案的重要组成部分，同时对保障耕地质量监测成果的全面性和准确性起到关键作用。目前，国内一些学者在耕地质量监测领域进行了较深入的研究。归纳总结起来，主要有以下几个方面：建立耕地等别质量监测体系，监测指标的选取和依据，监测指标周期的长短，对监测样点、监测样区的选择方法以及基于农用地分等定级成果的耕地产能监测体系设计。周慧珍等（1999）以江阴市璜塘镇为例，讨论了如何对基本农田进行动态监测并构建了预警系统，利用计算机、打印机等硬件和外部设备，应用数据库操作系统，运用灰色预测和动态监测等相关理论，建立了基本农田动态监测及预警系统；颜国强和杨洋（2005）对耕地质量动态监测进行了初探，研究了耕地质量动态监测的方法及监测指标体系的设置；伍育鹏等（2006）以标准样地为基础，对耕地质量动态监测方法进行了研究，并探讨了预警体系的初步框架；沈斌强等（2006）分析了耕地质量的动态变化趋势与控制方法，并以广东佛山三水区、高明区为例进行了实证分析；吴克宁等（2008）结合标准样地国家级汇总成果，初步探讨了耕地质量动态监测点的选取方法；何江华和周明中（2010）也是基于标准样地，对构建耕地质量监测体系进行了深入研究，并探讨了监测指标选取、监测周期确定及监测方法构建等问题。同时，土地利用遥感技术及监测成果被广泛应用到耕地质量监测领域，刘耀林和罗志军（2006）运用修订通用土壤流失方程（revised universal soil loss equation，RUSLE）模型、GIS和遥感技术，讨论了如何对小流域水土流失进行间接监测，并研究了侵蚀强度的分布，该研究证明了间接监测的可行性。虽然遥感技术在土地资源利用与调查方面的应用已经相对成熟，但是由于土地规定用途变化与实地覆盖变化不同步、土地产权变化和覆盖变化不对应、变更调查中土地利用分类比遥感监测详细等，遥感监测成果与变更调查成果一直存在不一致的问题。因此，只采用遥感一种技术手段，还不能完全解决土地利用现状调查的问题，进而对于耕地等别质量的监测问题也需要进行更深入的技术改进。

1.3.1.3 耕地质量管理与建设方面研究

由于国家主要对耕地的数量进行控制，因而有关耕地质量管理和控制的相关制度与政策相对缺乏。李学勇和潘卫群（1996）在对全国商品粮基地的宝应县耕地质量下降原因分析的基础上，提出了建立耕地质量管理体系的设想，建议建立耕地质量管理基金，用于耕地质量分级与管理系统建设、耕地质量监测预警系统建设、农田投入物质管理系统建设等方面；李彦芳和张侠（2004）认为尽管我国耕地总量动态平衡政策是世界上最严格的耕地保护制度，但仍不能有效保护耕地质量的原因是现行法律法规的不完善，以及严肃性不够，对耕地质量保护的要求低于数量要求。

耕地质量建设是以国土资源部门为主导，农业、气象、环保等部门共同协作实施的一项系统性、综合性的工程，它以耕地保护为目标，以水利保障、土壤养育、地灾防治、污染治理等为重要内容。耕地质量建设是落实最严格的耕地保护制度的重要内容，是发展现代农业的基础工程，是提高农业综合生产能力、确保国家粮食安全的根本保障，也是优化利用土地资源，构建国家生态安全屏障的有效途径。因此，众多学者也在耕地质量建设问题方面做了大量的研究分析。徐志强（2012）根据辽宁省耕地数量少、质量差的现状，分析得到耕地质量建设和管理中存在的问题，并从国家政策和法律法规方面提出加强耕地质量建设的建议；林爱华等（2008）通过对海安县（2018年改为海安市）耕地粮食安全的分析，提出耕地质量建设对策；蒋艺（2011）通过对全州县在耕地利用与管理中存在的问题分析，提出了加强耕地质量建设的对策与建议。

1.3.2 基本农田保护研究

国外并没有"基本农田"这一概念，通过对国外文献的综合分析可知，基本农田等同于国外的重要农地（important farmland）。当前美国、日本、英国、加拿大等经济发达国家在土地评价方面都形成了比较完善的保护体系。

美国是当前各国农地保护的典范，同时出台了一系列保护土地的法律法规。在土地评价方面，20世纪60年代美国农业部率先提出土地潜力分类系统，即土地潜力级、土地潜力亚级和土地潜力单元三层体系，并将土地分为八个土地潜力级。1982年美国农业部又提出土地评价和立地分析系统。90年代，美国又开发了基于ArcGIS支持的农用地评价和立地分析系统及农田保护系统。而加拿大、英国、澳大利亚、日本在60年代继美国之后，参照美国的系统与方法，陆续提出土地潜力分类系统、土地评价系统。同时，在印度、中国、巴基斯坦等许多发展中国家土地潜力评价也得到了广泛的应用。

20世纪90年代，世界各国专家学者从自然、环境、经济和社会等方面探讨了可持续土地利用管理评价的指标和方法，以土地潜力评价和适宜性评价为主。目前来说，一是在制度方面，国外形成了比较完善的保护体系。例如，美国农地保护相关法律制度发展至今已十分健全，值得我国借鉴。根据国情、地方实际进一步完善我国在基本农田保护方面的法律制度，为基本农田保护提供强大的法律制度上的保障。二是在土地评价手段、方法方面，各国多方面探讨土地可持续利用研究，以土地潜力评价、土地适宜性评价为主，在这方面我国需加以研究借鉴。总体上各国土地评价体系方面，定级指标多，定量分析较少，在评价过程中，只将经济因素作为一种背景来考虑，忽视了土地的区位因素和社会因素等其他因素。

国内的相关研究起步较晚，1994年《基本农田保护条例》提出了基本农田保护分级概念：生产条件好、产量高、长期不得占用的耕地，划为一级基本农田；生产条件较好、产量较高、规划期内不得占用的耕地，划为二级基本农田。划定的基本农田不得随意改变其用途和性质。2003年，国土资源部发布《农用地分等规程》《农用地定级规程》《农用地估价规程》三个规程，建立了全面评价农用地搭配合理的"等""级""价"评价体系，并正式以行业标准颁布实施。2012年10月实施了新的《农用地质量分等规程》（GB/T 28407—2012）、《农用地定级规程》（GB/T 28405—2012）、《农用地估价规程》（GB/T 28406—2012），统一了农用地质量概念的内涵，实现了从数量管理到质量与数量并重的飞跃，由行业标准上升至国家标准。

国内专家学者在基本农田（耕地）质量分级方面贡献巨大。王万茂和李边疆（2006）曾提出从系统管理的角度将全国优质的耕地资源划分为国家、省、市、县四个级别的基本农田保护区，并设置相应机构实施分级管理。杜红亮和陈百明（2007）通过对耕地实际生产能力的评价划定了耕地保护的重点区域。苏伟忠等（2007）曾应用PSR模型从自然条件和社会经济条件两方面选取了耕地保护等级评价指标，并划分了耕地保护级别。

综上所述，国内基本农田保护主要包括两方面研究：一是基本农田保护的理论研究，二是基本农田保护的技术方法研究。基本农田保护的理论研究主要集中在基本农田的规划、保护、变更以及后续管理等方面，以定性分析为主，其中政策研究占绝大部分。我国在土地评价技术方面仍需完善。目前，土地利用评价：一是土地利用潜力评价，二是土地适宜性评价，三是土地分等定级，四是在农用地分等定级基础上的土地估价，五是土地集约利用评价，六是可持续土地利用（或管理）评价。本书在农用地分等成果基础上，借鉴农用地定级规程的相关因素、方法，根据研究区域特点，科学、合理、全面地构建分级指标体系，采取多种方法对基本农田质量进行综合评价，研究结果可为基本农田分级保护及高标准农田建设提供重要依据。

1.3.3 土地利用研究

土地是人类一切生产活动的载体，是人类社会进步与发展的动力和源泉，土地利用研究在促进农业改革以及统筹城乡一体化发展中起着至关重要的作用。因此，众多学者关注土地利用研究。

20世纪70年代以前，西方发达国家在土地利用规划方面的主要研究是土地利用分区，并在每个分区内制定不同的土地使用规范，这一时期，土地利用规划的内容相对丰富。70年代以来，土地利用规划中广泛引入了遥感和计算机以及数学方法，大大提高了土地利用规划的科学性和合理性。Verfura等以美国威斯康星州的戴恩县为研究区域，运用GIS技术，对研究区易遭受自然灾害威胁的地方进行多用途土地利用规划，为决策者提供参考依据。Bellamy 以澳大利亚北部为研究区域,通过建立数据库支持系统评价了该区域草地资源规划的合理性,包括收益、成本以及风险等因素对环境的影响。Capalbo 等采用数学模拟的方法评价了美国蒙大拿州土地规划对旱地的收益和环境的影响(师学义,2006)。

20 世纪 80 年代后期,我国在土地利用规划理论和方法上有了较大的发展。在理论方面,吴次芳(2014)、严金明(2008)、王万茂(1999)在土地利用分区原理、人地协调理论和土地利用控制理论等方面进行了初步探索。在方法上,郭怀成等(2003)以北京市密云县为研究区域,对流域土地利用系统提出了一套灰色多目标规划模型。张贵祥等(2000)以浙江省乐清市为研究区,探讨了区域土地利用规划的数学模型构建和优化问题。在新技术方面,国内已经较为广泛地将遥感和地理信息系统等技术运用到土地利用规划中,并在土地利用规划实施评价、土地利用规划管理、土地利用现状变更调查以及土地利用规划信息系统方面有了大量成果。郑文武和田亚平(2011)、侯西勇等(2007)探讨了 GIS 技术在土地资源适宜性评价中的应用,李满春和高月明(2004)则运用 GIS 技术设计了土地利用规划信息管理系统。

关于土地利用优化的研究可以追溯到区位理论的兴起。19 世纪,杜能的《孤立国同农业和国民经济的关系》中充分讨论了各种农业用地布局,认为运费差异是引起农业产业空间分布差异的原因。农业区位理论被认为是从空间布局研究土地利用优化的鼻祖,为之后研究土地利用布局奠定了理论基础。之后,韦伯的工业区位论、克里斯塔勒的中心地理论和勒什的市场区位论继续发展了区位理论,并且将土地利用优化的理念阐释得更加深入。

20 世纪 50 年代以后,土地利用评价研究得到了各国学者的重视。随着世界范围内的人口激增,城市区域扩张、各类产业升级对土地资源的需求加剧,人们开始广泛关注地球空间以及资源的有限性。与此同时,土地利用率低下、土地污染退化加剧等问题不断显现。在此状况下,作为指导各类用地数量分配与空间布局的依据,土地利用规划开始被大规模编制。1961 年,以 Charnes 为代表的运筹学家提出了目标规划(goal programming)的基本概念,并将其引入资源规划的制定中,为资源优化配置提供了一种新的方法,并且其在指导工业用地布局方面有所应用。

20 世纪 70 年代以后,土地可持续利用的观念受到重视,土地利用结构及其优化研究也相应得到了较大发展。同时,土地利用规划的相关理论与实践对土地利用优化研究的创新产生了重大影响。Dickey 和 Sharpe(1974)、Bammi(1975)、Charnes 等(1975)分别运用目标规划的思想对土地利用问题进行了理论论述与实践应用。1976 年,联合国粮食及农业组织(Food and Agriculture Organization of United Nations,FAO)(简称联合国粮农组织)颁布的《土地评价纲要》是这一时期土地利用优化研究里程碑式的成果。其后,FAO 又与国际应用系统分析研究所(International Institute for Applied Systems Analysis,IIASA)在《土地评价纲要》的基础上建立了《农业生态区法》。此后,土地利用优化成为土地利用规划的核心内容。

20 世纪 80 年代以后,土地资源利用的空间布局问题受到了越来越多的关注,其中以基于景观生态学方法的相关研究最有代表性。Forman 等依据格局优化理论,综合经济、社会、景观等多方面的具体要求,对土地利用空间配置提出了相关原则。Haber(2004)

提出以景观单元为对象，景观差异为地类区分特征，利用景观生态学中的环境诊断指标和格局分析对土地现状进行整体研究，并规划未来土地利用布局。

1984 年加拿大相关学者在进行土地利用评价研究的过程中最先引入多目标规划模型，此后，多目标规划模型被广泛用于解决各类空间土地利用规划问题。Veldkamp 和 Fresco（1996）运用土地利用变化及其空间效益（conversion of land use and its effects，CLUE）模型对虚拟区域的土地利用时空变异进行了研究，依托 GIS、线性规划手段对未来土地利用决策进行了定量化预测；Verburg 等（2002）则运用改进后的 CLUE-S（小区域范围的土地利用变化及其空间效益）模型，对菲律宾、马来西亚等地的流域、省域尺度的土地利用进行了研究和分析。

20 世纪 90 年代以后，随着土地利用优化研究的理论体系日渐丰满，具体研究方向也向多元化发展起来。倪绍祥（1992）依据可持续发展的思想，提出了"土地持久管理"的理论，对影响土地利用的社会、经济、技术等因素进行了多方面的考察，因地制宜地建立了多尺度动态土地利用机制。王万茂（1996）对市场经济条件下土地利用优化的目标以及评价标准做了阐释，并且提出了土地利用优化必须同时兼顾经济、社会、生态等多方面效益的基本原则。这一时期的研究多停留于具体模式选择研究层面，优化模型定量分析部分仍较为薄弱。

20 世纪 90 年代以来，地理信息系统等相关技术的引入，极大地推动了土地利用结构优化的研究与发展。在这一阶段，土地利用优化研究的相关方法得到了极大扩充，特别是一些土地利用优化的数理模型得到空前发展，包括多目标优化模型、土地利用空间格局优化模型以及系统动力学模型都在土地利用优化研究中取得了长足的发展。

进入 21 世纪之后，国内外交流普遍加强，国外更多的土地利用优化研究新方法被更广泛地运用在国内研究之中。但承龙等（2001）基于灰色线性规划的耦合模型，从协调生态、经济、社会发展的角度通过层次分析法对启东市土地资源可持续利用规划进行了研究。刘艳芳等（2002）以生态绿当量作为土地利用结构优化的生态标准，在对琼海市的研究中构建了土地利用结构多目标模型。刘荣霞等（2005）通过对土地利用结构优化的背景、逻辑体系以及常用模型进行全面的比较与阐释之后，总结出了"调查—评价—现状分析—建模求解—方案实施"的土地利用结构优化逻辑体系。韩海辉等（2009）在对青海省贵南县土地利用覆被变化的研究中引入了景观生态学方法，通过对研究区土地利用景观中的破碎化、景观异质性等参数的衡量，揭示了研究区土地利用覆被变化的特点，并对此开展驱动力分析。田义超和任志远（2012）基于遥感影像数据，测评了咸阳黄土台塬区水土资源在数量和空间上的配置，并运用 CLUE-S 模型模拟了咸阳黄土台塬区未来土地利用变化的图谱。

与此同时，不少学者开始将多种方法结合起来，对土地利用优化问题进行综合研究。邱炳文和陈崇成（2008）借鉴 CLUE-S 模型，将元胞自动机（cellular automata，CA）模型与多目标决策模型融合改进为土地利用变化预测（GCMG[①]）模型，探索了龙海市

[①] 集合灰色预测模型（GREY）、CA、多目标决策（multi-criterion decision-making，MCDM）模型、地理信息系统（GIS）这 4 种技术方法，简称 GCMG 模型。

（2021年改设龙海区）的土地利用优化问题，并指出该模型既能从宏观层面预测未来土地利用结构需求，又能指导未来各类用地在空间上的分布。潘竟虎等（2010）结合多目标规划与CA模拟提出了MCDM-CA模型，重点探讨了经济与生态两个方面的效益，该成果在土地利用结构优化与局地土地利用布局调整方面均有重要借鉴意义。梁友嘉等（2011）在研究张掖市甘州区土地利用情景时综合了系统动力学（system dynamics，SD）模型与CLUE-S模型，预测了不同情景下社会土地利用需求总量，并将其结果作为未来土地利用优化的决策依据。袁满和刘耀林（2014）将多智能体系统的建模框架与遗传算法的计算框架有机结合，设计了土地利用规划多智能体决策框架，将多智能体在空间决策行为与遗传进化算子相结合，构建了基于多智能体遗传算法的土地利用优化配置模型，并选取武汉市蔡甸区开展了实例应用研究，验证了该模型在区域土地利用数量结构与空间布局配置、协调不同土地利用决策主体的需求方面的功能。

1.3.4 耕地后备资源开发研究

耕地后备资源开发研究主要集中在对土地的评价上。国外的土地评价开始于20世纪30年代，其中1936年美国土壤保持局开始研究用于水土保持的土地潜力分类，并提出了土地潜力评价系统，此系统的影响很大，至今被许多国家采用或模仿。20世纪50年代和60年代，土地评价的方向主要在土地潜力分类。70年代，随着更广泛的资源调查和计算机及遥感技术手段在资源调查中的应用，土地评价研究工作进一步深化，这一时期是土地评价方法和理论逐渐成熟的时期。联合国粮农组织于1972年在荷兰瓦赫宁恩召开了讨论土地评价的国际专家会议，在此基础上建立了土地适宜性评价的分类系统，并在1976年颁布了《土地评价纲要》，建立了一个大家公认的土地评价系统，这标志着土地评价研究走向成熟。20世纪80年代中期至今，评价体系逐渐完善，形成了土地潜力分类系统、土地评价和立地评价系统、土地适宜性评价系统等。土地评价工作已经从定性、半定量研究转化为定量研究，对后备资源开发前进行自然、社会、经济、生态等方面的评价，可以避免盲目开发对环境造成破坏。

我国的土地评价研究大致可以分为三个时期。第一个时期从20世纪50年代中期至70年代中期。主要是结合中国科学院组织的自然资源综合考察中的土壤地理与土地资源调查进行土地评价。第二个时期从70年代后期至80年代中期。在此阶段，一些学者引进欧美和澳大利亚的土地评价理论和方法，推动了我国土地评价研究的开展。第三个时期始于80年代中期，主要结合国土整治和区域治理进行土地评价以及我国未来一些年份土地生产能力与人口承载量的预测研究。非农用地的评价也拉开了序幕。我国的后备土地资源调查评价工作也在此时开始进行，并且逐渐从以农业生产力为评价核心转向农业利用、生态保护、社会发展等多种需求的评价，并且随着"3S"技术的应用，评价技术和方法朝着定量化和实用化方向发展。然而，我国在后备资源开发技术上还缺乏实践应用技术支撑。因此，与有机农业、生态农业相结合的耕地后备资源生态化开发技术，是今后研究发展趋势。

20世纪80~90年代，土地后备资源的调查和评价工作的开展经历了四个阶段：一是

80 年代初，石玉林等（1984）提出"全国宜农荒地分类系统"，主要以开发土地为目的，并根据荒地对农业生产质量的不同，采用区、等、组和类型四级划分；二是国家计划委员会和国家土地管理局对全国待开发土地资源组织进行的调查评价；三是全国农业区划委员会对"四荒"（即荒山、荒沟、荒丘、荒滩）资源的调查评价；四是为编制 1997~2010 年的土地利用总体规划，各省（自治区、直辖市）进行的农用地后备资源调查评价。

20 世纪 90 年代，部分学者提出了耕地资源可持续利用的评价指标，建议通过建立指标体系，从生产、稳定、保护、经济可行性和社会可接受程度多方面对耕地资源的可持续利用进行评价。2003 年，为指导耕地后备资源的调查与开发工作，国土资源部发布《耕地后备资源调查与评价技术规程》(TD/T 1007—2003)。根据土地的自然属性，一些学者对耕地后备资源进行了调查和评价，例如，张凤荣等（2002）从经济适宜性角度出发，对耕地后备资源供给能力进行了分析和评价。

21 世纪以来，我国在许多领域中扩大了土地可持续利用等一系列的研究工作，研究中，一些学者提出了土地资源可持续利用的评价指标，建议通过建立评价指标体系和构建评价模型，分析和评价土地资源可持续利用的经济、社会和生态效益，并基于 GIS 做了大量分析和实例研究，如朱博融（2013）及方月（2011）等学者基于 ArcGIS 技术，对耕地后备资源的潜力进行了分析与评价。

从国外研究现状看，对耕地后备资源潜力的研究，多是和 GIS 结合，通过多指标评价的方法进行潜力评价研究，评价指标的选择主要集中在土壤和地形等指标因素上，对社会、经济指标的综合评价较少。国内研究主要是建立评价指标体系和构建评价模型，近年来和 GIS 结合的研究较多，评价的理论和方法仍在不断提高，但尚未形成一个完善的土地资源评价理论体系，还有待进一步研究。

关于耕地后备资源生态化开发国内外研究进展，国外针对土地生态安全研究相对较早，早期主要针对环境安全进行研究，生态安全包含自然生态安全、社会生态安全和经济生态安全三个方面。目前，国外的土地生态安全研究主要是针对土地生态系统的健康评价和土地资源的可持续性评价。总体来看，国外对土地生态安全的研究起步较早，近年来，国外在土地生态安全方面的实证研究较少，研究方向以土地生态风险和土地生态系统健康研究为主。

目前国内对土地生态安全的研究还处于初级阶段，对土地生态安全的定义主要集中在以下三个方面：一是土地生态系统本身处于健康和平衡状态；二是强调土地生态安全可为人类提供稳定的生态服务或保障能力；三是包含以上两种含义，即土地生态系统本身具有安全性的同时不破坏人类的正常生产生活，保证人类活动的安全性。近年来，学者在理论方面有着较丰富的研究，同时涵盖了不同程度、不同层面构建的土地生态安全研究内容和体系。

1.3.5　沿边开放带土地空间格局研究

20 世纪中叶以前，我国土地利用规划布局的内容与英美等国家不同，其任务主要包括土地区划以及进一步的田块划分、林带配置、居民点安排、道路布局等。主要采用定性方法，包括土宜法和综合平衡法，很少用系统分析的方法。70年代之后，土地利用结构优化研究随着人口、资源与环境和发展问题的日益凸显，更加得到重视。从1987年《我们共同的未来》发表到1992年联合国环境与发展会议上《21世纪议程》的通过，可持续发展的新思想逐渐被世界各国所接受，实现土地资源可持续利用与管理，如今已成为世界各国共同关注的焦点。进入90年代，随着可持续发展观逐渐深入人心，土地利用优化研究也备受关注。土地利用结构优化问题一直是经济发展中的一大热点，同时也是土地利用研究中的重要内容。著名学者王万茂和但承龙（2003）与严金明（2002）等都在土地利用规划中重点讲述了土地利用结构优化问题。理论界探讨的热点是土地利用结构优化中方法的选择，常用的是线性规划法。90年代以后，学术界对土地资源的研究进入了一个更加广泛而深入的研究阶段。国内研究领域主要包括两大主题：土地利用优化调控机理与模式、土地利用与土地覆盖变化研究如何与土地利用优化配置研究相结合的理论探讨。

自20世纪70年代末实施对外开放的基本国策到90年代初，逐步形成了沿海开放、内地开放和沿边开放的对外开放区域布局。以党的十七大提出"提升沿边开放"为标志，我国开始了新一轮沿边开放。"十一五"期间，我国经济社会快速持续健康发展，改革开放稳步推进，周边环境向好，沿边开放掀起第二次浪潮，形成了新的发展格局和趋势，在此期间，我国沿边开放的发展是按照西南、东北和西北的顺序演进的，三足鼎立的区域格局已经形成。黑龙江省作为中俄边境省份，在中俄两国政府确立了战略协作伙伴关系，签订了睦邻友好合作条约的良好背景下，加大沿边口岸城市的开放开发为其高起点参与东北亚区域合作带来了新的契机。随着我国开放的进一步深化，沿边开放将成为贯彻落实科学发展观、推动区域经济协调发展的重大战略。进一步扩大对外开放是实施东北地区等老工业基地振兴战略的重要组成部分，也是实现老工业基地振兴的重要途径。

随着经济的发展和社会的进步，在国家及政府的支持下，沿边地区对外开放进展很快，但区域间仍存在很大差距，这就要求进一步优化沿边开放带格局。2005年6月，国家就进一步扩大东北地区对外开放提出了相关实施意见；2008年12月，黑龙江省政府发布了《黑龙江省沿边开放带发展规划》；2009年4月，国务院正式批准设立绥芬河综合保税区，9月，《国务院关于进一步实施东北地区等老工业基地振兴战略的若干意见》出台，中俄两国元首批准了《中华人民共和国东北地区与俄罗斯联邦远东及东西伯利亚地区合作规划纲要（2009—2018年）》。2015年9月发布的《中共中央 国务院关于构建开放型经济新体制的若干意见》，明确提出推动形成全方位的区域开放新格局，从多方面、多角度对优化对外开放区域布局做出部署安排。2016年1月7日国务院颁发的《国务院关于支持沿边重点地区开发开放若干政策措施的意见》中提出要实施差异化扶持政策，促进特色优势产业发展，支持沿边重点地区大力发展特色优势产业。国家实施"一带一路"倡议，有利于优化开放空间布局、促进区域协调发展；有利于增强沿边地区自我发展能力，把区位优势转化为开放的优势和发展的优势，缩小沿海和内陆地区发展的差距。

在边境开放相关的经济地理学研究中，国外学者大多赞成传统区位论的观点，即认为边界作为两个国家或者地区的分割线，对经济的外向型发展起到屏蔽的消极效应。国外学者对边界效应的研究分析主要是通过构建数学模型来进行，深入探讨了边界对经济发展的阻碍程度。随着经济全球化和区域一体化进程的加快，对边界效应的研究有了新的发展。1991年克里格曼提出了边界地区能够在一体化过程中聚集生产要素，影响贸易成本，从而在边界地区形成经济增长点。近些年来，国外的很多研究都把重点放在沿边地区如何对经济产生集聚效应，如何在沿边地区一体化合作中转化等方面。基于中国参与世界经济的活跃度和实施对外开放的背景，国外学者就中国在亚洲的地缘经济，尤其是参与东盟合作等方面做了相关理论探讨。在经济全球化的大背景下，结合金融危机的影响，对中国在东亚地区的经济合作做了分析，认为中国经济的开放和合作将成为东亚经济未来新的增长点。柯思乐认为中国与东北亚的能源合作可以从边界集聚效应、政府政策和经济合作模式进行探讨（张克树，2012）。

传统的土地利用布局优化研究要追溯到20世纪上半叶，其研究的方法大多采用定性的经验规划方法，根据专业人员和领导的实践经验与主观愿望来确定发展方向和农林牧副渔用地的配置比例。英美等发达国家将一定范围内的土地划分成不同使用分区，并以使用分区图来界定分区的范围及区位。50年代以来，许多国家积极开展土地评价及在此基础上制订土地利用布局方案。进入70年代以来，随着人口、资源、环境和发展问题的日益凸显，土地利用布局规划的研究逐渐发展到以控制土地利用变化和可持续发展为目的的公共决策上，土地利用结构优化研究在土地利用规划中得到重视。土地利用规划中已开始广泛引入遥感、计算机和数学方法。总结国内外对其的研究，具有如下特点：一是具有范围广、注重深度探讨、技术手段先进等特点；二是从总体上注重对土地利用现状数量、质量以及结构分析；三是着力于建立模型，对宏观土地利用结构进行优化设计，但对土地资源空间分析模型及优化配置研究相对薄弱；四是土地利用结构优化方案一般受时间、空间的限制，不具有动态性和持续性；五是侧重定性分析、定性描述，忽略其定量化、可视化研究。

1.4 研究方法及技术路线

1.4.1 研究方法

本书主要采取文献调研、对比研究、实地调查、空间分析和典型区试验相结合等方法，通过科学的调查、评价与研究，全面了解、掌握东北商品粮基地土地利用中的实际问题和技术需求，根据关键技术需求进行研究与开发。

1.4.2 技术路线

研究总体技术路线图如图1-1所示。

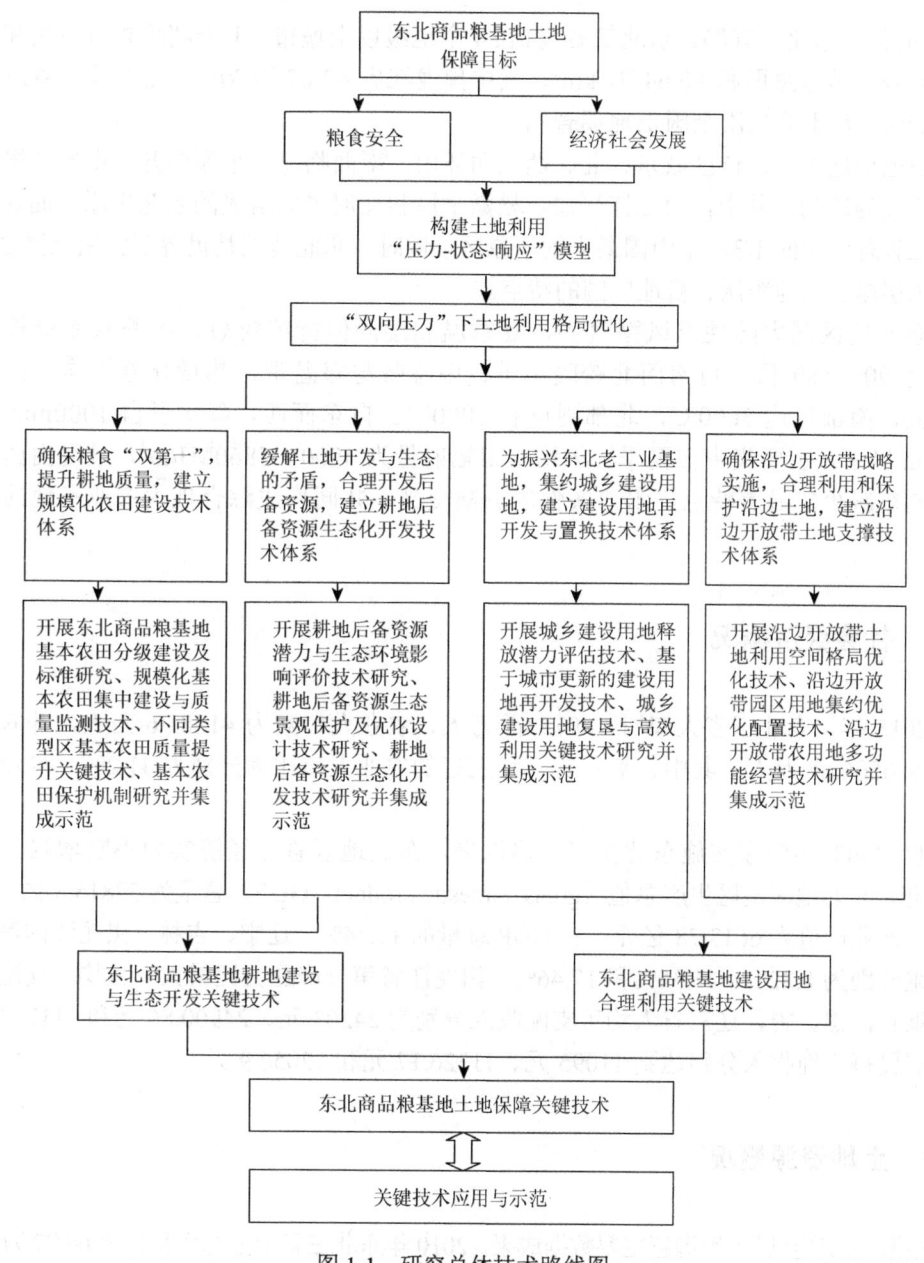

图 1-1 研究总体技术路线图

1.5 研究区概况

1.5.1 自然地理概况

本书所研究的东北商品粮基地指的是狭义的东北地区的商品粮基地,狭义的东北地区位于 115°30′E~135°20′E,38°43′N~53°30′N,主要包括黑龙江省、吉林省和辽宁省

(以下简称"东北三省")。东北三省包括 34 个地级以上城市、1 个朝鲜族自治州和 1 个地区行署,地区总面积 80.64 万 km²,其中黑龙江省 47.07 万 km²,是东北三省总面积的 58.4%（基于第二次全国土地调查）。

在地形地貌上,该区域东、北、西三面环山,南面临海,平原中开,山地和平原的面积均较为广阔。其中,由三江平原、松嫩平原和辽河平原组成的东北平原,面积约占东北三省总面积的 1/3,是中国最大的平原区。同时,东北地区是世界三大黑土区之一,有着土层厚、土地肥沃、耕地广阔的特点。

东北地区属大陆性季风型气候,夏季温和湿润但持续较短,冬季寒冷漫长,无霜期为 90～180 日。自南而北跨暖温带、中温带与寒温带,热量显著不同,≥10℃的积温,南部可达 3600℃,北部则仅有 1000℃。自东而西,降水量自 1000mm 降至 300mm 以下,主要集中在夏季。年均太阳辐射量为 4800～5860MJ/m²,呈现由西南向北、向东减少的显著特点。水热条件的纵横交叉,共同构成综合性大农业基地的自然基础。

1.5.2 社会经济概况

2015 年,东北三省人口有 10975.02 万人,农业人口数为 4188.36 万人,非农业人口数为 6606.66 万人。其中,黑、吉、辽三省的农业人口比例分别为 41.2%、44.69%和 32.8%。

自 2003 年国家实施东北振兴战略以来,东北地区总体经济实力不断增强。截至 2015 年,东北地区地区生产总值（gross domestic product,GDP）总量为 57815.8 亿元。其中第一产业产值为 6613.78 亿元,占 GDP 总量的 11.44%。辽宁、吉林、黑龙江的第一产业比重分别为 8.32%、11.35%和 17.46%,黑龙江省第一产业占比最大。人均可支配收入持续增长,黑、吉、辽三省人均可支配收入分别为 24203 元、24900.86 元和 31125.7 元,农村居民每人纯收入分别达到 11095 元、11326.17 元和 12056.9 元。

1.5.3 土地资源概况

根据第二次全国土地调查主要数据成果,2010 年东北三省土地总面积为 8064.77 万 hm²。其中,耕地 2801.59 万 hm²,园地 59.08 万 hm²,林地 3775.63 万 hm²,草地 385.95 万 hm²,城镇村及工矿用地 321.51 万 hm²,交通运输用地 120.53 万 hm²,水域及水利设施用地 386.99 万 hm²,其他土地 213.49 万 hm²（图 1-2）,耕地及林地所占比例较大,分别为 35%及 47%,农林资源丰富。

从土地总面积来看,东北地区仅占全国土地总面积的 8%,但耕地面积却占到全国耕地总面积的 20.69%,仅黑龙江一省的耕地面积就为全国耕地总面积的 1/10。同时,由于东北三省人口密度较低,人均耕地面积约为 0.26hm²/人,是全国人均耕地面积 0.09hm²/人的 2.89 倍,人均耕地面积大。

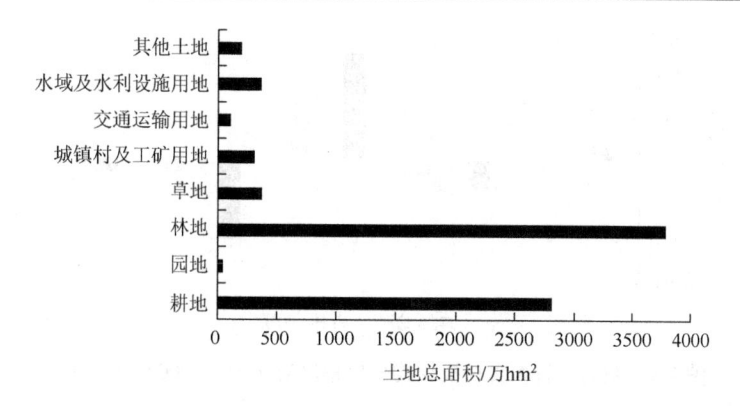

图 1-2 东北地区土地利用结构图

1.5.4 东北商品粮基地概况

根据国家统计局数据,2015 年全国粮食总产量为 62143.9 万 t,其中黑龙江、吉林、辽宁三省粮食总产量为 11993.5 万 t,占全国粮食总产量的 19.3%。与 2014 年相比,东北三省粮食总量增加了 464.6 万 t,占当年全国粮食增加量的 32% 以上。同时,因其具有耕地面积大、人口密度低、人均耕地面积大等特点,粮食商品量及商品率表现突出,为全国提供了超过 1/3 的商品粮。东北商品粮基地在保障国家粮食安全方面发挥了非常重要的作用。

东北地区粮食产量的快速增加,得益于现代化农业的发展,但主导因素是耕地面积的快速扩张和种植结构的调整。2000~2015 年,东北地区粮食播种面积由 1454.43 万 hm² 增长至 2014.06 万 hm²,增加了 559.63 万 hm²;在种植结构调整上,主要体现在大豆播种面积比例的下降以及玉米播种面积比例的上升,其中玉米的种植结构比由 37.3% 升至 59.8%。

黑龙江省是东北商品粮基地的典型代表。2014 年黑龙江省粮食产量、商品量和净调出量均居全国第一位,其中粮食商品量为 5142 万 t,商品率高达 81.3%。2000~2015 年,黑龙江省粮食增幅高达 148%,高于辽宁省(77%)、吉林省(122%),约为全国粮食增幅的 4.6 倍(图 1-3)。15 年间,黑龙江省粮食播种面积增加了 391.32 万 hm²,占东北三省粮食播种面积增加总量的 70%。同时,与吉林省、辽宁省相比,种植结构调整幅度较大,具体表现为豆类播种面积比例由 40.9% 降至 21.1%,玉米播种面积比例由 23.2% 升至 49.6%(图 1-4)。

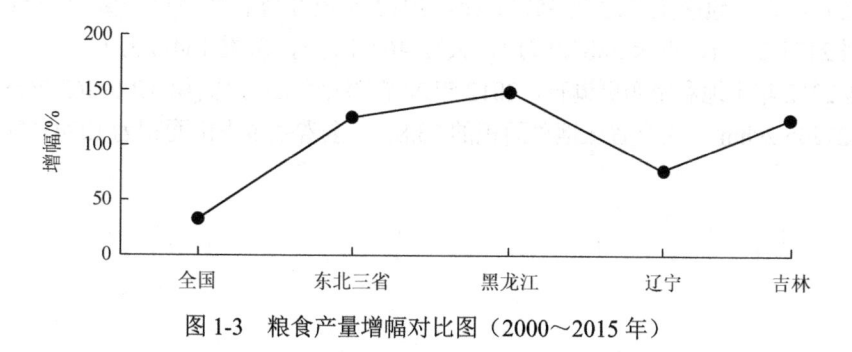

图 1-3 粮食产量增幅对比图(2000~2015 年)

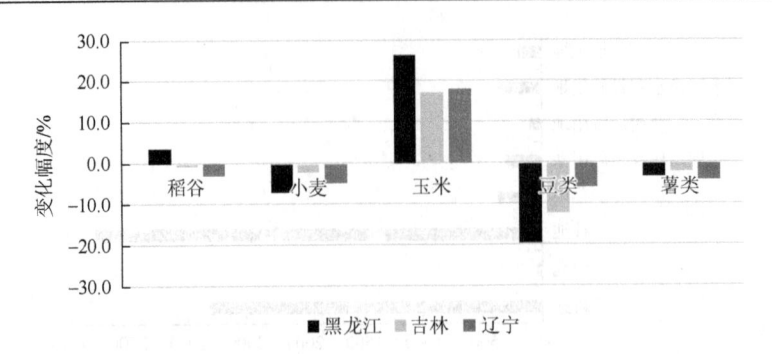

图1-4 东北三省粮食种植结构变化幅度对比图（2000～2015年）

1.5.5 黑龙江省概况

本书依据黑龙江省地貌形态特征，将全省分为五个区，即大兴安岭山地与丘陵区、小兴安岭山地与台地状丘陵区、东南部山区、松嫩平原区、三江平原区。

全省具有明显的季风气候特征，西部受夏季风影响弱，显示出一些大陆性气候特征。南北跨中温带与寒温带。春季气旋活动频繁，气温变化幅度大，易出现霜冻；夏季气候温热；秋季天气晴朗，降温急剧；冬季在极地大陆气团控制下，气候严寒而干燥；全年昼夜温差大，一般相差10℃以上。根据干燥度，自东向西由湿润型经半湿润型过渡到半干旱型。全省年平均降水量为400～600mm，由东向西递减。受地形的影响，山地降水量多于平原。

全省土壤面积为4437万 hm^2，占土地总面积的94.3%。全省土壤共分为9个土纲，13个亚纲，17个土类，49个亚类，127个土属，254个土种。主要土壤土类有暗棕壤、棕色针叶林土、黑土、黑钙土、白浆土、草甸土、沼泽土、泥炭土、盐土、碱土、风沙土、水稻土等。

2015年行政区域划分为哈尔滨、齐齐哈尔等12个地级市，大兴安岭1个地区，64个市辖区，18个县级市，45个县，1个自治县，462个镇，400个乡，14488个村。根据《黑龙江统计年鉴2013》，2012年末全省常住总人口为3834万人，其中城镇人口2181.5万人，占总人口的57%，乡村人口1652.5万人，占总人口的43%，从事农业的乡村劳动力988.5万人。2012年全省地区生产总值13691.6亿元，较2011年增长8.82%，其中第一产业生产总值2113.7亿元，第二产业生产总值6037.6亿元，第三产业生产总值5540.3亿元，人均地区生产总值35711元。2012年粮豆薯农产品总产量为5656.5万t，其中水稻2171.2万t、玉米2887.9万t、大豆463.4万t、薯类134.0万t。

根据2012年土地利用变更调查，2012年末黑龙江省土地总面积47069262.24hm^2，其中耕地15927245.29hm^2，占全省土地总面积的33.8%。全省基本农田面积为12741796.23hm^2。

2 双向压力下土地利用格局优化技术研究

东北地区，特别是黑龙江省是我国重要的粮食主产区和商品粮生产基地，承载着保障国家粮食安全的重大期望与责任。2011年，黑龙江省粮食总产量登上1100亿斤（1亿斤=5万t）台阶，跃升为"全国第一粮食大省"。至2013年，黑龙江省的粮食年总产量已达到1200亿斤，继续保持着其作为全国粮食总产量、商品量"双第一"的粮食大省地位，可见，其对保障我国粮食安全贡献巨大，在我国粮食安全保障体系中的作用至关重要。

改革开放以来，随着东部沿海省份经济的崛起，东北作为我国传统老工业基地在国民经济中的地位却逐年下降。东北三省的GDP占全国比重，从1984年的13.65%降到2013年的9.57%，而东北三省的经济排名，也是一路下滑。东北振兴的压力越来越大。随着振兴东北老工业基地、沿边开放开发等战略的实施，各业用地需求大幅增长，占用耕地数量不断增加，经济建设用地与耕地保护之间的矛盾日益尖锐，粮食生产能力建设面临双向压力和"两难"难题。

黑龙江省土地利用正面临着发展的双向压力：一是，国家不断加深对黑龙江省粮食生产的依赖，造成的保障国家粮食安全的压力；二是，改革开放以来黑龙江省老工业基地经济地位下降，造成本省自身经济发展需求的压力。这种双向压力在黑龙江省的土地利用问题上矛盾最为突出：前者要求黑龙江省保持足够多的耕地以生产价格尽可能低的粮食，而后者则要求地方提供更多的建设用地，大规模投资，拉动经济。

双向压力实质上来源于中央政府和黑龙江省级政府对于全省发展的定位与要求的差异，这体现在中央以及省级制定的相关规划中。中央对于黑龙江省有保障国家粮食安全的要求，并体现在各类国家级相关规划之中，而黑龙江省本身有经济发展的渴求，也将其体现在各类省级规划之中，于是各级、各类规划的博弈便造成了对黑龙江省土地利用的双向压力。传统的PSR模型应用在土地利用系统分析时，往往习惯于对所选指标过去与现在发展状况的表达，却忽略了因土地决策和管理者的偏好而导致未来一个时期土地利用系统可能发生的重大变迁。

无论是从理论还是从实践的角度，我们都有必要从地方规划体系入手，将各级政府融于规划中的意志偏好与PSR模型结合起来应用于地方土地利用体系的研究之中。因此，通过构建土地利用格局优化的"P+PSR"（P表示plan，政府规划）框架模型，在理论上，对PSR结合空间规划应用于土地利用系统分析进行了探索，在实践上，对黑龙江省土地利用的双向压力进行了实证研究。

2.1 研究框架

2.1.1 PSR 概念框架内涵

PSR 模型是联合国环境规划署（United Nations Environment Programme，UNEP）和经济合作与发展组织（Organization for Economic Co-operation and Development，OECD）等部门所发展的一项反映可持续发展机理的概念框架。它认为人类的活动给环境带来了压力（pressure），影响到环境的质量和自然资源数量的状态（state），社会又通过环境、宏观经济、部门政策及改变人们的行为和意识来响应（response）这些变化。

PSR 模型中使用了"原因-效应-响应"这一逻辑思维来描述可持续发展的调控过程和机理，并且在此理论指导下建立可持续发展指标体系。"压力"是指造成发展不可持续的人类活动、消费模式或经济系统中的一些因素，它是影响可持续发展的"负效应"——消耗资源和产生污染。"状态"反映可持续发展中各系统的状态，它既反映经济的状态又反映资源环境的状态，表示发生了什么，因而是问题的核心；"响应"过程表明人类在促进可持续发展进程中所采取的有效对策，因此是"正效应"——减少对资源的耗竭和对环境的污染，对环境实施投资。

PSR 框架很好地揭示了资源利用中人地相互作用的链式关系。PSR 模型是评估资源利用和持续发展的模式之一。PSR 模型的其他形式还包括了联合国可持续发展委员会的驱动力-状态-响应（driving force-state-response，DFSR）模型和欧洲环境署使用的驱动力-压力-状态-影响-响应（driving force-pressure-state-impact-response，DPSIR）模型。

DPSIR 模型是一种在环境系统中广泛使用的评价指标体系概念模型，它是作为衡量环境及可持续发展的一种指标体系而开发出来的，它从系统分析的角度看待人和环境系统的相互作用。它将表征一个自然系统的评价指标分成驱动力（driving force）、压力（pressure）、状态（state）、影响（impact）和响应（response）五种类型，每种类型又分成若干种指标。DPSIR 模型是一种基于因果关系组织信息及相关指数的框架，根据这一框架，存在着驱动力（driving force）→压力（pressure）→状态（state）→影响（impact）→响应（response）的因果关系链。"驱动力"是指造成区域环境变化的潜在原因，如经济增长；"压力"是指造成发展不可持续的人类活动、消费模式或经济系统中的一些因素，它是影响可持续发展的"负效应"——消耗资源和产生污染；"状态"反映可持续发展中各系统的状态，它既反映经济的状态又反映资源环境的状态，表示发生了什么，因而是问题的核心；"影响"是系统所处的状态反过来对人类健康和社会经济结构的影响；"响应"过程表明人类在促进可持续发展进程中所采取的有效对策，因此是"正效应"——减少资源的耗竭和对环境的污染，对环境实施投资。

由于 PSR 模型针对性强，并包含了较强的逻辑因果关系，比较适合用来解决具体问题，因此 PSR 模型得到了较为广泛的应用。德尔菲（Delphi）法、主成分分析（principal components analysis，PCA）法、层次分析法（analytic hierarchy process，AHP）等已被广泛应用到评价指标体系的筛选中，基于 PSR 模型的土地质量评价指标体系是当今国际土地科学研究的热点。

《欧盟水框架指令》需要一个原因-响应方法对由人类活动及其相关影响对环境产生的压力进行评估来保护水资源，促进水资源可持续利用，加强保护和改进水生环境。在此背景下，欧洲环境署提出了 DPSIR 框架，其主要由驱动力、压力、状态、影响和响应组成。这个框架通过人类环境相互作用链相关的原因与影响因素尽可能地使决策与管理进程形式化（Giupponi and Vladimirova，2006），并且强调社会（如人类在江河流域的活动）与环境的相互作用会对整个江河流域产生影响。当然这个框架也多次运用到江河流域的管理中（Borja et al.，2006；Fassio et al.，2005；Giupponi et al.，2004；La Jeunesse et al.，2003；Mysiak et al.，2005）。为了得到可持续性的管理，其中包括水资源管理和景观规划，有必要厘清作用在管理系统的变量。DPSIR 以指标表示相关变量，因为用指标反映信息能简化复杂的现象（骆永明等，2006）。针对政策上空间设计的方法论，需要大量的数据基础和阐述工具，如地理信息系统（GIS）、决策支持系统（decision support system，DSS）等模型的支持（Fassio et al.，2005）。因此，要收集地理信息以及使用 MULINO 决策支持系统（MULINO decision support system，MDSS）来分析情况（Giupponi，2005；Mysiak et al.，2005）。

DPSIR 模型在诊断和分析上的功能：DPSIR 模型从诊断和分析上的功能来看，可以说是一个问题结构方法。对该框架的批评比比皆是，但是它有个值得注意的弹性灵活优势。一些人认为，就其性质而言，DPISR 是一种狭义的定制、工程策略，与人类多角度的全球生态合作不相兼容。DPSIR 模型在表达和使用者的体验上更为灵活，可以多方法地应用在一些地中海和其他背景下的海岸管理项目中。不可否认 DPISR 模型有局限性，但是如果应用于参与式与系统性的多方法，有助于为当地居民创造有价值的结果。

Smeets 和 Weterings（1999）提供了一个 DPSIR 系统分析的观点：这一系统分析认为，社会和经济的发展对环境产生了压力，从而导致环境的状态发生了变化，如提供给健康、资源供应和生物多样性的适当条件就会发生变化。最后，这会对人类健康、生态系统和材料产生影响，并可能引起社会的反响，反馈到驱动力或者状态上，或者直接产生影响。从政策的角度来看，需要以下明确而具体的信息：①驱动力；②由此产生的环境压力；③环境的状态；④环境质量变化的影响；⑤这些环境变化的社会反应。

因此，这可以解释为决策者需要信息以简化的指标的形式表达，来表示他们所需要评定的对象的特点。预分类和标签指标的价值不仅仅体现在 DPSIR 模型中，他们还把 DPSIR 模型指标分为表示描述性、绩效、效率和福利特征的类型。

2.1.2 土地利用的 PSR 模型

土地利用系统是一个涵盖自然、经济、生态、社会等方面的复合综合体，它既受到自然环境的制约，又受到人类活动的约束，土地利用的三个子系统必然在时间和空间上与社会经济系统相互作用、相互影响。从现实角度来看，土地作为一种稀缺资源，承担着几乎所有的人类活动。

对我国这样一个高速发展中的大国来说，持续的高强度、高投入的利用对土地资源造成了巨大压力，并且引发了一系列危及我国可持续发展的社会问题，因此运用PSR模型对我国的土地利用问题进行分析探讨，就显得极有现实意义。

土地利用的PSR模型中（图2-1），"压力"主要来源于人类对土地资源利用过程中一些超出土地承载力的非理性行为，这些行为使得土地内部的自组织机制发生变化。在压力作用下，土地经济生态系统中组成部分或整体发生响应性变化，显现出在土地利用趋势上，如建设用地增加、土地市场发育程度低、土地利用率低下等，这是模型中的"状态"。面对并不尽如人意的土地利用"状态"，土地管理者会采取一系列措施来调控系统中的"不协调"现象，改变系统内的自组织机制，以应对土地利用过程中存在的"压力"，这就是模型的"响应"机制。

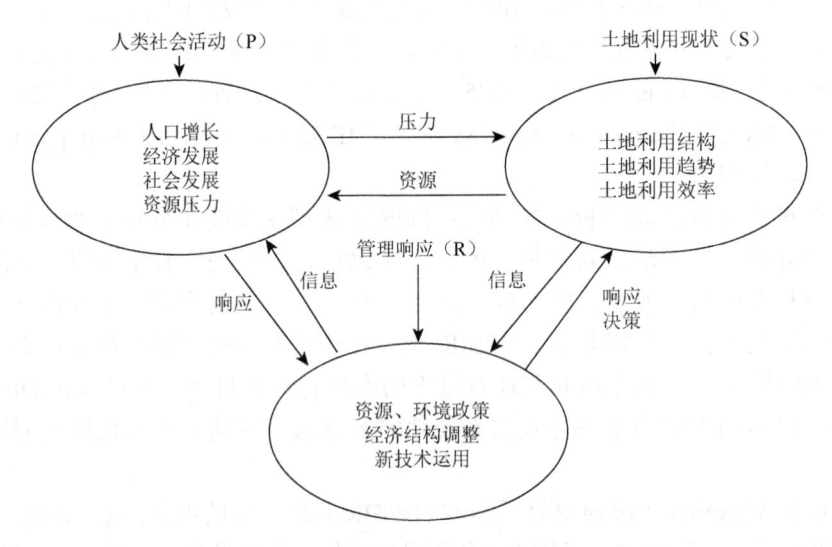

图 2-1　土地利用的 PSR 模型

2.1.3　土地利用格局优化的"P + PSR"模型

鉴于黑龙江省的土地利用正面临着严峻的双向压力，有必要对其一个时期的发展进行PSR模拟分析，探讨其发展方向与对策。

传统的PSR模型在土地利用系统中往往习惯于运用不同指标的现状情况或者是现状变化情况，表征土地利用系统的压力、状态、响应各要素。但是这种方法过于注重过去与现在发展状况的表达，忽略了因土地管理者偏好而出现的未来一个时期土地利用系统可能经历的重大变迁，特别是在压力层面上，倘若政府在未来一个时期，规划在某个并不发达的地区进行重点开发，此地的发展压力事实上从规划制定起便会产生大幅升高。

黄宗智等（2011）认为在土地这一关系国计民生的重要资源上，中央以及各级地方政府往往会出台各种政策，而在这些政策之中，规划文件是效力最强、惯性最高、最能体现各级政府意图的部分。

因此，本书构建一个包含政府规划的土地利用格局优化的 PSR 模型，并将其称作"P+PSR"模型（图 2-2）。其中，政府规划（P）包含了中央以及各级地方政府（这里主要是黑龙江省级政府）对于黑龙江省发展的各种政策，其作为各级政府偏好的博弈产物存在，对余下的"PSR"体系特别是其中的压力部分将产生决定性的影响，但同时也受到后者的影响；政府的相关规划目标作为黑龙江省双向压力（P）的主要来源与表征，具体来讲，这种压力又可分为两类：驱动型压力和限制型压力。其中驱动型压力主要来自规划中对规划地区社会经济发展的相关目标与要求，包括经济方面的 GDP 增长目标，社会发展方面的人口增长、城镇化率以及粮食生产等目标；限制型压力则主要来自规划中直接对土地利用数量与结构的目标要求，包括耕地保有量、建设用地增长规模以及生态用地保护等多个指标。将土地利用的实际状况与变化趋势作为系统模型的状态（S），选用传统的土地利用结构与变化趋势作为表征，包括规划期内耕地保有量的现状及变化趋势、建设用地扩张规模及速率以及各类生态用地的保护状况；而将与规划相配套的或者对规划调整提出的一些政策建议作为系统模型的响应（R）。

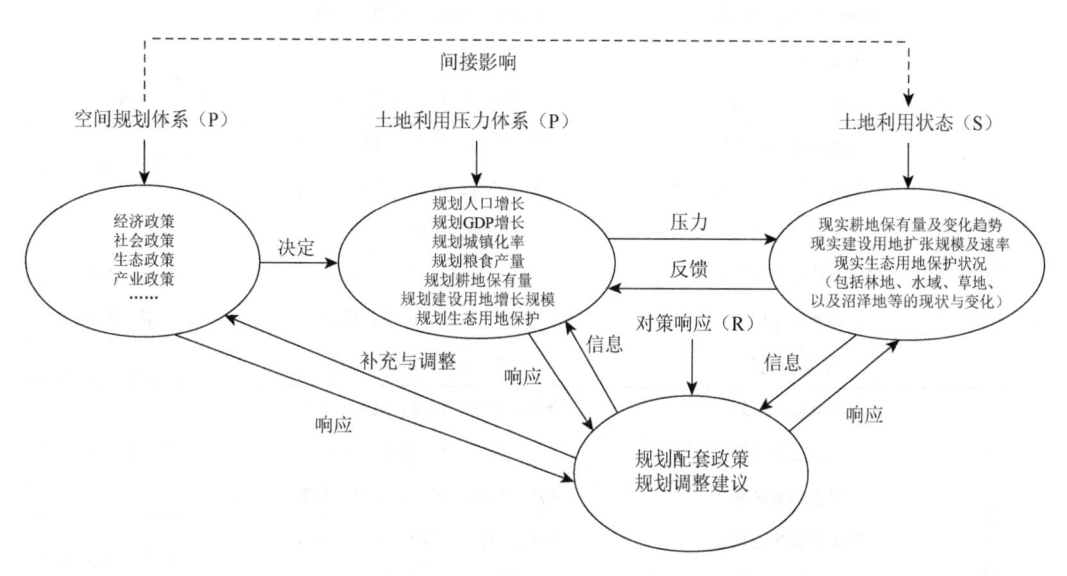

图 2-2　土地利用格局优化的"P+PSR"框架模型

2.2　相关空间规划体系

2.2.1　我国空间规划体系概述

通过对黑龙江省的空间规划体系综述与解读，尽可能详尽地分析构建近一个时期中黑龙江省因国家粮食安全以及本省经济发展需求而面临的双向压力体系，考虑各种发展规划的实施与落实最终均会在本地区的空间上产生影响，我国的空间规划体系应当包括各类发展规划（表 2-1）。

表 2-1 我国相关空间规划体系

系列	类别	层级	主导部门
经济社会发展规划	国民经济和社会发展总体规划	全国、省级、市级、县级、乡级	各级发展改革部门
	国民经济和社会发展区域规划	全国、省级、市级、县级	
	主体功能区规划	全国、省级	
	国民经济和社会发展专项规划	全国、省级、市级、县级、乡级	多部门
城乡建设规划	城镇村体系规划	全国、省级、市级、县级、乡级	各级住房城乡建设部门
	城市发展战略规划	直辖市、市级、县级	
	城镇总体规划	直辖市、市级、县级、乡级	
	城市分区规划	市级、县级	
	城镇近期建设规划	直辖市、市级、县级、乡级	
	城镇控制性详细规划	直辖市、市级、县级、乡级	
	城镇修建性详细规划	直辖市、市级、县级、乡级	
	村庄（集镇规划）	乡级、村级	
	城镇专项规划	直辖市、市级、县级、乡级	多部门
国土资源规划	土地利用总体规划	全国、省级、市级、县级、乡级	各级国土资源部门
	土地利用专项规划	全国、省级、市级、县级、乡级	
	林地保护利用规划	全国、省级、县级	各级林业部门
	草原保护建设利用规划	全国、省级、市级、县级	各级农业农村部门
	矿产资源规划	全国、省级、市级、县级	各级国土资源部门
	水资源规划	全国、省级、市级、县级	各级水利部门
生态环境规划	环境保护规划	全国、省级、市级、县级、乡级	各级生态环境部门
	生态功能区划	全国、省级、市级、县级	
	生态示范区划	省级、市级、县级、乡级、村级	
	地质灾害防治规划	全国、省级、市级、县级、乡级	各级国土资源部门
	矿山地质环境保护规划	全国、省级、市级、县级	
	水土保持规划	全国、省级、市级、县级	
	防沙治沙规划	全国、省级、市级、县级	各级林业部门
	湿地保护规划	全国、省级、市级、县级	
基础设施规划	公路网规划	全国、省级、市级、县级、乡级	各级交通运输部门
	航道发展规划	全国、省级	
	港口规划	全国、省级、市级、县级	
	铁路发展规划	全国、省级、市级、县级	
	电力发展规划	全国、省级、市级、县级	各级能源部门
	管道规划	全国、企业	各级能源部门

2.2.2 黑龙江省区域空间规划体系概况

黑龙江省的空间规划体系大致也可以分为经济社会发展规划、城乡建设规划、国土资源规划、基础设施规划、生态环境规划以及一些非常规性规划。就黑龙江省在规划实施期内的重点规划而言，黑龙江省相关空间规划体系如表 2-2 所示。

表 2-2　本书研究时黑龙江省相关空间规划体系

规划系列	规划名称	主要内容
经济社会发展规划	《黑龙江省国民经济和社会发展第十二个五年规划纲要》	"十二五"时期黑龙江省经济社会发展的全局性与战略性问题，包括发展基础与发展环境、区域发展的总体目标、重点发展区域与产业、基础设施建设、城镇化建设、区域协调发展、民生问题、机制改革创新、社会管理等
	《黑龙江省主体功能区规划》	在《全国主体功能区规划》的基础上对黑龙江全省的土地空间进行分区，划定了省内各类主体功能区的数量、位置和范围，制定了各主体功能区的功能定位、发展方向、开发次序、管制要求以及差别化配套政策等，并在此基础上指明了能源与资源的开发布局问题
	《黑龙江省农业和农村经济社会发展"十二五"规划》	在《黑龙江省国民经济和社会发展第十二个五年规划纲要》的基础上制定了黑龙江"十二五"期间农业和农村经济社会发展的思路、主要任务以及发展目标，并确定了"十二五"时期重点建设的工程项目
城乡建设规划	《黑龙江省城镇体系规划（2001—2020 年）》	对黑龙江省城镇化和城镇发展进行宏观引导和调控，对省域内城镇体系发展布局以及区域与城市的生产布局、设施支持、生态建设、环境保护、用地规模等进行规范和指导
	《黑龙江省新型城镇化规划（2014—2020 年）》	分析了黑龙江省在城镇化发展中存在的一系列问题，对省域内农业人口转移、城镇发展布局、城镇综合承载能力加强以及相关配套措施进行了分析和指导
国土资源规划	《黑龙江省土地利用总体规划（2006—2020 年）》	制定黑龙江省土地利用主要调控目标，指导土地利用结构调整和布局优化，包括耕地和基本农田保护、城乡建设用地布局与规模控制、土地利用与生态环境建设协调、区域土地利用统筹、基础设施与重大项目用地布局等
基础设施规划	《全省公路水路交通运输"十二五"发展规划》	制定公路水路交通运输总体目标，包括基础设施总量、运输装备、运输管理、信息化、交通运输用地、运输能耗与排污、交通监管体系等
	《黑龙江省水利发展"十二五"规划》	明确黑龙江省水利发展总体思路，制定"十二五"期间水利建设的发展目标、总体布局、主要任务以及水利建设的重大工程项目
生态环境规划	《黑龙江省生态省建设规划纲要》	制定了黑龙江省生态省建设的主要目标和任务，制定生态省建设总体布局，包括生态功能区划、生态经济区划等，其他内容还有重点生态区的保护与构建，生态产业建设，优先项目规划
	《黑龙江省环境保护"十二五"规划》	以全省范围内的污染防治为主要内容，包括水体、大气、噪声、核与辐射、固体废弃物等，同时提出了环境保护基础能力建设目标
非常规性规划	《黑龙江省沿边开放带发展规划（2010—2020 年）》	划定了黑龙江省沿边开放带的位置和范围，分析了开放发展的环境条件，制定了总体发展目标以及开放战略，明确了沿边开放带的主要区域功能，制定了通道建设、园区建设、产业发展的目标
	《黑龙江省现代化大农业发展规划（2011—2015 年）》	制定了黑龙江省现代化大农业发展的指导思想、基本原则、发展目标以及重点任务，规划了区域和产业布局，明确了"十二五"期间的各项重大工程
	"五大规划"	由《黑龙江省"两大平原"现代农业综合配套改革试验总体方案》《黑龙江和内蒙古东北部地区沿边开发开放规划》《大小兴安岭林区生态保护与经济转型规划》《全国老工业基地调整改造规划》《全国资源型城市可持续发展规划（2013—2020 年）》5 个区域性规划组成，对黑龙江省的发展进行了全面而详尽的规范与指导

2.2.3 黑龙江省各类规划对土地利用的影响

由"P+PSR"模型的分析可知，在各级政府规划中的经济、社会、生态和产业等政策均会对地方的土地利用系统造成影响。例如，投资政策中，工商业的选址或者扩张最终需要建设用地的指标配合；人口转移政策中，涉及人口转出地的土地复垦以及转入地的住房安置等土地配套问题；生态退耕政策中，耕地的还林、还草会对农地内部结构产生重要影响；产业政策中，产业的发展布局与规模扩张，会直接影响土地利用结构的布局与变迁。

就黑龙江省的各类规划而言，其对于土地利用的影响机制完全符合上述分析。

（1）经济社会发展规划系列：主要对黑龙江省近一个时期全省和各区域的经济政策、产业政策、基础设施政策、城镇化政策、民生政策、社会改革和管理政策进行了一系列规划与罗列，因此事实上这一系列规划对黑龙江全省的整体土地利用系统产生的影响是最为综合、最为全面的，对黑龙江全省以及各地区的土地利用结构的形成与变迁起到的是本质性的驱动作用。但同时需要指出的是，由于此类规划的基础性、指导性特征，其所规定的政策不可能事无巨细、面面俱到，这使得这种规划对于土地利用结构只有总括性的影响，在具体地区与具体地类上产生的影响不如其他一些专业性的规划更为直接。

（2）城乡建设规划系列：相较于经济社会发展类型的规划而言，这一系列规划对黑龙江省的城镇化政策、城乡协调政策、城市发展政策进行了更为细致的描述，使得这些政策所涉及的土地利用问题特别是农地与建设用地关系、城镇产业用地、城市生态用地等进行了更为细致并利于实施的规定，因而对黑龙江省的土地利用结构特别是建设用地的利用与布局产生了直接的作用与影响。

（3）国土资源规划系列：这一系列规划，直接对黑龙江省的土地相关政策进行了规定与陈述，包括耕地与基本农田保护政策、城乡建设用地调控政策、生态用地保护与生态建设政策、重大项目用地政策，对黑龙江全省以及各区域的整体土地利用系统做出了全面的规定，相较于经济社会发展规划系列该规划系列更为直接与细致。但是这种规划从用地结构控制出发，对黑龙江省和各地区的土地利用结构进行了全面的规定与要求。

（4）基础设施规划系列：这一系列规划，对黑龙江省总体的基础设施建设，包括铁路、公路、机场、码头等交通运输设施以及水源地、防灾、农田水利等水利设施建设进行了较为全面的规划与描述，因此对黑龙江省的基础设施用地类型的建设用地布局产生了直接而重大的影响，其中农田水利设施建设还会对农用地的建设布局产生一定影响。

（5）生态环境规划系列：这一系列规划，对黑龙江省的生态环境建设政策进行了较为细致的描述与规定，包括建设生态省政策、生态区划分政策、重点生态区保护政策以及生态产业发展政策。因此，其对于生态用地内部结构的影响是较之于其他规划更为全面与细致，同时，这些规划也在一定程度上从"反规划"的角度对黑龙江省建设用地、耕地的扩张进行了限制。因此，从对黑龙江省的土地利用体系产生的影响上来看，生态环境规划系列是从保障和调节生态用地结构体系以及限制生产性用地扩张两方面进行的。

（6）非常规性规划：一般的非常规性规划多是专门为应对一定时间、一定范围产生的一定问题而出台的，这也决定了其具有对一些特定时间、特定地区的特定土地利用类型产生较大影响的性质。例如，《黑龙江省沿边开放带发展规划》在分析了黑龙江省与俄罗斯远东地区合作发展的可能性之后，制定了 18 个边境县（市）、哈尔滨、齐齐哈尔、佳木斯、牡丹江、桦川、富锦 6 个内陆口岸市、县和大庆、鹤岗、鸡西、双鸭山、伊春、加格达奇 6 个开放区域中心城市为主要开放区的沿边开放政策，对开放带内有关与俄罗斯合作的通道、园区、产业等用地布局都做出了相关政策安排。

2.3 土地利用的双向压力分析

2.3.1 基于规划的土地利用驱动型压力分析

在黑龙江省规划压力体系中，黑龙江省所面临的双向压力——保障全国粮食安全的压力以及黑龙江省经济下行所引发的经济发展需求的压力，主要由其驱动型的压力表征。

2.3.1.1 国家粮食安全需求

粮食安全是关系经济发展、社会安定和国家富强的根本，因而粮食安全问题也就是国家安全问题。就现阶段来看，随着我国经济社会发展以及医疗卫生的进步，我国人口总量依然较大，粮食压力在一定时期内不会减小。

东北地区，特别是黑龙江省，是我国重要的粮食主产区，也是重要的商品粮基地，承载着保障国家粮食安全的重大期望与责任。因此，国家在各项规划以及政策上也反复强调要重视东北以及黑龙江省农业发展、粮食生产，在对其功能定位以及目标任务上都有明确规定，这在不少国家级以及省级规划中均有论及。

（1）功能定位：《中华人民共和国国民经济和社会发展第十二个五年规划纲要》中提出构建的"七区二十三带"农业战略格局中，将东北平原定位为全国七大农产品主产区之一，其与黄淮海平原、长江流域、汾渭平原、河套灌区、华南和甘肃新疆并列。《国家粮食安全中长期规划纲要（2008—2020 年）》将东北地区粮食流出、黄淮海地区小麦流出、长江中下游地区稻谷流出以及玉米流入、华东地区和华南沿海地区粮食流入、京津地区粮食流入六大跨地区粮食物流通道作为全国粮食物流通道的重点改造和建设要点，明确了东北地区在全国粮食流出与供给中的重要地位。《全国新增 1000 亿斤粮食生产能力规划（2009—2020 年）》明确了东北地区作为我国粮食生产核心区的地位。

（2）目标任务：结合国家及黑龙江省发展规划，黑龙江省粮食安全驱动力指标详见表 2-3。

表 2-3　规划中黑龙江省粮食安全驱动力指标

指标	目标值	年限（或目标年）	规划名称	备注
新增粮食产量	150.5 亿公斤	2009~2020	《全国新增 1000 亿斤粮食生产能力规划（2009—2020 年）》	150.5 亿公斤是给东北地区的总任务
新增粮食生产能力	170 亿斤	2011~2015	《黑龙江省农业和农村经济社会发展"十二五"规划》	
粮食总产量	1100 亿斤	2015	《黑龙江省国民经济和社会发展第十二个五年规划纲要》	
	1360 亿斤	2015	《黑龙江省"两大平原"现代农业综合配套改革试验总体实施方案》	包括黑龙江省两大平原地区
	1530 亿斤	2020		
	1500 亿斤	2015	《黑龙江省现代化大农业发展规划（2011—2015 年）》	

黑龙江省 2020 年粮食总产量 1508.16 亿斤，2009 年粮食总产量 957.78 亿斤，2020 年比 2009 年新增粮食产量 550.38 亿斤，远超《全国新增 1000 亿斤粮食生产能力规划（2009—2020 年）》中给东北地区 150.5 亿斤的总任务。2015 年，黑龙江省粮食总产量 1523.16 亿斤，均已完成《黑龙江省国民经济和社会发展第十二个五年规划纲要》《黑龙江省现代化大农业发展规划（2011—2015 年）》《黑龙江省"两大平原"现代农业综合配套改革试验总体实施方案》中对 2015 年粮食总产量的规划目标。

2.3.1.2　黑龙江省经济增长需求

自改革开放以来，作为我国最早发展起来的重工业基地之一的东北地区，就统计数据来看，在过去约 30 年的发展时间内，黑龙江省的 GDP 占全国比重不断下降（图 2-3），从 1984 年的 4.42%降到 2013 年的 2.53%。

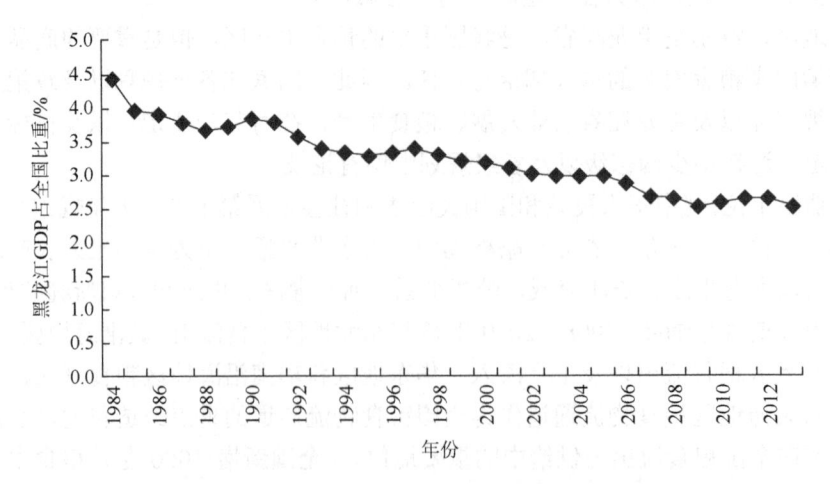

图 2-3　1984~2013 年黑龙江省 GDP 占全国比重

中央政府和黑龙江省政府不断出台发展政策与规划，发展东北地区以及黑龙江省经济，这一点可以从中央以及省一级的众多规划中涉及的关于东北以及黑龙江省的经济发展目标中反映出来。

(1) 发展定位：《中华人民共和国国民经济和社会发展第十二个五年规划纲要》强调了全面振兴东北地区等老工业基地，促进资源枯竭地区转型发展，统筹推进全国老工业基地调整改造，重点推进辽宁沿海经济带和沈阳经济区、长吉图经济区、哈大齐和牡绥地区等区域发展；同时提出加快沿边开放，发展面向周边的特色外向型产业群和产业基地，把黑龙江、吉林、辽宁、内蒙古建成向东北亚开放的重要枢纽。《全国主体功能区规划》将东北地区南部的辽中南地区作为环渤海特大城市群的组成部分，并列入优化开发区域，同时将哈长地区作为我国的重点开发区之一，并将其定位为我国面向东北亚地区和俄罗斯对外开放的重要门户，全国重要的能源、装备制造基地，区域性的原材料、石化、生物、高新技术产业和农产品加工基地，带动东北地区发展的重要增长极。《黑龙江省主体功能区规划》在《全国主体功能区规划》的基础上进一步将包括哈大齐地区和牡绥地区城市带及部分县（市）重点开发区、园区所在乡镇划为国家级重点开发区域，将其功能定位为全国重要的能源、石化、医药和重型装备制造基地，区域性的农产品加工和生物产业基地，东北地区陆路对外开放的重要门户；同时将东部煤电化基地城市群[佳木斯、鸡西、双鸭山、鹤岗、七台河等地市及其所辖县（市）]、绥化市建成区及部分县（市）重点开发区、园区所在乡镇划为省级重点开发区域，并将其定位为全省重要的能源、电力和煤化工基地，区域性的农产品加工和生物产业基地，东北对外开放的重要地区和物流基地，重要的绿色特色农产品生产及加工基地。

(2) 目标任务：《黑龙江省国民经济和社会发展第十二个五年规划纲要》规划到2015年，地区生产总值和地方财政收入分别比2010年翻一番，地区生产总值年均增长12%以上，地方财政收入年均增长15%以上；全社会固定资产投资年均增长25%以上；社会消费品零售总额年均增长15%以上；城镇化率达到60%；外贸进出口总额年均增长14.4%；五年累计实际利用外资达到200亿美元，年均增长15%；总人口控制在3890万人以内，城镇居民人均可支配收入和农村居民人均纯收入普遍较快增加，与经济发展同步，年均增长12%以上（表2-4）。

表 2-4 规划中黑龙江省经济增长驱动力指标

规划名称	指标	目标值	年限（或目标年）
《黑龙江省国民经济和社会发展第十二个五年规划纲要》	地区生产总值年均增长率/%	>12	2011~2015
	地方财政收入年均增长率/%	>15	2011~2015
	全社会固定资产投资年均增长率/%	>25	2011~2015
	社会消费品零售总额年均增长率/%	>15	2011~2015
	城镇化率/%	60	2015
	外贸进出口总额年均增长率/%	14.4	2011~2015
	五年累计实际利用外资总额/亿美元	200	2015
	总人口/万人	≤3890	2015
	城镇居民人均可支配收入年均增长率/%	>12	2011~2015
	农村居民人均纯收入年均增长率/%	>12	2011~2015

2.3.2 基于规划的土地利用限制型压力分析

黑龙江省土地利用的限制型压力主要来源于其当前所面临的经济社会发展的"双向压力",这也是上述关于经济社会发展的压力被称为驱动型压力的原因所在。

2.3.2.1 规划耕地保有目标

《黑龙江省土地利用总体规划（2006—2020 年）》将 2010 年和 2020 年黑龙江省的耕地保有量目标分别定为 1163.20 万 hm² 和 1158.27 万 hm²，从耕地数量变化来看，分别较 2005 年的耕地保有量减少 3.75 万 hm² 和 8.68 万 hm²，这其中基本农田保护面积则被要求保持在 1017.6 万 hm²。《黑龙江省国民经济和社会发展第十二个五年规划纲要》提出全面提高农业综合生产能力的目标，在规划期内实施新增 1000 万亩（1 亩≈0.0667hm²）粳稻基地工程，建设全国最大的 5000 万亩粳稻、5500 万亩非转基因大豆、6000 万亩工业用玉米生产基地，积极建设强筋小麦和优质马铃薯生产基地。《黑龙江省水利建设"十二五"规划》提出新增农田灌溉面积 3000 万亩，使全省农田灌溉面积达到 9000 万亩；新增水田灌溉面积 1000 万亩，水田灌溉面积达到 5000 万亩；新增有效灌溉面积 2200 万亩，有效灌溉面积达到 8000 万亩；新增节水灌溉面积 2000 万亩，节水灌溉面积达到 6000 万亩；新增旱涝保收田面积 4000 万亩，旱涝保收田面积达到 7000 万亩以上。

2.3.2.2 规划建设用地管控目标

《黑龙江省土地利用总体规划（2006—2020 年）》在建设用地规模调控目标中规定：全省到 2020 年建设用地控制在 164.78 万 hm² 之内，其中城乡建设用地规模控制在 118.8 万 hm²，城镇工矿用地规模预期为 44 万 hm²。《黑龙江省主体功能区规划（2012—2020 年）》规定到 2020 年，全省国土空间开发强度控制在 3.64%以内，城市空间控制在 0.44 万 km² 以内，工矿建设空间则适度减少。

2.3.2.3 规划生态用地保护目标

生态用地包括非生产性和非建设性的土地，因此，在规划中其对应于农用地中的林地、牧草地以及未利用地三种类型的土地。

《黑龙江省土地利用总体规划（2006—2020 年）》在生态用地的调控目标中规定：至 2010 年全省林地面积达到 2317.33 万 hm²，2020 年达到 2366.67 万 hm²，分别比 2005 年增加 28.82 万 hm² 和 78.16 万 hm²；至 2010 年全省牧草地面积控制减少到 216.8 万 hm²，至 2020 年控制减少到 204.58 万 hm²，分别比 2005 年控制减少 5.81 万 hm² 和 18.03 万 hm²；至 2010 年全省未利用地面积调整为 573.25 万 hm²，至 2020 年未利用地面积调整为 524.52 万 hm²，与 2005 年相比分别减少 27.38 万 hm² 和 76.11 万 hm²。《黑龙江省国民经济和社会发展第十二个五年规划纲要》提出至 2015 年黑龙江省的森林覆盖率达到 47.3%。《黑龙江省主体功能区规划（2012—2020 年）》提出到 2020 年，黑龙江省的森林覆盖率提高到 50%。

总之，黑龙江省土地利用受到的压力既有耕地保护的压力，也有经济发展的压力，还有生态保护的压力（表 2-5）。

表 2-5　规划中黑龙江省土地利用压力体系

	指标	目标值	年限（或目标年）	规划名称
规划耕地保有压力	耕地保有量减少量/万 hm²	≤3.75	2006~2010 年	《黑龙江省土地利用总体规划（2006—2020 年）》
		≤8.68	2006~2020 年	
	新增粳稻基地面积/万亩	1000	2006~2020 年	《黑龙江省国民经济和社会发展第十二个五年规划纲要》
	建设粳稻基地面积/万亩	5000	2020 年	
	建设非转基因大豆面积/万亩	5500	2020 年	
	建设工业用玉米生产基地面积/万亩	6000	2020 年	
	新增农田灌溉面积/万亩	3000	2011~2015 年	《黑龙江省水利建设"十二五"规划》
	新增水田灌溉面积/万亩	1000	2011~2015 年	
	新增有效灌溉面积/万亩	2200	2011~2015 年	
	新增节水灌溉面积/万亩	2000	2011~2015 年	
	新增旱涝保收田面积/万亩	4000	2011~2015 年	
规划建设用地压力	建设用地规模增长量/万 hm²	≤5.45	2006~2010 年	《黑龙江省土地利用总体规划（2006—2020 年）》
		≤17.43	2011~2020 年	
	城乡建设用地规模增长量/万 hm²	≤2.76	2006~2010 年	
		≤8.56	2011~2020 年	
	城镇工矿用地规模增长量/万 hm²	≤3.43	2006~2010 年	
		≤9.73	2011~2020 年	
	全省国土空间开发强度/%	≤3.64	2020 年	《黑龙江省主体功能区规划（2012—2020 年）》
	城市空间面积/万 km²	≤0.44	2020 年	
规划生态保护压力	林地保有量增长量/万 hm²	≥28.82	2006~2010 年	《黑龙江省土地利用总体规划（2006—2020 年）》
		≥49.34	2011~2020 年	
	牧草地面积减少量/万 hm²	≤5.81	2006~2010 年	
		≤12.22	2011~2020 年	
	未利用地面积减少量/万 hm²	≤27.38	2006~2010 年	
		≤48.73	2011~2020 年	
	森林覆盖率/%	≥47.3	2011~2015 年	《黑龙江省国民经济和社会发展第十二个五年规划纲要》
		≥50	2011~2020 年	《黑龙江省主体功能区规划（2012—2020 年）》

2.4 土地利用的状态分析

2.4.1 黑龙江省耕地状态分析

2.4.1.1 黑龙江省耕地现状分析

1) 耕地现状

根据黑龙江省第二次土地调查资料，2012年末黑龙江省耕地面积1592.7万hm^2，占黑龙江省土地总面积的33.8%，人均耕地0.42hm^2（6.23亩），是全国人均耕地0.10hm^2（1.50亩）的4倍多，高于世界0.25hm^2的平均水平（图2-4）。

在黑龙江省耕地面积中，旱地1341.7万hm^2，占全省耕地面积的84.2%；水田247.6万hm^2，占全省耕地面积的15.5%；水浇地3.45万hm^2，占全省耕地面积的0.2%。黑龙江省耕地主要集中在松嫩平原和三江平原，其耕地面积之和达到1373.0万hm^2，占全省耕地面积的86%。从耕地的土壤状况看，以黑土、草甸土、黑钙土等肥力较高的土壤为主，白浆土、暗棕壤等肥力较低的土壤较少。

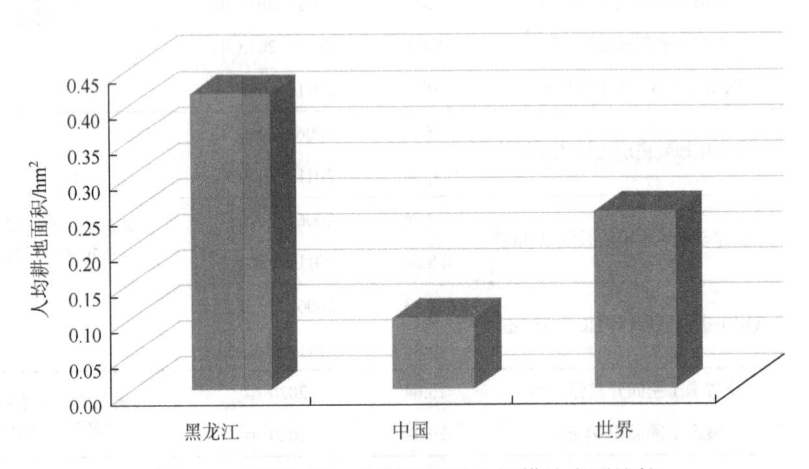

图2-4 黑龙江省、全国及世界人均耕地水平比较

2) 耕地现状特点

（1）耕地面积大，但耕地生产力水平较低。2012年末黑龙江省耕地面积1592.7万hm^2，占全国耕地总量的12%，人均耕地0.42hm^2，是全国人均耕地的4倍多。但由于黑龙江省地处我国最北端，纬度高、气候条件较差，受积温低、无霜期短、降水量少等自然因素影响，耕地生产力水平较低，粮食单产不高、总产不稳，耕地整体效益较低。2005年黑龙江省耕地面积中有2/3分布在年有效积温小于2600℃的地区，由于积温少，农作物单位面积产量低；有些地区年有效积温甚至在2200℃以下，只适宜种小麦、大豆等低产作物。但近年来，随着气候变暖带来的影响，黑龙江省的有效积温有所改善，诸如水稻、

玉米等高产作物的分布正逐渐北移,这在一定程度上有利于黑龙江省的粮食增产。

(2)旱地比例大,以种植粮食作物为主。根据土地利用现状调查数据资料,2012年末黑龙江省耕地中旱地面积1341.7万hm²,占全省耕地面积的84.2%。总体上看,黑龙江省耕地以旱地为主,但近些年来水田面积有所增加。

就黑龙江省1993~2012年耕地的种植结构来看,历年都是以粮食作物为主,见表2-6。

表2-6 黑龙江省1993~2012年主要农作物播种面积表 (单位:万hm²)

年份	农作物总播种面积	粮食作物	水稻	小麦	玉米	大豆	薯类
1993	864.70	755.90	73.60	133.70	177.70	297.90	23.50
1994	867.00	750.10	74.80	119.50	196.40	279.60	22.20
1995	864.70	749.90	83.50	111.60	241.10	251.30	23.50
1996	888.40	779.60	110.90	123.70	266.60	216.10	23.70
1997	903.50	799.50	139.70	107.40	254.50	239.40	24.20
1998	919.40	808.30	156.30	95.90	248.60	246.00	26.80
1999	926.20	810.00	161.50	95.30	265.20	215.30	31.60
2000	932.90	785.20	160.60	59.00	180.10	286.80	39.50
2001	941.20	795.60	157.70	38.30	211.00	287.40	41.20
2002	940.00	783.30	157.10	24.50	223.70	263.10	43.30
2003	955.10	786.30	129.50	21.40	203.50	324.20	38.80
2004	964.70	821.50	167.50	24.70	214.20	340.10	30.90
2005	1132.20	989.00	185.00	25.90	273.00	421.50	33.20
2006	1167.80	1017.80	199.20	24.40	330.50	424.60	20.30
2007	1189.90	1046.30	225.30	23.30	388.40	380.90	21.50
2008	1208.70	1098.80	245.20	26.60	364.70	397.20	29.10
2009	1387.10	1139.20	263.60	33.70	485.40	486.30	22.00
2010	1425.00	1145.50	297.50	37.80	523.20	447.90	24.00
2011	1448.60	1150.20	344.80	41.50	590.40	346.20	28.60
2012	1466.00	1152.00	382.00	40.20	661.50	260.00	31.40

资料来源:各年份黑龙江统计年鉴。

(3)耕地集中连片,有利于土地集约化生产。黑龙江省耕地主要分布在松嫩平原和三江平原,其耕地面积占全省耕地面积的86%,而且大多地势平坦。由于地势平坦,耕地集中连片,适宜于大面积机械化作业,有利于耕地规模经营和集约化生产。

(4)人均耕地较多,但分布不均衡。2012年末,黑龙江省人均耕地0.42hm²,虽然高于全国人均耕地水平,但人均耕地分布不均,人均耕地水平较高的县(市)主要集中在一些边远地区。但在经济发达的一些市县,人均耕地在0.1hm²(1.5亩)以下,有的已低于联合国粮农组织提出的人均耕地0.05hm²(0.8亩)的最低限度。黑龙江省一些经济发达的县(市、区),人口密集,人均耕地少,而且建设用地数量大,人地矛盾突出,耕地减少速度快,已成为这些地区经济发展的制约因素。

（5）中低产田面积大，总体水平不高。根据2006年黑龙江省农用地分等定级资料，黑龙江省农用地国家级自然质量等别范围为3~15等，共13个等别。其中3~5等主要分布在大小兴安岭山区和三江平原东部；6~12等地除大小兴安岭之外全省其余各县（市）均有分布；13~15等地主要分布在松嫩平原东部的哈尔滨市周围各县（市）。黑龙江省农用地自然质量等别主要分布在7~11等范围内，其中，9等土地类面积最大，11等以上土地类面积最小。从国家级自然质量等别面积分布看，6等以下地类面积为2019348.77hm²，占全省所有自然质量等别面积的16.99%；7~11等地面积为88411160.45hm²，占74.37%；12等以上地类面积为1027937.32hm²，占8.64%，呈现两头小、中间大的态势。反映了全省中产田比例大、低产田和高产田比例小（图2-5）。

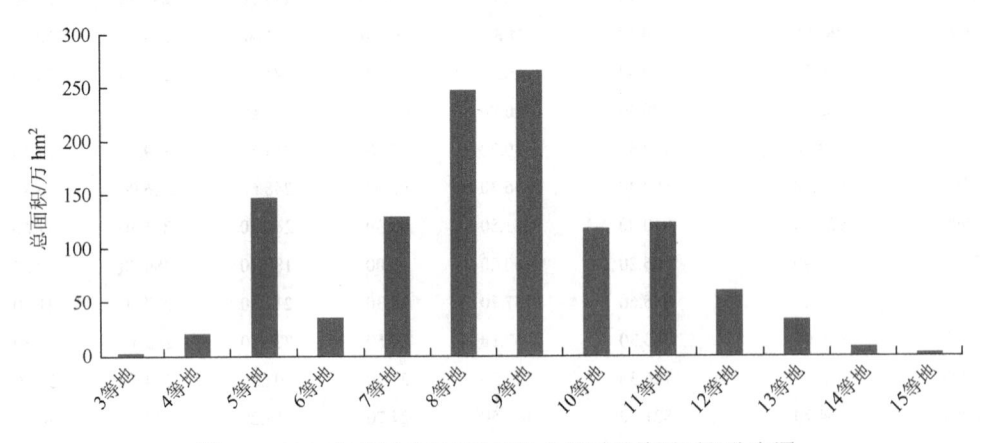

图2-5 2006年前黑龙江省农用地自然质量等别面积分布图

2.4.1.2 近期黑龙江省耕地状态变化趋势分析

要对黑龙江省未来一个时期的耕地保护和利用的压力进行分析，首先应当对历史上黑龙江省的耕地利用变化情况进行一定的整理，从中分析出黑龙江省耕地数量质量总体的发展趋势，把握现今我国社会大发展这一特定时期的演化规律。

1）2004~2012年黑龙江省耕地变化态势

结合黑龙江省2004~2008年的土地利用现状调查数据以及第二次全国土地调查（简称二调）所得成果，可以得到2004~2012年黑龙江省耕地年内净增减量（图2-6）。

2004年开始，黑龙江省的耕地数量经历了一个先增加后减少的过程。从2005年开始，连续三年耕地数量得以补充，特别是2006年，其耕地数量猛增160944.74hm²，占当年年末耕地数量的13.8%。究其原因，一是这一时期，我国大力推动耕地的开发、整理、复垦工作，确实在黑龙江省取得了显著成绩；二是这几年的农业结构调整在黑龙江省达到了一个高潮，而这一因素的影响更为重大。据统计，2004~2007年，黑龙江省通过农业结构调整所增加的耕地数量分别为11550.37hm²、5756.23hm²、105076.31hm²、9525.17hm²，分别占当年全省年内增加耕地面积的36.3%、49.3%、63.0%、75.8%。而进入2008年之后，黑龙江省的耕地面积开始逐年减少，在2008~2012年的五年间，其以平均每年

6870.725hm² 的数量减少。这与近年来,国家提倡生态保护,积极进行划定生态红线的工作密切相关,这些政策的实施意在保护林地、草地等生态用地在土地利用结构中的份额,这必然会影响通过农业结构调整增加的耕地数量。可以预见的是,近期政府对于生态政策不太可能放松,因此,黑龙江省的耕地总量在一定时间内不太可能大规模增加。

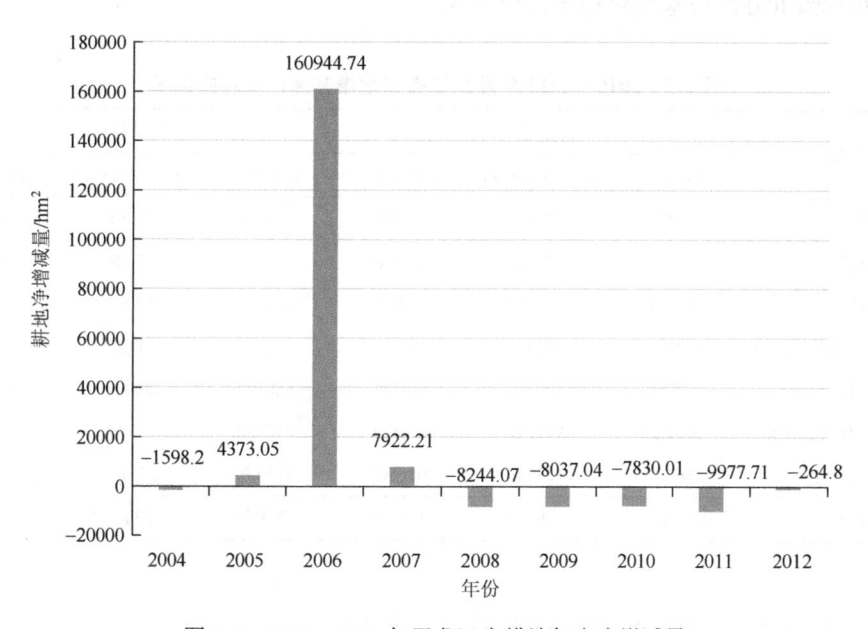

图 2-6　2004~2012 年黑龙江省耕地年内净增减量

2) 基于二调数据的耕地增减流向分析

耕地数量变化是耕地与其他地类相互转化而导致的耕地增减过程的结果,多项研究成果表明,耕地转移可通过土地转移速率表示:

$$\text{IRL}_i = \frac{\text{LA}(i,t_2) - \text{ULA}_i}{\text{LA}(i,t_1)} \times \frac{1}{t_2 - t_1} \times 100\% \quad (2\text{-}1)$$

$$\text{TRL}_i = \frac{\text{LA}(i,t_1) - \text{ULA}_i}{\text{LA}(i,t_1)} \times \frac{1}{t_2 - t_1} \times 100\% \quad (2\text{-}2)$$

式中, IRL_i、TRL_i 分别为第 i 种土地利用类型在监测时期 $t_1 \sim t_2$ 的转入、转出速率; $\text{LA}(i,t_2) - \text{ULA}_i$ 为其他非 i 类土地利用类型在监测时期 $t_1 \sim t_2$ 转变为第 i 种土地利用类型的面积,即非耕地面积转变为耕地面积的总和; $\text{LA}(i,t_1) - \text{ULA}_i$ 为第 i 种土地利用类型在监测时期 $t_1 \sim t_2$ 转变为其他非 i 类土地利用类型的面积,即耕地面积转移为非耕地面积总和; $\text{LA}(i,t_1)$ 为第 i 种土地利用类型在监测期初的面积,即耕地面积; ULA_i 为第 i 种土地利用类型在监测期间未变化部分面积,即未变化的耕地面积。

根据上述公式,对 2010~2012 年黑龙江省耕地增减流向数据进行计算,得到 2010~2012 年黑龙江省耕地转入和转出速率(表 2-7),得到如下结论:①2010~2012 年黑龙江省耕地转入规模远远小于转出规模,耕地平均年转出速率是转入速率的将近 2 倍。②黑龙江省耕地转入的来源主要是草地,三年间转入了 10926.31hm²,引起的耕地平均年转入速率达到 0.6853‰，贡献了总耕地年转入速率的 57.62%，其次是水域及水利设施用地和林地，分别引起 0.1820‰和 0.1196‰的耕地年转入速率。③黑龙江省耕地转出的主要流向是城镇村及工矿用地，三年间转出了 21027.98hm²，引起的耕地平均年转出速率达到 1.3188‰，贡献了总耕地年转出速率的 56.78%，其次是交通运输用地和其他土地，分别引起 0.3930‰和 0.2768‰的耕地年转出速率。

表 2-7 2010～2012 年黑龙江省耕地增减流向及转换速率

分类	耕地转入 面积/hm²	速率/（hm²/a）	IRL耕/‰	耕地转出 面积/hm²	速率/（hm²/a）	TRL耕/‰
园地	10.07	3.36	0.0006	63.23	21.08	0.0040
林地	1907.70	635.90	0.1196	1313.67	437.89	0.0824
草地	10926.31	3642.10	0.6853	491.92	163.97	0.0309
城镇村及工矿用地	1324.28	441.43	0.0831	21027.98	7009.33	1.3188
交通运输用地	328.52	109.51	0.0206	6265.99	2088.66	0.3930
水域及水利设施用地	2901.29	967.10	0.1820	3460.06	1153.35	0.2170
其他土地	1566.18	522.06	0.0982	4414.02	1471.34	0.2768
小计	18964.35	6321.46	1.1894	37036.87	12345.62	2.3229

2.4.1.3 耕地数量对黑龙江省粮食增产的作用

为了进一步分析黑龙江省粮食增产与耕地面积的关系，以及未来一个时间段黑龙江省粮食增产潜力并提出相关的耕地保护对策，有必要对近期黑龙江省粮食增产的主要影响因素做进一步分析。

根据相关研究，一个地区粮食产量的主要影响因素如图 2-7 所示。

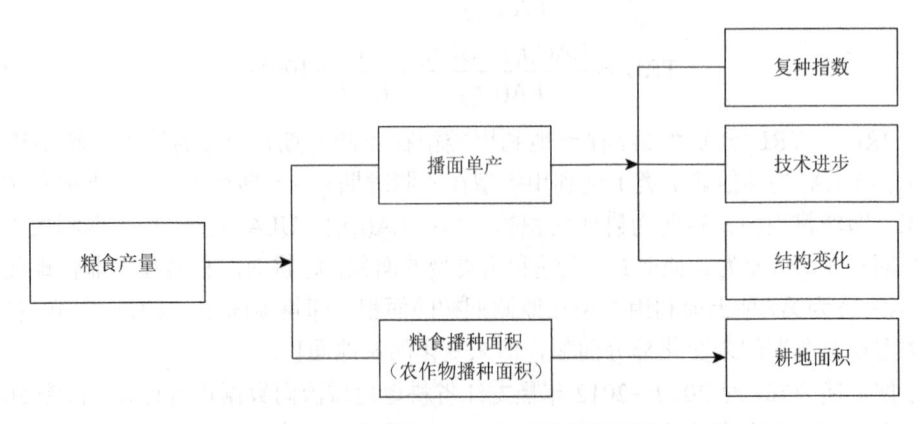

图 2-7 粮食产量主要影响因素分解图

由图 2-7 可对黑龙江省近期粮食快速增长的因素进行分析，理解其增长来源。

1）粮食产量

以 2004~2013 年黑龙江省粮食总产量作为研究对象，2004~2013 年黑龙江省粮食总产量情况如图 2-8 所示。

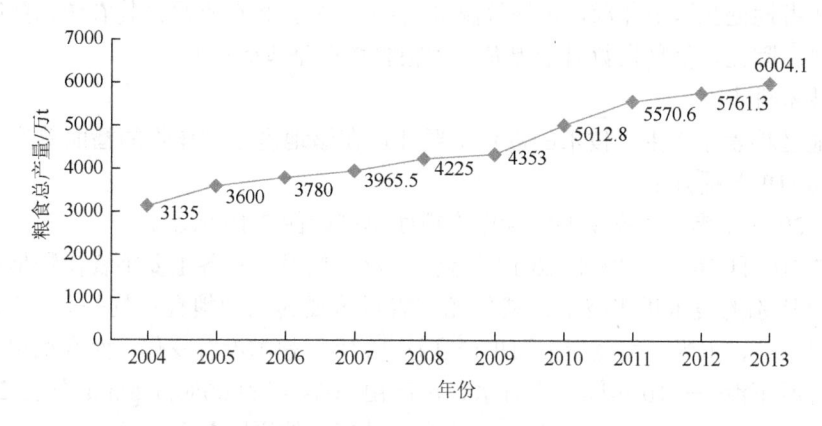

图 2-8　2004~2013 年黑龙江省粮食总产量

如图 2-8 所示，2004~2013 年这 10 年来，黑龙江省粮食产量呈逐年增长的态势，年均增长量达到 318.8 万 t，相应的年均增长率为 7.5%（以 2004 年为基期），并且在 2009~2011 年这一时期达到增速高峰，年均增长量达到 608.8 万 t，而从 2011 年末开始，这一速度有所放缓，年均增长量为 216.7 万 t，相应的增长率为 3.8%（以 2011 年为基期）。

2）播种面积单产

2004~2013 年黑龙江省粮食播种面积单产（简称播面单产）的情况如图 2-9 所示。

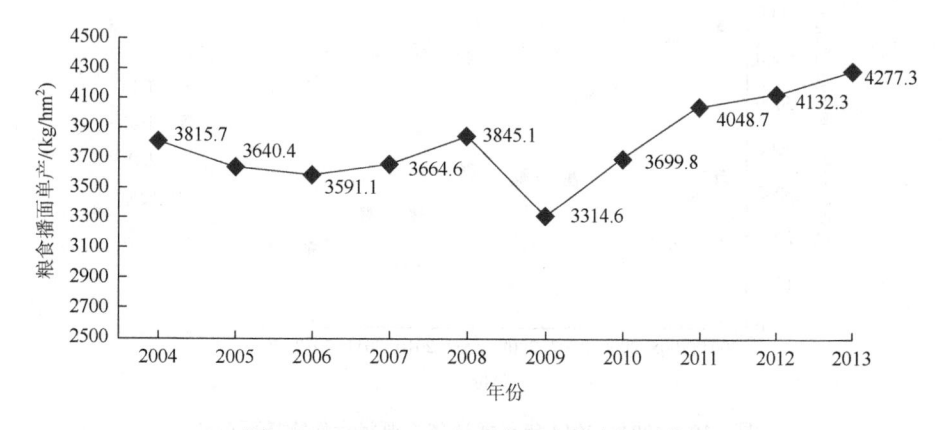

图 2-9　2004~2013 年黑龙江省粮食播面单产

由图 2-9 可以看出，2004~2013 年这 10 年，黑龙江省的粮食播面单产呈波动上升的态势：总体看，其年均单产增量为 51.3kg/hm²，相应的年均增长率为 1.28%（以 2004 年为基期）。从这 10 年粮食播面单产的增长率与粮食总产的增长率的比较来看，单纯粮食播面的增长对粮食总产的增长的贡献有限，并不是近 10 年来粮食增产的主要来源。不过，就 2011～2013 年三年的情况来看，其年均增长率达到 2.78%（以 2011 年为基期），已经较为接近粮食总产年均增长率。

（1）复种指数。

黑龙江省地处我国最北部，年均气温多在-5～5℃，积温不足，其农作物熟制基本均为一年一熟。因此，复种指数对于黑龙江省粮食增产基本无影响。

（2）技术进步。

一个地区粮食作物生产技术的进步主要体现在该地区各种作物的播面单产，特别是其主导作物的单产提升上。

2004～2013 年黑龙江省主要粮食作物播面单产如图 2-10 所示。

由图 2-10 可以看出，2004～2013 年这 10 年，黑龙江省各主要粮食作物播面单产并没有显示出特别的技术进步特征：就黑龙江省最重要的三种粮食作物——玉米、水稻、大豆的情况来看，玉米、大豆的播面单产在这 10 年间基本没有变化；而水稻单产则在一定程度上有所下滑——10 年间，全省水稻单产由 2004 年的 6686.6kg/hm² 降至 2013 年的 5508.8kg/hm²，年均减少 130.9kg/hm²。造成这种情况的原因是多方面的：首先，可以排除技术退步的可能——一般农作技术是一种累积的过程，除非出现战争等不可预见的对文明的巨大破坏，否则不太可能出现农耕技术的退化。然后，农作物，特别是水稻的向北持续扩张，是产生这一情况的重要原因，纬度的增高必然不利于水稻所必需的积温要求。最后，新开垦耕地的使用以及农田水利设施的老化与供应不足均会在一定程度上制约农作物播面单产的提高。但是，无论如何，从数据上来看，以粮食作物播面单产为表征的技术进步并不能作为近期黑龙江省粮食增产的明显来源。

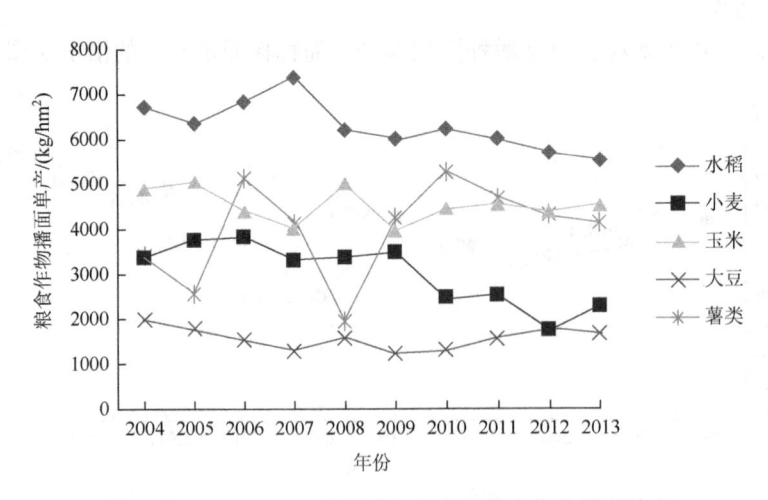

图 2-10 2004～2013 年黑龙江省主要粮食作物播面单产

（3）结构变化。

中国粮食统计中，粮食是谷物、豆类和薯类三大类的总称，而谷物则是指稻谷、小麦、玉米三大高产粮食作物和其他谷物。因此，统计指标上的粮食播面单产变化，一方面有可能来自单种粮食单产的变化，另一方面也有可能是单产水平不同的粮食作物比例调整而产生的数字上的变化。

黑龙江省最主要的粮食作物是水稻、玉米和大豆,其中水稻和玉米的播面单产远高于大豆。就 2013 年的水平来看,此三种粮食作物的播面总和为 1343.2 万 hm²,占到全省农作物播种面积的 91.5%。2004~2013 年黑龙江省主要粮食作物播面变化如图 2-11 所示。

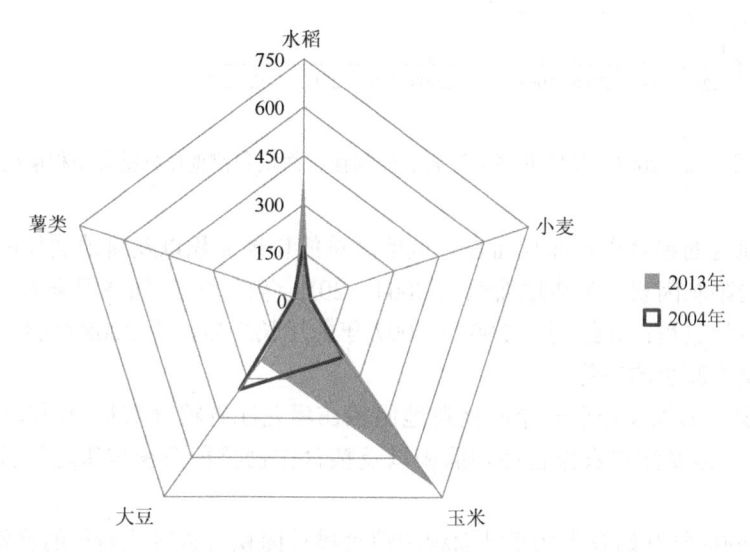

图 2-11 2004~2013 年黑龙江省主要粮食作物播面变化图(单位:万 hm²)

在 2004~2013 年的 10 年间,高产作物玉米和水稻分别从 2004 年的 214.2 万 hm² 和 167.5 万 hm² 增长为 2013 年的 709.9 万 hm² 和 403.1 万 hm²,而较为低产的大豆则从 2004 年的 340.1 万 hm² 减少至 2013 年的 230.2 万 hm²,这体现在这三种作物播面占总粮食作物播面的比例依次由 26.1%、20.4% 和 41.4% 变化为 50.6%、28.7% 和 16.4%。可见黑龙江省内部不同单产水平的粮食作物比例的调整,特别是高产作物比例上升和低产作物比例下降的作用,使得即使黑龙江省各种粮食作物的播面单产没有明显的技术进步特征,甚至稍有减少(如水稻),但在最终粮食单产的统计数据上,其值依然表现为有所上升。

3) 粮食播种面积(农作物播种面积)

从黑龙江全省的粮食作物播种面积和农作物播种面积来看,2004~2013 年这 10 年也是黑龙江省粮食播种面积和农作物播种面积持续走高的 10 年,共分别有 582.1hm² 和 503.1hm² 的增长,增长幅度依次为 70.85% 和 52.15%,年均增长率分别达到 7.87% 和 5.21%(以 2004 年为基期),可见在这 10 年中黑龙江省粮食增产的主要来源是粮食播种面积的增长。同时从 2011~2013 年这三年的情况来看,粮食作物播种面积和农作物播种面积的增长速率趋于减缓,依次为年均 1% 和 0.67%,小于播面单产和粮食产量的年均增长率,因此可以得出结论,这三年来,黑龙江省粮食产量的增长主要来源于播面单产的上升,并且其中作物间的种植结构优化起到了主要作用(图 2-12)。

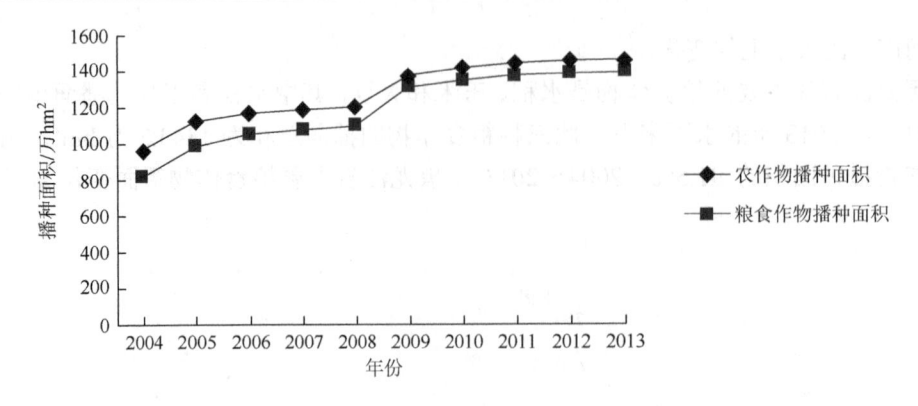

图 2-12　2004~2013 年黑龙江省农作物播种面积和粮食作物播种面积情况

对一个地区的粮食播种面积而言，该地区总的耕地面积以及耕地面积的变动趋势，显然是重要的限制因素。就耕地面积在 2004~2013 年的 10 年间情况来看，经历了一个先增长后减少的过程：在经历了 2005~2007 年的增长之后，于 2008 年开始逐步形成了一种稳定中稍有减少的态势。

为了判定之前以及今后一个时期耕地面积在黑龙江省粮食增长中所起的作用，选择 2004~2013 年黑龙江省农作物播种面积以及粮食作物播种面积与耕地资源总面积的比例作图。

全省从 2004 年开始农作物播种面积和粮食播种面积占总耕地面积的比例逐年升高，特别是在 2008~2010 年，其增长速度达到顶峰，其后从 2011 年开始，逐步稳定，就 2011~2013 年的平均值来看，农作物播种面积占耕地面积比和粮食作物播种面积占耕地面积比分别为 91.8%和 87.5%。

可见，在 2011 年以前黑龙江省粮食产量的增长更多地依赖于播种面积的增长，而播种面积的增长一方面来源于耕地面积的增长，另一方面则是由于粮食作物播种面积占耕地面积的比例的增长。但是在 2011 年以后，随着耕地面积的稳中略降的态势的形成以及粮食作物占耕地面积的比例的稳定，播种面积增长带来的粮食增长已然趋于极限，粮食播面单产的变动成为主要因素。

4）结论

综合以上讨论，就耕地面积在黑龙江省粮食增长中的作用而言，可以把 2004~2013 年分为两个阶段：2011 年以前和 2011 年以后。

2011 年以前，黑龙江省粮食处于快速增长时期，耕地面积是黑龙江省粮食增产的主要推动力，这主要体现在两个方面：一是，这一时期耕地面积本身有所增长；二是，作为粮食增长直接来源的粮食播种面积占耕地面积的比例逐年上升（可认为是对耕地面积利用率的上升）。2011 年以后，随着耕地面积和粮食播种面积占耕地面积比例的稳定，粮食播种面积增长渐趋极限，耕地面积成为粮食增长的重要制约因素。这一时期的粮食增长的主要来源是粮食播面单产的上升，而这一指标的上升，更多的原因并不是由于技术进步，而是由于高产作物，如玉米、水稻在粮食作物中的比例上升以及低产作物大豆在粮食作物中比例下降而造成的结构变化。结合《黑龙江省国民经济和社会发展十二个五年规划纲要》提出的建设 5500 万亩（367 万 hm^2）非转基因大豆的目标来看，其已经超出 2013 年 230 万 hm^2 的大豆现状用地 137 万 hm^2，可见今后一个时期，黑龙江省要依靠结构转化来实现粮食增长已经不太可能。

因此，考虑上述分析，在今后一个时期，黑龙江省想要保持或者提高粮食产量，维持其国家第一产粮大省的地位，至少要完成包括两个方面的工作：一是坚定不移地保护耕地资源，积极落实耕地保有目标，不能使耕地资源的限制变得更为紧张；二是加大投入进行农业基础设施的完善，改造中低产田，提高新开耕地以及原有耕地的粮食生产能力。

2.4.2 黑龙江省建设用地状态分析

2.4.2.1 黑龙江省建设用地现状分析

根据黑龙江省第二次土地调查数据，2012 年末黑龙江省建设用地面积达到 159.7 万 hm^2，占黑龙江省土地面积的 3.39%，人均建设用地 416.3m^2，是全国人均建设用地的 1.53 倍，同时也超出吉林、辽宁的人均水平，详见图 2-13。

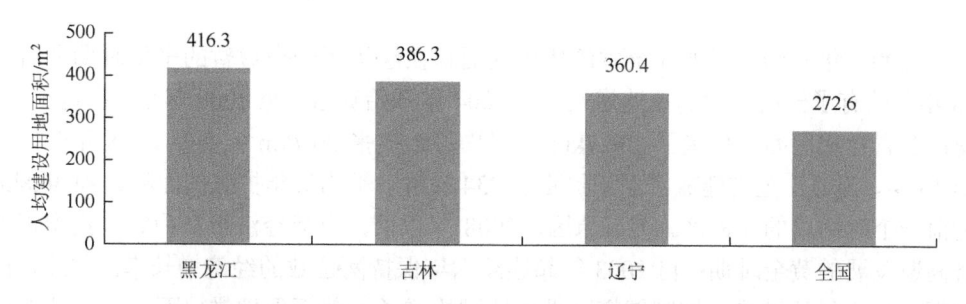

图 2-13 黑龙江省与吉林、辽宁及全国人均建设用地水平比较

从建设用地类型来看：截至 2012 年末，城镇村及工矿用地 120.5 万 hm^2，其中城市 17.1 万 hm^2，建制镇 14.0 万 hm^2，村庄 75.3 万 hm^2，采矿用地 11.0 万 hm^2，风景名胜及特殊用地 3.1 万 hm^2；交通运输用地（不含农村道路，以后若未标明均以此计）约 15.1 万 hm^2，其中铁路用地 3.9 万 hm^2，公路用地 10.9 万 hm^2，机场用地 0.2 万 hm^2，港口码头用地 0.01 万 hm^2，管道运输用地 0.08 万 hm^2；水库水面 18.8 万 hm^2；水工建筑用地 5.3 万 hm^2。

从区域分布来看，位于哈大齐工业走廊以及其延伸地带的哈尔滨、大庆、齐齐哈尔、牡丹江以及绥化五地市的建设用地面积达到 106.3 万 hm^2，占到全省建设用地总面积的 2/3。而其余九地市的建设用地总面积只占到全省的约 1/3。

从集约节约利用来看，黑龙江省土地利用方式较为粗放，特别是农村居民点用地集约节约利用程度较低，整理潜力较大：就 2012 年末来看，黑龙江省村庄用地达到 75.3 万 hm^2，乡村人口 1652.5 万人，人均建设用地达到 455.7m^2，远高于相邻省份与全国平均水平。

2.4.2.2 近期黑龙江省建设用地数量变化分析

由于二调始自 2008 年，年份尚短，2008 年以前黑龙江省确切的建设用地面积总量数据不易获得，而统计数据中的建成区面积连贯性好，同时它又是建设用地中的重要构成，因此研究黑龙江全省建成区面积，可以表征一个时期黑龙江省建设用地变化的趋势，具体情况可见图 2-14。

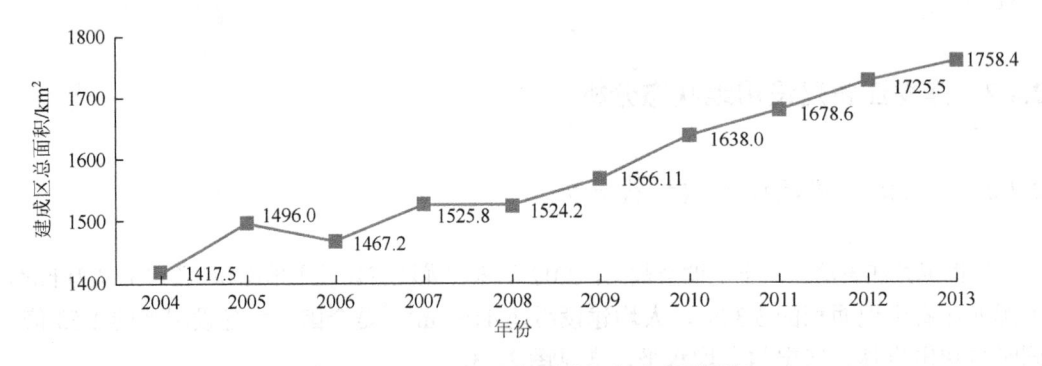

图 2-14 2004~2013 年黑龙江省建成区面积

自 2004 年开始，黑龙江全省的建成区面积在经历了一个短暂的平稳时期之后，自 2008 年开始有了一段时间的快速增长。从 2004 年开始算起，至 2008 年止，在这一时期，黑龙江全省建成区面积扩张了 106.7km^2，平均每年扩张 26.7km^2；而从 2008 年开始，截至 2013 年，黑龙江全省建成区面积扩张了 234.2km^2，平均每年扩张的面积达到 46.8km^2，约为前一个时间段的 1.8 倍。究其原因，2008 年以前，世界经济形势稳定，我国正处于经济高速发展的黄金时期：自 2003 年起连续六年保持两位数的经济增长率。因此，在这一时期，防止经济过热，控制城市建设用地过快增长，兼而保护耕地面积，便顺理成章地成了中央政府的优先选择。但自 2008 年美国次贷危机之后，世界经济陷入低迷，我国也深受影响，面对不断增加的经济下行压力，中央以及地方政府开始转向建设用地扩张政策，为了获得更多投资，拉动地方经济增长，保证较为稳定的就业率，为投资者提供较宽松的土地政策与指标，成了这一阶段的选择。

从建设用地扩张的分布来看，在各个城市中，建成区面积的增长规模和速度并不均衡，从 2004~2013 年 12 个地级市的建成区增长规模来看，建成区增长规模位于前四位的依次为：大庆、哈尔滨、佳木斯和齐齐哈尔，分别增长了 92.5km^2、77.9km^2、40.7km^2 和 36.4km^2，此四市的增长规模之和占到了 12 个地级市总增长规模的 84.3%。同样的情况也出现在县级市之中，就 2013 年黑龙江省所辖的 18 个县级市来看，建成区规模在这 10 年间扩张最大的前三位分别为绥芬河（24.4km^2）、肇东（14.2km^2）和五常（9.5km^2），三市建成区扩张的面积达到了 18 个县级市总增长规模的 57%。可见，由于发展环境、经济基础、区位条件、政策差异等多方面的原因，黑龙江省不同地区的发展情况并不相同，从建成区扩张规模的差异中可以发现地区发展的巨大差异。

特别需要指出的是，即使是在全省经济普遍面临巨大的下行压力的时期，这种地区间的建设扩张不平衡也没有减缓。2008~2013 年，12 个省辖地级市建成区总的扩张规模达到了 216.5km²，而扩张规模位于前列的大庆、哈尔滨、佳木斯、齐齐哈尔四地市的扩张规模之和达到了 174.3km²，占全省 12 个地级市的总扩张规模的 80%，见图 2-15。

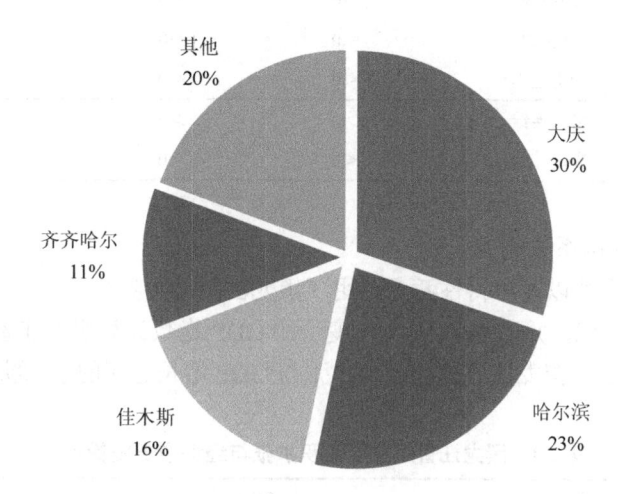

图 2-15　2008~2013 年黑龙江省 12 个地级市建成区增长规模比例

2.4.2.3　建设用地在黑龙江省经济发展中的作用

为了探讨黑龙江省在面临较强的经济下行压力时对建设用地增长的依赖性，本书对一个时期黑龙江省建设用地在经济发展中的作用进行分析。

已有研究表明，建设用地扩张与经济增长是有显著的相关关系的，但这种关系可能随着经济增长的阶段演进而发生改变，建设用地扩张对经济增长的贡献会逐渐缩小，而同时经济增长对建设用地的驱动作用也将会减弱。因此，有学者推断二者的相关性会随着经济的不断增长逐渐减弱。而资源环境领域的"脱钩理论"正好可应用于建设用地扩张与经济增长关系的分析之中。

本书中采用现在研究中广泛使用的 Tapio 脱钩模型对现阶段黑龙江省建设用地扩张与经济增长之间的关系进行分析。

1）Tapio 脱钩模型

$$t = \frac{\Delta BL/BL}{\Delta GDP/GDP} = \frac{(BL_n - BL_{n-1})/BL_{n-1}}{(GDP_n - GDP_{n-1})/GDP_{n-1}} \qquad (2\text{-}3)$$

式中，t 为脱钩系数；BL_n、BL_{n-1} 分别为第 n 年、第 $n-1$ 年的建设用地总量，代表建设用地资源消耗量；GDP_n、GDP_{n-1} 分别为第 n 年、第 $n-1$ 年的国内生产总值，代表经济增长状况。依据 ΔGDP 与 ΔBL 之间的大小关系以及 t 的取值范围，脱钩状态如表 2-8 所示。

表 2-8　建设用地扩张与 GDP 增长之间的脱钩状态

	状态	ΔBL	ΔGDP	脱钩系数 t
负脱钩	扩张负脱钩	>0	>0	>1.2
	强负脱钩	>0	<0	<0
	弱负脱钩	<0	<0	0<t<0.8
脱钩	弱脱钩	>0	>0	0<t<0.8
	强脱钩	<0	>0	<0
	衰退脱钩	<0	<0	t>1.2
连结	增长连结	>0	>0	0.8<t<1.2
	衰退连结	<0	<0	0.8<t<1.2

2）黑龙江省脱钩系数测算

出于数据的连贯性以及可得性考虑，用《黑龙江统计年鉴》中的建成区面积表征黑龙江全省的建设用地面积，并以 1978 年为不变价的 GDP 指数计算黑龙江省近期的经济增长。经计算，2004~2013 年黑龙江省建设用地扩张与 GDP 增长之间的脱钩状态如表 2-9 所示。

表 2-9　黑龙江省建成区面积扩张与经济增长脱钩状况

年份	建成区面积 总量/km²	变化率	GDP 指数	变化率	脱钩系数 t	脱钩类型
2003	1362.50	—	643.40	—	—	—
2004	1417.50	0.0404	718.70	0.1170	0.3449	弱脱钩
2005	1496.01	0.0554	802.10	0.1160	0.4773	弱脱钩
2006	1467.17	−0.0193	899.20	0.1211	−0.1592	强脱钩
2007	1525.80	0.0400	1007.10	0.1200	0.3330	弱脱钩
2008	1524.21	−0.0010	1125.90	0.1180	−0.0088	强脱钩
2009	1566.11	0.0275	1254.30	0.1140	0.2410	弱脱钩
2010	1637.98	0.0459	1413.60	0.1270	0.3613	弱脱钩
2011	1678.60	0.0248	1587.50	0.1230	0.2016	弱脱钩
2012	1725.50	0.0279	1746.30	0.1000	0.2793	弱脱钩
2013	1758.38	0.0191	1886.00	0.0800	0.2382	弱脱钩

注：各年份 GDP 指数按照 1978 年不变价格计算。

3）建设用地在黑龙江省经济发展中的作用

从 2004~2013 年的 10 年间黑龙江省建设用地面积扩张与经济发展的脱钩系数来看，除了少数年份（2006 年、2008 年）为强脱钩状态外，其他年份基本处于弱脱钩状态。依脱钩系数的变动特征，可以将其分为三个阶段：2008 年之前的波动下降阶段，2009~2010 年的急速回升阶段，2010 年之后的趋于稳定阶段。

（1）2008 年之前的波动下降阶段。2008 年之前，国际经济形势稳定，国内经济发展正处于黄金时期，国内许多城市都在不同程度上经历甚至是完成了城市化快速发展阶段。

因此从总体来看，这一时期正好是我国跨越"库兹涅茨曲线"最高点的一个时期，这一时期，建设用地面积扩张与经济发展脱钩系数处于下降阶段，不过由于地方政府的土地财政惯性，建设用地的增长量不会发生骤降，甚至由于地方竞争出现了建设用地增长速度较快的时期，并因此拉高了一些年份的脱钩系数。与此同时，中央政府为应对这种情况也常常提出控制建设用地增长的相应政策，如2004年暂停农用地转用审批等措施。由此造成的结果便如2004～2008年黑龙江省的情况一样，有些年份脱钩系数极高，而有些年份又突然降至负值。因此，可以把诸如2005～2006年、2007～2008年这样高低起伏的年度，认为是地方政府与中央政府的博弈结果，即前一年地方政府供给大量建设用地入市，下一年中央政府出台政策限制地方卖地行为，到后一年中央政策松动，地方政府又开始大量供应建设用地，并最终导致建设用地供应"大小年"现象的出现。总的来说，这一时期，黑龙江省的脱钩系数在波动中逐步下降。

（2）2009～2010年的急速回升阶段。2008年以后，受国际经济危机的影响，我国当然也包括黑龙江省的经济发展环境开始恶化，宏观经济下行压力变大。中央政府和地方政府的目标都在一定程度上偏向于稳定地方经济，因而在土地政策方面出台了一些利好政策，如2008年实施的城乡建设用地增减挂钩试点等，这些政策一方面在建设用地总量规模上依然坚持控制为主的思想，但是事实上对于地方，特别是城市建设用地的指标给予了更多的获得途径。因此可以看出，2008年之后，2009～2010年这段时间，黑龙江省城市建成区面积有了一个较大的增幅，并且在这段时间中新增城市建设用地的经济拉动作用明显回升，这表现在脱钩系数从2008年的–0.0088上升至2010年的0.3613。

（3）2010年之后的趋于稳定阶段。2010年之后，黑龙江省的经济下行压力进一步加深，而同时政府也继续采取较为利好的土地政策，这使得一段时间内黑龙江省对于建设用地规模扩张的依赖性脱离了原本已经进入下降趋势的阶段，并使得脱钩系数基本保持在0.2～0.3。

（4）结论。基于脱钩理论，我们可以得出这样的结论：黑龙江省已经进入城市化发展的中后期阶段，经济发展已经开始与城市建设用地规模扩张脱钩，但是2008年之后全球金融危机的冲击，使得其不得不脱离原本的逐渐脱钩路径，经济发展再次稳定在一定程度对于建设用地规模扩张的依赖之上。不过，从脱钩系数来看，这种稳态是效益较好的弱脱钩状态，即建设用地对于当地经济发展具有一定的促进作用，但是其利用效率从全省来看是比较高的，并不是一味地以数量扩张增加经济效益。因此，从全省的角度来看，现阶段建设用地的适度扩张在经济发展中的作用是较为积极的。这也在一定程度上解释了黑龙江省面临的经济下行压力对于建设用地扩张的需求。

2.4.3 黑龙江省生态用地状态分析

2.4.3.1 黑龙江省生态用地现状分析

一般认为，"生态用地"一词最先由石元春院士于2001年考察宁夏回族自治区时提出，后由石玉林院士在中国工程院咨询项目"西北地区水资源配置与生态环境保护"报告中做了进一步的概念阐述。就目前来看，我国学术界并没有对生态用地形成统一的定义，不过就其内涵及外延来看，学界已基本达成了一定的共识，即生态用地一般是指具有以下特点的用地类型：第一，生态用地应该是非生产性的；第二，生态用地应该是非建设性的；第三，生态用地以发挥生态功能、稳定区域生态平衡为首要功能。

基于以上讨论与分析，本书将二调分类中的一级类林地、草地、水域与水利设施用地中除水工建筑用地以及其他土地中除设施农用地的土地利用类型作为生态用地。同时为了便于分析，将水工建筑用地、设施农用地作为单独地类提出，并将除水工建筑用地以外的水域与水利设施用地统称为水域用地，将除设施农用地以外的其他土地合称为其他生态用地。

根据二调数据，截至2012年，黑龙江省生态用地总量2922.3万hm^2，广泛分布于全省各个地区，占到全省土地面积的62.1%。其中，林地2325.0万hm^2，占生态用地面积79.6%，占全省土地面积49.4%；草地205.5万hm^2，占生态用地面积7%，占全省土地面积4.4%；水域213.5万hm^2，占生态用地面积7.3%，占全省土地面积4.5%；其他生态用地178.3万hm^2，占生态用地面积6.1%，占全省土地面积3.8%。

2.4.3.2 近期黑龙江省生态用地数量变化分析

基于增减流向的分析思路，可以得到生态用地相关的增减流向表，分别对应于生态用地、林地、草地、水域、其他生态用地。

1）生态用地

2010~2012年，黑龙江省生态用地增减流向及转换速率详见表2-10。

表2-10 2010~2012年黑龙江省生态用地增减流向及转换速率

分类	生态用地转入			生态用地转出		
	面积/hm^2	速率/(hm^2/a)	IRL$_{生}$/‰	面积/hm^2	速率/(hm^2/a)	TRL$_{生}$/‰
耕地	4400	1466.67	0.0501	17292.75	5764.25	0.1970
园地	61.06	20.35	0.0007	273.68	91.23	0.0031
城镇村及工矿用地	112.15	37.38	0.0013	12331.17	4110.39	0.1405
交通运输用地	822.8	274.27	0.0094	6244.87	2081.62	0.0712
水工建筑用地	15.31	5.10	0.0002	629.35	209.78	0.0072
设施农用地	17	5.67	0.0002	2258.88	752.96	0.0257
小计	5428.32	1809.44	0.0619	39030.7	13010.23	0.4447

2010~2012年，生态用地在三年间减少了33602.38hm^2，约占2010年初生态用地总量的1.2‰。从转入转出规模来看，三年间，黑龙江省生态用地的转出规模远超于转入规模，这也表现在转入转出速率方面，转出速率为转入速率的7倍多。就生态用地转入的主要来源看，耕地是黑龙江省生态用地转入的最主要来源，三年间共转入4400hm^2，占到总转入规模的81%，年转入速率为0.0501‰；其次为交通运输用地，共转入822.8hm^2，

年转入速率为 0.0094‰；而从生态用地转出方向来看，耕地、城镇村及工矿用地和交通运输用地分列前三位，三年间分别有 17292.75hm²、12331.17hm² 及 6244.87hm² 的生态用地转化为这三种类型的土地，其和占总转出面积的 91.9%，转出速率分别达到 0.1970‰、0.1405‰ 及 0.0712‰。

2）林地

2010～2012 年黑龙江省林地增减流向及转换速率详见表 2-11。

表 2-11　2010～2012 年黑龙江省林地增减流向及转换速率

分类	林地转入 面积/hm²	速率/(hm²/a)	IRL林/‰	林地转出 面积/hm²	速率/(hm²/a)	TRL林/‰
耕地	1313.67	437.89	0.0188	1907.7	635.90	0.0273
园地	0	0.00	0.0000	5.39	1.80	0.0001
草地	611.55	203.85	0.0088	272.76	90.92	0.0039
城镇村及工矿用地	39.12	13.04	0.0006	4011.55	1337.18	0.0575
交通运输用地	640.16	213.39	0.0092	4175.37	1391.79	0.0598
水域	219.62	73.21	0.0031	1650.87	550.29	0.0237
水工建筑用地	0.07	0.02	0.0000	197.76	65.92	0.0028
其他生态用地	2888.44	962.81	0.0414	2834.53	944.84	0.0406
设施农用地	8.21	2.74	0.0001	576.71	192.24	0.0083
小计	5720.84	1906.95	0.0820	15632.64	5210.88	0.2240

从林地的变化情况来看，黑龙江省的林地面积共减少了 9911.8hm²，约占 2010 年初面积的 0.39‰。从转入转出的规模来看，林地转出的规模远大于转入规模，其表现在转入转出速率上则为：三年间黑龙江省的林地转出速率约为转入速率的 2.7 倍。从林地转入的来源来看，三年间，其他生态用地转为林地最多，共有 2888.44hm² 其他生态用地转化为林地，占所有转入量的 50.5%；其次是耕地，共转入 1313.67hm²，占所有转入量之比为 23.0%，其转入速率依次为 0.0414‰ 和 0.0188‰。而在林地转出方面，交通运输用地、城镇村及工矿用地、其他生态用地以及耕地分别在转出规模与速率中位列前四位，依次有 4175.37hm²、4011.55hm²、2834.53hm² 以及 1907.7hm² 的林地转化为上述土地利用类型，其转出速率依次为 0.0598‰、0.0575‰、0.0406‰、0.0273‰。

3）草地

2010～2012 年黑龙江省草地增减流向及转换速率详见表 2-12。

表 2-12　2010～2012 年黑龙江省草地增减流向及转换速率

分类	草地转入 面积/hm²	速率/(hm²/a)	IRL草/‰	草地转出 面积/hm²	速率/(hm²/a)	TRL草/‰
耕地	491.92	163.97	0.0792	10926.31	3642.10	1.7586
园地	0.34	0.11	0.0001	1.02	0.34	0.0002

续表

分类	草地转入 面积/hm²	速率/(hm²/a)	IRL草/‰	草地转出 面积/hm²	速率/(hm²/a)	TRL草/‰
林地	272.76	90.92	0.0439	611.55	203.85	0.0984
城镇村及工矿用地	3.28	1.09	0.0005	2830.94	943.65	0.4556
交通运输用地	44.17	14.72	0.0071	716.07	238.69	0.1153
水域	21.48	7.16	0.0035	3137.29	1045.76	0.5049
水工建筑用地	0.25	0.08	0.0000	76.76	25.59	0.0124
其他生态用地	2637.59	879.20	0.4245	791.81	263.94	0.1274
设施农用地	0.78	0.26	0.0001	1040.94	346.98	0.1675
小计	3472.57	1157.51	0.5589	20132.69	6710.90	3.2403

2010~2012年，黑龙江省草地面积净减少量达到16660.12hm²，达到了2010年初草地面积的8‰。从转入转出规模来看，三年间，黑龙江省草地转出规模远超转入规模，草地年转出速率是转入速率的5.8倍。从草地转入的来源来看，其他生态用地转化为草地最多，三年共达到2637.59hm²，其次为耕地，共有491.92hm²转化为草地，两者的转入速率分别为0.4245‰和0.0792‰。从草地的转出流向来看，排在第一位的是耕地，三年间共有10926.31hm²草地转化为耕地，其次为水域和城镇村及工矿用地，期内分别有3137.29hm²和2830.94hm²的草地转化为水域和城镇村及工矿用地，其转出速率依次为1.7586‰、0.5049‰和0.4556‰。

4）水域

2010~2012年黑龙江省水域用地增减流向及转换速率详见表2-13。

表2-13 2010~2012年黑龙江省水域用地增减流向及转换速率

分类	水域转入 面积/hm²	速率/(hm²/a)	IRL水/‰	水域转出 面积/hm²	速率/(hm²/a)	TRL水/‰
耕地	2306	768.67	0.3595	2894.25	964.75	0.4512
园地	52.19	17.40	0.0081	0	0.00	0.0000
林地	1650.87	550.29	0.2574	219.62	73.21	0.0342
草地	3137.29	1045.76	0.4891	21.48	7.16	0.0033
城镇村及工矿用地	57.96	19.32	0.0090	2395.05	798.35	0.3734
交通运输用地	115.75	38.58	0.0180	647.4	215.80	0.1009
水工建筑用地	14.96	4.99	0.0023	340.2	113.40	0.0530
其他生态用地	196.79	65.60	0.0307	76.5	25.50	0.0119
设施农用地	7.5	2.50	0.0012	290.72	96.91	0.0453
小计	7539.31	2513.11	1.1753	6885.22	2295.08	1.0732

三年间水域净减少量为654.09hm²，占到2010年初水域面积的0.305‰。从水域的转

入转出规模来看,两者基本持平,这表现在其转入转出速率较为相近,分别为 1.1753‰ 和 1.0732‰。就水域转入来源来看,草地是水域转入最主要来源,三年间共有 3137.29hm² 草地转化为水域,其次为耕地和林地,期内转为水域的数量分别达到 2306hm² 和 1650.87hm²,其转入速率分别为 0.4891‰、0.3595‰ 及 0.2574‰。就水域转出流向来看,耕地、城镇村及工矿用地和交通运输用地依次为转出的前三大类,其三年转出水域量分别为 2894.25hm²、2395.05hm² 及 647.4hm²,转出速率分别达到 0.4512‰、0.3734‰ 及 0.1009‰。

5) 其他生态用地

2010～2012 年黑龙江省其他生态用地增减流向及转换速率详见表 2-14。

表 2-14 2010～2012 年黑龙江省其他生态用地增减流向及转换速率

分类	其他生态用地转入 面积/hm²	速率/(hm²/a)	IRL其他/‰	其他生态用地转出 面积/hm²	速率/(hm²/a)	TRL其他/‰
耕地	288.41	96.14	0.0537	1564.49	521.50	0.2913
园地	8.53	2.84	0.0016	267.27	89.09	0.0498
林地	2834.53	944.84	0.5277	2888.44	962.81	0.5378
草地	791.81	263.94	0.1474	2637.59	879.20	0.4911
城镇村及工矿用地	11.79	3.93	0.0022	3093.63	1031.21	0.5760
交通运输用地	22.72	7.57	0.0042	706.03	235.34	0.1314
水域	76.5	25.50	0.0142	196.79	65.60	0.0366
水工建筑用地	0.03	0.01	0.0000	14.63	4.88	0.0027
设施农用地	0.51	0.17	0.0001	350.51	116.84	0.0653
小计	4034.83	1344.94	0.7511	11719.38	3906.47	2.1820

三年间其他生态用地净减少量达到 7684.55hm²,占 2010 年初其他生态用地减少量的 4.2‰。从其他生态用地的转入转出规模来看,其转出规模远大于转入规模。转出速率是转入速率的 2.9 倍。从其他生态用地转入的来源来看,林地是三年间转化为其他生态用地的最大类型,期内共有 2834.53hm² 林地转化为其他生态用地,其次为草地,三年间共有 791.81hm² 草地转化为其他生态用地,两者的转入速率分别为 0.5277‰ 和 0.1474‰。从其他生态用地的转出流向来看,转出量最大的前三种类型分别为城镇村及工矿用地、林地和草地,三年间分别有 3093.63hm²、2888.44hm² 和 2637.59hm² 其他生态用地转化为前述类型,其转出速率分别达到 0.5760‰、0.5378‰ 和 0.4911‰。

2.4.4 黑龙江省土地利用状态综合分析

为了更加精确地说明黑龙江省土地利用格局的真实变化情况,有必要对各种土地利用类型的增减变化与规划目标进行更为细致的匹配与对比分析。但是,由于二调土地分类与土地规划分类并不完全一致,因此还需要将二调土地分类转换为土地规划分类,部分重要地类的转换对应关系详见表 2-15。

表 2-15 部分二调土地分类与土地规划分类转换对应关系表

二调土地分类					土地规划分类			
一级类		二级类			二级类		一级类	
代码	类别名称	代码	类别名称	代码	类别名称	代码	类别名称	
01	耕地	011	水田	11	耕地			
		012	水浇地					
		013	旱地					
03	林地	031	有林地	13	林地			
		032	灌木林地					
		033	其他林地					
04	草地	041	天然牧草地	14	牧草地			
		042	人工牧草地					
20	城镇村及工矿用地	201	城市	21	城乡建设用地	2	建设用地
		202	建制镇					
		203	村庄					
		204	采矿用地					
		205	风景名胜及特殊用地					
10	交通运输用地	101	铁路用地					
		102	公路用地					
		105	机场用地					
		106	港口码头用地					
		107	管道运输用地					
11	水域及水利设施用地	113	水库水面					
		117	水工建筑用地					
04	草地	043	其他草地			3	未利用地
11	水域及水利设施用地	111	河流水面					
		112	湖泊水面					
		115	沿海滩涂					
		116	内陆滩涂					
		119	冰川及永久积雪					
12	其他土地	124	盐碱地					
		125	沼泽地					
		126	沙地					
		127	裸地					

综合来看，黑龙江省的土地利用格局总体上朝着建设用地面积扩张、耕地和生态用地面积减少的方向发展。2010~2012年，2012年末的耕地总面积较2010年末减少9206.75hm²，年均减少4603.38hm²；2012年末的建设用地总面积较2010年末增加27290.33hm²；而在同时段的生态用地总量则减少了22113.5hm²，平均每年减少11056.75hm²。

依照对应关系表，将2010~2012年黑龙江省二调数据库中的土地利用类型及数据经转换后与《黑龙江省土地利用总体规划（2006—2020年）》的相应规划目标进行对比，得出2010~2012年黑龙江省土地利用变化目标实现情况，详见表2-16。

表2-16　2010~2012年黑龙江省土地利用变化目标实现情况　　（单位：万 hm²）

土地利用类型	目标值 2010~2020年变化量	目标值 2010~2020年年均变化量	现实值 2010~2012年变化量	现实值 2010~2012年年均变化量
耕地保有量	−4.93	−0.49	−0.92	−0.46
建设用地总规模	11.98	1.20	2.73	1.36
城乡建设用地规模	5.8	0.58	1.86	0.93
林地	49.34	4.93	−0.34	−0.17
牧草地	−12.22	−1.22	0.28	0.14
未利用地	−48.73	−4.87	−2.04	−1.02

由表2-16可知，就2010~2012年的规划目标实现情况来看，耕地保有量目标基本实现：实际年均耕地保有量减少量为0.46万hm²，低于规划确定的0.49万hm²。建设用地的扩张一定程度上突破了规划控制目标：实际年均建设用地总规模增长量为1.36万hm²，是目标规划值的1.13倍，其中城乡建设用地规模增长量为每年0.93万hm²，是目标规划值的1.6倍。

特别需要注意的是，生态用地内部的土地利用类型变化情况与规划目标产生了较大的偏差：就林地而言，2010~2012年林地实际年均减少0.17万hm²，但是规划所确定的林地保有目标却规定了其应当在2010~2020年增加林地面积49.34万hm²，即年均增加林地面积4.93万hm²；而就牧草地而言，规划定下的年均净转出量为1.22万hm²的目标也没有实现，而是在这两年中其面积略有上升；未利用地面积的实际净转出量为每年1.02万hm²，也没有达到规划目标。

从现实情况来看，黑龙江省土地利用格局的变化是建设用地规模扩张一定程度上超过规划目标，其来源除了耕地之外，还包括相当一部分林地；而由于耕地占补平衡政策，耕地的损失又在很大程度上得到了生态用地的补充，特别是一些天然草地。同时，由于天然草地更多地转化为了耕地以及其他一些规划造林的土地类型，原本规划面积应有所增长的林地并没有得到足够的补充，并在一定程度上有所减少。现实黑龙江省的土地利用格局与规划目标的偏离主要表现在两个方面：一是建设用地规模，特别是城乡建设用地规模扩张过快；二是耕地补充占用部分生态用地且生态用地内部结构调整不理想，使得林地面积呈下降趋势。

2.5 黑龙江省土地利用响应分析

2.5.1 基于响应的黑龙江省"经济-耕地-生态"现实压力分区

2.5.1.1 黑龙江省"经济-耕地-生态"现实压力指标体系与测算

在"P+PSR"模型中，系统状态对压力体系的响应是具有重要意义的，因为它显示了规划在编制、实施等多个阶段中因为各种各样的原因而产生的地方现实发展状况与相应理想政策目标之间的偏离程度。假如将规划目标对地区的压力作为现实压力的临界值，则系统状态对规划压力体系的响应便可以表征某一地区在"规划"压力体系下最终形成的"现实"压力体系。

在双向压力的驱动下，黑龙江省土地利用所面对的问题主要体现在三个方面的"现实"压力之中：经济下行压力、耕地保有压力以及生态功能压力。这里需要说明的是，建设用地过快增长也可以被视为是经济下行压力大的一个指标，但是建设用地规模扩张的来源可能不止一个，因此无法确切表征黑龙江省的经济发展所面临的现实压力，而后者对于黑龙江省的土地利用格局优化响应对策极为重要，因此我们弃用限制型的建设用地指标，而是采用虽为驱动型指标但是更有助于反映问题、解决问题的其他类型的经济指标，如 GDP 增长率来表征经济下行压力。

全省不同的区域所面临的压力形式与组合也是不同的，因此相应的土地利用优化对策也不同。为了能够准确把握和制定针对全省各地区的土地利用优化对策，我们有必要对全省各地区进行压力分区，并结合当地规划与发展的实际情况，进行分区域的研究与讨论。

1）经济下行压力

就经济下行压力而言，GDP 增长率是最为合适的表征指标，同时考虑 GDP 增长率目标是基于规划基期的社会发展情况而定的，因此各地区现实 GDP 增长率对规划目标的实现率最能体现这一时期经济发展环境变迁。故而，采用现实 GDP 增长率与规划目标之比 x 作为经济下行压力的测度。其中，$x \geqslant 1$ 表示无压力，$x<1$ 则表示该地区正面临着经济下行压力，并且值越小（甚至为负），压力越大。为消除经济正常波动影响，取 2010 年后年均 GDP 增长率进行测算。

经济下行压力可能来自多方面：国际经济环境的整体恶化、国家大政方针的变迁、资源的枯竭、产业结构的衰退等。其中，诸如资源的枯竭以及产业结构的衰退带来的经济下行压力不同于一般整体国民经济的衰退，属于结构性衰退。而这种结构性衰退，是地区自身的资源、产业结构带来的问题，与一般的宏观经济衰退问题截然不同，因此应对这一问题的策略也不同。这也体现在土地利用方针上：根据经典的凯恩斯理论，对于一般性的宏观经济衰退，增加建设用地供给，刺激投资、消费，扩大需求是一条比较成功的应对策略；但是对于结构性衰退的地区，一味给予利好的土地政策，增加建设用地供给，并不能立刻转化为投资动力，拉动经济增长，甚至还可能造成土地利用的闲置，造成资源的浪费。因此，我们在得到黑龙江省各地市经济下行压力的同时，还应当对经济下行压力的来源进行探讨，分析其属于一般性的宏观经济衰退，还是地区本身经济结构性的衰退。

为了达到以上目的，对那些存在经济下行压力的地市进行进一步的区分：首先，对各地市第一、第二、第三产业占 GDP 的比例进行检验，分析各地市究竟是属于第一产业主导型，还是第二产业主导型或第三产业主导型地区。然后，检验各地市主导产业的衰退速度与全省此产业衰退速度的差异，若地区主导产业衰退速度大于全省此产业衰退速度，则可判定其属于结构性衰退地区，可比较该地区主导产业 GDP 增长率的年差值与全省的该产业的 GDP 增长率的年差值作为判断依据。同前述一样，为减少年际波动，用 2010~2013 年的平均值进行分析。

2）耕地保有压力

就耕地保有压力而言，最能体现这一压力的无疑是耕地保有量的增减变动。在黑龙江省的各个规划中，土地利用总体规划对于土地利用类型变动的目标制定得最为清晰，也比较权威，其他各个规划的土地类型变动指标，基本上都由其确定。因此，本书采用现实耕地增减量与《黑龙江土地利用总体规划（2006—2020 年）》所确定的目标增减量之比 y 作为耕地保有压力的测度。鉴于《黑龙江土地利用总体规划（2006—2020 年）》中给出的耕地增减目标为负值，即允许规划期内，全省以及各地方适当减少耕地保有量，只有当耕地保有量的减少量超过规划目标时，该地区的耕地保有压力才比较明显，因此本书中，$y \leqslant 1$ 表示压力较小，$y > 1$ 则表示该地区正面临着较大的耕地保有压力。同样，为消除一些暂时的耕地面积波动效应，取 2010 年后年均耕地减少量进行测算。

3）生态功能压力

生态功能压力的测算比较复杂，主要是由于各种生态用地的生态功能不尽相同，如林地、水域的生态功能较之于牧草地更为重要。因此在进行生态功能的测算时，有必要分不同的生态用地类型对各个地方在不同生态用地类型上的压力进行分别测算，并采用德尔菲法、层次分析法等手段对其进行赋权重加和之后，测度各地承受的综合生态压力。

在前述对生态用地的划分中，将林地、草地、水域和其他生态用地作为二调中可分的四大类生态用地类型。考虑《黑龙江土地利用总体规划（2006—2020 年）》中的土地类型划分，将草地又分为牧草地与其他草地两大类，其中牧草地包括二调中的天然草地以及人工草地两类。另外，考虑其他生态用地中沼泽地的生态功能远远强于盐碱地、沙地、裸地等土地类型，并且后者的生态功能几乎可以忽略不计，因此，在下文分析中，用沼泽地代替其他生态用地进行各地生态功能压力分析。最终确定林地、牧草地、其他草地、水域以及沼泽地作为此次生态功能压力分析的对象。

（1）不同生态地类的压力测度。

对各种土地利用类型的压力测度沿袭了现实土地利用类型增减量与规划目标增减量之比作为测度指标的思想，但是对具体的地类测度方法稍有不同。

a. 牧草地。

牧草地在《黑龙江土地利用总体规划（2006—2020 年）》中有明确的指标目标，并且同耕地目标一样,《黑龙江土地利用总体规划（2006—2020 年）》中给出的增减目标为负值,即允许其有一定的减少配额。因而,可以完全按照耕地压力的测度方法,计算现实牧草地的增减量与规划确定的增减量之比 Z_4,作为牧草地压力测度值,并且同样地,$Z_4 \leq 1$ 表示压力较小,$Z_4 > 1$ 则表示该地区正面临着较大的压力。

b. 林地。

林地在《黑龙江土地利用总体规划（2006—2020 年）》中也有较为明确的指标目标,但不同于耕地,《黑龙江土地利用总体规划（2006—2020 年）》中给出的增减目标为正值,也就是说,在规划期内,林地应当有所增加,若某地实际增加值小于目标值,则说明该地区在林地保护上有压力。经过一番权衡,本书取（林地实际增减量/目标增减量）Z_1 作为某地的林地压力指标。经过分析可以发现,此指标的性质是 $Z_1 \leq 1$ 表示林地保护压力较小,$Z_1 > 1$ 则表示压力较大,并且 Z_1 值越大,压力越大,较好地贴合耕地、牧草地指标的性质。

c. 水域、沼泽地和其他草地。

此三种土地利用类型在《黑龙江土地利用总体规划（2006—2020 年）》中并没有明确的指标值目标与其对应。《黑龙江土地利用总体规划（2006—2020 年）》只给出了2011~2020 年未利用地的全省增减目标值,因此采取将此目标值按照各地区基期的土地利用类型数量分解的方法获得各地区各土地利用类型的目标值。需要指出的是,《黑龙江土地利用总体规划（2006—2020 年）》中未利用地的类型包括盐碱地、沙地、裸地等,同时不包括水域中水库水面与坑塘水面两种类型,因而在实际指标分配时,做了如下处理:①依据《黑龙江土地利用总体规划（2006—2020 年）》中"未利用地开发利用要以保护和改善生态环境为前提,严格禁止开垦天然湿地、林地及生态脆弱区内的未利用地,做到在保护中开发,在开发中保护……"的表述,综合德尔菲法,《黑龙江土地利用总体规划（2006—2020 年）》中所确定的未利用地减少配额中 90%的份额应当由盐碱地、沙地、裸地等承担,而天然草地的份额则应在 5%左右,水域与沼泽地则依据基期各自的土地利用类型面积分担最后的 5%份额。②由于水域中的水库水面以及坑塘水面相比于总体面积不可忽略,因此在具体测算时,将其纳入测算范围,并按比例增加水域的目标配额。

在分别获得了水域、沼泽地和其他草地的规划增减目标量之后,参考耕地、牧草地压力测算的方法,获得水域、沼泽地及其他草地的压力测度,分别记为 Z_2、Z_3 及 Z_5,并易知其测度的性质均与上述指标相同。

（2）各种生态用地生态功能压力在综合生态功能压力中的权重确定。

各类生态用地生态功能压力在综合生态功能压力中的权重,主要是基于不同类生态用地的生态功能价值大小以及某地区不同类生态用地的面积比例来确定。

就不同种类生态用地的生态功能价值的研究来看,我国学者成果颇丰,综合这些学者的研究成果,各类生态用地的生态功能价值之比大概为林地∶水域∶沼泽地∶牧草地∶其他草地＝4∶4∶4∶1∶1,故可得各类生态用地的生态功能权重,依次为:2/7、2/7、2/7、1/14、1/14,则各地在确定其各类生态用地生态功能压力在综合生态功能压力中的权重时可用如下公式:

$$\omega_{i,j} = \frac{P_i S_{i,j}}{\sum_i P_i S_{i,j}} \qquad (2\text{-}4)$$

式中，i 为土地利用类型，包括林地、水域、沼泽地、牧草地和其他草地；j 为地区；$\omega_{i,j}$ 为 j 地区 i 类生态用地生态功能压力在综合生态功能压力中的权重；P_i 为 i 类生态用地类型的生态功能权重；$S_{i,j}$ 为 j 地区 i 类生态用地的面积。

（3）综合生态功能压力测算。

生态功能压力不单单只反映一个地区整体生态用地承受的压力，也反映了一个地区生态用地内部结构之间的协调水平，其测度可由以下公式进行：

$$Z_j = \sum_i \omega_{i,j} Z_{i,j} \qquad (2\text{-}5)$$

式中，Z_j 为 j 地区的综合生态功能压力；$\omega_{i,j}$ 为 j 地区 i 类生态用地生态功能压力在综合生态功能压力中的权重；$Z_{i,j}$ 为 j 地区 i 类生态用地的生态功能压力。

这里有必要对 Z_j 作为一个综合指数表征各地区生态功能压力的性质做一些讨论。显而易见的是，当某地区所有类型的生态用地压力指标均恰好为规划值时，即其处于《黑龙江土地利用总体规划（2006—2020年）》制定的生态用地压力较小的临界状态时，所有类型的生态用地压力指数均恰好为 1，结果是当地的综合生态功能压力指数恰好为 1。而当所有类型的生态用地压力指标均突破了《黑龙江土地利用总体规划（2006—2020年）》所指定的临界值时，即作为负向指标的牧草地、其他草地、水域、沼泽地的年均减少量均大于《黑龙江土地利用总体规划（2006—2020年）》确定的减少量，而作为正向指标的林地的年均增加量小于《黑龙江土地利用总体规划（2006—2020年）》确定值时，所有类型的生态用地压力指数均将大于 1，结果自然是当地综合生态功能压力指数也随之大于 1。反之，当所有类别的生态用地压力指标均在《黑龙江土地利用总体规划（2006—2020年）》所确定的临界值以内时，综合生态功能指数将小于 1。而当各类用地类型的压力指数分别大于、等于或小于 1 时，综合生态功能指数的具体变化主要是由不同生态用地的权重及生态功能压力所决定的。综合来看，当某地的综合生态功能压力指数越大时，此地的生态功能压力越大，并且 $Z_j = 1$ 是一个较好的判断此地总的生态用地压力对规划实现的临界值。因此，与单种生态用地压力判断的方法一样，当 $Z_j \leq 1$ 时，表示当地的生态功能压力较小，而当 $Z_j > 1$ 时，表示当地的生态功能压力较大。

2.5.1.2 黑龙江省"经济-耕地-生态"现实压力分区

按照"经济-耕地-生态"压力体系测算方法，对黑龙江省 12 个地级市、1 个地区行署进行"经济-耕地-生态"压力测算，并进行压力分区，其过程和结果如下。

1) 黑龙江省经济下行压力测度

《黑龙江省国民经济和社会发展第十二个五年规划纲要》规划到 2015 年，地区生产总值要比基期 2010 年翻一番，地区生产总值年均增长 12%以上，而现实的情况是，从 2012 年开始，不少地方的 GDP 增长量均不同程度地有所下滑，偏离了规划目标值，经济下行压力持续上升。

对黑龙江省 12 个地级市、1 个地区行署 2011~2013 年的经济下行压力进行测度，分别得出 12 个地级市、1 个地区行署经济下行压力指数，详见表 2-17。

表 2-17　各地区经济下行压力指数

地区	实际 GDP 增长率/% 2011 年	实际 GDP 增长率/% 2012 年	实际 GDP 增长率/% 2013 年	三年 GDP 平均增长率/%	规划 GDP 增长率目标/%	经济下行压力指数
哈尔滨	12.3	10.0	8.9	10.4	12.0	0.87
齐齐哈尔	13.1	8.0	8.5	9.9	12.0	0.82
鸡西	14.0	13.6	0.9	9.5	12.0	0.79
鹤岗	14.1	13.5	−9.5	6.0	12.0	0.50
双鸭山	15.8	13.5	1.6	10.3	12.0	0.86
大庆	12.1	10.0	7.0	9.7	12.0	0.81
伊春	8.0	12.7	10.2	10.3	12.0	0.86
佳木斯	14.2	13.8	10.2	12.7	12.0	1.06
七台河	5.3	8.3	−14.0	−0.1	12.0	−0.01
牡丹江	15.5	14.1	12.2	13.9	12.0	1.16
黑河	10.7	13.0	8.1	10.6	12.0	0.88
绥化	13.8	12.3	12.0	12.7	12.0	1.06
大兴安岭	15.5	13.9	8.4	12.6	12.0	1.05
黑龙江省	12.3	10.0	8.0	10.1	12.0	0.84

可以看出，2011~2013 年黑龙江省 12 个地级市、1 个地区行署中共有 9 个地级市面临着经济下行压力，分别为哈尔滨、齐齐哈尔、鸡西、鹤岗、双鸭山、大庆、伊春、七台河、黑河。其中，七台河的经济下行压力最大，是唯一一个压力指数为负值的地市；只有 4 个地区保持较稳定的增长状态，分别是佳木斯、牡丹江、绥化以及大兴安岭地区，其中增长最快的是牡丹江，这三年平均 GDP 增长率达到 13.9%。

对 9 个具有经济下行压力的地区进行主导产业分类，得出 9 个地区各产业占 GDP 的比重，详见表 2-18。

表 2-18　2010~2013 年黑龙江省 9 个地区各产业占 GDP 比重

地区	第一产业占 GDP 比重/%	第二产业占 GDP 比重/%	第三产业占 GDP 比重/%
哈尔滨	11.1	36.5	52.3
齐齐哈尔	23.3	38.4	38.3
鸡西	28.1	40.4	31.5
鹤岗	28.9	46.5	24.6
双鸭山	32.9	45.0	22.1
大庆	3.9	80.8	15.3
伊春	34.3	34.4	31.3
七台河	10.7	55.9	33.4
黑河	48.8	17.2	34.0

在9个地区中,第二产业主导型地区最多,共有5个:鸡西、鹤岗、双鸭山、大庆、七台河;第一产业主导型和第三产业主导型地区均为一个,分别为黑河和哈尔滨。另外,齐齐哈尔为第二产业、第三产业并重型地区,伊春则为三次产业均衡型地区。

依上述分类,将各地区主导产业的衰减速度与全省该产业的衰减速度作对比,得到9个地区平均衰减指数,详见表2-19。

表2-19 2010~2012年黑龙江省9个地区各产业平均衰减指数

地区	第一产业平均衰减指数	第二产业平均衰减指数	第三产业平均衰减指数
哈尔滨	0.25	−2.7	−1.5
齐齐哈尔	−2.9	−2.75	−1.5
鸡西	−2.5	−10.5	−4.3
鹤岗	−12.15	−15	−5.6
双鸭山	−2.25	−12.55	−2.6
大庆	−3.25	−1.95	−6.25
伊春	−2.05	3.9	0.75
七台河	−2	−14	−0.65
黑河	−4.65	0.7	1.95
黑龙江省	−0.55	−3.3	−1.4

在2010~2012年9个面临经济下行压力的地区中结构性衰退较为明显的地区共有6个,其中鸡西、鹤岗、双鸭山、七台河属于第二产业衰退型地区,伊春、黑河属于第一产业衰退型地区。

2)黑龙江省耕地保有压力测度

对黑龙江省12个地级市、1个地区行署2010~2020年的耕地保有压力进行测度,得出耕地保有压力指数,详见表2-20。

表2-20 各地区耕地保有压力指数

地区	2010~2012年实际年均耕地面积增减量/hm²	2010~2020年规划年均耕地保有面积增减量/hm²	耕地保有压力指数
哈尔滨	−2187.41	−2100.00	1.04
齐齐哈尔	684.02	−530.00	−1.29
鸡西	162.46	−180.00	−0.90
鹤岗	−519.45	−40.00	12.99
双鸭山	−298.42	−810.00	0.37
大庆	−90.59	−340.00	0.27
伊春	17.30	−210.00	−0.08
佳木斯	−664.03	−180.00	3.69
七台河	−590.68	−210.00	2.81

续表

地区	2010～2012年实际年均耕地面积增减量/hm²	2010～2020年规划年均耕地保有面积增减量/hm²	耕地保有压力指数
牡丹江	−600.66	−180.00	3.34
黑河	−62.78	−260.00	0.24
绥化	−501.98	−160.00	3.14
大兴安岭	48.82	−60.00	−0.81
黑龙江省	−4603.38	−4930.00	0.93

黑龙江省耕地保有压力较大的地区有 6 个，分别为哈尔滨、鹤岗、佳木斯、七台河、牡丹江、绥化，其中鹤岗的耕地保有压力最大，达到 12.99，说明其在 2010～2012 年这一段时期中的年均耕地净减少量远超规划制定的目标，事实上，当某地压力指数超过 10 时，说明其在平均一年的时间内耕地净减少量已经超过了 10 年规划期的总净减少目标量。因此，鹤岗的耕地保有压力是巨大的，甚至是极端的。另外，这一时期有 7 个地区的耕地保有量完成了规划任务，耕地保有压力较小。

3）黑龙江省生态功能压力的测度

对黑龙江省各地区生态功能压力进行测度。

（1）黑龙江省各地区不同生态地类的压力测度见表 2-21。

表 2-21 黑龙江省各地区不同生态地类的压力测度

地区	林地	水域	沼泽地	牧草地	其他草地
哈尔滨	2.09	3.82	0.06	0.13	7.22
齐齐哈尔	2.08	6.01	−1.08	−0.18	2.02
鸡西	2.05	0.18	0.03	0.01	3.94
鹤岗	2.06	0.07	0.12	0.00	0.33
双鸭山	2.05	0.74	0.11	0.00	2.62
大庆	2.11	0.41	0.34	0.06	0.67
伊春	2.03	−1.05	0.53	0.00	1.75
佳木斯	2.06	1.65	0.62	0.00	2.69
七台河	2.09	−22.00	0.07	0.00	1.47
牡丹江	2.03	0.50	0.15	0.00	0.98
黑河	2.03	−0.15	0.09	0.02	0.11
绥化	2.07	1.57	0.64	0.13	1.09
大兴安岭	1.96	0.05	0.36	0.00	1.32
黑龙江省	2.03	1.66	0.19	0.00	1.64

黑龙江省各地区中林地压力普遍较大，说明在 2010 年以后的一个时期内，林地的保护与森林资源的培育目标并没有很好地落实，并且这种现象已成为一种普遍状况。

（2）黑龙江省各地区不同生态用地类型功能权重见表2-22。

表2-22　黑龙江省各地区不同生态用地类型功能权重

地区	林地	水域	沼泽地	牧草地	其他草地
哈尔滨	0.8951	0.0977	0.0027	0.0005	0.0040
齐齐哈尔	0.4866	0.3563	0.0955	0.0220	0.0396
鸡西	0.6658	0.2386	0.0798	0.0006	0.0153
鹤岗	0.8263	0.1229	0.0376	0.0000	0.0132
双鸭山	0.8300	0.1315	0.0243	0.0003	0.0139
大庆	0.2813	0.4346	0.1930	0.0699	0.0212
伊春	0.9690	0.0130	0.0157	0.0000	0.0023
佳木斯	0.5525	0.3329	0.0886	0.0002	0.0258
七台河	0.9262	0.0548	0.0083	0.0001	0.0107
牡丹江	0.9678	0.0257	0.0032	0.0000	0.0033
黑河	0.8460	0.0291	0.0995	0.0091	0.0162
绥化	0.7515	0.1646	0.0266	0.0361	0.0212
大兴安岭	0.9226	0.0099	0.0662	0.0003	0.0010
黑龙江省	0.8538	0.0785	0.0539	0.0051	0.0088

由于黑龙江省分布有我国重要的大小兴安岭以及长白山林区，其各地区中林地占比一般均比较大，再加上林地本身较强的生态功能，使得13个地区中除了大庆以外，其余12个地区林地的生态功能权重均是最大的。

（3）黑龙江省各地区综合生态功能压力指数见表2-23。

表2-23　黑龙江省各地区综合生态功能压力指数

地区	生态功能压力指数	地区	生态功能压力指数
哈尔滨	2.2767	佳木斯	1.8131
齐齐哈尔	3.1263	七台河	0.7424
鸡西	1.4747	牡丹江	1.9837
鹤岗	1.7159	黑河	1.7224
双鸭山	1.8345	绥化	1.8556
大庆	0.8535	大兴安岭	1.8320
伊春	1.9689	黑龙江省	1.8921

黑龙江省13个地区中有11个地区的综合生态功能压力指数大于1，其中最高的为齐齐哈尔，压力指数达到3.1263，其次为哈尔滨，压力指数为2.2767。究其原因是，齐齐哈尔的林地与水域压力较大，分别达到2.08和6.01，而这两种类型的生态用地在齐齐哈尔的生态功能权重体系中均对应较高的权重，同样地，哈尔滨也存在着相应权重极高的林地压力较大的情况。

值得一提的是,在 2010~2012 年这段时间内,大庆和七台河的综合生态功能压力比较小,前者是其他各类生态用地对于规划完成的情况比较好,弥补了林地减少的生态功能缺失,后者则是由于水域用地的增长在一定程度上弥补了林地目标实现的不足。

结合国家天然林保护工程(简称天保工程)一期的实施成果来看,大小兴安岭在此工程阶段后森林面积、蓄积量和覆盖率都有所增长,就 2000~2010 年的数据来看,森林面积增加了 80.7 万 hm²,森林蓄积量增加了 7917.5 万 m³,森林覆盖率由 74.2%提高到 82.4%。考虑本次研究的时段恰为天保工程一期结束的时间点,大小兴安岭的林地增减量与规划稍有偏差或者说稍有反弹是在可接受范围内的。因此为了减少年际影响,本书认为大兴安岭地区(大兴安岭林区)、黑河市、伊春市(小兴安岭林区)并不属于生态功能压力较大地区。

(4) 黑龙江省 13 个地区"经济-耕地-生态"压力分区。

为了便于综合分析,将中压力区中接近规划目标的地区划分到高压力区,其他地区归为低压力区。得到黑龙江省 13 个地区的"经济-耕地-生态"压力分区,如表 2-24 所示。

表 2-24 黑龙江省"经济-耕地-生态"压力分区

经济下行压力	耕地保有压力	生态功能压力	地区
高	高	高	哈尔滨
(二产型)结构性高	高	高	鹤岗
(二产型)结构性高	高	低	七台河
高	低	高	齐齐哈尔
(二产型)结构性高	低	高	鸡西、双鸭山
高	低	低	大庆
(一产型)结构性高	低	低	伊春、黑河
低	高	高	佳木斯、牡丹江、绥化
低	低	低	大兴安岭

另外,本书还将耕地、建设用地和生态用地三者现有土地利用情况与其需求量进行比较,得出当地关于耕地、建设用地、生态用地三方面的压力指标,综合计算出当地土地利用的压力,最后根据得到的压力测度指标对当地的土地利用压力进行分析,研究其缓解途径。

a. 耕地压力测度。

人类对粮食的需求是土地压力最主要也是最直接的体现。理论上,一个地区粮食生产的压力可近似看作该地的耕地压力,耕地压力可以表示为

$$C_{p耕地} = 1 - C_{d耕地} / C_{r耕地} \qquad (2\text{-}6)$$

式中,$C_{p耕地}$ 为耕地压力;$C_{d耕地}$ 为规划的(即需求的)耕地面积;$C_{r耕地}$ 为现有的耕地面积。上述自变量中,现有耕地面积和规划耕地面积一般均可以通过统计途径获取。当 $C_{p耕地} < 0$ 时,当地耕地面积不足,需要扩大耕地面积;当 $C_{p耕地} > 0$ 时,当地的耕地面积过大,可能会占用其他用地面积,因此需要退耕,且数值越大,退耕需求越迫切。

b. 建设用地压力测度。

建设用地是指建造建筑物、构筑物的土地，是城乡住宅和公共设施用地，工矿用地，能源、交通、水利、通信等基础设施用地，旅游用地，军事用地等，一般分为居住用地、公共设施用地、工业用地、物流仓储用地、交通设施用地、市政公用设施用地、道路广场用地、绿地、特殊用地。经济的发展与建设用地面积的变化有着直接的联系。因此，建设用地压力也是反映土地利用压力状况的一个重要指标。建设用地压力可以表示为

$$C_{p建设} = C_{r建设} / C_{d建设} \tag{2-7}$$

式中，$C_{p建设}$为建设用地压力；$C_{d建设}$为规划的建设用地面积；$C_{r建设}$为现有的建设用地面积。当$C_{p建设}$<1时，当地建设用地面积不足，需要扩大建设用地的面积；当$C_{p建设}$>1时，当地的建设用地面积过大，需要缩减建设用地面积，且数值越大，这种需求越迫切。

c. 生态用地压力测度。

生态用地压力来源于人类对土地生态功能的需求以及土地可持续利用的需要。生态用地是指具有生态服务功能的各类用地，更加强调空间结构的完整性和生态服务功能的综合性。它承担生态系统的各种服务功能，包括旱涝调节、生物多样性保护、休憩与审美启智以及遗产保护等。目前，国内对于生态用地的分类并不一致，因此拟将生态林地、草地和湿地作为生态用地进行分析。生态用地压力可以表示为

$$E_p = E_d / E_r \tag{2-8}$$

式中，E_p为生态用地压力；E_d为规划的生态用地面积；E_r为现有的生态用地面积。当E_p>1时，说明规划的面积较现有面积大，当地需要加强生态用地的保护、及时退耕等，压力较大；反之，当E_p<1时，表示现有面积较需求面积大，生态环境较好。

d. 综合压力测度。

根据不同压力对区域土地资源压力的实际影响情况，综合考虑研究区实际情况并结合相关文献研究结论，区域经济发展压力要略重于粮食产出压力和生态保护压力。因此，确定耕地压力和生态用地压力对区域综合压力的影响权重都为0.3，建设用地压力权重为0.4。为了描述不同地区土地压力强度，根据土地压力程度变化特征，将压力指数平均分为四个等级，即轻度压力、中度压力、重度压力和极重度压力等级。并根据各参评指标特征及其在研究区的实际情况，赋予相应的等级分值，即轻度压力（<0.7）、中度压力（0.7~0.79）、重度压力（0.8~0.89）和极重度压力（0.9~1）。分析得出黑龙江省各地区压力指数情况，如表2-25所示。

表2-25 黑龙江省各地区压力指数情况

地区	耕地压力指数	建设用地压力指数	生态用地压力指数	综合压力指数	压力等级
哈尔滨	0.23	0.96	1.16	0.80	重
齐齐哈尔	0.20	0.90	1.73	0.94	极重
牡丹江	0.27	0.95	1.07	0.78	中
佳木斯	0.40	0.80	1.16	0.79	中
大庆	0.21	0.83	1.44	0.82	重

续表

地区	耕地压力指数	建设用地压力指数	生态用地压力指数	综合压力指数	压力等级
鸡西	0.27	0.96	1.05	0.78	中
鹤岗	0.22	0.84	0.97	0.69	轻
双鸭山	0.25	0.88	1.10	0.76	中
七台河	0.31	0.96	1.29	0.87	重
伊春	0.44	1.03	1.00	0.84	重
绥化	0.14	0.88	1.13	0.73	中
黑河	0.43	0.94	1.09	0.83	重
大兴安岭地区	0.47	1.23	0.92	0.91	极重
总计	0.27	0.91	1.07	0.77	中

注：大兴安岭地区数据未统计位于内蒙古自治区境内，现由黑龙江省管辖的加格达奇区、松岭区土地面积。

从耕地压力指数的结果来看，黑龙江省各地区现有耕地面积均大于需求面积，压力指数均大于0，整体保持在0.1~0.5，由大到小依次为大兴安岭地区、伊春、黑河、佳木斯、七台河、鸡西/牡丹江、双鸭山、哈尔滨、鹤岗、大庆、齐齐哈尔和绥化。耕地压力指数最小的是绥化市，为0.14，而大兴安岭地区耕地压力指数最大，为0.47。从规划的角度来看，各地的耕地面积均略大，可能存在着耕地占用生态用地或建设用地的现象。从黑龙江省的耕地压力来看，其耕地压力整体呈现西北高、西南低，东部压力较为均匀的状态，而西北部主要为大兴安岭林区，西南部为松嫩平原，东部主要位于三江平原和长白山脉附近。黑龙江省耕地主要分布在松嫩平原和三江平原，占全省耕地面积的78%。松嫩平原中部是世界三大黑土带之一，耕地中黑土、黑钙土、草甸土等优质土壤占67.5%。土地利用存在经营粗放、投入少、索取多的现象，一些耕地出现了水土流失、土壤沙化、盐渍化等问题，有机质含量逐年减少，耕地质量呈逐年下降趋势。松嫩平原地区存在土地面积大，人均占有耕地数量多，但土地生产力水平较低的问题。三江平原是中国最大的沼泽分布区，土质肥沃，自然肥力较高，虽然后备资源数量整体较大，但多为禁止开发的沼泽地、滩涂，开发利用难度大，因此，其耕地压力较松嫩平原大。

从各地区的建设用地压力指数来看，黑龙江省整体的建设用地压力指数在0.8~1.3，较为均衡。由大到小依次为大兴安岭地区、伊春、鸡西/七台河/哈尔滨、牡丹江、黑河、齐齐哈尔、双鸭山/绥化、鹤岗、大庆和佳木斯。除大兴安岭地区和伊春市以外，其他地区压力指数均小于1。建设用地压力指数最大的为大兴安岭地区（1.23），最小的为佳木斯市（0.80）。说明黑龙江省建设用地面积较大，根据需求应进行缩减。

除大兴安岭地区的建设用地压力最大以外，其他城市的建设用地压力均衡，一些经济发展迅速的城市，如齐齐哈尔、大庆等，城市建设中因扩大城区面积，建设用地压力较小。就目前而言，黑龙江省的建设用地集约利用水平较低，城市用地布局存在盲目扩张的现象，农村居民点人均宅基地面积普遍超过省规定的标准，部分建设项目用地存在多征少用、早征晚用的现象。建设用地的低效、粗放利用，进一步加剧了土地供需矛盾，影响了土地节约集约利用，难以保持土地资源可持续利用。而需求面积的减少，意在提高建设用地的利用效率，统筹土地开发、利用和保护，合理安排各项用地。

黑龙江省整体的生态用地压力指数在 0.9~1.8，差异较大，由大到小依次为齐齐哈尔、大庆、七台河、佳木斯/哈尔滨、绥化、双鸭山、黑河、牡丹江、鸡西、伊春、鹤岗和大兴安岭地区。除鹤岗市、大兴安岭地区和伊春市以外，其他城市生态用地压力指数均大于 1，整体呈现为除大兴安岭地区最低外，中部和东部地区较为均衡，西南部较高的状态。其中，生态用地压力指数最大的为齐齐哈尔市（1.73），与其他城市压力指数差异较大，究其原因，齐齐哈尔的林地与水域压力较高，而这两种类型的生态用地在齐齐哈尔的生态功能权重体系中也有着较高的权重，因此该地需要恢复的生态用地面积较大。而黑龙江省整体也需要注意保护和恢复生态用地。黑龙江省内分布有大小兴安岭、广阔的草甸草原和大面积的湿地，原始生态景观丰富。近年来，黑龙江省松嫩平原西部风沙盐碱地区、北部水土流失地区、三江平原东部低洼易涝地区以及工矿城市和大城市附近环境污染地区，土地沙化、盐渍化、水土流失、湿地面积缩小功能退化及环境污染等土地生态环境问题十分突出，成为全省土地生态环境脆弱地区。同时，部分地区仍存在着耕地、建设用地占用生态用地的现象，导致生态环境压力逐步加大，这在近年来快速发展的城市中表现得尤为显著。

就综合压力而言，黑龙江省综合压力指数最高的地区为齐齐哈尔市（0.94），最低为鹤岗市（0.69）。从数据中可以看出，只有鹤岗市耕地、建设用地和生态用地的压力均较低，其他城市都有土地压力高的类型，且大多生态用地的压力较高（图 2-16）。

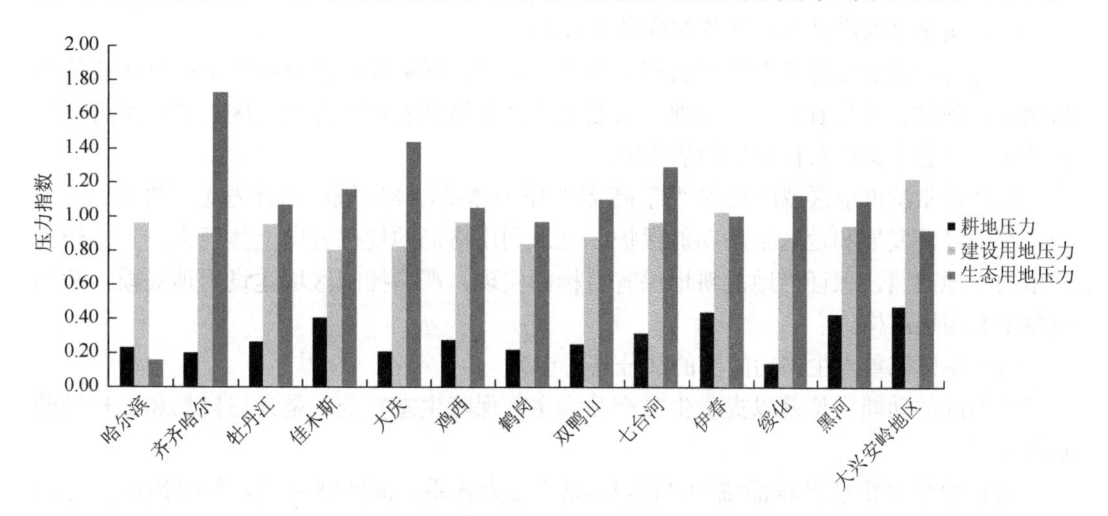

图 2-16 黑龙江省土地压力指数分区图

2.5.2 基于规划的黑龙江省各压力分区的土地利用格局优化方向

2.5.2.1 "高-高-高"压力区

这一压力分区包括两个地区：哈尔滨、鹤岗。其中，哈尔滨为一般性"高-高-高"压力地区，鹤岗为"（二产型）结构性高-高-高"压力地区，由于其规划定位与经济下行压力来源不同，具体的土地政策也将有所不同。

1）哈尔滨

按照主体功能区规划，哈尔滨市辖区及部分县（市）的城关镇和部分国家、省级各类园区所在镇（乡）属于国家级重点开发区，而其所辖宾县、双城区、巴彦县、依兰县等县（市）属于限制开发区域（国家农产品主产区），其他所辖包括五常市、尚志市、方正县、通河县和木兰县诸县（市）也属于限制开发区域（国家重点生态功能区）。隶属于不同主体功能区的地区，由于其规划定位不同，应对相应压力的土地政策也相应有所不同。

（1）属国家级重点开发区的部分。

哈尔滨市辖区的功能定位是全省政治、经济、文化中心，全国重要的高端装备制造、医药、食品、化工产业基地，东北北部服务业中心和示范基地，东北地区重要的国际物流枢纽，国际冰雪文化名城，对俄经贸科技合作基地。其他重点开发城镇的功能定位是中心区域产业辐射和转移的重要承接区，核心城市产业服务保障基地，农产品精深加工基地，周边农业和生态人口转移的承接区和集散地。

这一地区的主要任务是作为全省经济发展的支柱，辐射带动其他地区发展，作为全省农业和生态人口重点的转入区。因此在其本身所面临的"高-高-高"压力体系下，其应当侧重于首先解决经济下行压力，有条件地缓解耕地保有压力和生态功能压力，这反映在土地利用格局的优化方向为实施较为宽松的土地政策，投入足量的新增建设用地，放宽耕地保有任务，兼顾生态用地结构调整。

（2）属国家农产品主产区的部分县（市）。

该地区的功能定位是以提供农产品为主体功能，保障农产品供给安全；是重要的商品粮生产基地、绿色食品生产基地、畜牧业生产基地和农产品深加工区、农业综合开发试验区、社会主义新农村建设的示范区。

结合哈尔滨市全区域面临的"高-高-高"压力体系，该区域应当首先缓解耕地保有压力，兼顾经济发展和地区生态功能保护，土地利用格局的优化方向上体现为：实施较为严格的土地政策，保证当地的耕地保有目标的实现，严格控制区域建设用地规模，适当调整生态用地结构。

（3）属国家重点生态功能区的部分县（市）。

该地区的功能定位是以提供生态产品为主，保障生态安全，是人与自然和谐相处的示范区。

结合哈尔滨市全区域面临的"高-高-高"压力体系，该区域应当以保障地区生态功能为先，特别是该地区面临着较大的林地转入与保护任务，应当在后一个时期内侧重于林地的保护以及其他诸如植树造林的林地转入工程，同时值得注意的是，就全市域来看，近一个阶段哈尔滨的水域面积减少较快，在后一个时期里，此区域应当严格实行对区域内重要湿地以及水域的保护。以上分析体现在土地政策中即实行严格的土地政策，以植树造林、涵养水源的措施为主，增加和保护区域内的林地与水域，同时兼顾粮食生产，保证区域中原有耕地的面积不至于过快减少，严格控制建设用地规模的扩张。

2）鹤岗

按照主体功能区规划，鹤岗市辖区以及部分县（市）城关镇和重点开发区园区所在乡镇属于省级重点开发区，其下辖的两个县（萝北县、绥滨县）分别属于限制开发区域（国家农产品主产区）、限制开发区域（国家重点生态功能区）。

（1）属省级重点开发区的部分。

鹤岗市辖区的功能定位：全省重要的能源、煤电化、煤焦化、新型建材、新能源和石墨产品生产加工基地，全省对俄经贸和国际界江旅游重点开发区，优质农产品生产加工基地。其他重点开发城镇的功能定位：东部煤电化基地中心城市产业辐射和转移的重要承接区，县域经济发展的核心区和引导区，周边农业人口转移的集散区。

鹤岗市所面临的压力体系与同为"高-高-高"型的哈尔滨有较大的不同，哈尔滨的经济下行压力主要是由国际经济低迷、我国经济普遍发展降速的宏观大环境引起的，而鹤岗的经济下行压力则与其主导产业的结构性衰退有关，其为"二产衰退型经济下行压力"。长期以来，鹤岗市的经济增长很大程度上依赖于与煤炭资源相关的第二产业，但是从《全国资源型城市可持续发展规划（2013—2020年）》对全国各地资源型城市的划分来看，鹤岗市已被列入衰退型资源城市的行列，其煤炭资源已然告急，并且从未来国家能源发展方向来看，通过与俄罗斯的合作，我国将会从远东引进相当部分的油气资源，同时从"一带一路"倡议中我国推动核电发展的规划也可以看出，未来我国经济发展的煤炭资源依赖性将进一步降低，煤炭及相关产品行业下行趋势恐难好转。

实践证明，对于衰退型资源城市而言，一味增加建设用地指标，放宽投资建设政策，并不能很好地扭转当地发展的颓势。借鉴国外对于此类衰退型地区的做法，精明增长是一个较好的选择，通过产业转型，升级主导产业甚至是寻找新的替代产业才是跨域衰退时期的最好对策。

结合以上分析以及该地区面临的"（二产型）结构性高-高-高"压力体系，在应对该地区存在的结构性经济下行压力时，不应当以盲目扩张城市边界的方法寻找经济增长点，而应当在城市内部更新与产业升级中寻找发展方向，并且重视耕地保护压力以及生态功能压力的缓解，这体现在该地区的土地利用格局优化方向为实行较为严格的土地政策，控制城市边界扩张，进行城市内部更新、产业改造，挖掘存量建设用地的潜力，同时努力落实耕地保有目标，注重生态用地的协调。

（2）属国家农产品主产区的部分县（市）。

该地区的功能定位与哈尔滨地区同为国家农产品主产区的地区相同。

其所面临的压力体系也与哈尔滨同类地区相似，但是需要指出的是，其耕地压力指数在黑龙江省12个地级市、1个地区行署中最大，为12.99，一年内便突破了规划期10年的耕地减少量。因此在这一地区应强调耕地整理、复垦以及保护的重要性，恢复规划制定的耕地面积数量，其土地利用优化方向为实施严格的土地政策，严格控制区域建设用地规模，同时综合运用耕地复垦、开发、整理等手段补充耕地面积，维持一定的耕地保有量，并适当调整生态用地结构。

（3）属国家重点生态功能区的部分县（市）。

该地区的功能定位与哈尔滨地区同为国家重点生态功能区的地区相同。

结合鹤岗市全区域范围内的"（二产型）结构性高-高-高"压力体系，该区域应当以保护区域生态功能为先，特别是在林地转入与保护方面应当采取更为严格的措施，不过对全省其他地区而言，其在水域以及沼泽等湿地的保护方面比较成功，应当保持。因此，其土地利用优化格局方向可归结为实行严格的土地政策，严格限制建设用地规模，以植树造林等手段增加林地面积，保证当前其他生态用地的面积与数量比例，在规划范围内力争控制耕地的减少面积。

2.5.2.2 "高-高-低"压力区

"高-高-低"压力区包括七台河一个市。从经济下行压力的来源看，其为"（二产型）结构性高-高-低"压力地区。

按照主体功能区规划，七台河市辖区以及部分县（市）城关镇和重点开发区园区所在乡镇属于省级重点开发区，其下辖勃利县属于限制开发区域（国家农产品主产区）。

1）属省级重点开发区的部分

七台河市辖区的功能定位为全省重要的能源基地和煤电化基地、农业和矿山机械装备制造基地、实木家具生产基地、东部再生资源集散加工中心，国家循环经济示范区。其他重点开发城镇的功能定位与鹤岗相同。

与鹤岗相似，七台河作为黑龙江省四大煤城之一，其经济发展也多依赖于煤炭资源以及相关二次产业的带动，同样地其也被列入了资源衰退型城市，并且与鹤岗相同，其也面临着经济发展的结构性衰退。因此，在面对结构性经济下行压力时，该区域与鹤岗的应对措施相近，因此除了考虑其在现状生态用地保护方面更为成功外，其也应当有相似的土地利用格局优化方向：实行较为严格的土地政策，控制城市边界扩张，进行城市内部更新、产业改造，挖掘存量建设用地的潜力，同时努力落实耕地保有目标，并维持或微调现有生态用地面积与结构比例。

2）属国家农产品主产区的部分县（市）

该地区的功能定位与上述地区中同为国家农产品主产区的地区相同。

结合该地区的主体功能定位以及七台河全区域面临的"高-高-低"压力体系，特别是较高的耕地保有压力指数，该地区下一个时期的土地利用格局优化方向应当是实施严格的土地政策，严格控制区域建设用地规模，同时综合运用耕地复垦、开发、整理等手段补充耕地面积，维持一定的耕地保有量，并且维持或微调现有生态用地格局。

2.5.2.3 "高-低-高"压力区

"高-低-高"压力区包括齐齐哈尔、鸡西、双鸭山三个市，其中齐齐哈尔属于一般性"高-低-高"压力区，鸡西、双鸭山属于"（二产型）结构性高-低-高"压力区。

1）齐齐哈尔

按照主体功能区规划，齐齐哈尔市辖区以及部分县（市）城关镇和重点开发区园区所在乡镇属于国家级重点开发区，其下辖的依安县、克山县、克东县、拜泉县、富裕县、讷河市、泰来县、龙江县等（市）县属于限制开发区域（国家农产品主产区），下辖甘南县属于限制开发区域（国家重点生态功能区）。

（1）属国家级重点开发区的部分。

齐齐哈尔市辖区的功能定位是国家重要的重型装备制造基地和绿色食品产业基地，国内著名生态旅游城市，著名历史文化名城。其他重点开发城镇的功能定位与哈尔滨市同类地区相同。

结合该地区重点开发的功能定位以及其所面临的"高-低-高"压力体系，该地区应当首先着力于解决经济下行压力，同时注重生态功能保护，并且维持现有耕地保护政策与实施效果，这体现在该地区的土地利用优化格局方向为实施较为宽松的土地政策，给予该地足量的建设用地指标以吸引投资，注意区内生态用地的保护与结构调整，维持现有耕地保护政策与已有实施效果。

（2）属国家农产品主产区的部分县（市）。

该地区的功能定位与上述地区中同为国家农产品主产区的地区相同。

结合该地区的功能定位以及齐齐哈尔市全区域所面临的"高-低-高"压力体系，该地区首先应当注意保持已有耕地保护政策实施成果，在此基础上再考虑该地区生态功能保护以及经济的稳定运行，其表现在土地利用优化格局方向为实施严格的土地政策，严格控制建设用地规模扩张，维持现有耕地保护政策实施成果，注意生态用地内部结构的调整。

（3）属国家重点生态功能区的部分县（市）。

该地区的功能定位与上述地区中同为国家重点生态功能区的地区相同。

结合该地区的功能定位以及齐齐哈尔全区域所面临的"高-低-高"压力体系，该地区首先应当注重区域生态功能的保护，同时维持现有耕地保护政策与实施效果，并在有条件的情况下维持本地经济稳定运行，因此该地区的土地利用优化格局方向为实施严格的土地政策，严格控制建设用地规模增长，着重注意区内生态用地结构与数量调整，并且维持上一阶段的耕地保护政策与实施效果。

2）鸡西、双鸭山

按照主体功能区规划，鸡西市辖区、双鸭山市辖区以及部分县（市）城关镇和重点开发区园区所在乡镇属于省级重点开发区，这两个市下辖的鸡东县、宝清县、集贤县、友谊县属于限制开发区域（国家农产品主产区），下辖的虎林市、密山市、饶河县等（市）县属于限制开发区域（国家重点生态功能区）。

（1）属省级重点开发区的部分。

鸡西市辖区的功能定位为全省重要的能源基地和煤电化基地，以煤机为重点的装备制造业基地，以石墨精深加工为重点的新材料基地，打造国内生态旅游城市，建设对俄进出口产品加工基地、优质农产品加工基地。双鸭山市辖区的功能定位为全省重要的能源、煤电化基地和钢铁生产基地，安全优质农畜产品生产加工基地。其他重点开发城镇的功能定位与鹤岗、七台河、鸡西等地的类似区域相同。其他重点开发城镇的功能定位与鹤岗、七台河等地的类似区域相同。

鸡西、双鸭山的情况与鹤岗、七台河类似，同列黑龙江省"四大煤城"，并且也经历着主产衰退带来的压力，在这种情况下，不宜盲目增加其建设用地指标，而应当以城市更新、土地整治等手段挖掘存量建设用地潜力，改造甚至寻找替代主导产业。因此对于这一地区，土地利用优化格局的方向应当是实行较为严格的土地政策，严格控制其建设用地规模扩张，同时注重区域内生态用地数量结构的调整，维持前一个阶段耕地保护政策与实施效果。

（2）属国家农产品主产区的部分县（市）。

该地区的功能定位与上述地区中同为国家农产品主产区的地区相同。

该地区的土地利用格局优化方向可参照齐齐哈尔等地的同类区域。

（3）属国家重点生态功能区的部分县（市）。

该地区的功能定位与上述地区中同为国家重点生态功能区的地区相同。

该地区的土地利用格局优化方向可参照齐齐哈尔等地的同类区域。

2.5.2.4 "高-低-低"压力区

"高-低-低"压力区包括大庆、伊春、黑河三个市，其中大庆属于一般性"高-低-低"压力区，伊春、黑河属于"（一产型）结构性高-低-低"压力区。

1) 大庆

按照主体功能区规划，大庆市辖区以及部分县（市）城关镇和重点开发区园区所在乡镇属于国家级重点开发区，其下辖的林甸县、肇源县、肇州县、杜尔伯特蒙古族自治县等属于限制开发区域（国家农产品主产区）。

（1）属国家级重点开发区的部分。

大庆市辖区的功能定位是国家重要的石油生产基地、石化产品及精深加工基地、石油石化装备制造基地，新材料和新能源基地、农副产品生产及加工基地，国家服务外包示范基地，国内著名自然生态和旅游城市。

结合该地区的功能定位以及其所面临的"高-低-低"压力体系，该地区在下一个时期内应着力于应对经济下行压力，可以适当增加其建设用地供应，吸引国内外投资，不仅要在原有的石油化工行业以及精深加工等方面继续拓展，也应当注意第三产业等多元化产业发展。因此，该地区的土地利用优化格局应当是实施较为宽松的土地政策，给予其发展所需的足够建设用地指标，同时维持其上一个阶段较为成功的耕地保护与生态功能保护政策与实施效果。

（2）属国家农产品主产区的部分县（市）。

该地区的功能定位与上述地区中同为国家农产品主产区的地区相同。

结合该地区的主体功能与大庆市全区域面临的"高-低-低"压力体系，该地区下一个时期的土地利用格局优化方向为实施严格的土地政策，严格控制建设用地规模扩张，同时维持上一阶段中较为成功的耕地保有、生态保护政策。

2) 伊春、黑河

按照主体功能区规划，伊春市市辖区、黑河市包括市区（爱辉区）均属于限制开发区域（国家重点生态功能区）。

该地区的功能定位与上述地区中同为国家重点生态功能区的地区相同。

结合该地区的功能定位以及其所面临的"（一产型）结构性高-低-低"压力体系，该地区首先应当注意保障自身生态功能建设，稳定前期生态建设已取得的成绩，积极推进相关植树造林以及涵养水源的工程，并且结合第一产业衰退的实际，积极发展生态主导型产业格局，灵活高效运用自身在林木、矿产等方面的资源，同时继续维持上一个时期成功的耕地保护政策。以上分析体现在该地区的土地利用优化格局方向为实施严格的土地政策，严格控制建设用地规模扩张，重点注意区域内部生态用地的数量结构调整，同时维持上一阶段的耕地保护以及生态建设政策和实施效果。

2.5.2.5 "低-高-高"压力区

"低-高-高"压力区包括牡丹江、佳木斯、绥化三个市。

按照主体功能区规划，牡丹江市辖区、绥芬河市属于国家级重点开发区，佳木斯市辖区、绥化建成区以及部分县（市）城关镇和重点开发区园区所在乡镇属于省级重点开发区，这几个地区下辖的桦南县、桦川县、汤原县、北林区、安达市、肇东市、海伦市、兰西县、望奎县、青冈县、明水县等属于限制开发区域（国家农产品主产区），下辖的同江市、富锦市、穆棱市、海林市、宁安市、庆安县、绥棱县属于限制开发区域（国家重点生态功能区）。

1）属国家级、省级重点开发区的部分

牡丹江市辖区的功能定位是全省东南部区域性中心城市，全省沿边开放带建设先导区，东北地区重要的对外经贸科技合作区域、进出口商贸物流中心、进出口产品加工区，国际著名旅游度假城市。绥芬河市的功能定位是全国重要的对外经贸科技合作地区和综合保税区，东北地区重要的对外进出口口岸和物流节点，重要的对外贸易加工基地和沿边地区重点开发开放试验区。佳木斯市的功能定位是东部城市群经济中心，新能源和重化工基地、装备制造业基地、新材料工业基地，对俄经贸合作示范基地，国家重要的绿色食品基地，全省东部物流枢纽、东北亚重要口岸物流中心、江海联运大通道重要节点，国际生态旅游名城。绥化建成区的功能定位是全省中部区域性中心城市，国家重要优质安全农产品生产加工基地，优质农牧良种繁育生产推广基地，全省重要的硅基材料产业基地，哈尔滨以北最大的商贸物流集散地，生物产业基地。

结合这些地区的主体功能及其所面临的"低-高-高"压力体系，其在下一个阶段在保障完成主体功能区规划赋予其经济发展任务的同时，应积极实施耕地保护政策与区域内生态用地治理政策与数量结构调整政策，以期在下一个时期做到以最小的耕地、生态用地代价保持经济发展平稳运行的目标。对于这些地区，其土地利用优化格局的方向可以表述为维持现行土地政策的力度，适当给予其发展所必要的建设用地指标，实施更为严格的耕地保护政策，同时注意生态用地的治理及其内部的数量结构调整。

2）属国家农产品主产区的部分县（市）

该地区的功能定位与上述地区中同为国家农产品主产区的地区相同。

根据该地区所承担的主体功能以及整个区域所面临的"低-高-高"压力体系，其下一个时期的土地利用优化格局方向是实施严格的土地政策，严格控制建设用地规模扩张，同时实施更为严格的耕地保护政策，坚决落实耕地保有量目标，并在一定程度上调整区域生态用地类型与数量结构。

3）属国家重点生态功能区的部分县（市）

该地区的功能定位与上述地区中同为国家重点生态功能区的地区相同。

结合该地区的主体功能定位与全区域范围内面临的"低-高-高"压力体系，该地区下一个时期的土地利用优化格局方向是实施严格的土地政策，严格控制建设用地规模扩张，同时着力于生态建设与治理工程，积极调整区域内部的生态用地格局，并严格执行耕地保护政策，落实耕地保有量目标。

2.5.2.6 "低-低-低"压力区

"低-低-低"压力区包括大兴安岭地区一个地区。

按照主体功能区规划，大兴安岭地区属于限制开发区域（国家重点生态功能区）。

该地区的功能定位与上述地区中同为国家重点生态功能区的地区相同。

结合该地区主体功能定位及其所面临的"低-低-低"压力体系，其在下一个阶段应当明确发挥自己生态功能区的作用，不能以生态功能的破坏换取地方发展，特别是在林木保护与培育方面，其应当将这一目标作为未来发展的核心任务，而在地区经济发展及粮食保护方面，该地区不应当承担过多压力。因此，就该地区而言，其下一个时期的土地利用优化格局方向应当是实施严格的土地政策，严格控制建设用地规模扩张，坚决保护区域内的森林资源，积极进行植树造林工程，完善林木资源利用与保护政策，坚决抵制林地占用，保障该地区以森林为主体的生态功能，兼顾耕地保有目标的落实，维持前一个阶段天保工程所取得的生态建设成绩。

2.5.2.7 各压力分区土地利用格局优化综合

结合黑龙江省各压力分区格局，分区比较各区所适用的用地政策力度，可分为施行较现行用地政策更为宽松的政策、施行较现行用地政策更为严格的政策、最为严格的用地政策及维持现行用地政策力度，各地区土地利用格局优化综合表详见表2-26。

表2-26 各地区土地利用格局优化综合表

压力分区	包含行政区	主体功能区划分	建设用地转用政策	耕地保护政策	生态用地保护政策
"高-高-高"	哈尔滨	国家级重点开发区	—	—	—
		国家农产品主产区	+	++	+
		国家重点生态功能区	+	+	++
"（二产型）结构性高-高-高"	鹤岗	省级重点开发区	+	+	+
		国家农产品主产区	+	++	+
		国家重点生态功能区	+	+	++
"高-高-低"	七台河	省级重点开发区	+	+	↔
		国家农产品主产区	+	++	↔

续表

压力分区	包含行政区	主体功能区划分	建设用地转用政策	耕地保护政策	生态用地保护政策
"高-低-高"	齐齐哈尔	国家级重点开发区	—	—	—
		国家农产品主产区	+	↔	+
		国家重点生态功能区	+	↔	++
"（二产型）结构性高-低-高"	鸡西、双鸭山	省级重点开发区	+	↔	+
		国家农产品主产区	+	↔	+
		国家重点生态功能区	+	↔	++
"高-低-低"	大庆	国家级重点开发区	—	—	—
		国家农产品主产区	+	↔	↔
"（一产型）结构性高-低-低"	伊春、黑河	国家重点生态功能区	+	↔	+
"低-高-高"	牡丹江、佳木斯、绥化	国家级、省级重点开发区	↔	+	+
		国家农产品主产区	↔	++	+
		国家重点生态功能区	↔	+	++
"低-低-低"	大兴安岭	国家重点生态功能区	↔	↔	+

注：表中"—"表示施行较现行用地政策更为宽松的政策；"+"表示施行较现行用地政策更为严格的政策；"++"表示在国家农产品区和重点生态功能区中其相应的重点土地利用方式压力较高时采取最为严格的用地政策；"↔"表示维持现行用地政策。

2.5.3 其他响应措施

2.5.3.1 建设用地指标省内转移试点

在近一个时期内黑龙江省面临的经济下行压力下，各地区对于建设用地指标需求的迫切性是不同的，那些在国家以及省一级重点开发区内，并且正经受着较大的经济下行压力的地区，如哈尔滨、齐齐哈尔、大庆等对于建设用地指标的需求相对较为迫切，同时也比较能够发挥建设用地带动经济发展的作用。其他地区，或者由于其本身经济下行压力不高，或者虽然压力较高但不属于国家级重点开发区又或者其经济下行压力虽高但体现为结构性压力，其对建设用地的需求以及利用能力均不及前述地区，甚至于这些地区出现了建设用地大量闲置的情况。因此，有必要建立一个建设用地指标全省流动的机制，允许建设用地指标较为充裕的地区将指标转移给较为紧缺的地区，后者则向前者提供资金等转移支付，最终形成比较优势互补。

2.5.3.2 投资差别政策

对于不同压力区，财政投资的方向也应不同，对于经济下行压力高，同时属于国家级或者省级重点开发区的地区，应当投入更多资金进行生产性基础建设，同时引导社会性投资向增长潜力高、发展势头好的产业集聚。对于那些面临结构性经济下行压力的地区，应当引导投资向城市更新以及替代性产业集聚。而对于那些处于国家农产品主产区及生态功能区，同时面临着相对较高的耕地保有压力或者生态压力的地区，投资特别是政府投资，应当关注农业以及生态保育方面的领域，并在当地进行积极的生活性基础设施建设，在力求发挥当地的农业或者生态功能同时，提高当地生活质量，保障当地人民获得社会发展红利，分享社会进步成果。

2.5.3.3 构建压力监测与预警系统

鉴于黑龙江省在全国粮食安全体系中越来越重要的地位及其本身经济发展需求的迫切性，同时兼顾其分布广泛的森林、湿地资源的一般性生态保护要求，我们有必要对这几个方面的发展状况进行长时间定期评估与监测。特别是，我们应当认识到，随着社会发展与相关规划的进一步实施，各地区不同压力可能会产生转化，现有的各种对策包括土地政策的偏向性政策可能在一个阶段后便不再适用。因此，建立一套数字化的压力检测与预警系统，定期对各地的"经济-耕地-生态"压力体系进行监测与预警就显得尤为重要。

3 基本农田集中建设与保护关键技术研究

建设商品粮基地,保护和提高粮食综合生产能力,是实现全国粮食安全的重要基础,也是推动实现农业生产社会化、专业化和商品化的主要途径,对国家经济发展具有十分重要的意义。东北商品粮基地在国家粮食安全保障和农业现代化建设战略体系中的地位和作用不可替代。根据国家统计局数据,2015 年东北四省区粮食总产量占全国粮食总产量的 23.8%,占当年全国粮食增加量的 36%以上,平均粮食商品率达到 70%以上,为全国提供了超过 1/3 的商品粮。黑龙江省是东北商品粮基地的典型代表,自 2011 年粮食总产量超过河南省以后,黑龙江省粮食总产量和商品粮总量连年居全国第一,已成为名副其实的"中国粮仓",占全国粮食增产任务份额最重。综上可见,一是黑龙江省在维护国家粮食安全方面取得了可喜的成绩,二是国家对农业大省黑龙江省在粮食生产方面通过政策提出了更高的要求。

为此,本章围绕确保东北地区基本农田粮食产能的稳定与提高,通过理论模型构建、实证研究、典型调查等方法,针对东北地区基本农田面积大、分布集中、易于开展规模化经营的实际情况,以及东北地区主要面临的保护重点不突出、适度经营规模不准、整治针对性不强、建设标准偏低、质量监测不便捷、保护积极性不高的实际问题开展研究,通过研究基本农田分级建设与标准、基本农田集中建设与质量监测、不同类型区基本农田质量提升技术以及基本农田保护机制,初步形成一整套规模化基本农田集中建设与保护关键技术,支撑东北规模化基本农田数量保护、质量稳定和质量提升,促进耕地资源可持续利用,推进农业现代化建设进程和提高农民收入水平。具体技术路线如图 3-1 所示。

3.1 基本农田分级建设及标准研究

3.1.1 研究任务、技术路线及数据情况

3.1.1.1 研究任务

基于粮食产能核算和东北区域特点,以保护和提高区域粮食产能为出发点,形成基于产能和质量构成要素的基本农田分级方法,划分示范区基本农田保护级别,形成相应保护规则。

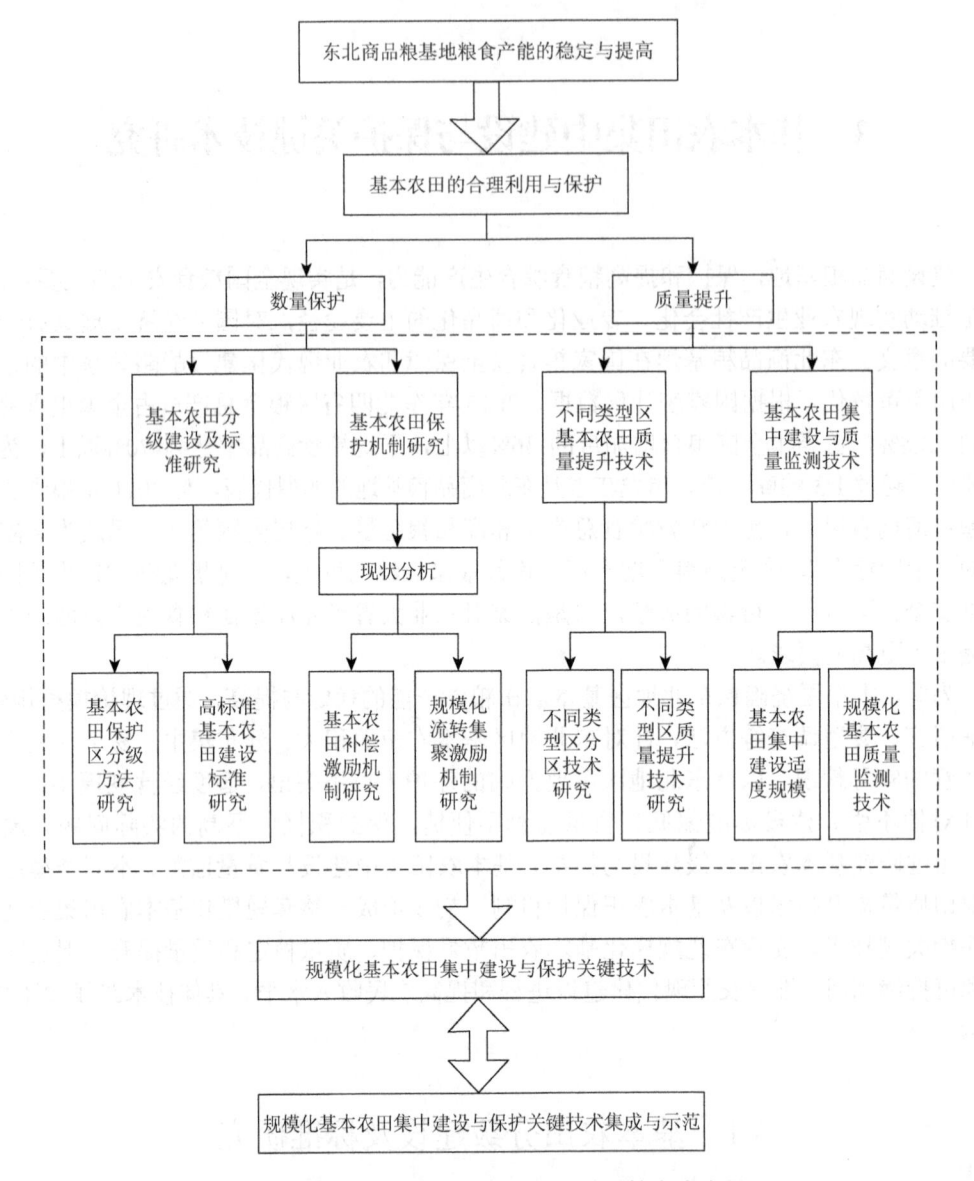

图 3-1 基本农田集中建设与保护关键技术路线图

3.1.1.2 技术路线

基于产能及质量构成要素的基本农田分级保护方法，主要收集黑龙江省全省范围内农用地分等资料，包括分等前的原始资料、中间过程资料（自然等指数、利用等指数、经济等指数等）及其成果资料。参考《农用地定级规程》（GB/T 28405—2012）中农用地定级技术、方法，拟考虑基于基本农田质量、产能分级要素相结合，参考自然因素、社会经济因素、产能因素、生态因素四个方面分级因素，运用因素法、德尔菲法确定具体分级因素因子及其权重，用加权求和法计算最终分级指数。采用等间距法、数轴法初步划分级别，将分级成果通过实地调研与专家咨询的方式进行一致性检验，对于不符合实际情况的成果重新调整加以修正，使其符合实际。最后将校验一致的成果依照平均分值从高到低划分为特优质级、优质级、一般级三个级。在此基础上，采取相应级别的保护措施（永久保护、特殊保护、严格保护），制定相应的保护规则，实现了区域内基本农田差别化管护（图3-2）。本书确定齐齐哈尔市克山县、农垦总局建三江管理局前进农场（简称前进农场）、黑龙江省为分级方法应用示范区，进行示范与反馈。

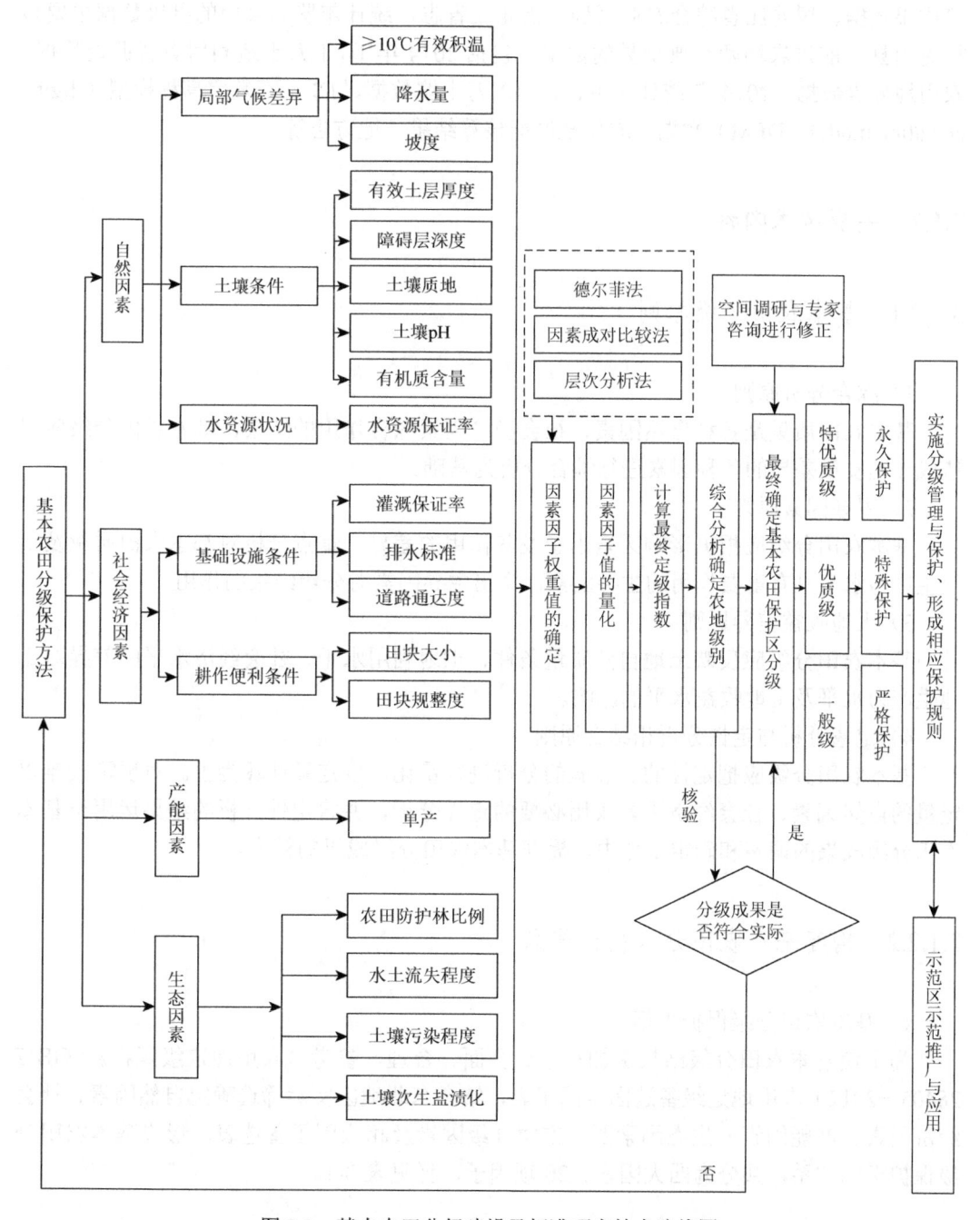

图3-2 基本农田分级建设及标准研究技术路线图

3.1.1.3 数据情况

采用的省级数据包括 2012 年黑龙江省耕地质量补充完善成果数据、2014 年黑龙江省土地利用变更数据库数据、2014 年黑龙江省基本农田数据库数据、黑龙江省农用地分等成果数据、黑龙江省综合农业区划、黑龙江省志、统计年鉴。采用的县级数据主要包括克山县、前进农场两个典型县的数据。包括 2014 年 1∶1 万土地利用更新调查数据、农用地分等数据、2014 年统计年鉴、1∶10 万土壤数据、1∶5 万数字高程模型（digital elevation model，DEM）数据、农用地产能核算结果、地方志等。

3.1.2 主要技术内容

3.1.2.1 基本农田分级原则

1）综合分析原则

基本农田质量是各种自然因素、社会经济因素综合作用的结果，基本农田分级应以造成土地质量差异的各种因素进行综合分析为基础。

2）主导因素原则

基本农田分级应根据影响因素因子及其作用的差异，重点分析对基本农田质量及土地生产力水平具有重要作用的主导因素，突出主导因素对分级结果的作用。

3）土地收益差异原则

基本农田分级应反映土地自然质量条件、土地利用水平、社会经济水平的差异对土地生产力水平及土地收益水平的影响。

4）定量分析与定性分析相结合原则

基本农田分级应把定性的、经验的分析进行量化，以定量计算为主。对现阶段难以定量的自然因素、社会经济因素采用必要的定性分析，并将定性分析的结果运用于基本农田分级成果的调整和确定工作中，提高基本农田分级成果的精度。

3.1.2.2 构建基本农田分级指标体系

1）基本农田分级保护指标

为了使基本农田分级结果更加科学、全面、合理，参考《农用地定级规程》（GB/T 28405—2012）农用地定级备选因素因子表，结合东北地区实际筛选确定自然因素、社会经济因素、产能因素、生态因素四个方面分级因素及相应因子备选表，形成基本农田分级保护指标体系，共分为四大因素、20 项因子，详见表 3-1。

表 3-1 基本农田分级保护指标备选表

因素	中间条件	因子	公式
自然因素	局部气候差异	≥10℃有效积温	数据库中直接获取
		降水量	数据库中直接获取
		地形	30mDEM
	土壤条件	有效土层厚度	数据库中直接获取
		土壤质地	数据库中直接获取
		土壤pH	数据库中直接获取
		有机质含量	数据库中直接获取
社会经济因素	基础设施条件	灌排条件	沟渠长度/耕地总面积
		道路通达度	道路总长度/耕地总面积
	耕作便利条件	田块大小	直接获取
	土地利用状况	人均耕地面积	耕地面积/农业人口
		地均种植业（农业）产值	种植业总产值/总面积
		农机总动力	查询统计年鉴
		土地整理投资额	近三年地均土地整治投资额
产能因素		近三年平均实际单产	近三年平均实际单产求和/3
生态因素		农田防护林比例	防护林面积/耕地总面积
		水土流失程度	定性指标（无、轻、中、重）
		土壤污染程度	依耕地污染标准划分污染级别
		土壤沙化程度	定性指标（无、轻、中、重）
		土壤盐渍化程度	定性指标（无、轻、中、重）

2）确定基本农田分级保护指标

在初步构建指标体系基础上根据研究区实际情况进行选取。选取本地区对土地级别影响起主导作用的因素因子，突出主导因素因子对分级结果的作用；选取的主导因素因子对于不同区域应有较大的差异性，因素因子指标值处于较大的变化范围内；选取的因素因子应有相对稳定性，避免选取易变因素因子。

3）确定指标权重

采用德尔菲法、层次分析法的一种或两种综合来确定因素因子及其权重。

4）指标标准化

采取编制"基本农田分级因素因子权重、作用分"关系表（不同因素因子详见表3-2～表3-4），对评价指标进行标准化处理。根据各分级因素因子对基本农田质量影响程度，对指标值进行分级，并给出相应的作用分。作用分打分规则：①因素因子作用分与基本农田质量的优劣正相关，即基本农田质量越好，作用分越高，反之，作用分越低；②作用分体系采用百分制；③作用分只与分级因素因子的显著作用区间相对应。

表 3-2　基本农田分级社会经济因素因子权重、作用分关系表

因子 (作用分)	社会经济因素 0.15（权重）			
	基础设施条件 0.3		耕作便利条件 0.3	土地利用状况 0.4
	灌排条件 0.6	道路通达度 0.4	田块大小/m²	人均耕地面积/（m²/人）
100	≥9%	≥3.5%	≥2000	≥5300
90				
80	[5%, 9%)		[1200, 2000)	
70		[2.5%, 3.5%)		[4000, 5300)
60	[3%, 5%)			
50			[500, 1200)	
40		[1.5%, 2.5%)		[2000, 4000)
30	<3%			
20			<500	
10		<1.5%		<2000
0				

表 3-3　基本农田分级自然因素因子权重、作用分关系表

因素因子 (作用分)	自然因素 0.5（权重）						
	局部气候差异 0.6			土壤条件 0.4			
	≥10℃有效积温/℃ 0.4	降水量/mm 0.25	坡度 0.35	有效土层厚度/cm 0.3	土壤质地 0.2	土壤 pH 0.2	土壤有机质含量 0.3
100	≥2800	[550, 600)	<2°	≥50	重壤	7	≥9%
90							
80	[2400, 2800)		[2°, 6°)	[40, 50)	中壤	[6, 7)　(7, 8]	[6%, 9%)
70		[400, 550)					
60	[1800, 2400)			[30, 40)	轻壤	[5, 6)　(8~9]	[3%, 6%)
50			[6°, 15°)				
40		<400		[20, 30)	黏土	[4, 5)　(9, 10]	
30	<1800						[1%, 3%)
20			[15°, 25°)	[10, 20)	砂土	[0, 4)　(10, 14]	
10							<1%
0			≥25°	<10	砾质土		

表 3-4　基本农田分级产能、生态因素因子权重、作用分关系表

因子 (作用分)	产能因素 0.3	生态因素 0.05				
	近三年平均实际单产/（斤/亩）	农田防护林比率 0.2	水土流失程度 0.2	土壤污染程度 0.2	土壤沙化程度 0.2	土壤盐渍化程度 0.2
100	水稻≥1000；玉米≥1000；大豆≥350	≥4%	无	无	无	无
80		[3%, 4%)	轻度	轻度	轻度	轻度

续表

因子(作用分)	产能因素 0.3	生态因素 0.05				
	近三年平均实际单产/(斤/亩)	农田防护林比率 0.2	水土流失程度 0.2	土壤污染程度 0.2	土壤沙化程度 0.2	土壤盐渍化程度 0.2
70	水稻：[800, 1000); 玉米：[800, 1000); 大豆：[250, 350)					
60		[2%, 3%)	中度	中度	中度	中度
40	水稻<800； 玉米<800； 大豆<250					
30		<2%				
20			重度	重度	重度	重度

5) 确定分级单元

分级单元是指分级指数测算的基本空间单位，单元内的基本农田质量相对均一，单元之间有较大差异。县级、农场、省级尺度确定最小分级单元是图斑。

6) 计算分级指数

将最小分级单元内各个分级因子所对应的作用分值乘以相应权重值，最后进行求和计算得到分级单元的综合作用分值（最终分级指数）。分级指数采用加权求和方法计算：

$$H_i = \sum_{i=1, j=1}^{p,n} W_j \cdot f_{ij} \quad (i=1,2,3,\cdots,p; j=1,2,3,\cdots,n) \tag{3-1}$$

式中，H_i 为第 i 个分级单元的分级指数；i 为分级单元编号；j 为分级因素因子编号；W_j 为第 j 个分级因素因子的权重；f_{ij} 为第 i 个分级单元内第 j 个分级因素因子的作用分值。

7) 初步划分级别

根据单元最终分级指数，采用等间距法、数轴法初步划分级别。

8) 校验与调整

对初步划分的基本农田保护级别成果进行校验，与区域实际不符合的重新进行调整完善。校验分级单元划分的合理性、分级因素选取的准确性、分级作用分打分规则的合理性、分级结果计算的正确性，才能在总体上保证构建指标体系与分级方法的科学性、合理性、适用性。

在所有分级单元中随机抽取不超过总数 5%的单元进行野外实测，将实测结果与分级结果进行比较。如果与实际不符的单元数小于抽取单元总数的 5%，则认为计算结果总体上合格，但应对不合格单元的相应内容进行校正；如果大于 5%，则应按工作步骤进行全面核查、校正。初步划分的基本农田保护级别应具有明显的正级差收益，否则，应重新进行调整与计算。

初步分级完成后，组织专家组进行论证，并写出书面论证意见，根据论证意见，进行修改完善。

9）级别命名、定义范围与保护规则

将基本农田分级校验一致的最终分级成果依照质量作用分值从高到低划分为：一级基本农田，命名为特优质级；二级基本农田，命名为优质级；三级基本农田，命名为一般级。

一级基本农田（特优质级）：经过基本农田产能与质量综合评价，作用分值最高的区域。地形平坦，坡度 6°以下；农田水利、田间道路设施完善；集中连片度平原地区大于 500 亩，山地丘陵区大于 200 亩；耕地地力等级高，土壤基本无污染；生产条件好、产量高、永远不得占用的基本农田，即永久保护农田。该级基本农田应最优先通过综合开发、整治和改造，改善耕作条件，提高耕地质量，逐步建成高标准的高产稳产粮田。包括在调整划定基本农田保护时已被划入为永久保护的基本农田；已经建成、立项实施或规划建设为的高标准基本农田；已经建成、规划为粮食生产功能区内（粮油、名、优、特、新农产品和蔬菜生产基地）的基本农田；有良好的水利和水土保持设施的耕地以及农业科研、教学试验田等；千万亩标准农田质量提升区域内的一等标准农田以及正在实施质量提升的二等标准农田、集中连片度超过 200 亩的高等标准农田。

二级基本农田（优质级）：经过基本农田产能与质量综合评价，作用分值中间部分的区域。县级土地利用总体规划中已经确定的基本农田保护区域在规划期内不得被占用的基本农田；生产条件较好、产量较高、集中连片程度较高，采取特殊（重点）保护规则的中、低产田；基础设施配套较齐，地块相对规整，需增加投入，改善粮田基础设施和土壤地力建设的基本农田。

三级基本农田（一般级）：经过基本农田产能与质量综合评价，作用分值最低的区域。基本农田区域内除以上的其他基本农田；地理位置较偏，生产条件一般，不集中连片，产量一般的基本农田。该级基本农田属不可以违法占用的基本农田；国家级重点建设项目通过使用基本农田预留指标、修改土地利用总体规划等方式经过合法审批可以占用，采取一般保护规则。

3.1.3 研究结果

3.1.3.1 黑龙江省基本农田分级情况

根据 2012 年土地利用变更调查，2012 年末，全省耕地总面积为 15927245.29hm^2，全省基本农田面积为 12741796.23hm^2。将全省基本农田划分为三个级别：一级基本农田面积 459696.21hm^2，占基本农田面积 31.55%，主要分布在松嫩平原东部的哈尔滨市周围各县；二级基本农田面积 800960.82hm^2，占 54.98%，除大小兴安岭之外全省各县（市）均有分布；三级基本农田面积 196253.53hm^2，占 13.47%，主要分布在大小兴安岭山区和三江平原东部。各级别基本农田面积呈现两头小，中间大的态势。全省基本农田各级别面积占基本农田总面积的比例也反映了全省基本农田综合质量的总体状况为二级（中等级别）比例大，三级（低等级）和一级（高等级）比例小。

3.1.3.2 克山县基本农田分级情况

根据 2012 年全县农用地分等结果，中低产田面积占 70%以上，东南部、西部基本为一级、二级基本农田，中部大部分为三级基本农田，少量二级基本农田，东北部主要是二级基本农田。由以上数据可知，该县基本农田总体水平较高。与分等数据相比较，克山县整体基本农田质量有较大的提高，主要与全县严格执行基本农田保护制度，实施基本农田整理项目，加大农田水利建设投入，对小流域综合治理，增加有效灌溉面积，提高耕地生产能力和产出率，改造中低产田，不断提高基本农田质量有很大关系。但基本农田整体水平较低，全县的农田质量亟待进一步提高。

3.1.3.3 前进农场基本农田分级情况

前进农场范围小，各管理区作业站内基本农田质量均质化程度高，基本农田质量差异小，基本农田级别总体水平很高，将基本农田保护级别分两级：其中一级永久保护基本农田面积 30393.54hm^2，占研究区内基本农田面积的 62.05%，主要分布于第十六管理区第十六作业站、第十一管理区第十一作业站、第十五管理区第五作业站、第十管理区第十作业站、第七管理区第七作业站、第二管理区第一作业站等；二级特殊保护基本农田面积 18587.38hm^2，占 37.95%，主要分布于第十四管理区第十四作业站、第十九管理区第十九作业站、第九管理区第九作业站、第二十四管理区第二十四作业站、第二十二管理区第二十二作业站等。各级基本农田在空间分布上主要是东北部、中西部基本为一级，二级基本农田主要分布在东部，少量分布在西部和西北部（图 3-3）。

图 3-3 前进农场基本农田保护级别图

3.1.3.4 分级保护规则

国家划定基本农田保护区，由政府设立基本农田永久保护标志。任何单位和个人不得擅自占用，不得擅自改变用途，这是不可逾越的"红线"。在此基础上，建立相应级别保护规则，即一级永久保护、二级特殊保护、三级严格保护三个等级基本农田保护级别，建立级别档案，对基本农田实施差别化保护。

一级永久保护。经过土地整治的基本农田区域，建设生产条件好，集中连片，产量高的高标准基本农田；粮油、名、优、特、新农产品和蔬菜生产基地；有良好的水利和水土保持设施的耕地以及农业科研、教学试验田等。法律规定的国家重点建设项目也不得占用。以上基本农田应采取永久保护措施。一级基本农田纳入禁止建设区，永远禁止各类建设项目通过使用基本农田预留指标、修改土地利用总体规划等任何方式占用、改变用途。若违反占用、擅自改变用途，追究相关责任人刑事责任。

二级特殊保护。土地利用总体规划中在规划期内不得被占用的基本农田，法律规定的国家重点建设项目可以占用，但应尽量避开或少占；生产条件相对较好，相对集中连片的，产量较高的基本农田。此类基本农田应采取重点保护措施，保护力度仅次于永久保护，高于严格保护。

三级严格保护。基本农田区域内除以上的其他基本农田；地理位置较偏，生产条件一般，不集中连片，产量一般的基本农田。该类基本农田应采取严格保护措施，保护等级最低。

3.1.4 研究总结

（1）黑龙江省基本农田区域分布差异性较大，自然条件仍是影响综合质量的主要因素，中、低等级的基本农田潜力亟待挖掘提升。

（2）克山县东南部、西部基本为一级、二级基本农田，中部大部分为三级基本农田，少量二级基本农田，东北部主要是二级基本农田。克山县基本农田受地形地貌、水土资源分布、开发利用时期不同等影响，农田等级从西—东—中，呈逐渐降低的特征。中部基本农田开发的历史较早，有机质含量相对较低，水土流失更为严重，中部的基本农田的级别相对较低。

（3）前进农场一级基本农田所占的比例很大，说明与地方基本农田相比，农垦农场基本农田总体质量水平较高，这与农垦地区集中军事化管理方式、土地集中连片等因素有关，在体制管理等其他方面值得地方学习与借鉴。各管理区作业站内基本农田质量基本上属于一个级别，均质化程度高，相对统一，由于前进农场面积范围限制，只能将其分为两个级别。

（4）基于产能和质量的基本农田分级方法切实可行，可为高标准农田建设项目选址和落位提供基础依据，为基本农田保护和管理体系的完善提供基础借鉴。

3.2 基本农田集中建设与质量监测技术研究

3.2.1 基本农田（耕地）适度经营规模研究

3.2.1.1 研究任务与技术路线

1）研究任务

针对黑龙江省商品粮主产区范围内，以粮食种植业为主，实施农业适度规模经营所对应的耕地经营规模相关问题进行研究，需要深入研究解决三个方面的问题：一是基于引导实现耕地规模经营的宏观背景，结合实行耕地规模经营所要达到的根本目的，合理确定发展耕地适度规模经营的适宜目标；二是综合考虑现实状况，提出与家庭承包制相契合的耕地适度规模经营发展类型与途径，明确规模经营主要新型主体，研究并提出今后的主要侧重点和发展方向；三是结合发展目标和实现途径，对可行的适度规模进行测度，通过实证分析研究，确定合理可行的适度规模范围与区间。

2）技术路线

紧密结合研究区域实际，以典型区调研为出发点，在优化集成以往相关成果基础上，分析研究基于现实生产力水平，在以大规模机械化生产为主要特点的东北商品粮基地农业现代化建设过程中，农户及新型粮食种植业主体实行耕地适度规模经营的有利条件和影响制约因素，采用土地产出率、劳动生产率和资源利用率等相关效率和农户及新型粮食种植业主体粮食生产效益指标，对耕地规模经营效率和效益变化情况进行分析研究。根据分析测算结论，结合现代农业发展目标，立足现状提出耕地规模经营内外部环境优化配置规划决策，推动实现粮食生产由以往的单一产量增加向稳增产量和提升质量并重转变，体现新型农业经营主体规模化、集约化、专业化和科技化利用耕地的现代农业特征，避免误入只顾追求经济效益、盲目扩大规模、经营管理粗放、低水平科技投入的歧途，基本农田（耕地）适度经营规模研究技术路线如图3-4所示。

3.2.1.2 黑龙江省耕地生产经营基本情况

1）耕地资源状况

据2013年土地利用现状调查数据，截至2013年末，黑龙江省农用地面积4144.15万hm^2，占全省土地总面积的88.04%。其中耕地面积1594.42万hm^2，占农用地的38.47%。根据2013年完成的黑龙江省耕地质量分等成果，全省耕地按国家经济等最终确定分为八个等别，其中最低等为15等，最高等为7等。9等以上耕地面积为56.6万hm^2，占3.55%；10~12等耕地面积1227.54万hm^2，占76.99%；13等以下耕地面积310.28万hm^2，占19.46%。耕地经济等面积构成为中间大两头小，全省耕地中低产田比例大。

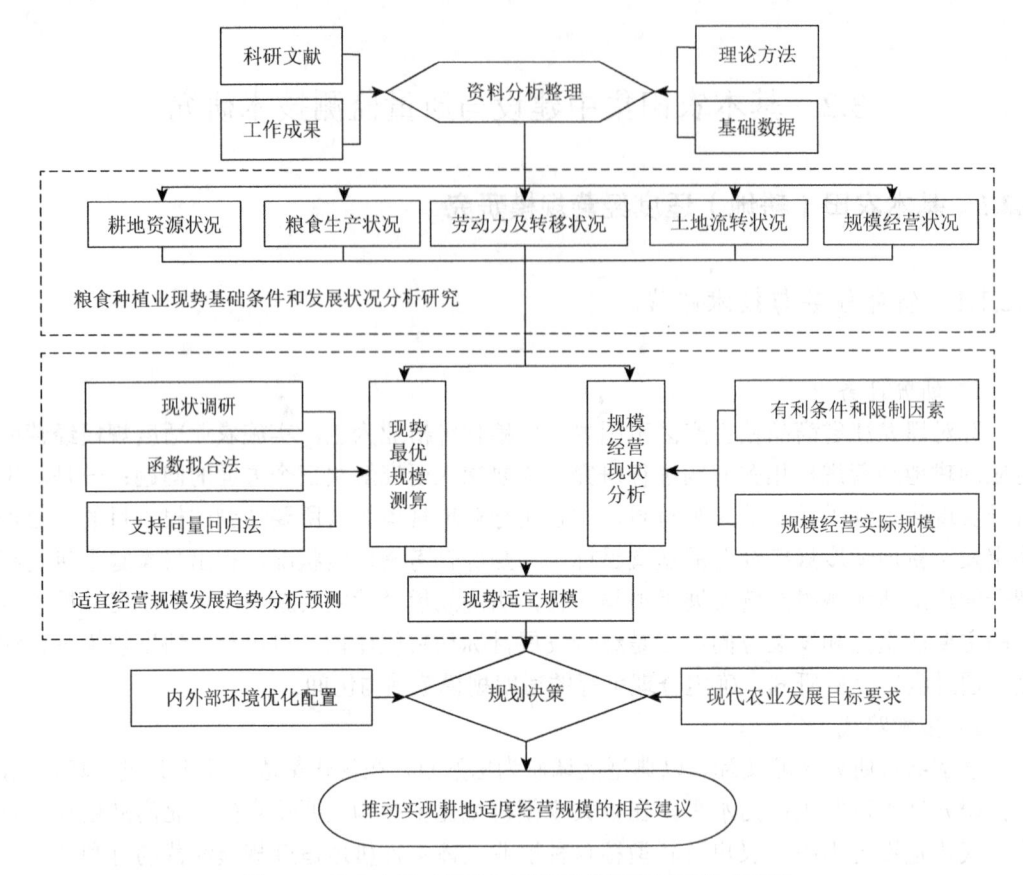

图 3-4 基本农田（耕地）适度经营规模研究技术路线

2）粮食生产状况

黑龙江省是全国产粮大省，同时也是全国最大的商品粮生产基地，粮食商品化率超过 70%。在 2013 年农作物播种面积中，粮食作物播种面积达 1403.7 万 hm^2，2013 年末粮食总产量 6004.1 万 t，全省粮食生产实现十连增，比上年增加 48.5 亿斤，增量占全国的 1/5。

3）劳动力及转移状况

从农村人口情况来看，黑龙江省农村人口总体上呈现下降的趋势。农村人口由 2001 年的 1814.4 万人下降至 2013 年的 1633.7 万人。黑龙江省农村劳动力数量并没有随着农村人口总量的下降而减少，反而增加。

4）土地流转状况

从黑龙江省的实践情况来看，各地土地规模经营与流转的发展程度不尽相同。据 2013 年数据，全省已累计流转土地 6507 万亩，占农村土地承包面积的 49.29%。其中，经营土地 60~100 亩的种粮大户发展到 35 万户，经营土地 100 亩以上的家庭农场发展到 2.7 万个，共流转土地面积达到 770 万亩；农机作业合作社 518 个，共流转土地 820 万亩；专业合作经济组织 2307 个，共流转土地 447 万亩；现代化农业公司 121 个，共流转土地 13 万亩。

5）规模经营状况

2013年黑龙江省经营土地超过200亩的种植大户发展到8.8万个，家庭农场发展到1.3万个，农民专业合作社发展到49533个。新组建现代农机合作社99个，总数达到916个。农村土地规模经营面积达到5099万亩，全省农机合作社自主经营土地面积1100万亩，平均每个合作社1.35万亩；入社土地面积735.36万亩，平均每个合作社0.95万亩，入社土地面积3万亩以上的合作社达到33个。

3.2.1.3 主要技术内容

1）耕地规模经营影响因素分析

（1）经营主体类型与意愿。

通过对耕地经营主体意愿的调研分析，可得出以下结论：一是对耕地适度规模经营的认知水平较高，特别是对通过耕地流转实现耕地集中连片经营的认可支持度较高。二是农户通过耕地流转转出耕地的意愿不强，不愿意将耕地流转出去。三是各类耕地经营主体对通过耕地流转转入耕地的意愿较为强烈，希望扩大耕地经营规模。四是耕地流转转出转入意向不均衡，耕地转出规模难以满足耕地转入实际需求。五是新型主体经营规模扩大速度不快，仍需进一步得到内外部环境的有力支持。

（2）粮食种植业生产力状况。

当前，黑龙江省粮食种植业生产力水平主要取决于粮食生产田间作业的机械化程度，据农业部门调查统计，全省2013年田间综合作业机械化程度达到92.97%。据本次调研结果，受调农户中仅有不足5%的农户在粮食种植过程中未使用农机，95%以上的受调农户实现了耕、种、收全程机械化。调研区粮食生产田间作业综合机械化程度均达到94%以上，最高的接近99%。通过对粮食种植业生产力状况的分析研究，发现目前生产水平不但不是制约耕地经营规模扩大的限制因素，反而对发展耕地适度规模经营起到了有力的支撑推动作用。

（3）劳动力年龄和文化素质结构。

农村劳动力老龄化趋势越来越明显，虽然老年劳动力由于劳动能力降低逐步退出粮食种植业，对实行耕地适度规模经营有一定的积极促进作用，但农村劳动力年龄和文化素质结构目前对实现耕地适度规模经营的总体影响是不利的。

（4）劳动力转移规模和稳定性。

从农村劳动力转移的现实情况来看：一是大量的农村劳动力进城从事第二、第三产业，促进了耕地流转，对开展耕地适度规模经营起到了正向推动作用。二是进城务工的农村劳动力能够找到相对稳定的全职工作岗位，说明大中型城市对农村劳动力具有刚性需求，深度挖潜可吸纳更多的农村剩余劳动力。三是农村青壮年劳动力向第二、第三产业转移的主观意愿较为强烈，如妥善解决好用工信息发布、劳动技能培训、户籍管理、社会保障等农民关注的焦点，充分放大城市发展和新型城镇化的拉力效应，可推动实现农村剩余劳动力的主动转移。

(5) 耕地流转规模和流向。

耕地流转可促进耕地资源的优化配置和适当集中，促进耕地规模化经营，发挥机械化粮食种植效率，提高粮食种植业收入。耕地流转对耕地适度规模经营的影响主要体现在流转的规模和流向两个方面。当流转形成了一定规模，且主要流向新型主体，只有同时具备这两个条件，才能促进耕地、资金、科技等生产要素的优化配置，实现耕地的高效利用，提高粮食种植业抵抗自然风险和市场风险的能力，提高单位耕地面积的产出效益和粮食生产的比较效益。

(6) 粮食生产社会化服务体系建设情况。

全省各地初步构建了贯穿产前、产中、产后的粮食生产社会化服务体系，为耕地规模化经营新型主体发展提供了保障。但也存在着诸多不足：一是从结构上，目前仍以公益性服务为主，经营性服务主体仍需进一步发展壮大。二是从覆盖面上，社会化服务面不足以覆盖全部粮食生产主体，存在服务盲区。三是从类型上，多为专项服务且类型过于集中单一，综合服务较为欠缺。四是从内容上，信息、信贷、保险和质量监管等间接辅助型服务与实际需求相比存在一定差距。

(7) 农村经济发展水平和农村社会保障程度。

区域农村经济越发达、农村社会保障程度越高，耕地适度规模经营的发展环境越好，适度经营规模也就相应越大。农村经济发展水平与农民收入紧密相关，农村社会保障程度事关农民未来生计，解决农民的后顾之忧，保证农民生活质量的稳定性，在一定程度上影响了农户耕地流转的意愿。因此，健康的农村经济发展环境和健全的农村社会保障制度是推进耕地流转和耕地适度规模经营的重要外部环境保证。

(8) 相关扶持政策和经营机制。

转变粮食种植业发展方式，扶持新型主体，促进耕地适度规模经营发展，既要尊重市场规律，以市场调控机制为主导，但同时也离不开政府必要的支持和引导，政府主要通过制定实施相关扶持政策和管理机制两个途径发挥支持引导作用。扶持政策和管理机制是耕地适度规模经营的外部环境因素，政策到位、机制灵活将为耕地适度规模经营发展创造有利条件，其与市场调控机制相互协调衔接后将起到助推耕地适度规模经营规范发展的积极作用。

2) 耕地适度经营规模测算方法

采用综合平衡法分析耕地适度经营规模的指标趋势，同时，采用函数拟合法借助现有数据推测黑龙江省粮食主产区以农户家庭为生产经营主体的最适经营规模。

(1) 综合平衡法。

以提高规模收益为目标，综合考虑农村经济发展水平、农村劳动力转移、土地流转、投入产出、劳动生产力水平、农户投入意愿和投入能力等因素对耕地经营规模的影响，找出不同粮食作物类型所对应的耕地经营适宜区间。适度规模应满足以下三个不同发展阶段的约束关系式：

a. 起始过渡阶段：

$$\frac{U_1}{E-I} \leq H_s \leq \frac{A_1}{B}N + R \tag{3-2}$$

式中，H_S 为耕地适度经营规模；U_1 为农村户均粮食种植业收益；E 为粮食种植单位面积产出；I 为粮食种植单位面积投入；A_1 为流转土地面积；B 为农村从事粮食种植且具有粮食种植熟练技术的劳动力数；N 为从事粮食种植业农户熟练劳动力数；R 为农户自有用于粮食种植的耕地面积。

此关系式反映的是耕地适度规模经营起始过渡阶段应满足的条件，即在设定相同的投入产出条件下，适度规模经营取得的收益应至少达到当地农村户均粮食种植业收益水平。从激发农户积极性和实行土地集约化利用，确保土地产出率不降低的角度综合考虑，将粮食种植户均收益决定的耕地经营规模作为下限。从公平角度，假定所有农户在土地流转市场取得流转土地同等概率条件下，则此阶段适度规模的上限，可表述为不超过进入土地流转市场的农户可分摊的流转耕地面积与农户自有粮食种植面积之和。

b. 理想化阶段：

$$\frac{\delta P}{I} \leqslant H_S \leqslant \frac{A}{B(1-r)} N \qquad (3-3)$$

式中，P 为农村户均在粮食种植业生产中可投入的资本总量；δ 为农户投资意愿系数；A 为区域内耕地总面积；r 为农村劳动力转移系数。

此关系式反映的是耕地适度规模经营中间理想化阶段应满足的条件，即在设定相同的投入产出条件下，根据发生土地流转需满足的条件要求和流转趋势，耕地应通过土地流转逐步集中于有投资能力和意愿的农户，不具备平均投入能力和不愿投资粮食种植业的农户，应将其拥有的用于粮食种植的耕地通过土地流转市场流转到有投资能力和意愿的农户进行粮食种植。因此，将农村户均投入能力和意愿决定的耕地经营规模设定为此阶段农户从事粮食种植适度规模经营的下限。假定此阶段从事非粮食种植业生产的农户拥有的粮食种植耕地都进入土地流转市场发生了流转，在所有农户在土地流转市场取得流转土地同等概率条件下，则此阶段适度规模的上限可表述为不超过从事粮食种植业的农户可分摊的粮食种植耕地面积。

c. 最终阶段：

$$\frac{U}{E-I} \leqslant H_S \leqslant CN \qquad (3-4)$$

式中，U 为农村户均年总收入；C 为使用大中型农机条件下劳均可种植的粮食作物面积。

此关系式反映的是耕地适度规模经营基于现实生产力水平和规范健全的土地流转市场条件下，用于粮食作物种植的耕地实现适度集中后最终应满足的条件，即在设定相同的投入产出条件下，农户可通过土地流转市场取得所需耕地时，从事粮食种植业的农户将家庭劳动力全部投入粮食生产，取得的粮食种植收益应至少达到当地农村户均年总收入标准。同时基于现时生产力水平对耕地适度经营规模的考量，在不考虑雇工的前提下，将使用大中型农机条件下农户可种植的粮食作物面积作为上限。

中共中央办公厅、国务院办公厅印发的《关于引导农村土地经营权有序流转发展农业适度规模经营的意见》（中办发〔2014〕61号）文件明确提出"现阶段，对土地经营规模相当于当地户均承包地面积10至15倍、务农收入相当于当地二三产业务工收入的，应当给予重点扶持"。可据此，对通过综合平衡法确定的耕地经营规模进行必要的修正，保证测算结果更加贴近实际。

(2) 函数拟合法。

建立粮食种植业生产要素组合之间的函数关系需假设前提，即在成本和生产要素价格既定的条件下，每一单位资本投入无论投向哪种生产要素，均能得到相等的边际产量。研究生产要素投入的适宜规模，需假定固定其他生产要素而只研究一种生产要素与总产量的关系，并通过建立目标函数和约束函数来测算相对较佳的投入区间。建立耕地经营规模与效益评价指标之间的函数关系式，利用边际平衡原理分析测算。通过典型区调研取得一组规模指标（农户土地经营规模和劳均土地经营规模）和土地规模效益评价指标（产量、产值、纯收益等）相对应的数据；利用回归方法，建立两者之间的生产函数模型，并进行检验；根据边际平衡原理或利用函数求极值（令一阶导数为零）的方法，求得纯收益最大时的土地适度经营规模。

a. 引入生产函数。

生产函数表示在一定时期、一定技术条件下生产中所使用的各种生产要素的数量与所能生产的最大产量之间的关系。因此，适度规模的研究往往归结为对生产函数合理取值区间的分析。假设 $x_1, x_2, \cdots, x_n$ 依次表示农业生产要素，则生产函数可以表示为 $Q = f(x_1, x_2, \cdots, x_n)$，例如，选取 x_1 表示土地投入，x_2 表示劳动力投入，x_3 表示资本投入，则粮食产量可以表示为 $Q = f(x_1, x_2, \cdots, x_n)$，本次构造了以土地面积为主要度量指标的基本农田集中建设适度规模模型，分析黑龙江省以农户家庭为生产单位耕地面积的合理化程度，并对未来集中建设提供指导。

所采用的数学模型创新点在于以耕地面积作为粮食生产经营规模的主要度量指标，提出了适度耕地面积区间的确定方法。分析研究适度规模的目的是帮助农民增产增收，农民收入包括纯种植收入、外出务工收入、土地流转收入等。本节旨在研究合理的耕地种植规模，因此模型目标应该为最大化农民的纯种植收入，如果不考虑市场价格因素，模型目标可以使用最大化粮食产出量来近似。

b. 获得实际生产函数。

实际的生产函数往往难以推导出一个明确的函数表达式，但通过一定量样本数据可以估计出生产函数的表达式。估计方式是通过调查获得一定数量的生产函数中可能涉及的生产要素数据和最终的总产量数据的观测值，通过有限的观察寻求观数据与产量之间的关系。利用观测数据估计生产要素与总产量之间的函数关系可以分为模型驱动和数据驱动两种手段。

模型驱动是先根据对农业生产情况的调查和分析，合理设计数学模型，得到一个生产要素和产值的粗略模型。模型描述了各个要素和总产量的大致关系。模型中往往存在一些未知的参数。通过采集相关数据，对模型中的参数进行估计，最终确定生产函数。例如，选取土地投入（x_1）、劳动力投入（x_2）、资本投入（x_3）三个要素，在实际工作中可以选择更多的投入要素。模型方面可以使用加权平均函数来估计生产函数，则粮食产量可以表示为

$$f(x_1, x_2, x_3)/(x_1 M_1 + x_2 M_2 + x_3 M_3)$$

通过收集一定数量的实际样本，将样本的土地投入、劳动力收入、资本投入的数值

代入模型，得到一组方程，通常由于观察到的数据往往存在一些误差，代入方程组之后这个方程组是无解的，可以求出方程组最小二乘解，并求出模型系数 M_1、M_2 和 M_3，从而得到生产函数。

用经济学方法对生产过程的估计，通常认为道格拉斯的指数型函数较为接近生产的真实情况，其生产函数模型为 $f(x_1,x_2,x_3)=Ax_1^\alpha x_2^\beta x_3^\gamma$，待估计的模型参数为 A,α,β,γ。模型的估计过程也是预先调查到一定量的生产函数中涉及的生产要素参数和总产值的观察值，将其代入模型进行估计，所不同的是加权平均模型可以使用线性回归的方式得出参数值。

模型驱动方法的关键在于选取合理的参数模型，使得模型尽可能地接近实际情况。对于模型中的变量也就是投入要素的选取，通常来说投入要素选取得越多，与真实情况越接近。但是要素选取过多会使得模型过于复杂，在参数估计时容易陷入过拟合的情况。由于选择了过多的变量，最终获得了一个复杂的函数模型，这个模型描述能力过强，对于含噪声的观测数据也能拟合得很好，但是对于未观测到的数据进行预测时结果反而不准确。因此，对于模型拟合我们总希望将模型函数限制在一个不太复杂的函数类中，在这些函数中寻找尽可能满足观测值的函数作为生产函数模型，所以应该尽量选取与总产量相关性较大的一些要素。

数据驱动的方式倾向于不预先设计数学模型，而是直接从数据出发，利用数据拟合出一个数学模型，这个模型往往是隐式的，没有明确的表达式。例如，收集了一定数量的样本数据之后，可以将土地模型相近的农户分组，观察各组的平均总产量进而得出一个总产量与土地规模大致的关系。对于较高维度的观测样本，各个要素与最终产量都有关系，则较难通过直接观测看出其中的关系。对于这种情况我们可使用神经网络回归或支持向量回归的方式得出观测到的生产要素与最终产量之间的一个隐式的函数关系模型，研究表明，三层神经网络模型就可以很好地拟合任何连续函数。这两种模型都可以通过一定量的样本输入得到一个隐式的生产函数。数据驱动的方式关键是合理选择投入要素，因而合理选择模型特征是关键。因此，本书中使用了支持向量回归法。

c. 数学模型设计。

支持向量回归是在统计学习理论框架下的通用机器学习方法，是基于 1982 年 Vapnik 提出的结构风险最小化原则的统计学习理论，该方法对于有限的样本实现了结构风险最小，在对给定数据逼近的精度与逼近函数复杂性之间寻求折中，以期获得最好的泛化能力。支持向量机将分类问题归结为一个凸二次规划问题，从理论上说得到的是全局最优解，解决了神经网络容易陷入局部最优的问题。它将样本通过非线性变换转换到高维空间，在高维空间中构造线性决策函数来解决原空间下线性不可分的问题。

使用一个超平面 $f(x)\le<w,x>+b, w\in R^n, b\in R$ 来拟合采集到的生产要素 x（x 表示的是将选取的多个生产要素所组成的向量形式）与总产量 $f(x)$ 间的关系使得任意给定的 $\varepsilon>0$ 有 $|y_i-f(x_i)|\le\varepsilon, \forall(x_i,y_i)\in S$。

上述约束等价于 S 中任何点 (x_i,y_i) 到超平面 $f(x)\le<w,x>+b$ 的距离不超过 $\dfrac{\varepsilon}{\sqrt{1+\|w\|^2}}$。

超平面的斜率 w 使得与 S 中任何点 (x_i, y_i) 到超平面距离都尽可能大,即使得 $\dfrac{\varepsilon}{\sqrt{1+\|w\|^2}}$ 最大化,这等价于求 $\min\{\|w\|^2\}$。

线性回归问题转化为优化问题:

$$\begin{cases} \min \dfrac{1}{2}\|w\|^2 \\ \text{s.t.} \ |<w, x_i>+b-y_i| \leqslant \varepsilon, \quad i=1,2,\cdots,l \end{cases} \tag{3-5}$$

同时,引入松弛变量,并使用拉格朗日乘子法,得到优化问题的对偶形式:

$$\begin{cases} \min\left\{-\dfrac{1}{2}\sum\limits_{i,j=1}^{l}(\alpha_i-\alpha_i^*)(\alpha_j-\alpha_j^*)<x_i,x_j>+\sum\limits_{i=1}^{l}(\alpha_i-\alpha_i^*)y_i-\sum\limits_{i=1}^{l}(\alpha_i+\alpha_i^*)\varepsilon\right\} \\ \text{s.t.} \ \sum\limits_{i=1}^{l}(\alpha_i-\alpha_i^*)=0, \quad 0\leqslant \alpha_i,\alpha_i^*\leqslant C, i=1,2,\cdots,l \end{cases} \tag{3-6}$$

当在原始空间找不到这样一个超平面时,用一个非线性映射 ϕ 将数据 S 映射到一个高维特征空间中,使得 $\phi(S)$ 在特征空间 H 可以找到良好的拟合超平面,先在该特征空间中找到相应的超平面,然后返回到原始空间 R^n 中。因此,支持向量非线性回归的对偶优化问题如下:

$$\begin{cases} \min\left\{-\dfrac{1}{2}\sum\limits_{i,j=1}^{l}(a_i-a_i^*)(a_j-a_j^*)<\phi(x_i),\phi(x_j)>+\sum\limits_{i=1}^{l}(a_i-a_i^*)y_i-\sum\limits_{i=1}^{l}(a_i+a_i^*)\varepsilon\right\} \\ \text{s.t.} \ \sum\limits_{i=1}^{l}(a_i-a_i^*)=0, \quad 0\leqslant a_i,a_i^*\leqslant C, i=1,2,\cdots,l \end{cases} \tag{3-7}$$

综上所述,模型的具体实施步骤为:①寻找一个核函数 $K(s,t)$ 使得 $K(x_i,x_j)=\langle\phi(x_i),\phi(x_j)\rangle$,这里通常使用径向基核函数(radial basis function kernel,RBF kernel)。②求优化问题的解 a_i, a_i^*,即

$$\begin{cases} \min\left\{-\dfrac{1}{2}\sum\limits_{i,j=1}^{l}(a_i-a_i^*)(a_j-a_j^*)K(x_i,x_j)+\sum\limits_{i=1}^{l}(a_i-a_i^*)y_i-\sum\limits_{i=1}^{l}(a_i+a_i^*)\varepsilon\right\} \\ \text{s.t.} \ \sum\limits_{i=1}^{l}(a_i-a_i^*)=0, \quad 0\leqslant a_i,a_i^*\leqslant C, i=1,2,\cdots,l \end{cases} \tag{3-8}$$

③计算

$$b=\begin{cases} y_j+\varepsilon-\sum\limits_{i,j=1}^{l}(a_i-a_i^*)K(x_j,x_i), & a_i\in(0,C) \\ y_j-\varepsilon-\sum\limits_{i,j=1}^{l}(a_i-a_i^*)K(x_j,x_i), & a_i^*\in(0,C) \end{cases} \tag{3-9}$$

④构造非线性函数

$$f(x)=\sum\limits_{i=1}^{l}(a_i-a_i^*)K(x_j,x)+b, \quad x_i\in R^n, b\in R \tag{3-10}$$

3.2.1.4 研究结果

1）适度经营规模

在模型的参考要素选取上，主要选取土地规模、劳动力人数、农机具数量、资金投入等作为主要特征，利用 MATLAB 和 LIBSVM 工具箱选取径向基核函数对采集的样本进行支持向量回归，得到生产函数的高维曲面，通过梯度下降来得到最优的模型参数。

因为选取影响最终产量的投入要素不仅包括土地这一项，所以通过支持向量回归得到的生产函数是一个高维曲面。通过这个高维曲面还无法确定最合理的土地规模，这个问题可以通过边际技术替代率的概念来解释，如农户可以通过投入更多的劳动力和资金，增加对土地的投资，并减少土地的投入量而保持总产量不变。因而允许各个变量因素同时发生改变，对于分析合理土地规模是比较困难的。于是，假定农户的土地管理水平比较平均，对于同样的土地面积能够以一个平均的管理水平投入相应的其他生产要素。

从数据出发对平均的管理水平进行描述，调查数据中已经存在不同的土地规模下农户所投入的不同生产要素的数量，通过这些值分别得出不同土地规模下农户对不同生产要素投入的函数曲线。曲线则利用指数形式的函数 $f(x)=ax^b$ 来进行拟合（x 表示土地面积，$f(x)$ 表示当土地面积为 x 时投入的某生产要素的量）。通过拟合得到的若干条曲线基本可以代表受调查的农户群体对于土地的平均管理水平。

当土地规模可以与其他要素投资之间的关系用曲线表示，即可将原来的高维曲面降为一维曲线，进而求出在平均的管理水平下土地规模与总产量（纯种植收入）之间的关系（图 3-5）。

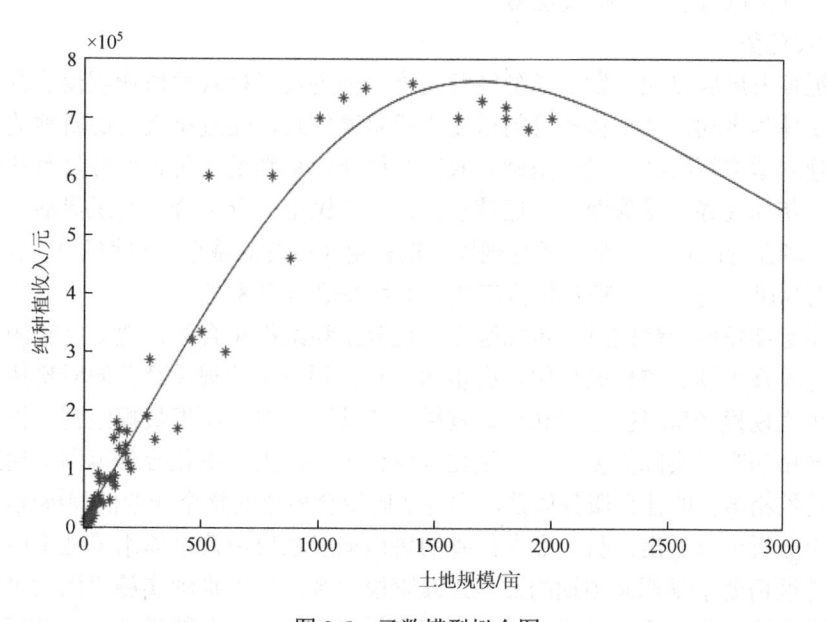

图 3-5　函数模型拟合图

图 3-5 中雪花表示从农户调查问卷中提取得到的土地规模和相应的纯粮食种植收入之间的关系，曲线为通过函数拟合得到的在平均管理水平下土地规模与总产量（纯种植收入）之间的关系。可以看出，总产量（纯种植收入）和总投入（工地规模）之间呈倒"U"形曲线关系，符合边际产量递减的规律，体现出随着投入量的增多，总产量呈现出先递增后递减的趋势。

因此，可以将二者的关系分为三个阶段：第一阶段，随着总投入的增加，总产量高速增长（边际产量曲线为上升趋势）。第二阶段，随着总投入的继续增加，总产量仍继续增长，但是增速减缓（边际产量仍然是正值，但趋势变为递减）。第三阶段，随着总投入的增加，边际产量变为负值，总产量不增反降。如果不考虑其他投资方式和贷款，我们认为边际产量由峰值开始下降至边际产量变为负值这个区间（整个第二阶段）都可以作为合理的土地经营区间，因为在这个区间中农业总产量完成了随投入增加而获得的高速增长，同时在这个区间的继续投资也都有合理回报，并没有发生负增长。在第一阶段刚刚结束进入第二阶段时，总产量已完成了高速增长，进入了增速放缓的阶段，因此，第一阶段的结束点也是适度规模最重要的关键点。

通过求总产量与土地规模的函数的导数（边际产量）并求极值可得第二阶段的起点为 264 亩，第三阶段的起点为 1867 亩。因此我们认为，对于被调查范围内的农户的土地管理水平，260 亩附近是一个比较合理的土地规模，以单一农户为经营主的土地经营规模不应超过 1800 亩，否则继续增加投资会导致总收益的下降。

但实际调查显示，调研区的农户户均耕地经营规模仅为 132 亩，与模型指标数据显示的 264 亩的最优规模还有一定差距，而且与最优区间的经营规模差距也比较大。因此希望通过家庭农场、农民合作社等方式扩大单一农户土地经营规模以提高收益，农户应尽量通过土地流转等方式将土地规模扩大到这个关键点以上，达到这个关键点之后收益增速逐渐放缓可以考虑停止扩大规模。

2）发展趋势

（1）近期发展应以加快发展新型经营主体、推进实现粮食种植业规模经营为主。以新型经营主体为带动，从个体经营的适度规模角度出发，促进狭义上的耕地适度规模经营发展，建立适度规模经营发展基础。农民合作社，特别是股份合作社具有政策承接载体的作用，带动性强，覆盖面广，运营规范，决策民主，分工合作组织灵活，资产收支管理严格，利益分配规章健全，经营规模长期稳定（可覆盖整个承包期限），农民权益和生活长期有保障，便于实施粮食种植产业分工和种植结构区划。

（2）中远期发展应趋向进一步加强专业化分工和组织化合作，建立完善的社会服务体系，充分发挥市场调控机制作用，有步骤、有计划地推动规模经营向股份经济合作组织转化，扩大规模经营覆盖范围和经营规模，带动更多农户实现规模经营。根据粮食生产产前、产中和产后实际需要，不断细化专业分工，扩大组织化合作范围，通过构建公益性和经营性相结合的社会服务体系，实现面向粮食种植业整个产业的规模化经营。

从以上分析可以看出，目前黑龙江省的耕地适度规模经营总体水平处于中期发展阶段，部分地区仍处于早期向中期的发展过渡阶段。今后要以推动实施"两大平原"现代农业综合配套改革为契机，既要继续肩负起确保国家粮食安全的重任，又要促进农民持续增收。抓住水利、农机、科技三条主线，大力加强水利建设，继续推进农机化建设，强化农业科技攻关和推广应用，不断优化种植结构，加快推进农业产业化，继续做好涉农资金整合，不断提高农业综合生产能力，打造全国绿色食品安全基地。

3）相关建议

（1）创新完善耕地流转机制。

a. 健全耕地承包经营权确权登记颁证制度。

进一步细化承包经营权主体权利与义务的相关政策规定，如不得改变耕地用途，坚持农地农用、粮地粮用，履行耕地保护责任与义务，明确经营权抵押贷款和担保等。对通过流转依法依规取得耕地经营权的经营主体合法权益要予以保护，对其应履行的责任和义务要予以监督。

b. 建立健全耕地流转市场化服务体系。

要以乡级为主要支撑，完善省、市、县、乡、村五级耕地流转信息网络和县、乡、村三级耕地流转交易公益性服务平台，建立健全耕地流转信息和市场价格定期发布等制度。鼓励建立耕地流转市场化中介服务机构，从事价格评估、诚信调查、合同履行监督、委托流转、流转储备等市场化服务，形成对政府公益性服务的有益补充。

c. 创新耕地流转规范化管理引导机制。

全面实行耕地流转管理的合同和备案制度，规范流转程序，完善流转登记和档案资料信息化管理，建立耕地流转数据库，实施数据信息联网互通。实行耕地流转指导价格制度，组织制定耕地流转区片指导价，为流转双方议定价格提供参照，保护耕地转出农民的收益权利。实行耕地流转合同履行监督制度，督促流转双方按合同规定履行应尽义务，承担相应责任，切实维护流转双方合法权益。实行耕地流转纠纷调处制度，建立和完善纠纷调解仲裁体系，制定仲裁条例和实施办法，依法依规解决纠纷。完善耕地流转引导政策体系，以提高耕地利用和配置效率为原则，引导耕地向新型粮食种植经营主体流转集中，引导耕地长期稳定流转，引导耕地集中连片流转。

（2）提高农村劳动力素质。

a. 加强农村劳动力转移就业能力。

通过完善职业培训、就业服务、劳动维权三位一体的工作机制，加强农村劳动力输出输入地劳务对接，充分发挥各类公共就业服务机构和人力资源服务机构作用，推进农村富余劳动力有序外出务工就业和就地就近转移就业。

b. 加快培养规模经营所需人才。

制定有针对性的、分门别类的职业教育和各类培训项目计划，逐渐培养形成一支新时期耕地适度规模经营管理人员和新型农业产业工人队伍。建立健全人才引进机制，吸引具备粮食生产相关实用技术和现代企业管理经验的高技能、高素质专业人才从事耕地规模经营，为耕地规模经营构建骨干人才框架。

c. 创新农村金融保险服务。

简化农业生产资金贷款手续，制定扶持新型农业经营主体的贷款利息优惠政策。对新型农业生产主体参与农业保险提供必要的扶持政策，参照政策性农业保险，给予资金补贴。

d. 建立农村社会保障体制。

积极稳定地推进农村社会保障制度改革，彻底解决农民的后顾之忧，逐渐弱化土地对农民的保障功能，建立起从最低生活保障到农村养老、医疗、生育、伤残等各个方面统一规范的农村社会保障体系，让农民与城市居民一样平等地拥有社会保障权利并享受社会经济发展的成果。

e. 健全社会化服务体系。

逐步完善社会化服务体系，积极培育为规模化经营主体提供农业产前、产中、产后服务的专业机构。加大在政策、资金方面的扶持，注重农业社会化服务的试点、总结和经验推广工作。

3.2.1.5 结论

本节基于国家发展农业适度规模经营、推进农业现代化建设进程的战略决策，从释放粮食种植业生产力、提高粮食生产效率、加强东北商品粮基地建设、保障国家粮食安全角度出发，结合黑龙江省耕地适度规模经营发展实践，较为系统地分析了全省开展耕地规模经营的有利条件和限制因素，以典型区为实证，定量分析研究了现阶段耕地适度规模经营适宜的经营规模，并对照发展目标分析了未来一段时间内的发展趋势，提出了耕地适度规模经营内外部环境优化的相关规划决策。分析研究结果表明：

（1）黑龙江省在耕地资源数量质量、人均耕地面积、耕地集中连片程度、粮食种植机械化水平等自然资源和社会条件方面，具备发展耕地适度规模经营得天独厚的优越条件，耕地适度规模经营发展潜力大，预期前景十分可观。

（2）全省耕地流转和规模经营发展状况及态势良好，以种粮大户、家庭农场、粮食种植专业合作社和龙头企业为代表的新型经营主体逐步发展壮大，形成了一定规模。通过耕地集约高效利用提高了耕地资源利用效率，取得了较高的经营效益和粮食种植收益，对耕地适度规模经营起到了支撑带动的积极作用。

（3）全省耕地适度规模经营发展状况不均衡，受社会经济发展条件制约影响较大。经济发达地区（特别是城镇周边）发展状况较好，主要表现在经济发达地区的农村劳动力转移规模大，为耕地流转和规模经营创造了必要条件，此类地区的农民对耕地流转和规模经营的认知和接受程度高，对通过耕地流转扩大经营规模意愿较强，耕地适度规模经营的发展空间较大；经济欠发达地区发展状况相对滞后，农民对耕地的依赖程度高，传统观念强烈，恋土情结浓厚，加之不具备其他劳动技能，外出务工或从事其他产业的机会不多，耕地流转规模小，规模经营发展较为迟缓。

（4）2013年黑龙江省粮食种植综合机械化程度达到92%以上，最高的达99%，单位劳动力所能负担的耕地面积为150~225亩。根据全省粮食种植业实际具备的生产力状况，生产力水平已不是制约耕地适度规模经营的限制因素，经营规模主要受制于耕地流转规模、经济投入能力和经营管理水平等。经测算，现阶段全省户均耕地经营的适度规模应为200~300亩。如果按照适度规模为户均260亩，2015年黑龙江省耕地面积为239022784.2亩计算，按照2015年黑龙江省乡村户数509.1万户，乡村劳动力共989.4万，平均每户农业劳动力为2人，239022784.2÷260×2 = 1838637人。考虑到农忙时，每个农户需要雇佣部分劳动力，按照平均每户1人计算，则全省实际需要农村劳动力280万人左右，全省农村劳动力大概需要转移700万人，黑龙江省城镇化任务非常繁重。

（5）全省耕地规模经营应以农民粮食种植专业合作社为主，合作社具有入退自愿、民主决策、管理公开、机制灵活、风险分摊、利益共享的优势，农民的认可接受程度高，尤其是股份制合作社制度健全、管理规范，将成为未来一段时期内全省耕地适度规模经营发展的主要形式。

（6）发展耕地适度规模经营，是为了改革创新农业发展模式，顺应生产力状况，促进生产关系变革，达到促进农业现代化和保障国家粮食安全的根本目的，以及资源集约节约高效利用，发挥规模化经营效益，统筹实现确保粮食产出、降低生产成本、释放生产力、提高生产效率、增加农民收入等发展目标。在现势条件下，亟须通过创新完善耕地流转机制、提高农村劳动力素质、创新农村金融保险服务、构建农业科技支撑体系、建立农村社会保障体制、健全社会化服务体系等措施，优化内外部环境，推动全省耕地规模经营规范有序发展。

综上，在当前的现实条件下，耕地对于广大农民来说不仅仅是从事粮食生产的重要生产资料，还具有就业和养老等社会福利保障功能，农民放弃耕地所需承担的风险较大。因此，新时期扶持促进耕地适度规模经营发展，应结合农业、农村、农民实际状况，从经济效益和生产效率等多个角度统筹考虑，不能脱离实际片面强调经营规模的扩大，只顾追求经营收益和规模效益。在明确耕地经营适度规模，规范引导耕地规模经营发展的同时，也要尊重市场化规律，发挥市场调控作用，结合当地实际培育多种形式的新型规模经营主体，及时改革创新相应机制体制，最大限度释放粮食种植业新型经营主体在现代农业建设中的支撑作用，在发展进程中逐步妥善解决农民生产生活转型所面临的现实问题。在经济"新常态"背景下，全省应培育多种形式的新型经营主体，加强社会化服务体系建设，广泛开展耕地适度规模经营，在推进现代农业建设过程中，依靠科技拉动土地增效、促进农民持续增收。在现有的粮食生产能力、产业发展基础上，规范引导耕地适度规模经营，有利于实施"两大平原"现代农业综合配套改革试验，推进全省绿色农业、生态农业、特色农业深入发展。

此外，研究仍有不足：①使用土地规模来近似农业生产规模虽然容易量化，但是这种度量不够精确，当管理者水平差异较大时就容易导致不同农户整体规模相互匹配程度差异较大。②调查样本数据仅在黑龙江省范围内，粮食作物种植类型以旱地为主，基本符合黑龙江省东北商品粮核心区域作为全国粮食大省的情况，但对于其他省的不同地貌以及种植结构仅具有方法上的意义，数值上不能通用。③本模型设计主要依据黑龙江省单一农户家庭为主的生产经营模式，调研样本的选取主要也是农户视角，基于新型农业主体的发展，农村合作组织以及家庭农场等新兴生产经营模式会成为今后研究工作的重点，由于农村合作组织的土地经营规模受外力影响较大，自身资金限制、土地流转规模等都会影响农村合作组织的生产经营。因此，本章未对农村合作组织的适度经营规模进行数值上的测算。

3.2.2 基本农田质量监测技术研究

3.2.2.1 研究任务与技术路线

1）研究任务

研究适合东北地区基本农田集中连片、均质化程度高特点的基本农田质量监测技术并进行实证研究，以解决现有技术监测成本高、耗时长、针对性不强的弊端。

2）技术路线

借鉴国内外有关耕地质量动态监测相关研究，在分析基本农田质量影响因素基础上，结合《农用地质量分等规程》（GB/T 28407—2012）、《耕地地力调查与质量评价技术规程》（NY/T 1634—2008）、《南方地区耕地土壤肥力诊断与评价》（NY/T 1749—2009），以综合性、代表性、数据可获取性和最小数据集为原则，分别建立省级、县级基本农田质量监测指标，布设省级、县级基本农田质量监测点，确定监测周期（图3-6）。

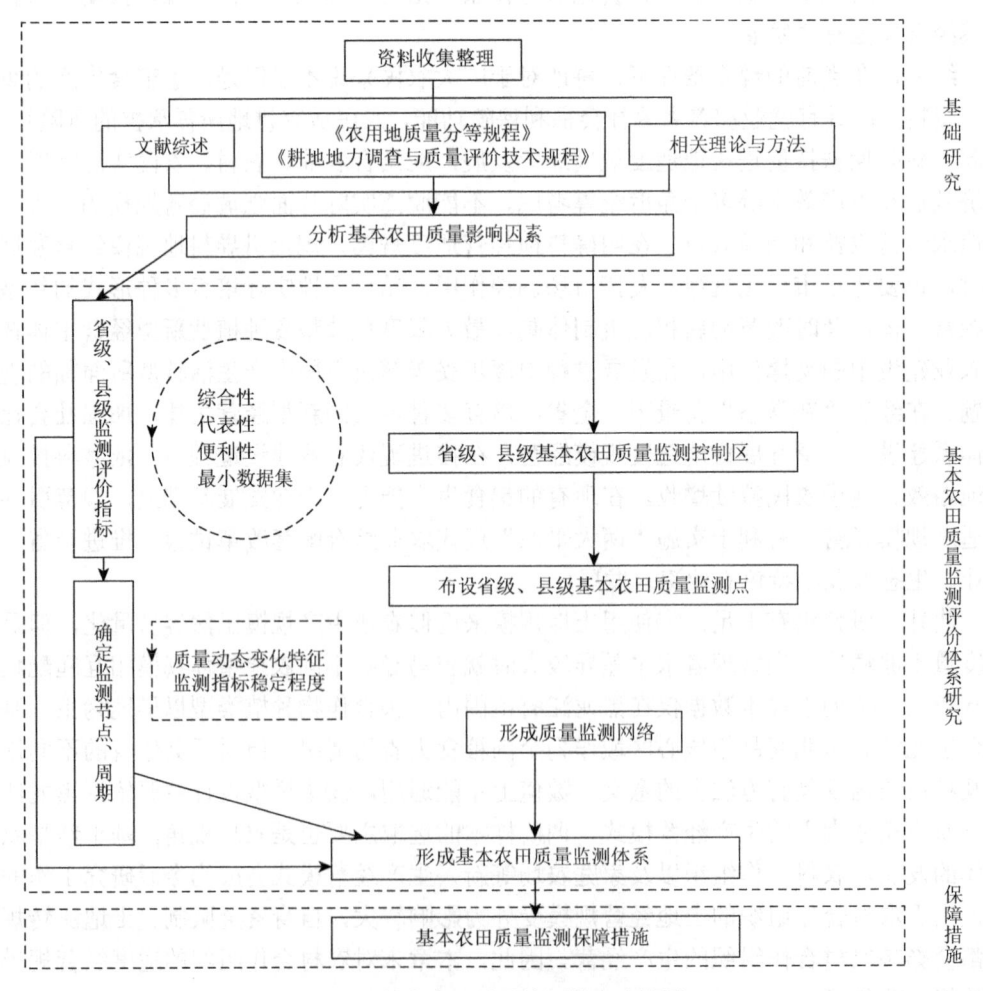

图 3-6 基本农田质量检测技术路线图

3.2.2.2 示范区数据来源与处理

1）数据来源

省级数据来源为黑龙江省农用地分等成果。县级为克山县地力调查与评价基础数据（201个土壤样本测试化验数据）。

2）数据处理

样本数据处理主要包括样本数据检验和样本数据异常值剔除，保证处理后样本数据达到分析要求。经分析，克山县测试化验点位数据有1处为异常值，剔除后保留200个测试化验点位，指标数量统计见表3-5。建立检验指标含量数量分布直方图，直观评判数据连续性，以及数据是否符合正态分布（图3-7）。

表 3-5 检验指标含量数量分布基础表

统计项	有机质含量/(g/kg)	全氮含量/(g/kg)	有效磷含量/(mg/kg)	速效钾含量/(mg/kg)	耕层厚度/cm	障碍层厚度/cm	耕层容重/(g/cm³)
偏度系数	0.56	0.18	0.91	0.48	0.87	2.80	4.53
峰度系数	0.77	−0.05	0.81	0.19	−0.88	6.25	26.56
均值	43.74	1.79	29.76	182.09	19.60	8.43	1.03
标准偏差	6.18	0.26	8.72	32.28	2.02	10.52	0.07

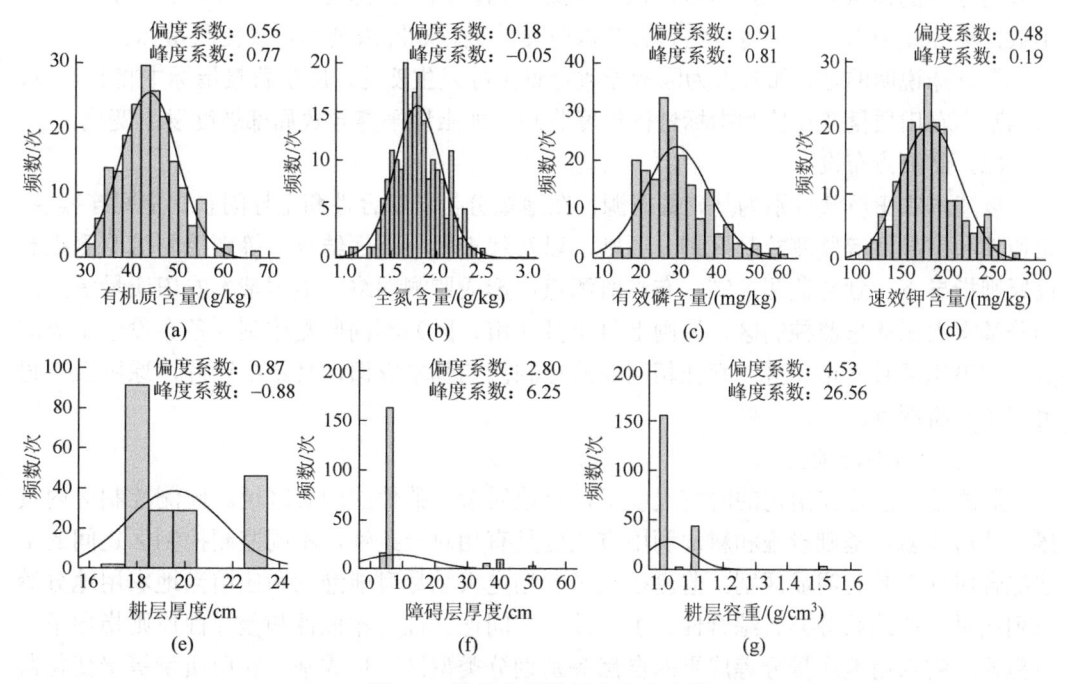

图 3-7 指标含量数量分布直方图

有机质、全氮、有效磷、速效钾样本数据含量分布连续，正态拟合度较好。有机质偏度系数＝0.56＜1，峰度系数＝0.77＜1，分布规律与 $X\sim(43.74, 6.18)$ 正态分布曲线拟合度高，含量分布连续；全氮偏度系数＝0.18＜1，峰度系数＝-0.05＜1，分布规律与 $X\sim(1.79, 0.26)$ 正态分布曲线拟合好，含量分布连续；有效磷偏度系数＝0.91＜1，峰度系数＝0.81＜1，分布规律与 $X\sim(29.76, 8.72)$ 正态分布曲线拟合好，含量分布连续；速效钾偏度系数＝0.48＜1，峰度系数＝0.19＜1，分布规律与 $X\sim(182.09, 32.28)$ 正态分布曲线拟合好，含量分布连续。

耕层厚度、障碍层厚度、耕层容重样本数据分布断续，正态拟合相对较差。耕层厚度偏度系数＝0.87＜1，峰度系数＝-0.88＜1，正态曲线拟合度较差，在 20.5～22.5 处断续；障碍层厚度偏度系数＝2.80＞1，峰度系数＝6.25＞1，分布规律与正态曲线模拟不好，在 10～35cm 处断续；耕层容重偏度系数＝4.53＞1，峰度系数＝26.56＞1，正态曲线模拟不好，在 1.11～1.50 处未连续。

3.2.2.3 主要技术内容

1）省级基本农田质量监测技术体系

（1）省级基本农田质量监测指标设定。

根据基本农田质量因素，结合《农用地质量分等规程》（GB/T 28407—2012），在综合性、主导性、区域性、最小数据集、定量性和可操作性原则指导下，对基本农田质量监测指标进行选取。省级监测立足宏观视角，以发现等级变化为目标，以保证监测成果与农地分等的衔接为要求，以农用地分等成果为基础，在综合性、主导性、区域性、最小数据集等原则指导下，将自然状态难以改变的进行剔除或列为背景监测指标。

需特殊说明的是，如若人为因素导致背景指标发生变化，应从背景指标中将其选取，作为基本农田质量变化监测指标进行年度监测，如土地平整导致局部坡度发生变化。

（2）监测点布设。

以基本农田质量等别为基础数据源，在地域分异、综合性和主导因素、空间连续性、相似性和差异性等监测控制区划分原则，以及代表性、点面结合、等别控制等监测点布设原则指导下，划分监测控制，布设监测点，形成监测网络。根据基本农田质量等别，划分基本农田质量监控制区，原则上每个县（市、区）不同监测控制区各布设一个监测点。如果相邻县（市、区）存在相同监测控制区的基本农田，且集中连片，原则上不再另行布设监测点。

a. 划定监测控制区。

监测控制区是在给定的时空尺度下，耕地质量一致性的均质区域。监测控制区内气候、地形地貌、基础设施和耕地利用方式应具有相对一致性，不同监测控制区之间的上述综合属性应具有明显区别。监测控制区的划定秉承尽可能继承和应用当地农用地分等系列成果，在地域分异、综合性、主导性、空间连续性、相似性和差异性原则指导下，对黑龙江省农用地质量分等成果的自然等别划分类型区，形成基本农田质量等级变化监测控制区。

b. 布设监测点。

在基本农田质量监测控制区宏观指导下,依据代表性、点面结合以及等别控制原则,在 ArcGIS 平台支持下布设监测点,形成监测网络,确保所布设监测点覆盖所有监测类型区。

(3) 监测周期设置和调整方法。

a. 背景指标监测周期。

气候、水文、地形地貌等自然因素指标主要反映一个区域土地特性,影响基本农田本底质量,但自然状况变化较缓,对其监测意义不大。需特殊说明的是,如若人为影响、自然灾害等导致背景指标发生变化,应从背景指标中将其选取,作为基本农田质量变化监测指标进行年度监测,即一年监测 1 次。

b. 基本指标监测周期。

如无重大土地事件,耕作土壤条件影响因素表现为相对稳定,或短期内不发生明显变化,因此,可以适当延长监测周期,但从基本农田质量监测的长效机制需求出发,不可放弃监测,基于此,将周期设置为三年监测 1 次。

现阶段对基本农田的投入力度逐渐加大,例如,高标准基本农田建设、亿亩生态高产标准农田建设、黑龙江省"两大平原"现代农业综合配套改革工程的实施,使得农田基础设施等方面影响因素变化明显,因此,对项目工程区范围内的农田基础设施方面监测指标进行年度监测。

2) 县级基本农田质量监测体系

统筹考虑诊断识别省级等别变化具体指标,兼顾指导地方测土配方、农耕实践,以省级农用地分等成果、耕地地力调查与质量评价成果为基础,对区域耕地质量主要性能指标、监测网络和监测周期进行优化,以诊断识别省级等级变化具体指标、指导地方农耕实践。

(1) 县级基本农田质量监测指标设定。

县级基本农田质量监测立足微观,指导农业生产和诊断等级变化原因,因此在省级监测指标基础上剔除区域性不易变化因子,增设土壤主要性能指标。

(2) 监测点布设。

以县级农用地质量分等成果、耕地地力调查与质量评价成果为数据源,在目的性、相似性和差异性监测控制区划分原则指导下,对样点数据进行分析处理,剔除异常值,并对保留数据的连续性进行分析。连续分布序列采取变异系数法确定监测控制区层级,采用均值法确定各层级控制区间,对于断续分布数据借助 MATLAB 可视离散化法,去除无效监测区间,进而确定有效监测控制区层级及各层级控制区间,在此基础上,进行克里金(Kriging)空间插值,划分监测控制区,再在代表性、独立性等监测点布设原则基础上划分监测控制区(图 3-8)。

a. 监测样点数据分析。

样本数据处理主要包括样本数据检验和样本数据异常值剔除,保证处理后样本数据达到分析要求。建立检验指标含量数量分布直方图,直观评判数据连续性。

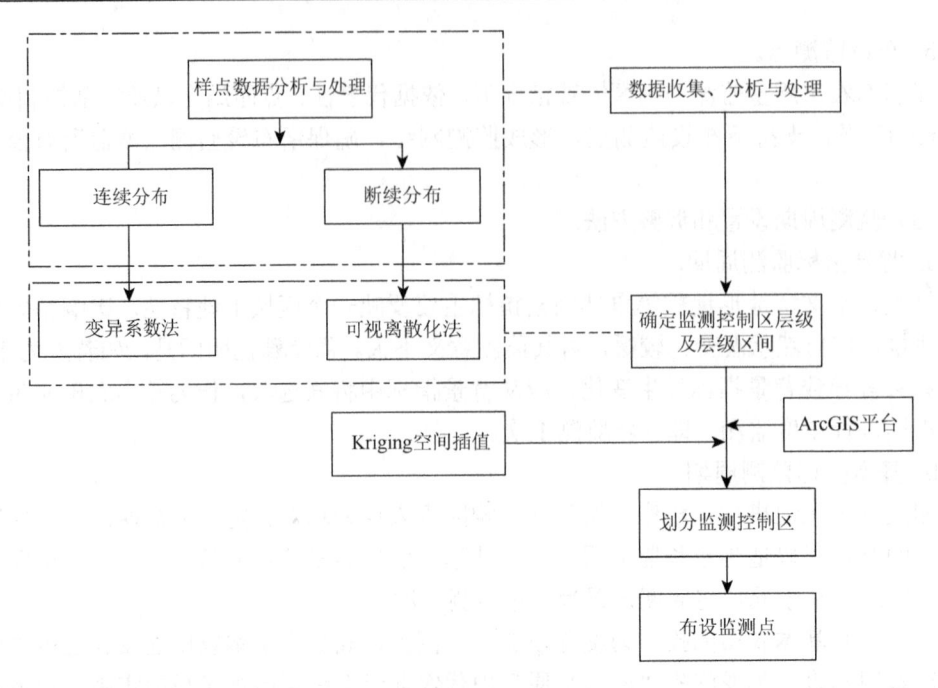

图 3-8 业务流程图

b. 监测控制区层级及层级区间确定方法。

对于连续的样点数据,监测控制区层级依据具体监测指标样点数据变异程度,研究采用变异系数法确定监测区层级,监测控制区层级区间采用均值法确定。对不连续的数据,采用变异系数法会形成无效监测控制区层级,为避免无效监测控制区层级的产生,采取可视离散化法分析指标数值分布特征,确定监测控制区层级及层级区间,具体方法如下。

变异系数法:变异系数是衡量资料中各观测值变异程度的另一个统计量,用以反映各指标均质化程度。变异系数越小,均质化程度越高,监测控制区层级越少;变异系数越大,均质化程度越低,监测控制区层级越多。变异系数公式如下:

$$\bar{x} = \frac{x_1 + x_2 + \cdots + x_n}{n} = \frac{\sum_{i=1}^{n} x_i}{n} \quad (3\text{-}11)$$

$$\sigma = \sqrt{\sum_{i=1}^{n}(x_i - \bar{x})^2 / n} \quad (3\text{-}12)$$

$$CV = \frac{\sigma}{\bar{x}} \times 100\% \quad (3\text{-}13)$$

式中,$\bar{x}$ 为指标均值;x_i 为指标含量;σ 为指标标准差;CV 为指标变异系数。

可视离散化法:可视离散化法是数据分析中常用的手段,可对数据进行有限区间划分,发现数据分布离散化程度。离散化程度越高监测控制区层级越多,离散化程度越低监测控制区层级越少。

c. 划分监测控制区。

监测控制区是在给定的时空尺度下,监测指标在同一监测控制区内具有一致性的均质区域,不同监测控制区之间具有明显区别。由于耕地质量监测站监测点分布是稀疏而不均匀的,因此在各个台站观测的点数据基础上,推算出空间面上耕地质量监测指标的分布,空间插值方法是有力的工具。采用 Kriging 插值方法对监测数据进行处理,并依据监测控制区层级区间划分控制区。Kriging 插值方法考虑了观测点和被估计点的位置关系,也考虑了各观测点之间的相对位置关系,Kriging 公式为

$$Z(x_0) = \sum_{i=1}^{n} \lambda_i Z(x_i) \tag{3-14}$$

式中,$Z(x_i)(i=1,2,\cdots,n)$ 为 n 个样本点的观测值;$Z(x_0)$ 为待定点值;λ_i 为权重,权重由 Kriging 方程组决定:

$$\begin{cases} \sum_{i=1}^{n} \lambda_i C(x_i, y_j) - \mu = C(x_i, x_0) \\ \sum_{i=1}^{n} \lambda_i = 1 \end{cases} \tag{3-15}$$

其中,$C(x_i, y_j)$ 为测站样本点之间的协方差,$C(x_i, x_0)$ 为测站样本点与插值点之间的协方差,μ 为拉格朗日乘子。插值数据的空间结构特性由半变异函数描述,其表达式为 $v(h) = \frac{1}{2N(h)} \sum_{i=1}^{N(h)} (Z(x_i) - Z(x_i + h))^2$,式中,$N(h)$ 为被距离区段分割的样本数据对数目。根据试验变异函数的特性,选取适当的理论变异函数模型,根据试验变异函数得到试验变异函数图,从而确定合理的变异函数理论模型。

d. 监测点位布设。

依据监测点布设原则及技术要求,在 ArcGIS 平台支持下,通过 ArcToolbox 工具箱的 Analysis Tools 模块的 Identity 功能叠加套合监测指标监测控制区与规划基本农田,在此基础上对不同监测控制区布设监测控制点,初步形成监测网络。

e. 监测周期设置调整方法。

县级基本农田质量监测节点与监测周期与省级保持一致,即一年监测 1 次。

3.2.2.4 研究结果

1)省级尺度研究结果

(1)监测指标。

山地丘陵(岗地)坡耕地监测指标剔除地形坡度、地表岩石露头度两个指标,东北区平原监测指标剔除剖面构型、灌溉水源两个指标。经指标筛选,构建两个监测指标体系,具体如下:

a. 基本农田监测指标体系。

山地丘陵(岗地)坡地区省级基本农田监测指标体系由有效土层厚度、地表土壤质地、土壤有机质含量、土壤 pH 及灌溉保证率五个指标构成。平原区省级基本农田监测指

标体系由障碍层厚度、表层土壤质地、盐渍化程度、土壤有机质含量、土壤 pH、灌溉保证率及排水条件七个指标构成。

b. 基本农田质量背景监测指标体系。

基本农田质量背景指标监测体系由有效积温、年均降水量、海拔、坡度及坡向构成。

（2）监测点位。

合理设置黑龙江省基本农田质量监测点位。

（3）监测周期设置和调整方法。

a. 背景指标监测周期。

气候、水文、地形地貌等自然因素指标主要反映一个区域土地特性，影响基本农田本底质量，但自然状况变化较缓，对其监测意义不大。但是，需特殊说明的是，如若人为影响、自然灾害等导致背景指标发生变化，应从背景指标中将其选取，作为基本农田质量变化监测指标进行年度监测，即一年监测 1 次。

b. 基本指标监测周期。

耕作土壤条件影响因素如无重大土地事件，表现为相对稳定，或短期内不发生明显变化，因此，可以适当延长监测周期，但从基本农田质量监测的长效机制需求出发，不可放弃监测，基于此，将周期设置为三年监测 1 次。

现阶段对于基本农田的投入力度逐渐加大，如高标准基本农田建设、亿亩生态高产标准农田建设、黑龙江省"两大平原"现代农业综合配套改革工程的实施，使得农田基础设施等方面影响因素变化明显，因此，对项目工程区范围内农田基础设施方面的监测指标进行年度监测。

2）县级尺度研究结果

（1）监测指标。

监测指标是监测点布设的基础，关系监测点布设科学与否。目前，耕地质量监测指标尚未形成统一的指标体系，但主要有两种观点：一是耕地生产能力观点；二是土壤肥力观点。本书兼顾以上两种观点，生产能力侧重在光温水土等自然条件下耕地能够达到最大的产能，土壤肥力侧重土壤提供作物生长所需的各种养分的能力。现将土壤有机质、耕作层厚度、障碍层厚度、土壤养分（全氮、速效磷、有效钾）、土壤容重作为耕地质量监测指标。

（2）监测控制区层级及层级区间。

根据耕地质量监测指标，划分不同监测指标监测控制区层级及相应控制区间，详见表 3-6 和表 3-7。

表 3-6　土壤有机质、全氮、速效钾、有效磷监测控制区层级区间表

监测指标	平均数	标准差	变异系数	控制区层级	控制区区间	监测指标	平均数	标准差	变异系数	控制区层级	控制区区间
土壤有机质	43.74 g/kg	6.18 g/kg	14.13%	一级	[30.7g/kg, 43.1g/kg]	全氮	1.79 g/kg	0.26 g/kg	14.29%	一级	[1.06mg/kg, 1.52mg/kg]
				二级	(43.1g/kg, 55.5g/kg]					二级	(1.52mg/kg, 2.02mg/kg]
				三级	(55.5g/kg, 67.7g/kg]					三级	(2.02mg/kg, 2.50mg/kg]

续表

监测指标	平均数	标准差	变异系数	控制区层级	控制区区间	监测指标	平均数	标准差	变异系数	控制区层级	控制区区间
有效磷	29.76 mg/kg	8.72 mg/kg	29.31%	一级	[13.30mg/kg, 20.88mg/kg]	速效钾	182.09 mg/kg	32.28 mg/kg	17.72%	一级	[112mg/kg, 153mg/kg]
				二级	(20.88mg/kg, 28.47mg/kg]					二级	(153mg/kg, 194mg/kg]
				三级	(28.47mg/kg, 36.05mg/kg]					三级	(194mg/kg, 235mg/kg]
				四级	(36.05mg/kg, 43.63mg/kg]					四级	(235mg/kg, 276mg/kg]
				五级	(43.63mg/kg, 51.21mg/kg]						
				六级	(51.21mg/kg, 58.80mg/kg]						

表 3-7 耕层厚度、土壤容重、障碍层厚度监测控制区层级区间表

监测指标	样本数量/个	控制区层级	控制区区间
耕层厚度	200	一级	[17.95cm, 18.58cm]
		二级	(18.58cm, 19.53cm]
		三级	(19.53cm, 21.58cm]
		四级	(21.58cm, 23.32cm]
土壤容重	200	一级	[1.00g/cm^3, 1.04g/cm^3]
		二级	(1.04g/cm^3, 1.31g/cm^3]
		三级	(1.31g/cm^3, 1.53g/cm^3]
障碍层厚度	200	一级	[4.00cm, 23.74cm]
		二级	(23.74cm, 45.16cm]
		三级	(45.16cm, 52.42cm]

（3）监测控制区划分结果。

指标在空间表现为一定的均质性和异质性，且具有一定分布规律。有机质含量由东南向西北逐渐增加；全氮含量由南向中上部递增，由中上向北部递减；有效磷、速效钾含量高点值在县西北部，并以此为中心向四周递减；障碍层厚度由西南向东北逐渐变薄；耕层厚度高点值分布在县北部、中下部，低点值分布在县南和中上部；土壤容重指标值总体呈现由东北向西南逐渐减少。

（4）监测点布设结果。

黑龙江省克山县现有全数据监测点位 201 个，经优化后，共有 45 个单指标监测点位，其中有机质指标监测点位 5 个，全氮指标监测点位 4 个，速效钾监测点位 7 个，有效磷监测点位 12 个，耕层厚度监测点位 9 个，障碍层厚度监测点位 5 个，土壤容重监测点位 3 个。

（5）与现有国内外监测技术对比。

细数国内外相关领域监测技术，由于监测目的不同，所选取的监测指标有所差异，对应其功能和性能便难以横向比较。因此，所比较的对象只能选取与其具有相似监测目

的的监测技术体系。将我国普遍采用的《农用地质量分等规程》(GB/T 28407—2012)、《耕地地力调查与质量评价技术规程》(NY/T 1634—2008)作为比较对象进行功能与性能的比较（表3-8）。

表 3-8 现有国内外监测技术对比表

现有可比技术体系	功能	性能
关键技术	省级耕地等级监测 县级土壤主要性能指标监测 诊断省级等级变化区域、变化原因	适合规模化、均质化程度大地区的基本农田 监测指标少，快速、便捷、经济，能够满足年度更新 监测点位少，标准样地法对耕地破坏小 对主要性能指标监测 对未引起等级变化的区域不适用 兼顾宏观尺度和微观尺度监测
《农用地质量分等规程》	省级耕地质量监测 县级耕地质量监测	适合所有地区 耗时长、更新慢，成果现趋性不强，满足年度变更难度大 人力、物力投入大 监测点位多，标准样地法对耕地破坏大 宏观尺度监测为主 全属性指标进行监测，适用未产生等级变化的区域
《耕地地力调查与质量评价技术规程》	土壤全属性数据监测	适合所有地区 耗时长、更新慢，成果现势性不强，满足年度变更难度大 人力、物力、财力消耗大 微观监测尺度为主 全属性数据监测

3.2.2.5 结论

（1）省级立足宏观、注重等级监测，县级立足微观、注重具体指标监测。省级基本农田质量监测技术以农用地分等成果为依据，根据基本农田质量均质化和异质化程度，确定监测质量控制区，布设监测点位；县级基本农田质量监测技术以耕地地力调查与评价基础数据201个土壤样本测试化验数据为基础，依据具体监测指标均质化和异质化程度确定监测指标控制区，布设具体指标监测点位。

（2）监测是在一定前提条件下，基于一定目的的技术实现过程，在耕地地力调查与质量评价成果已实现全国覆盖的前提下，以实现用较少的点位、较少的监测指标获取精准、较大的信息量为目的，开展的耕地质量监测点位优化技术研究，为区域监测点位布局优化提供参考与技术支撑。研究以现有技术无法有效解决耕地地力调查与质量评价监测样点布设冗余和代表性不足的弊端为问题导向，即通过较宏观的评价结果布设监测样点，监测较微观的指标。基于复合式监测指标控制区的耕地质量监测点布设方法充分考虑到监测点位相对于监测指标的下位关系，以具体指标作为研究逻辑起点，利用统计学、空间分析方法确定复合式监测指标控制区，为监测点位选取提供宏观指导，并以此为依据，开展监测点位布设，使所布设的监测点位与所有监测指标的均质化和异质化程度相符，确保监测样点布设空间合理，实现用较少的点位、较少的监测指标获取精准、较大的信息量。

（3）省级尺度：优化前黑龙江省省级丘陵（岗地）坡耕地因素7个，东北区平原耕地评价因素9个，每个县（市、区）布设150~200个监测点位。优化后东北区山地丘陵（岗地）坡耕地（基本农田）监测指标 5 个，东北区平原耕地（基本农田）监测指标 7 个，平均每个县（市、区）3~4 个监测点位。县级尺度：优化前，克山县需对 11 个指标、200 个点位、2200 次单指标进行监测；优化后，克山县监测指标为 7 个，45 个点位，45 次单指标监测，其中有机质指标监测点位 5 个，全氮指标监测点位 4 个，速效钾监测点位 7 个，有效磷监测点位 12 个，耕层厚度监测点位 9 个，障碍层厚度监测点位 5 个，土壤容重监测点位 3 个。

（4）经实证，耕地质量监测技术切实可行，能够在确保精度的情况下，减少监测指标和监测点位数量，降低监测成本。

3.3 不同类型区基本农田质量提升技术研究

3.3.1 研究任务及技术路线

3.3.1.1 研究任务

1）基本农田不同类型区分区技术研究

以黑龙江省农业综合区划、农业生产经营模式等为依据，通过主要因素分析、模糊聚类分析等方法，将全省基本农田划分为不同的类型区。

2）不同类型区基本农田质量提升技术研究

针对不同类型区基本农田生产的主要限制性因素，研究基本农田保育技术、退化污染基本农田修复技术、中低产田综合改良技术、基本农田抗旱涝工程技术等质量提升技术。依据不同类型区基本农田特点，探索总结不同类型区基本农田质量提升模式。

3.3.1.2 技术路线

在文献分析、实地调研与专家论证的基础上，以黑龙江省农业自然区的特征与规律为指导，运用综合指数模型、模糊聚类分析、GIS 分析等技术划分不同类型基本农田区，采用比较研究与优选组合方法确定不同类型区基本农田质量提升的最优模式与路径。不同类型基本农田分区及质量提升技术与模式如图 3-9 所示。

3.3.2 研究区数据情况

采用的省级数据包括 2012 年黑龙江省耕地质量补充完善成果数据、2014 年黑龙江省土地利用变更数据库数据、2014 年黑龙江省基本农田数据库数据、黑龙江省农用地分等成果数据、黑龙江省综合农业区划、黑龙江省 1∶100 万土壤图等。

采用的县级数据主要包括绥化市北林区、克山县、龙江县及前进农场下列数据：2014 年 1∶1 万土地利用更新调查数据、农用地分等数据、2014 年统计年鉴、1∶10 万土壤数据、1∶5 万 DEM 数据等。

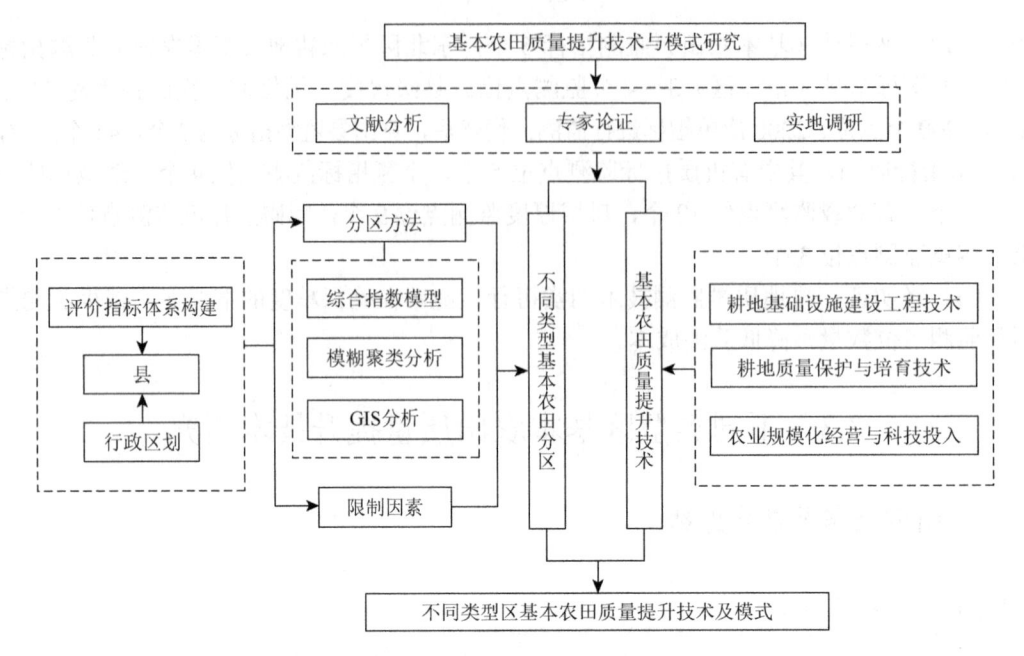

图 3-9 不同类型基本农田分区及质量提升技术与模式

3.3.3 研究的主要内容及结果分析

3.3.3.1 县级尺度基本农田典型区基本农田分区结果及质量提升措施

1）齐齐哈尔市龙江县基本农田分区结果及质量提升措施

龙江县位于黑龙江省松嫩平原西部风沙盐碱草原环境区，属于大兴安岭东南麓国家级水土流失重点治理区，属黑龙江省极度脆弱生态系统，生态环境承载力弱，限制该区域农业生产的主要因素为风沙与干旱。该县耕地划分为风沙干旱重点防治区和风沙干旱重点治理区两种类型区，不同类型基本农田区及质量提升技术措施如下。

（1）风沙干旱重点防治区。

该区耕地质量平均水平全县最高，是未来高标准农田建设核心区域，总面积为17.13 万 hm², 占全县耕地总面积的 47.35%, 主要包括杏山镇、山泉镇、龙兴镇、七棵树镇等乡镇, 占比分别为 15.95%、17.33%、12.82%、11.30%。该类型区耕地地块数为 27053, 占耕地总地块数的 47.48%, 耕地地块面积相对较大, 耕地分布相对集中连片, 有利于开展规模化经营。该类型区主要位于龙江县西北部, 属大兴安岭东坡余脉, 地势较高, 主要土壤类型为黑钙土及暗棕壤, 土壤质地以中壤为主, 土质肥沃、农田肥力较高、农业基础设施完善、田块规整且集中连片, 无地形、污染等限制性条件, 耕地综合质量较好, 可作为高标准农田建设的重点区域。但该类型区位于黑龙江省西部风沙治理区域, 在进行农业生产过程的同时也承担着龙江县沙漠化土地防治的重要任务, 是龙江县耕地沙漠化重点防治区, 在未来农业生产过程中, 应在防沙、治沙工作的基础上通过开展规模化、集约化及农业现代化的经营方式提高耕地质量。

（2）风沙干旱重点治理区。

该区地处龙江县的东南部，以平原为主，地势平坦，但多年来由于人们对自然资源开发利用不当，破坏植被，荒漠化、退化土地面积急剧上升，生态环境十分脆弱，严重降低了地区农业生产力水平，是黑龙江省西部风沙治理区重点区域之一。龙江县风沙干旱重点治理区多年来受沙漠化的影响，干旱、流沙侵蚀等灾害频繁发生，土壤肥力下降，风沙干旱是影响其耕地质量的主要限制因素。该类型区面积为19.05万 hm^2，占耕地总面积的52.65%，在全县各乡镇均有一定比例分布，主要分布在华民乡、景星镇、山泉镇、头站镇，占比分别为10.39%、11.91%、8.67%、9.18%。该类型区地块数为29926，占总地块数的52.52%，其中，华民乡的地块占比最大，为14.66%，其次是景星镇和山泉镇，分别为9.92%和8.35%。与风沙干旱重点防治区相比，该类型区耕地无论是在土壤质量还是在基础设施建设、空间形态及规模、生态调节方面均略差。整体来看，该类型区耕地质量整体受风沙干旱影响，应注重水源保护、旱作环境保护，加强对该区域的水土保持及生态环境的监测等防治工程，通过一定的治理也可成为高标准基本农田建设区域。

2）齐齐哈尔市克山县基本农田分区结果及质量提升措施

克山县位于黑龙江省松嫩平原东部冲积、洪积台地农业环境区，属黑龙江省生态失调生态系统，生态环境承载力极弱，限制该区域农业生产的首要因素为水土流失。该县耕地划分为平川低洼黑土保护区、漫岗丘陵水土流失防治区、漫岗丘陵水土流失综合治理区三个类型区，不同类型基本农田区及质量提升技术措施如下。

（1）平川低洼黑土保护区。

该区耕地质量最高，是耕地入选基本农田的首选对象，也是未来耕地保护的核心区域，可作为高标准农田建设的直接备选方案。该类型区面积为5.13万 hm^2，占耕地总面积的21.64%，优质耕地在全县所占比例较小。耕地地块数为3774，占耕地总地块数的16.67%，该类型区耕地地块面积相对较大，易于开展规模化经营。该类型区耕地主要分布在西联乡、西城镇、西河镇、双河乡等乡镇，占比分别为20.56%、13.64%、11.70%、10.19%，地块数占该类耕地总地块数分别为19.79%、9.83%、10.31%、12.29。该区耕地地势平坦、土质肥沃、农田肥力较高、农业基础设施完善、田块规整且集中连片，无地形、污染等限制性条件，作为高标准农田建设的重点区域适合开展规模化、集约化、农业现代化经营。

（2）漫岗丘陵水土流失防治区。

该区耕地无论是在土壤质量还是在基础设施建设、空间形态及规模、生态条件方面均略逊一筹，但总体而言无明显影响耕地质量的限制因素，通过加强农田基础设施建设可直接划定为基本农田，部分通过土地整治等工程也可作为高标准农田的建设对象。该类型区面积为12.33万 hm^2，占耕地总面积的52.03%，在全县各乡镇均有一定比例分布，主要分布在古城镇、发展乡、北联镇、河北乡、向华乡，所占比例分别为10.91%、9.25%、8.32%、8.73%、8.12%。该类型区地块数为10702，占总地块数的47.28%，其中古城镇地块所占比例最大，为13.93%，其次是河北乡和向华乡，分别为13.81%和11.47%。整体来看，该类型区耕地质量较好，限制性因素相对较少，但需对部分地块存在的限制因素进行判别，分析不同影响因素对耕地质量的影响，并根据改造的难易程度采取一定的工程及技术手段，科学合理地采取培肥地力、植树造林、田间道路建设、农田水利设施建设、田间布局优化等措施来提升耕地综合生产能力，通过一定程度改造也可作为基本农田建设的区域。

（3）漫岗丘陵水土流失综合治理区。

该区耕地质量最差，无论是在自然质量、农田基础设施建设、田块形态及规模、生态条件方面均存在显著限制条件，不适宜划入基本农田。该类型区面积为 6.24 万 hm^2，占耕地总面积的 26.33%，向华乡、双河镇、河南乡该类耕地面积所占比例较大，分别为 18.76%、15.86%、17.67%，主要分布在北部、东北部、南部及流经该县的乌裕尔河、讷谟尔河沿岸。该类型区坡耕地居多，漫岗丘陵地貌导致的坡耕地水土流失是影响耕地综合质量的主要因素之一，总体来看，该区不利于开展大规模机械作业，难以满足现代化基本农田建设需求，且土地整治难度较大，投入较多，未来应加强水土流失治理工作，同时进行退耕还林还草，维持区域生态环境的稳定。

3）前进农场基本农田分区结果及质量提升措施

前进农场位于黑龙江省三江平原东南部，属三江平原东部的低平原沼泽地带，是三江平原国家级高标准基本农田示范区之一。该地区耕地划分为基本农田建设示范区和基本农田建设整备区两个类型区（图 3-10），不同类型基本农田区及质量提升技术措施如下。

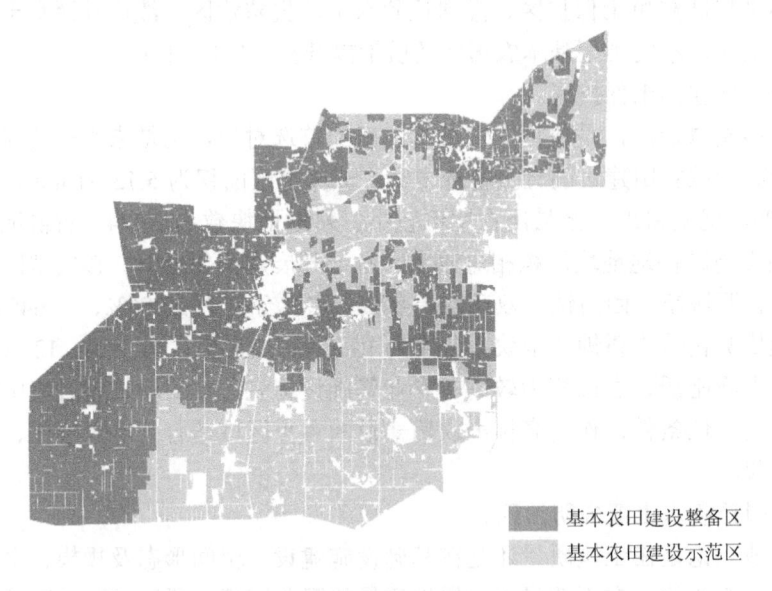

图 3-10　黑龙江省前进农场基本农田分区成果

（1）基本农田建设示范区。

该类型区耕地质量平均水平在前进农场最高，其不仅是场区高标准基本农田建设的示范区域，也是省级及国家级高标准基本农田建设核心区域。该类型区耕地总面积为 33057.33hm^2，占整个农场耕地面积的 52.19%，主要分布在第二、第九、第十五、第二十四管理区，占比分别为 15.35%、12.57%、12.38%、13.33%。该类型区耕地地块数为 2114，占全农场耕地总地块数的 50.11%，耕地分布相对集中连片，田块面积相对较大且田块规整，有利于开展大机械作业和规模化经营。该区主要位于前进农场东南部地区，地势平坦，土壤类型以白浆土和草甸土为主，虽耕地自然质量相对较差，但农业基础设施完善、田块规整且集中连片，无地形、污染等限制性条件，耕地综合质量较好，是高标准农田建设的重点区域。但由于水田面积大，所需水量较多，致使地下水位严重下降，未来农业生产过程中，应以节水灌溉为主，加大农田基础设施的养护工作，通过开展规模化、集约化和农业现代化的经营模式来提高耕地综合质量。

（2）基本农田建设整备区。

该类型区主要位于前进农场西北部和北部等地区，其耕地综合质量与基本农田建设示范区相比略差，农业基础设施投入也次之。该类型区耕地总面积为30278.13hm^2，占整个农场耕地总面积的 47.81%，主要分布在第四、第十四、第十六管理区，占比分别为10.46%、10.48%、28.35%。该类型区耕地地块数为2105，占全农场耕地总地块的49.89%。基本农田建设整备区与基本农田建设示范区耕地自然条件几乎无差异，无地形、土壤污染等限制性条件，耕地田块规整度高且集中连片，但田块规模相对较小，农业基础设施配套相对较低，未来农业生产过程中应进一步加大农田基础设施配套建设，加强科技投入和培肥地力措施达到基本农田建设示范区水平。

4）绥化市北林区基本农田分区结果及质量提升措施

绥化市北林区位于黑龙江省中部、松嫩平原北部，作为全国高标准基本农田建设示范县，北林区的基本农田以高标准农田建设时序为主要划分原则进行分区（图 3-11）。不同类型基本农田区及质量提升技术措施如下。

图 3-11 北林区基本农田分区成果

（1）优先划定基本农田区。

该类型区耕地综合质量最优，是未来耕地保护的核心区域，不仅是耕地入选基本农田的首选对象，也可作为高标准基本农田的直接备选对象。该区耕地面积69971.87hm^2，占耕地总面积的32.38%，在三种分区类型中所占比例最大。耕地地块数为2417，占耕地总地块数的 11.29%，所占地块比例最小。由耕地面积和地块数比例可知，优先划定型耕地区田块面积较大，集中连片程度高。该类耕地主要在北林南部地区，其分布以西长发镇、永安满族镇、宝山镇和绥胜满族镇居多，分别占该类型耕地总面积的 11.52%、8.91%、7.93%和7.21%，地块数占该类耕地总地块数依次为 10.14%、8.44%、7.49%和6.37%。通过以上分析可知，优先划定型耕地全部为平耕地，该地区地势平坦、土质肥沃、农业基础设施建设较完善、田块规整度和连片性高，无任何限制性因素影响，有利于开展规模化、现代化的农业集中生产经营，是高标准基本农田建设的重点区域。

（2）适宜调入基本农田区。

该区耕地综合质量略差，但由于无影响较大的限制因素，也作为划定基本农田的对象，部分稍加建设也可作为较高水平的基本农田。该区耕地总面积 58091.13hm^2，占耕地总面积的 26.88%，从空间分布来看，主要分布在西北部、北部部分地区，其分布相对分散，在各乡镇中所占比例相对均匀，连岗乡、四方台镇、太平川镇分布比例稍大，面积比例分别为 7.19%、7.11%、6.83%。该类型耕地地块数为 3505，占耕地总地块数的 16.37%，其中连岗乡地块所占比例最大，为 8.96%，其次是太平川镇和新华乡，分别为 8.79%和6.59%。与优先划定型耕地相比，适宜调入型耕地区面积有所减少而地块数有所增加，说明该类型区耕地规整度和连片性次之。总体而言，该区耕地质量较好，受限因素较少，通过一定程度上的基础设施建设和权属调整扩大耕地规模，对其稍加改造，可作为基本农田优先建设区域。

（3）重点建设型耕地区。

该区在质量上呈现出一定程度的障碍作用，需通过对各限制类型判别后，采取差别化土地整治模式与农田经营管理调控手段，才能实现耕地综合质量提升和可持续生产利用，进而纳入基本农田划定范畴中。该类型区耕地面积 88039.45hm^2，占总面积的 40.74%。耕地地块数为 11356，占耕地总地块数的 53.03%。该区耕地面积与适宜调入型耕地面积相近，但地块数明显高于后者，反映出其地块细碎化程度大。从空间分布上来看，其分布主要在流经北林区的呼兰河和努敏河区域以及缓坡漫岗地带。由此可见，重点建设型耕地数量上占有一定比例，但由于综合质量不高且限制影响因素多，需要分析不同因素对该类型基本农田的影响，采取具有针对性的措施，并考虑改造的难易程度确定今后土地整治的方向、目标和时序。对于综合质量偏低、地形限制因素较弱的地区，可优先考虑采取培肥地力、植树造林、田间生产道路建设、耕地空间布局优化、兴修水利设施等措施，提高耕地综合生产能力；对于坡耕地，可根据经费条件有计划地采取土地平整以改善农田生产的生态环境，土地整治过程中需兼顾质量提升与生态环境建设之间的协调与平衡。

3.3.3.2 省级尺度不同类型区基本农田分区及质量提升

利用耕地自然因子，采用模糊聚类分析与 GIS 分析方法，结合黑龙江省农用地耕作制度及农业区划，参照不同类型区耕作主要限制因素及典型区调研成果，全省划分出四大区域 10 种不同类型基本农田区。

1) 松嫩平原区基本农田分区及质量提升措施

(1) 松嫩平原东部高中产田区。

该区位于松嫩平原东部的松花江流域,主要地貌类型为冲积平原,地势较平坦,区内有绥化市北林区、海伦市、绥棱县、肇东市、青冈县、哈尔滨市呼兰区、巴彦县、五常市等高标准基本农田示范县。主要土壤类型为黑土、黑钙土及暗棕壤,该区域光热条件较好,水资源丰富,耕地自然质量较好。该区是黑龙江省农业县的集中分布区,是未来耕地保护及高标准基本农田集中建设的核心区域。

该区耕地面积为 3340144.69hm^2,基本农田 2621784.97hm^2,占耕地总面积的 78.49%,人均耕地面积在 0.25~0.45hm^2。松嫩平原东部高中产田区的耕地等别为 8~12 等,是松嫩平原高中产田主要分布区之一。该类型区耕地自然质量、基础设施建设、社会经济条件三者的综合质量较好,但长期以来,在农业生产过程中始终存在着诸如田间基础设施配套落后、化肥施用量高、耕作方式较粗放等问题,致使该区域地力减退明显,土壤肥力显著下降,且哈尔滨市宾县等部分地区存在水土流失及土壤侵蚀现象,土地生态环境存在一定的问题。此外,限制该区域的耕地质量因素还包括规模经营水平较低、土地整理投资水平不均衡等。

松嫩平原东部高中产田区耕地质量提升工作:①应通过测土配方施肥和施用有机肥、复合肥等手段来改善土壤养分情况。②改善传统的种植结构,常规农业中单一化的种植结构对土壤理化性状产生较严重的破坏,通过探索轮作、间作等形式,调整不同作物种植比例,使土壤养分均衡。③改良耕翻制度,翻耕能加重风蚀,使有机质分解加快,因此,在耕作中采用隔年交替耕翻,减少开垦。此外,在春季解冻时节,注意引水导流,在可能的情况下给土地增加覆盖物,尽量减少融冻作用对土壤的侵蚀。④松嫩平原东部虽然耕地质量较好,但由于农业基础设施配套不健全,农田水利设施老化,导致区域农业自然灾害频发。通过加强农业基础设施建设,修建农业水利工程,提高区域抗旱除涝及抵御农业自然灾害能力。⑤松嫩平原东部地区耕地面积大,但人均耕地面积较小、耕地分布零散,不利于农业规模经营。通过土地流转,把土地集中起来,可降低农业生产成本,提高农业机械化水平,提升耕地质量,提高农民收入。⑥加强对耕地,尤其是基本农田的管护工作,俗话说"三分建、七分管",只有加强后期管护,才能有效保证基本农田发挥最大效益。该类型区在耕地质量提升过程中应重点加强地力培肥、黑土退化防治技术,加大对农业基础设施和土地整治投入,扩大耕地经营规模,针对部分区域土壤退化问题,采取土壤修复方法进行治理,提高耕地质量。

(2) 松嫩平原北部水土流失中低产田区。

该区主要位于松嫩平原北部的嫩江流域,主要地貌类型为流水冲积的波状台地及冲积平原,地势东北高、西南低。该区多漫川漫岗,局部地区起伏较大,自然侵蚀沟较多。主要土壤类型为草甸土及黑土,土质肥沃,且降水充足,无霜期较长。该区是松嫩平原农业生产的重点区域之一,主要包括齐齐哈尔西部的讷河市、克山县、克东县、拜泉县及依安县,区内有讷河市、依安县两个高标准基本农田示范县(市)。

该区耕地面积 1406713.82hm^2,基本农田 1144988.93hm^2,占耕地总面积的 81.39%,基本农田占耕地面积比例大,人均耕地面积在 0.45~0.6hm^2。北部水土流失中低产田区的耕地等别为10～13等,是松嫩平原高中低产田主要分布区之一,其中,11～12等基本农田面积占基本农田总面积的96.60%。该区农业生产的主要限制因素包括水蚀造成的水土流失,土壤侵蚀程度较重。

对松嫩平原北部漫川漫岗地区的水蚀治理,首先要充分依托三北防护林建设工程及土地整治工程,对"山、水、田、林、路"进行综合治理,大规模营造水土保持林、农田防护林,对不适宜耕作的地区进行退耕还林、退耕还草,以改善地区生态环境。其次,针对不同程度、不同情况的水土流失区采取有针对性的治理方法:①对于低山丘陵重度水蚀区,采取以生物模式为主的耕作措施和工程措施相结合的综合治理体系,以小流域为单元通过秸秆回填侵蚀沟、春季解冻时期加强引水导流、增加土地覆盖物以减小融冻作用对土壤的破坏等手段进行重点治理。②对于丘陵漫岗中度水蚀风蚀区,采取生物措施为主、耕作措施为辅的治理模式,加大农防林、涵养林的种植面积,增加植被覆盖度,配合工程措施对侵蚀沟进行治理,控制农药化肥的施用量,增施有机肥,改善土壤理化性质,提高土壤抗侵蚀能力。③对于平原低洼重度风蚀防治区,以建设农田防护林为主,配合水利工程建设,解决排涝问题,探索旱改水模式,大力发展水田,减少耕地水土流失,提高区域耕地质量。④在治理水土流失的同时,应通过测土配方施肥、施用有机肥等培肥地力手段,防止黑土退化,在不影响粮食产量的前提下,也可通过耕作制度改良,如水旱轮作、适地适种、间种套种等手段培肥地力;在农业生产过程中着力维护现有灌排设施,逐步对老旧灌排设施进行替换,保障灌排设施的可用性,提高耕地质量。

(3) 松嫩平原西部风沙干旱盐碱化中产田区。

该区主要位于松嫩平原西部的嫩江流域及松花江流域,地势低平,主要包括松嫩平原西部沙化生态脆弱区和松嫩平原西部盐渍化生态脆弱区两个类型区,区内有齐齐哈尔农场一个国营农场,共有龙江县、甘南县、肇源县、肇州县、安达市五个高标准基本农田示范县(市)。

该区域耕地面积为2264018.05hm^2,基本农田1620759.46hm^2,占耕地总面积的71.59%,基本农田占耕地面积比例较大,人均耕地面积在0.25～0.8hm^2。松嫩平原西部风沙干旱盐碱化中产田区的耕地等别为9～12等,是松嫩平原中产田主要集中分布区之一,其中,11～12等基本农田面积占基本农田总面积的99.52%,耕地自然质量良好。松嫩平原西部沙化生态脆弱区主要位于大兴安岭与松嫩平原的过渡地区,属黑龙江省西部风沙治理区,其中龙江县为国家级水土流失重点治理区,水力侵蚀与风力侵蚀均有。2013年,仅龙江县的风蚀水蚀造成的水土流失面积就高达405.6万亩,占龙江县土地面积的43.8%,沙化土壤面积占龙江县土地面积的20%以上。其中,耕地水土流失面积最为严重,亩均流失表土5m^3,严重制约当地的农业生产,对耕地质量造成了严重的破坏。松嫩平原西部盐渍化生态脆弱区主要位于松嫩平原西南部低洼地带,属盐碱化、沙化生态失调生态系统,环境承载能力较低,境内盐碱地与沼泽地交错分布,存在土壤盐碱化、次生盐渍化现象。

松嫩平原西部盐渍化生态脆弱区耕地质量的提升主要手段包括盐碱化土壤改良、农业基础设施建设、水土流失治理和土地整治技术等。盐碱土形成的根本原因在于水分状况不良,所以在改良初期,重点应放在改善土壤的水分状况方面。先排盐、洗盐,降低土壤盐分含量，再种植耐盐碱的植物，培肥土壤，最后种植作物。深耕或脱硫石膏结合灌水淋洗改等措施可有效改良盐碱化土地；针对土壤养分较贫瘠的耕地，可通过优质客土覆盖、施用有机肥等增加耕作层厚度方式改良土壤质量；针对易盐渍化地区，可通过修建排水沟渠、使用新型排水带等新型排水技术相结合的方法，有效降低因传统灌排方式导致的土壤盐渍化；改变耕翻方式、调整种植结构、退耕还林还牧，均可在一定程度上缓解水土流失和土地沙化盐碱化问题。

根据松嫩平原各分区的情况，汇总其相应的质量提升技术优选模式，如表3-9所示。

表3-9 松嫩平原不同类型区基本农田质量提升技术优选模式

基本农田质量提升技术		东部高中产田区质量提升模式	北部水土流失中低产田区质量提升模式	西部风沙干旱盐碱化中产田区质量提升模式
农田基础设施建设工程技术	土地平整工程技术		√	
	灌溉与排水工程技术	√	√	√
	水土流失综合治理技术		√	
	土地整治综合技术	√	√	√
耕地保护与质量培育技术	地力培肥技术	√		√
	土壤改良技术			
	土壤质量修复技术			
规模经营与科技投入	农业适度规模经营	√		√
	农业科技投入	√		

2）三江平原区基本农田分区及质量提升措施

（1）三江平原西南部中产田区。

该区位于三江平原西南部地区的松花江流域，主要地貌类型为流水侵蚀形成的低山丘陵及冲积台地。该类型区主要包括七台河市、双鸭山市集贤县、哈尔滨市依兰县及佳木斯市桦南县等地区，主要土壤类型为黑土、暗棕壤、草甸土，土质肥沃，该区大部分耕地积温位于2300～2500℃及2500～2700℃，水热条件良好且生态环境较好，是三江平原高标准基本农田建设示范区。

该区域耕地面积为1227457.10hm^2，基本农田824819.28hm^2，占耕地总面积的67.20%，基本农田占比较大，人均耕地面积在0.45～0.8hm^2，三江平原西南部中产田区的耕地等别为9～12等，是三江平原中产田主要集中分布区，其中，11～12等基本农田面积占基本农田总面积的95.86%，耕地自然质量良好。该区域国营农场分布较少，农业生产主要限制因素包括土地整理投资较低、农业基础设施配套不够健全、农业规模化水平不高等。此外，该类型区的依兰县位于东部森林石质低山丘陵水土流失防治区，存在一定程度的水土流失和土壤侵蚀现象，限制了地区的农业生产。该区在未来农业生产过程中首先应着重完善农业基础设施建设，通过土地整理提高田块规整度、连片性，提高耕地质量。其次，开展规模化、现代化的农业集中生产经营模式，提高耕地集约利用水平。最后，针对依兰县与汤原县的轻度水土流失进行预防与治理。

(2) 三江平原西北部中低产田区。

该区广泛分布于三江平原东南部乌苏里江流域、三江平原中部松花江流域及三江平原西北部的黑龙江流域，主要地貌类型为冲积平原及冲积台地，地势平坦。该类型区主要包括双鸭山市、佳木斯市大部分区县及鸡西市、鹤岗市的部分地区，如宝清、富锦、密山、虎林、绥滨、萝北、汤原等。该区主要土壤类型为白浆土、暗棕壤、草甸土、沼泽土，降水丰富，无霜期长，水热条件好且生态环境稳定，较适宜进行农业生产活动，是三江平原国营农场的集中分布区，也是三江平原高标准基本农田重点建设区，该类型区内有建三江、宝泉岭、红兴隆、牡丹江四个基本农田示范管理局及佳木斯市郊区、富锦、桦川，双鸭山市的宝清，鸡西市的密山，鹤岗市的萝北等基本农田示范县。

该区域耕地面积为 3188548.60hm^2，基本农田 2210800.18hm^2，占耕地总面积的 69.34%，人均耕地面积在 1.0~2.0hm^2。三江平原西北部中低产田区的耕地等别在 9~14 等均有分布，主要耕地等别为 11~12 等的中产田，耕地自然质量良好，是未来耕地保护的核心区域，其中 11~12 等基本农田面积占基本农田总面积的 84.77%。该区是三江平原国营农场的重点分布区，耕地质量较好，农业基础设施配套较健全，农业生产的主要限制因素包括垦区与县市基本农田土地整理投资额不均衡，黑土退化、土壤质量下降等问题，在未来农业生产过程中应着重注意地力培肥及黑土退化的防治。

该区域在耕地质量提升及高标准基本农田建设过程中应当实施以土壤改良与地力培肥为主的低产田改造技术。培肥地力可通过测土配方施肥、施用有机肥等手段来实现。针对黑龙江省三江平原黏质草甸土的土壤改良可通过垦区大型机械深松打破犁底层和滞水层的方法加以实现，三江平原沼泽土则可通过秸秆碳化还田加速土壤水分渗透来改良。在此基础上，因地制宜实施旱改水工程，扩大水田面积；加大机耕道建设力度，合理布设田间道和生产路，完善田间道路体系；积极开展农田防护与生态环境保持工程建设，营造农田防护林，提高农田防护比例，开展坡面防护，减少大片耕地的水土流失现象。该区域耕地质量提升还应注意对地区农业生产过程中可能产生的面源污染进行防治，主要包括农药残留防治、地膜污染治理等方面。

(3) 三江平原东北部低产田区。

该区位于三江平原下游，主要位于三江平原东北部的黑龙江流域及乌苏里江流域，主要地貌类型为冲积台地及洼地，地势低洼。该类型区主要包括佳木斯市的抚远市、同江市及双鸭山市的饶河县。主要土壤类型为白浆土、草甸土、沼泽土，区域内有建三江分局及红兴隆分局的国营农场分布，三江平原东北部低产田区是三江平原高标准基本农田适度建设区。

该区域耕地面积为 541358.26hm^2，基本农田 343802.02hm^2，占耕地总面积的 63.51%。人均耕地面积在 2.0~3.0hm^2，人均耕地面积较大但耕地的自然质量较低。耕地等别 12~14 等均有分布，主要耕地等别为 13~14 等的低产田。该类型区积温较低，无霜期相对较短。此外，该类型区地势低洼，排水不畅，易发生洪涝灾害，加之土壤以白浆土为主，土壤黏重，肥力较低，农业生产过程中积温较低、耕地自然质量较差及农业技术设施配套不健全等是其主要限制因素。

该区域在耕地质量提升及基本农田建设中应以土壤改良为重点，以加大土地整理投资水平、改善农业生产技术为辅助手段。三江平原的白浆土改良可通过浅翻深松，保持白浆土黑土层位置不变，使黑土下的白浆层和淀积层按适当比例混拌，达到降低心土硬度的目的。针对在水稻种植播种期积温较低等自然因素的限制，如受到当地气候寒流影响而延迟种植，可通过水稻设施育种缓解气候不稳定带来的播种影响或采取培育耐寒作物品种，实现光-肥-水-气-热的优化组合，保证粮食产量的稳定及农地的高效利用。最后，该区域应进一步加强田间农田水利配套设施建设，推进灌溉与排水工程的建设与完善，提高耕地排除内涝能力，建设能排能灌的高产稳产农田。

根据三江平原各分区的情况，汇总其相应的质量提升技术优选模式，如表3-10所示。

表3-10 三江平原不同类型区基本农田质量提升技术优选模式

基本农田质量提升技术		西南部中产田区质量提升模式	西北部中低产田区质量提升模式	东北部低产田区质量提升模式
农田基础设施建设工程技术	土地平整工程技术	√		√
	灌溉与排水工程技术	√	√	√
	水土流失综合治理技术	√		
	土地整治综合技术	√	√	√
耕地保护与质量培育技术	地力培肥技术	√	√	
	土壤改良技术			√
	土壤质量修复技术		√	
规模经营与科技投入	农业适度规模经营	√	√	
	农业科技投入	√	√	√

3) 张广才岭、老爷岭区基本农田分区

(1) 两岭山地平原中产田区。

该区主要位于两岭山地西部及南部地区，沿山地间冲积平原呈条带状分布，包括牡丹江市市域及海林市、宁安市，哈尔滨市的尚志市、延寿县、方正县，鸡西市市域及鸡东县的部分地区。该区主要土壤类型为暗棕壤及草甸土，土壤质地较好，且水热条件较好，较适宜进行农业生产活动，该类型区内有牡丹江市海林市、宁安市，哈尔滨市方正县、延寿县四个基本农田示范县（市）。

该区域的耕地面积为1189255.97hm^2，基本农田693064.03hm^2，占耕地总面积的58.28%，人均耕地面积在0.25～0.45hm^2。两岭山地平原中产田区的耕地等别在9～13等均有分布，主要耕地等别为10～12等的中产田。该类型区作为两岭山地高标准基本农田优先建设区，农业生产的主要限制因素为人均耕地面积较低、农业基础设施配套不健全、土地整理投资额较低及规模化水平不高等。

该类型区作为两岭山地高标准基本农田优先建设区，在未来农业生产过程中，应加强基本农田基础设施建设，注重生态环境的保护及水土流失的防治，通过适当的退耕还林等手段改善耕地生态环境，提高耕地综合生产能力。总体而言，地形地貌是该区域农业生产的主要限制因素。该区主要地貌类型为流水侵蚀形成的低山丘陵地貌，仅牡丹江市的宁安市，哈尔滨市的通河县、延寿县冲积平原区存在较集中农用地。该区域耕地自然质量较好、水热资源丰富，但农用地面积较小、耕地连片度不高、农用地集约利用程度不高，农业生产发展受限。

(2) 两岭山地低山丘陵中低产田区。

该区主要位于两岭山地的东北部地区，主要地貌类型为流水侵蚀的低山丘陵，包括牡丹江市林口县、穆棱市、东宁市及绥芬河市。主要土壤类型为暗棕壤、草甸土及沼泽土，受地形因素影响农业生产限制因素较多。

该区域耕地面积为 454463.69hm^2，基本农田 253861.30hm^2，占耕地总面积的 55.86%，人均耕地面积在 0.45~0.8hm^2。两岭山地低山丘陵中低产田区的耕地等别在 10~13 等均有分布，主要耕地等别为 12 等的中产田。该类型区作为黑龙江省高标准基本农田的适度建设区，区内耕地自然质量偏低但光热水资源配置相对较好，丘陵地貌导致的耕地破碎化和连片度低是农业生产的主要限制因素，通过适当的退耕还林等手段改善耕地生态环境，提高耕地综合生产能力。

根据张广才岭、老爷岭各分区的情况，汇总其相应的质量提升技术优选模式，如表 3-11 所示。

表 3-11 张广才岭、老爷岭不同类型区基本农田质量提升技术优选模式

基本农田质量提升技术		两岭山地低山丘陵中低产田区质量提升模式	两岭山地平原中产田区质量提升模式
农田基础设施建设工程技术	土地平整工程技术	√	√
	灌溉与排水工程技术	√	√
	水土流失综合治理技术	√	
	土地整治综合技术	√	√
耕地保护与质量培育技术	地力培肥技术	√	
	土壤改良技术		
	土壤质量修复技术		
规模经营与科技投入	农业适度规模经营		√
	农业科技投入	√	

4) 大小兴安岭区基本农田分区

(1) 小兴安岭中低产田区。

该区以小兴安岭区域为主，主要包括黑河市逊克县、伊春市伊春区以及铁力市和嘉荫县，主要地貌类型为融冻剥蚀形成的低山丘陵，主要土壤类型为暗棕壤。

该区域耕地面积为 483740.61hm^2，基本农田 236275.84hm^2，占耕地总面积的 48.84%。小兴安岭中低产田区的耕地等别在 12~14 等均有分布，主要耕地等别为 13 等的低产田。该地区农业生产的主要限制因素为丘陵地貌导致的耕地面积较小、集中连片性较差，部分地区存在水土流失现象等。

该类型区是黑龙江省北部的粮食产量集中区，高标准农田建设资金投放、项目选定

应在两大平原和老爷岭高标准农田鼓励建设区满足的前提下,优先选择安排该区域。主要依托黑龙江流域、松花江流域的骨干水利工程和林网工程开展高标准农田建设。

(2) 大兴安岭低产田区。

该区主要位于大小兴安岭北部地区,主要为冻融剥蚀地貌,地势起伏较大,包括大兴安岭地区、黑河市市域及五大连池市、嫩江县的部分地区。主要土壤类型为棕色针叶林土、暗棕壤及草甸土,区域内积温较低。

该区域耕地面积为1840467.26hm^2,基本农田927726.72hm^2,占耕地总面积的50.41%,基本农田主要集中于五大连池市、嫩江县范围内,人均耕地面积在0.25~0.45hm^2。大兴安岭低产田区的耕地等别在11~14等均有分布,主要耕地等别为13~14等的低产田。该类型区是黑龙江、松花江、嫩江等水系及其主要支流的重要源头和水源涵养区,也是我国寒温带针叶林、温带针阔混交林植被类型的重要分布区,对保持水土、调蓄洪水、维持寒温带生物物种多样性和区域生态平衡、保障国家和东北亚生态安全具有不可或缺的生态功能作用,是我国重要商品粮和畜牧业生产基地的天然屏障,对调节东北平原、华北平原气候具有无可替代的保障功能。该类型区以林地为主,耕地分散分布且等别低,热量不足是该地区进行农业生产的限制因素。该区域耕地一直处于超负荷利用状态,用养失调,耕地肥力下降明显。今后农业生产过程中应着重加强水土流失的防治、土地综合整治及培肥地力。

根据大小兴安岭区基本农田分区的情况,汇总其相应的质量提升技术优选模式,如表3-12所示。

表3-12 大小兴安岭不同类型区基本农田质量提升技术优选模式

基本农田质量提升技术		小兴安岭中低产田区质量提升模式	大兴安岭低产田区质量提升模式
农田基础设施建设工程技术	土地平整工程技术	√	
	灌溉与排水工程技术	√	
	水土流失综合治理技术	√	√
	土地整治综合技术		√
耕地保护与质量培育技术	地力培肥技术	√	
	土壤改良技术	√	
	土壤质量修复技术		
规模经营与科技投入	农业适度规模经营		
	农业科技投入	√	

3.3.3.3 结论

(1) 基于东北地区现代农业发展的耕地质量提升的关键技术研究。高标准农田建设是未来一段时期内我国耕地质量保护和提升的主要行动,土地综合整治和高标准农田建设对耕地质量产生的影响不同。围绕黑龙江省两大平原农业综合配套改革以及高标准农田建设,提出了以农田基础设施建设工程技术为核心,以耕地保护与质量培育技术为重点，以规模经营与科技投入为推广手段的东北地区规模化基本农田集中建设三大关键技术，为东北地区高标准农田建设提供了技术支撑和模式依据。

（2）构建了基于高标准农田建设的基本农田分区评价指标体系。从县级尺度、省级尺度分别构建了基本农田分区建设评价指标体系，为不同类型区基本农田分区奠定了基础。

（3）从微观层面探讨了县级尺度不同类型区基本农田分区建设模式与路径。选取绥化市北林区、齐齐哈尔市克山县和龙江县、前进农场四个县（管局）为典型区。各典型区耕地自然质量等别、利用等别及经济等别具有不同分布特点，耕地质量等别涵盖高、中、低等，耕地质量限制因素具有一定的差异性。以典型县域为代表的不同类型区基本农田建设需要采取不同的土地整治措施、模式、时序与路径，为提升区域耕地质量和粮食综合生产能力提供借鉴。

（4）从中观层面实现了省级尺度不同类型区基本农田分区，为黑龙江省基本农田划定及土地综合整治提供依据。以全省基本农田图斑作为评价对象，以黑龙江省农业综合区划为一级区，划分出全省10个不同类型区基本农田区，提出农田质量提升的技术模式与路径，为黑龙江省基本农田划定、土地整治规划、高标准基本农田建设提供数据支持。

（5）提出了不同类型区基本农田质量提升技术优选模式。针对不同类型区基本农田建设的障碍因子，构建了以高标准基本农田建设为目标，以配套完善农田基础设施为核心，以培肥地力为重点，以完善耕地质量检测与监测为长期任务的综合措施，提出了全面提升十大不同类型区基本农田质量和综合生产能力的技术优选模式。

3.4 基本农田保护机制研究

3.4.1 研究任务及技术路线

3.4.1.1 研究任务

主要从制度完善角度，对基本农田保护制度进行研究，具体包括以下几部分。

1）我国基本农田保护制度存在的问题

基本农田保护制度面临基本农田保护与城市化发展之间的矛盾，生态建设成为基本农田数量减少的重要原因，基本农田划定标准不科学，主体之间权利义务关系复杂，基本农田保护补偿机制缺位，基本农田保护法律制度不健全等，都是进一步完善我国基本农田制度所面临的难题。

2）基本农田保护机制影响因素研究

本节主要对基本农田保护机制中的补偿激励机制和农地流转机制影响因素进行了实证研究，通过实地调研、调查问卷的方式获取基础数据，对农户的意愿进行了研究，并运用逻辑回归分析模型对两个机制的影响因素进行了实证研究，从而为提出合理的基本农田保护机制提供理论基础依据。

3）基本农田保护机制研究

本节主要针对我国基本农田保护制度构建及运行过程中遇到的困难和挑战提出有效

解决的方案及措施。具体而言，主要从正确处理城市化与基本农田保护之间的矛盾、明晰基本农田保护主体间的权责分配、建立基本农田保护补偿机制、完善农村土地流转制度，以及健全基本农田保护法律制度等方面来进行阐述。

3.4.1.2 技术路线及研究方法

本节以我国高度重视基本农田保护的基本国情为研究出发点，在全面分析了我国这一制度建立的理论根据和现实意义的基础上，通过对我国基本农田保护制度发展历程的梳理，指出现阶段我国基本农田保护制度运行过程中所面临的问题，运用Logistic（逻辑斯谛）回归分析模型对有代表性的补偿激励机制和农地流转机制的影响因素进行实证研究，从而针对性地提出现阶段我国基本农田保护制度完善的可能方向及措施。研究成果对我国基本农田保护工作的顺利开展和法律制度建设具有理论及实际意义。基本农田保护机制研究技术路线如图3-12所示。

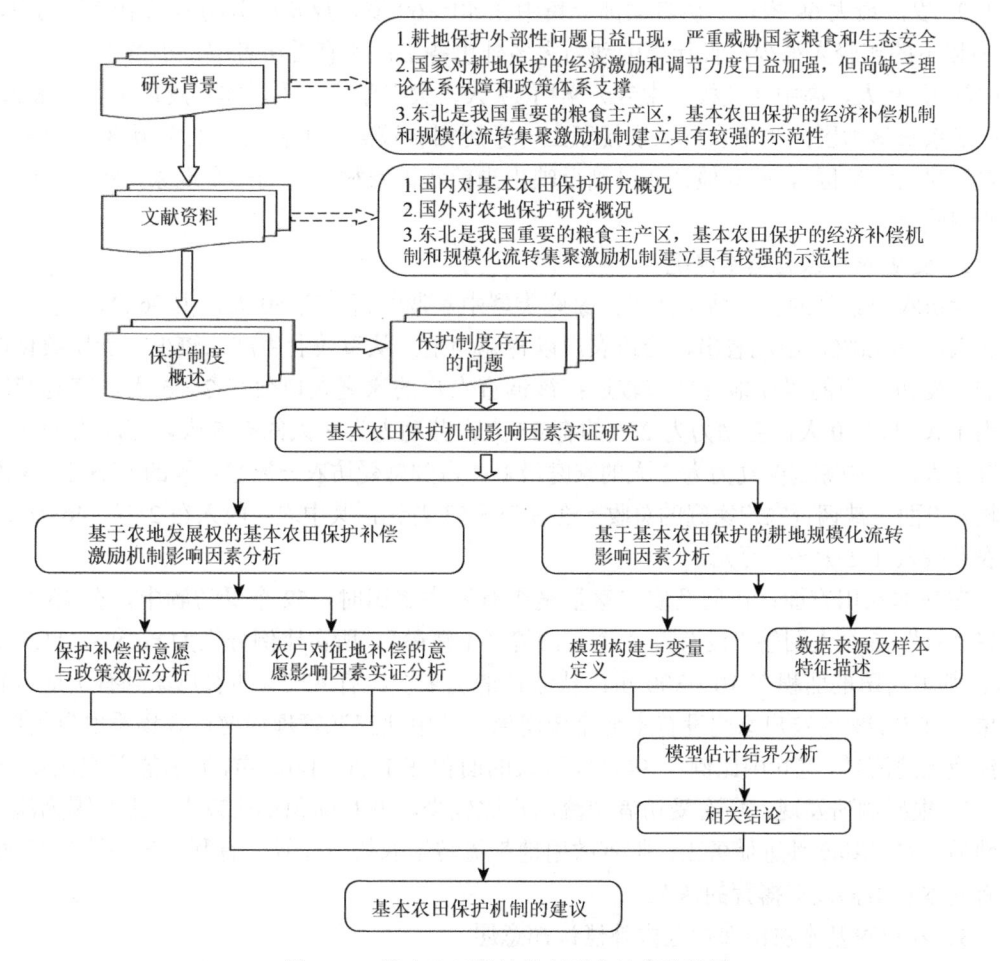

图3-12 基本农田保护机制研究技术路线图

3.4.2 典型调研区数据来源及分析

3.4.2.1 数据来源

选取了黑龙江省农村土地流转发展较好的六个典型区域，分别为农垦总局建三江管理局（简称农垦建三江管理局）、绥化市北林区、绥化市海伦市、齐齐哈尔市克山县、双鸭山市集贤县、牡丹江市穆棱市。本次调研共发放问卷420份，收回有效问卷405份，有效率96.43%，被调查农户已加入土地流转合作社的210份，没有加入的195份。

3.4.2.2 数据基本情况分析

1）受访农户基本情况

受访农户的基本情况如下：男性46人，女性6人，男性明显多于女性；受访者年龄最小27岁，最大69岁，受访者大部分集中在40~60岁，反映出劳动力以中老年为主，30岁以下的年轻人很少，青壮年劳动力大多外出务工；所有受访者中，小学学历4人，初中学历19人，高中（技校、中专）学历17人，大专学历4人，本科及以上学历8人，建三江系农垦地区，当地农民系农场职工，学历相对较高（本科及以上学历8人全部来自农垦建三江地区），而其他调研区则反映出当前我国农村存在的一个现象，即农户的学历普遍较低。

2）受访农户家庭基本情况

受访农户家庭的基本情况如下：家庭类型中农业经营户有50人，占96.2%，兼业户有2人，占3.8%，由此看出，受访农户以种地为主，从事兼业生产比较少；受城镇化的影响，受访农户的居住地离城镇较近；被调查农户的家庭人口数在2~6人，家庭劳动力为1人的有10人，劳动力为2人的有35人，劳动力为3人的有5人，劳动力为4人的有2人，其中家庭劳动力为2人的家庭最多，占到总受访农户家庭数量的67.3%；家庭总收入方面，被调查农户家庭的总收入在3万~53万元，其中农业收入在2万~46万元，非农业收入在1万~7万元。

在基本农田方面：在问及农户家里是否有基本农田时，52个受访者中，有45个人回答"有"，6个人回答"没有"，1个人回答"不清楚"，所占比例分别为86.5%、11.5%、2%；基本农田的面积在10~300亩；从流转情况来看，有42.3%的农户家庭有土地流转现象，有57.7%的农户家庭没有土地流转现象，其中建三江管理局前进农场系农垦地区，不涉及土地流转，这其中比例占34.6%，流入的面积在14.5~1800亩，流出的面积在4.7~30亩。根据调研发现，所有受访者中流出户比较少，并且面积都比较小，那是因为流出土地后，农民基本都进城务工，把零散用地都流转给农机合作社，有利于集中连片管理；所有基本农田都没有撂荒的情况。

3）农户对基本农田保护区内补偿认知意愿

农户对基本农田产权的认知会直接影响农户对参与基本农田保护补偿过程合理性的认

知与看法。其中，28.84%的农户认为自己所承包基本农田归个人所有，19.23%的农户认为归集体所有，51.93%的农户认为归国家所有。对于基本农田的产权，受访者的认识也各有不同：一是国家所有，土地所有权归公，使用权归私；二是集体所有，维持当前国有和集体所有的现状并深化使用权改革；三是个人所有，所有权私有化。产权的不明晰也导致农户保护基本农田的积极性不高。由于各地区的基本农田保护宣传力度不同，各地区受访者对基本农田保护的认知情况也不同，绥化市北林区、克山县北联镇新兴村的所有受访者都知道自己所在村有哪些耕地属于基本农田，而农垦建三江管理局前进农场有4人知道自己所在村有哪些耕地属于基本农田，古城镇古城村有3人知道自己所在村有哪些耕地属于基本农田，古城镇新隆村有4人知道自己所在村有哪些耕地属于基本农田。

4）农户对基本农田保护区内补偿与政策评价

所有受访者都觉得应该对基本农田利用和保护人发放一定的经济补偿，并且根据不同质量水平的基本农田发放不同的基本农田保护经济补偿，由此表明：人均耕地较多，农业收入占总收入比例高的农户对基本农田投入较多，基本农田质量较高；受访者中有77.3%的人认为目前的粮食直补和综合直补等补贴标准过低，22.7%的受访者认为适当。目前，认为粮食直补、综合直补提高生活水平的有43.22%，56.78%的受访者认为对生活没有什么影响，在此情况下，愿意继续种田的有45人，占总比例的86.54%。该调查表明，目前实施的粮食直补、综合直补等补贴对于提高基本农田收益、促进农户保护基本农田的积极性具有一定的作用，但由于补贴标准较低，效果显著性不强。同时也表明，由于基本农田的生活保障和社会保障等功能，大部分农户愿意拥有一定数量的基本农田来维持生存。在国家的惠农政策下，有44人对国家的粮食直补政策表示满意，占总比例的84.62%。在补偿方式上，有20人选择足额的货币补偿，24人选择货币补偿与社会保障相结合，8人选择货币补偿与良种、农业技术相结合，说明大部分农户希望土地征收后的生活有所保障，对于建立基本农田保护基金制度，所有农户都不愿意基本农田被征收。

5）调研基本结论及问题

通过实地调研统计及座谈总结，发现存在以下方面问题或现象：一是劳动力老龄化。调研中发现，年龄在40～60岁的劳动力较多，30岁左右的年轻人很少，青壮年劳动力长期脱离农业生产，而且大多不愿意务农。二是劳动力受教育程度普遍偏低。调研中发现，受教育程度在高中及高中以下有40人，占调研人数的76.9%，当前我国农村存在的一个现象即劳动力的学历普遍偏低，主要原因是具有高学历的人不愿意回家务农。三是农户对基本农田了解程度不够。调研中发现，基本农田保护标识牌普遍设立较少且存在差异，甚至个别地方没有设立基本农田保护标识，各地区很多农户不知道自己所在村哪些耕地属于基本农田，由此可以得出，一方面是对于基本农田保护，农户自身认知情况不强，另一方面是基本农田保护宣传力度不到位。四是土地产权不明晰。调研中发现，对于基本农田拥有权，大部分受访者认为当前的基本农田属于国家所有，农户只享有使用权，认为农地属于农民集体的占很小比例，正是这种土地产权不明晰，导致农户保护基本农田的积极性不高。五是未建立基本农田保护激励机制。调研中发现，绝大多数农户选择足额的货币和货币与社保相结合的补偿方式，国家应该建立相应的补偿激励机制，促进农民基本农田的保护意愿。

3.4.3 我国基本农田保护机制存在的问题

3.4.3.1 基本农田划定标准不科学

最新一轮的基本农田划定工作采用自上而下下达城镇周边、交通沿线划定任务方式，严格基本农田空间管制，从占用源头上实现了有效管控。但需注意的是，以土地利用方式转变实现城镇化健康发展，不仅需要在城镇周边、交通沿线划定永久基本农田，实行强制性保护，倒逼发展方式转变，更为关键的是，需要各级地方政府充分认识到划定永久基本农田在夯实粮食安全、推进新型城镇化和生态文明建设中的重要地位，扭转传统外延式扩张发展思维，将划定和保护工作切实落到实处。基本农田属于规划范畴，划定过程中，存在与土地利用规划修编、城市开发边界、生态红线划定、"多规合一"等不同任务交叉重叠，不同任务镶嵌在不同部门、不同的时间节点，统筹推进难度较大的问题，做好与相关工作充分衔接，是实现划定成果权威性、可操作性的重要基础。

3.4.3.2 基本农田保护补偿机制缺位

从经济学的角度来看，基本农田的外部效益、农业生产中的机会成本，这些通过市场机制实现不了的价值，应当通过采取经济补偿的方式予以实现。换句话说，就是由土地用途管制导致的基本农田价值的损失，同基本农田保护的悖论，也应该通过经济补偿的方式加以实现。作为基本农田管护责任的主要承担者和直接利益相关人，农民、村集体组织及地方政府能否积极参与基本农田保护工作，合理的补偿将成为影响这一行为的关键因素。然而，目前我国并未将基本农田保护补偿这一重要内容纳入基本农田保护制度体系。考虑补偿机制在基本农田保护工作中所具有的重要作用与意义，作者认为，在我国建立基本农田保护补偿机制确有必要。然而，基本农田保护补偿机制的建立并非一蹴而就，因此，其成为完善我国基本农田保护制度遇到的又一个大问题。

3.4.3.3 未建立起切实可行的区域间利益调节机制

由于区域间经济发展水平和耕地后备资源潜力不同，如按照统一的标准来划定建设用地指标和统一的要求运行耕地总量动态平衡，必定会使政策的实际运行效果大打折扣。由于我国目前尚未建立起可行的区域间利益调节机制，不管是经济较为发达、建设用地需求大的地区，还是经济发展水平较低、建设用地需求小的地区，都尽量多地争取建设用地指标，只有这样经济发展水平较低的地区才能找到经济发展的出路。如果能够在全国范围内建立起切实可行的区域间利益调节机制，即经济发达、保护耕地较少的地区按照耕地资源的总价值给予经济欠发达、保护耕地较多的地区合理的经济补偿，这样就能够在全国范围内调剂建设用地指标，满足各方利益的同时，更好地实施耕地保护。对于耕地总量动态平衡也是同样的道理，如果耕地后备资源少的地区和耕地后备资源多的地区，也能够按照耕地资源的总价值在彼此间建立起合理的利益调节机制，那么耕地总量动态平衡也能够在全国范围内更好地实现。

3.4.3.4 基本农田保护法律制度不健全

我国正式开展基本农田保护工作已经 20 多年，目前已制定了上百个与耕地保护相关的政策法规和规范性文件，但从实际效果来看，整个制度还不够完善。主要存在以下三个方面的问题：一是相关法律法规衔接性较差。依法治土的前提是有良法可依，如果规则都不明确，行为必然错乱。二是基本农田保护制度运行过程中总会出现一些新现象、新问题，属于上层建筑层面的法律由于其本身的滞后性，需要一定的反应时间才能针对新问题制定出有效的指导性规则，所以总会存在一些法律的真空地带。三是在基本农田保护实践中，广泛存在着诸如建设用地乱占滥用、不批就用、少批多用等违法、违规行为，并且屡禁不止，这不仅加快了我国耕地资源的流失速度，更加大了我国耕地资源流失的数量。所以，不仅要修改已有法律法规中的不足，还要对新问题进行有效的规范，使之适应现实的国情土情，同时还要加强执法力度。但法律法规的修改牵一发而动全身，加强执法力度更是难上加难，因此，这也是完善基本农田保护的又一重大任务。

3.4.4 基本农田保护机制影响因素实证研究

3.4.4.1 农户对征地补偿意愿影响因素的实证分析

为了找出影响农户对基本农田征收补偿意愿的影响因素，我们选取了如下 6 个变量，包括"农户是否愿意基本农田被征收""非农收入比例""家庭农业劳动力人数""距市区距离""您认为征收的补偿标准如何""您对征地政策是否满意"。其中，"农户是否愿意基本农田被征收"作为模型分析的因变量，其他 5 个变量为模型分析的自变量（表 3-13）。

表 3-13 实证分析指标及指标内容取值描述

变量	变量含义	变量取值
Y	农户是否愿意基本农田被征收	"愿意"为 1，"不愿意"为 0
F_1	非农收入比例	"10%以下"为 1，"10%~30%"为 2，"30%~50%"为 3，"50%~70%"为 4，"70%"以上为 5
F_2	家庭农业劳动力人数	实际值
F_3	距市区距离	实际值
F_4	您认为征收的补偿标准如何	"过低"为 1，"一般"为 2，"偏高"为 3
F_5	您对征地政策是否满意	"满意"为 1，"不满意"为 2，"不知道"为 3

Logistic 回归与其他回归模型实际上有很多相同之处，最大的区别就在于它们的因变量不同，Logistic 回归的因变量可以是二分非线性差分方程类的，也可以是多分类的，但

是二分类的更为常用，也更加容易解释。所以实际中最为常用的就是二分类的 Logistic 回归。因此，本节采用 SPSS16.0 统计软件，运用二分类的 Logistic 回归分析模型。其中，"农户是否愿意基本农田被征收"作为模型分析的因变量，其他 5 个变量为模型分析的自变量。设计模型时，"农户是否愿意基本农田被征收"设为因变量 Y，即 0-1 型的二类分变量。把农户愿意基本农田被征收为"1"表示"好"的样本，定义为"$Y=1$"；农户不愿意基本农田被征收为"0"表示"差"的样本，定义为"$Y=0$"。本节把这个二分类评价结果数据作为回归分析的因变量。设 5 个变量"非农收入比例""家庭农业劳动力人数""距市区距离""您认为征收的补偿标准如何""您对征地政策是否满意"为反映影响征收意愿的自变量（按照次序依次为 F_1、F_2、F_3、F_4、F_5）。共 180 个样本数据，P_1 是"Y"为"好"的样本的概率。则 Logistic 回归函数为

$$\text{Logistic}(y) = \alpha + \beta_i \times i, \quad i=1,2,\cdots,n \tag{3-16}$$

式中，α 为随机误差项；β_i 为待估参数。

运用最大似然法估计式（3-16）的参数值，使得式（3-16）值最大。在估计过程中，采用了全部纳入法，将 5 个因子变量一次性全部纳入回归模型，得出影响征收补偿意愿因素的二元 Logistic 模型回归结果（表 3-14）。

表 3-14 影响征收补偿意愿因素的二元 Logistic 模型回归结果

解释变量	B	S.E.	Wald	df	Sig.	exp(B)
F_1 非农收入比例	0.323	0.248	14.832	1	0.000	1.975
F_2 家庭农业劳动力人数	−1.243	0.186	20.885	1	0.000	2.632
F_3 距市区距离	−1.162	0.176	10.731	1	0.298	0
F_4 您认为征收的补偿标准如何	0.579	0.256	13.432	1	0.000	2.144
F_5 您对征地政策是否满意	0.332	0.178	10.785	1	0.001	1.976
常数项（constant）	−3.504	1.287	8.422	1	0.079	0.688
预测准确率					84.1	
最大似然函数值的负 2 倍（−2 log likelihood）					150.588	
广义决定系数（Nagelkerke R^2）					0.391	
卡方检验值					66.899	

可以得出如下几个结论。

（1）非农收入比例在 1%的水平上显著，这说明非农收入对农户征地补偿意愿有正向影响作用。农户是理性的经济人，基本农田收益在农户家庭中的比例呈递减趋势，这必然引起农户经济行为的变化。这种变化反映在基本农田征地补偿方面，农户家庭的非农收入越高，越是愿意基本农田被征收以获得补偿。家庭的农业人口数对征地补偿意愿产生影响，农业人口数越多，越是不愿意自家的基本农田被征收。此外，距离市区越近，越容易发生基本农田被征收的现象，统计结果表明距市区距离对农户征收补偿意愿也产生影响，距离市区越近的越愿意基本农田被征收，越远的越不愿意基本农田被征收。

（2）征地补偿标准对农户征地补偿意愿影响较大。从模型分析结果看，征地补偿标准变量在小于1%的水平上显著。这说明与其他影响农民收入增加变量相比较，政府所提供的补偿额度越高，农户越是愿意基本农田被征收。

（3）政府所提供的征地补偿政策对农民补偿意愿影响很大。从模型分析结果看，征地补偿政策变量在1%的水平上显著，这说明政府的征地补偿政策与农民补偿意愿成正比；政府的补偿政策越合理有效，农户越愿意基本农田被征收。

由于本节使用的数据是截面数据，没有反映出随时间变化的动态性特征，同时农户补偿意愿影响是一个复杂的过程，加上本节选取的评价指标过于简单，不能够充分地反映影响农户补偿意愿的信息，因此统计结果的可信度有待进一步探讨与研究。

3.4.4.2 基于基本农田保护的耕地规模化流转影响因素分析

耕地规模化流转的主要目的是优化土地资源配置，提高土地产出率，促进农业增效、农民增收、农民发展。因此，农民为追求农地效益的最大化，会通过土地流转这一重要渠道在生产、投资等方面加大对农地的投资力度。在传统农区，一方面，农地效用取决于农地收益，即如果农户流出农地获取的收益大于自己经营农地的收益，则农户愿意流出农地以获取更大的收益；反之则亦然。另一方面，农地效用则取决于土地对当地农民的重要性，这是由农户的情感、文化、信仰等决定的。结合已有研究成果，本节将家庭劳动力特征、家庭收入水平及结构、社会保障情况、土地情结、土地资源禀赋作为影响农户流出土地行为的主要因素。

（1）家庭劳动力特征。包括家庭劳动力数量和就业结构。大量研究表明，家庭劳动力对农户流出土地行为的影响具有不确定性，需具体情况具体分析：一方面，家庭劳动力多，劳动力资源丰富，可能更加愿意流入土地扩大规模；另一方面，如果多数家庭劳动力从事非农就业，则流出土地的可能性更大。

（2）家庭收入水平及结构。家庭收入水平的高低和农业收入与非农收入在收入结构中的占比直接反映了土地对于提高家庭收入的重要性。传统农区农业效益低，高收入家庭的主要来源是非农收入，农户对农地的依赖小，有利于农户流出土地；对于城镇化步伐较慢、农民知识水平低、自身技能差、非农就业机会较少的地区，大部分农民仍要从事农业生产，无法从土地上解放出来，流出土地意愿小。在发达农区，农业收入在家庭收入中的比例大，农户对土地的依赖就强，流出土地的意愿就较弱，除非获得较高的经济补偿。而在城市郊区，农民大多从事非农产业，并且农民收入普遍较高，对土地的依赖较小，流出土地的意愿较高。

（3）社会保障情况。土地不仅是最基本的生产资料，也是重要的社会保障资料。我国农村社会保障体系不断健全，包括养老保险、农村合作医疗、农村最低生活保障在内的各项保障制度不断完善。在传统农区，除了多数农户享有农村合作医疗保险外，养老保险和最低生活保障覆盖面甚小。土地的社会保障功能依然很强，农户对土地依赖性强，流出土地的可能性小。在发达农区和城市郊区，社会保障水平相对较高，土地的社会保障功能相对较弱。

(4) 土地情结。行为经济学理论认为社会、认知与情感等因素对个人及团体形成经济决策有重要影响。同样，农户的土地情结对农户流出农地的行为产生影响。一般情况下，土地情结越重，农户对土地的情感依赖越强，越不愿意流出土地；反之，越愿意流出土地。

(5) 土地资源禀赋。农户所承包的土地面积对农户流出土地行为产生一定的影响。农户所承包的土地面积越大，开展规模经营的条件越充足，越不倾向于流出土地，而如果将土地流出后的收益更高，农户就可能将土地流转出去。

1) 模型构建与变量定义

通过构建 Logistic 模型研究农户流转土地行为的流转因素：

$$\text{Logistic}(y) = \alpha + \sum \beta_i x_i, \quad i = 1, 2, \cdots, n \quad (3\text{-}17)$$

式中，y 为农户转出土地行为的概率；x 为农户转出土地行为的各影响因素；α 为随机误差项；β 为待估参数。

将农户转出土地行为作为因变量 Y（$Y=1$ 表示转出，$Y=0$ 表示不转出），家庭劳动力特征、家庭收入水平及结构、社会保障情况、土地情结、土地资源禀赋等作为解释变量，将被调查者的基本情况作为控制变量加入模型中（表 3-15）。

表 3-15 变量说明表

变量类型	变量名称	变量解释	取值
被解释变量	Y 流出行为	Y 是否流出承包经营权	1 = 是，0 = 否
基本情况	X_1 性别	性别	1 = 女，0 = 男
	X_2 年龄	年龄	用实际值（岁）表示
	X_3 文化程度	学历	1 = 小学；2 = 初中；3 = 高中或中专；4 = 大专及以上
家庭劳动力特征	X_4 家庭劳动力	家庭劳动力	用实际值（人）表示
	X_5 外出务工或经商劳动力	外出务工或经商劳动力	用实际值（人）表示
家庭收入水平及结构	X_6 收入结构	收入主要来源	1 = 农业收入；2 = 农业收入和非农业收入相当；3 = 非农业收入
	X_7 总收入	年总收入	用实际值（元）表示
	X_8 家庭收入级别	家庭收入级别	1 = 低收入户；2 = 中等收入户；3 = 高收入户
社会保障情况	X_9 社会保障	社会保障	1 = 很好；2 = 比较好；3 = 一般；4 = 比较差；5 = 很差
土地情结	X_{10} 土地的重要性	土地在您心中的重要性	1 = 非常重要；2 = 比较重要；3 = 不重要
	X_{11} 流出土地的条件	在什么样的情况下您愿意流转土地	1 = 生活所迫；2 = 被强迫；3 = 什么情况下都不流转
	X_{12} 土地感情	生活富裕，您仍愿意继续耕种自己的土地	1 = 愿意；2 = 不愿意；3 = 不好说
土地资源禀赋	X_{13} 所承包土地面积	所承包土地面积	用实际值（亩）表示

2）样本特征描述

在被访者的基本情况中，男性 300 人，女性 105 人，男性明显多于女性；被访者年龄最小 27 岁，最大 69 岁，大体分布在 40~55 岁；所有被访者中，小学学历的 84 人，初中学历的 153 人，高中或中专学历的 135 人，大专及以上学历的 33 人，被访者初中和高中或中专学历者居多，占到 71.1%份额。

家庭劳动力特征方面，家庭劳动力个数是 1 人的有 81 户（每户访问 1 人），是 2 人的有 234 户，是 3 人的有 54 户，是 4 人的有 36 户，家庭劳动力个数是 2 人的家庭最多，占到总被访者家庭数量的 57.8%；没有外出务工或经商的有 198 户，外出务工或经商的家庭劳动力个数是 1 人的家庭是 18 个，外出务工或经商的家庭劳动力个数是 2 人的家庭是 144 个，外出务工或经商的家庭劳动力个数是 3 人的家庭是 18 个，外出务工或经商的家庭劳动力个数是 4 人的家庭是 27 个，将近 50%的家庭没有外出务工或经商的劳动力，也表明传统农区从事非农产业的劳动力比例相对较小。

家庭收入水平及结构方面，认为农业收入在收入中占比最大的有 219 户，认为农业收入和非农业收入相当的有 120 户，认为非农业收入在收入中占比最大的有 66 户，数据表明传统农区农民的收入主要还是农业收入；在年家庭总收入方面，最高是 10 万元，最低是 3 万元，户年平均收入为 41335.19 元，与 2010 年全国农民家庭收入的平均水平 47726.06 元相比，低 6390.87 元；被访者认为自己属于本村的低收入户的有 90 户，认为自己属于本村的中等收入户的有 290 户，认为自己属于本村的高收入户的有 25 户。

社会保障方面，认为"社会保障水平很好"的有 13 人，认为"社会保障水平比较好"的有 25 人，认为"社会保障水平一般"的有 73 人，认为"社会保障水平比较差"的有 135 人，认为"社会保障水平很差"的有 159 人。受访者中，370 人有农村合作医疗，32 人有养老保险，25 人有农村最低生活保障。目前农村社会保障水平比较低，农户对土地的依赖性更强。

土地情结方面，120 人认为土地在心中非常重要，198 人认为比较重要，87 人认为不重要；275 人认为只有在生活所迫的情况下才会流转自己的土地，93 人认为只有在被强迫的情况下才会流转自己的土地，37 人认为什么情况下都不流转自己的土地；即使生活富足的情况下，99 人仍愿意继续耕种土地，207 不愿意继续耕种土地，99 人表示不好说。

在土地资源禀赋方面，所调查的 405 户的承包地总面积为 10105 亩，每户平均承包的耕地面积为 24.95 亩，户均承包地面积较大，这与人少地多的黑龙江省人地关系基本情况相符合。

3）模型估计与结果分析

利用 Stata12.0 统计分析软件，得到表 3-16 模型模拟结果。从模型的模拟结果来看，似然比统计量为-20.71638，X_2 值在 1%的水平上十分显著（Prob＞chi2 = 0），模型的总体拟合效果很好。

表 3-16　模型模拟结果

y	Coef.	std.Err.	Z	P>Z
X_1 性别	−5.376698	54.21222	−0.1	0.909
X_2 年龄*	−0.1634614	0.111752	−1.59	0.092
X_3 文化程度	1.267546	1.066782	1.15	0.239
X_4 家庭劳动力**	6.332431	2.473662	2.49	0.011
X_5 外出务工或经商劳动力	−7.30754	3.098693	−2.37	0.105
X_6 收入结构**	6.540554	3.162209	2.08	0.04
X_7 总收入**	0.0001906	0.0000624	2.38	0.02
X_8 家庭收入级别***	4.986908	1.914189	2.6	0.007
X_9 社会保障***	−4.98838	1.776733	−2.67	0.006
X_{10} 土地的重要性	−1.423829	1.058079	−1.35	0.221
X_{11} 流出土地的条件	0.5339766	1.699232	0.35	0.752
X_{12} 土地感情	2.000023	1.656878	1.2	0.24
X_{13} 所承包土地面积*	−1.810564	1.05978	−1.53	0.083

观测点数（number of obs）= 405

LR chi2（12）= 127.45

Prob>chi2 = 0

伪决定系数（pseudo R^2）= 0.7538

最大似然函数值 = −20.71638

注：Coef. 为回归系数；*、**、***分别表示在 0.1、0.05、0.01 的水平下显著。

（1）被调查者的基本情况解释。在 0.1 的显著水平下，被调查者的年龄对农户流出农地承包经营权行为的影响显著，系数为负，说明年龄越大越不愿意流出农地承包经营权。而性别和文化程度对农户流出农地承包经营权行为的影响不显著，这是因为在调查区域，年龄越大的农民非农就业的能力越低，而从事农业生产的技能越高，越重视土地的生存保障功能，越不愿意流出土地承包经营权。在黑龙江省广大农村地区，女性和男性一样，都从事农业劳动，对土地的依赖都比较强。农民的文化程度普遍较低，总体上对农地流出行为的影响不显著。

（2）家庭劳动力特征的解释。在 0.05 的显著水平下，家庭劳动力对农户流出农地承包经营权行为的影响显著，系数为正，表明家庭劳动力越多，流转农地承包经营权的可能性越大。而外出务工或经商的劳动力个数对农户流出农地承包经营权行为的影响不显著。在黑龙江省，劳动力越多的家庭越具有在农村从事养殖业、建筑业等行业的人力优势，越能带动家庭生活水平的提高，从而减轻对土地的依赖，参与流转的概率也越高。但总体上外出务工或经商所获得的收入不足以明显提高家庭生活水平，不能降低对土地的依赖性，对农地流转的影响也不明显。

（3）家庭收入水平及结构的解释。在 0.05 的显著水平下，家庭收入结构对农户流出农地承包经营权行为的影响显著，且系数为正，家庭收入越高流出农地承包经营权的可能性越大。在 0.01 的显著水平下，被调查者的家庭收入级别对农户流出农地承包经营权行为的影响显著，系数为正，说明家庭收入级别越高越容易流出农地承包经营权。家庭收入高的家庭，本身对土地的依赖性较弱。另外，高收入可以对其他产业进行投资，提高了脱离土地的可能性。

（4）社会保障情况的解释。在0.01的显著水平下，社会保障水平对农户流出农地承包经营权行为的影响显著，系数为负，说明社会保障水平越高越容易流出农地承包经营权。黑龙江省整体经济发展水平较低，农民更加看重土地的生存保障功能，在社会保障水平不足以保障生存和生活的情况下，是不会轻易放弃农地承包经营权的。

（5）土地情结的解释。土地情结各因素对农户流出农地承包经营权行为的影响不显著。在黑龙江省，农民的土地情结在年龄上出现差异，一些年轻的农民渴望城市生活，对土地的感情越来越淡，而一些年老的农民依旧对土地感情深厚。因此，农民对土地感情的分化，使得土地情结对土地流出行为的影响不显著。

（6）土地资源禀赋的解释。在0.1的显著水平下，农户所承包的土地面积对农户流出农地承包经营权的影响显著，且系数为负，说明承包的土地面积越大越不容易流出承包地。承包土地面积较大的农户，具有土地规模经营的优势，更愿意将希望寄托于农业的规模经营，更不愿意将土地流转出去。

3.4.5 研究总结

（1）总体来看，被调查者流转意愿不高。相比农村年老者，年轻人更愿意流出农地承包经营权。这是因为有一技之长或文化程度高的青壮年外出务工或从事第二、第三产业，流出土地承包经营权的意愿较高，而长期留守农村的老人对农村土地的依赖性强，把土地看作是生产和生活的根本，不愿意流出农地承包经营权。

（2）农民就业途径狭窄限制了农地承包经营权流转。我国农村大量闲置劳动力的存在和劳动密集型产业向技术资金密集型产业的转变，使得农民就业困难。尤其是传统农区，经济落后，农民文化程度较低，劳动技能缺乏，工业和服务业落后，农民就业途径受到限制，从事第二、第三产业的比例就更小，更不愿意流出土地承包经营权。

（3）家庭收入对农地承包经营权流转的影响显著。在传统农业地区，就业途径的限制和相对较低的农业收入，使得农民对土地的依赖性更大，经营农村土地的收入是生活的主要来源。此外，农业税的取消和粮食补贴等一系列惠农政策的实施，使得农民更不愿意流出自己的土地。

（4）低水平社会保障对农地承包经营权流转的影响显著。由于在当前农村，尤其是经济落后的传统农区，农村土地的社会保障功能更加突出，在农村社会保障水平普遍较低的情况下，农民更没有勇气和条件放弃农地承包经营权，因此继续把土地作为安身立命的根本。

4 耕地后备资源生态化开发技术研究

东北地区土地资源丰富，耕地后备资源潜力大，是我国最重要的商品粮基地，在保障国家粮食安全中发挥了关键性作用。针对东北耕地后备资源开发潜力不清，开发中自然景观消失、原生态稳定性降低、景观破碎度增加等问题，以确保东北商品粮基地粮食安全、生态安全双赢为目标，以提高耕地后备资源保育功能、改善生态功能为保障，本章研发耕地后备资源潜力与生态环境影响评价、生态化利用等耕地后备资源生态化开发技术，为耕地后备资源生态化开发，充分发挥其生产功能、社会功能、生态功能提供技术支撑。

具体技术研究路线如图 4-1 所示。

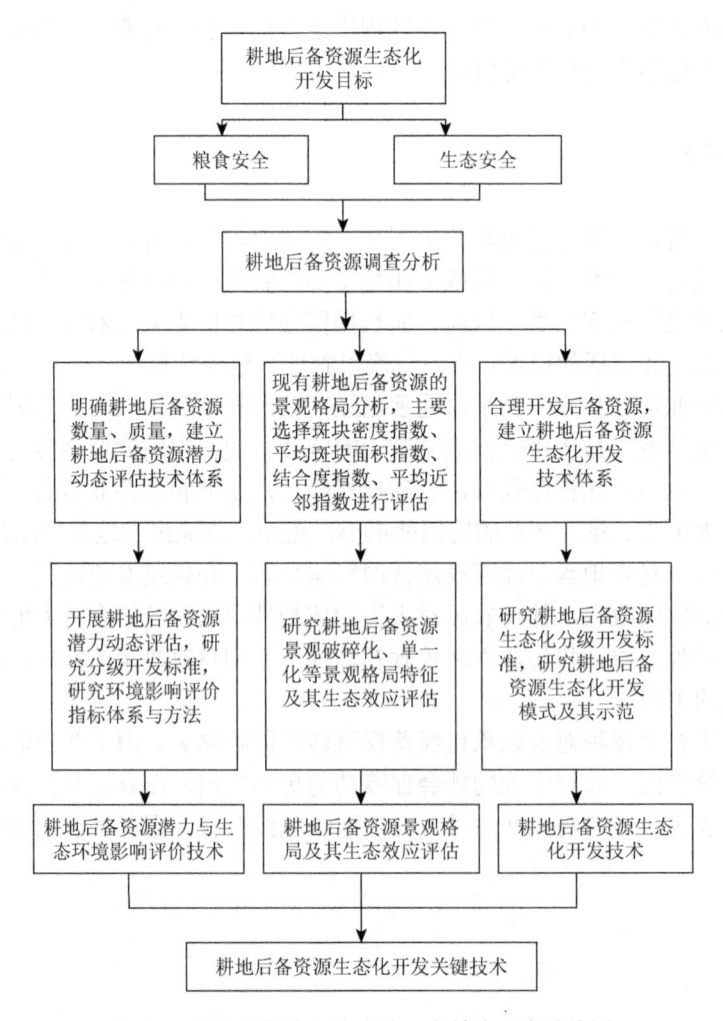

图 4-1 耕地后备资源生态化开发技术研究路线图

4.1 耕地后备资源潜力与生态环境影响评价技术研究

4.1.1 耕地后备资源开发历史分析

1986~2012年黑龙江省耕地面积增加391.15万 hm², 牧草地减少131.95万 hm², 未利用地减少180.46万 hm²。其间,全省耕地主要是通过对牧草地及未利用土地的开发来增加面积的。

由表4-1可得,1986~2005年耕地面积基本保持稳定。但2005~2012年耕地面积增加极为显著,增加了427.92万 hm², 占期初面积(详查面积)的36.67%。耕地增加的主要来源有未利用地、牧草地和园地,由于未利用地大部分为湿地,耕地面积的增加是以林地、牧草地和湿地的大量减少换取的。毁草和破坏湿地开荒主要集中在三江平原和松嫩平原地区。因此,湿地和牧草地,包括人工草地不能再作为耕地后备资源。牧草地呈逐年减少趋势,仅2005~2012年就减少了111.84万 hm², 占期初面积的50.24%, 减少主要去向有变更为耕地、水域、林地等。未利用地在1986~1996年增加了2.29万 hm², 占期初面积的0.51%。1996~2005年,未利用地面积减少了44.92万 hm², 2005年以后更是逐年递减,到2012年减少137.83万 hm², 其主要去向有变更为耕地、水域和林地。

表4-1 黑龙江省1986~2012年土地利用变化幅度分析

地类	1986~1996年变化幅度 面积/万 hm²	比例/%	1996~2005年变化幅度 面积/万 hm²	比例/%	2005~2012年变化幅度 面积/万 hm²	比例/%
耕地	−20.28	−1.71	−16.49	−1.39	427.92	36.67
园地	1.26	30.99	0.76	14.42	−1.51	−25.04
林地	7.87	0.31	−136.85	−5.64	37.54	1.64
牧草地	−4.7	−1.91	−15.41	−6.47	−111.84	−50.24
城镇村及工矿用地	2.24	2.03	24.22	19.67	15.66	11.53
交通用地	1.64	3.68	1.28	12.43	2.55	22.03
水域	9.42	3.99	−14.27	−10.05	3.4	2.66
未利用地	2.29	0.51	−44.92	−8.33	−137.83	−33.16

资料来源:黑龙江土地变更调查。

据调查,1980年与新中国成立初期相比,粮食产量增加了146亿斤,但有林地减少了4000多万亩,草原减少了3600万亩,苇塘减少了200万亩,盲目开荒是这些资源被破坏的主要原因。例如松嫩平原,由于不合理围垦草原,虽然耕地面积以1.7%的速度递增,但粮食产量的增长速度只有0.6%[《黑龙江省农业生态环境和生态建设综合研究报告》(1985年7月)]。与粮食产量息息相关的是有效灌溉面积,其相关系数明显大于耕地面积和粮食播种面积,说明灌溉面积是影响粮食产量的首要因素。通常情况下,粮食产量主要取决于粮食播种面积和粮食单产。但在生产条件中,粮食播种面积对粮食产量的正相关作用低于有效灌溉面积，因为农作物生长离不开水源的有效灌溉，此结果与生产实践相符合。

对比黑龙江省 1986~2012 年耕地与粮食产量变化情况（表 4-2），1986~1996 年耕地面积减少 20.28 万 hm²，粮食产量却增加 1270.20 万 t，1996~2005 年耕地面积减少 16.49 万 hm²，粮食产量增加 553.50 万 t，2005~2012 年耕地面积增加 427.92 万 hm²，粮食产量增加 2161.50 万 t，单位面积粮食产量增加 5.05 万 t。

表 4-2　黑龙江省 1986~2012 年耕地与粮食产量变化情况分析

	1986~1996 年	1996~2005 年	2005~2012 年
增加耕地/万 hm²	-20.28	-16.49	427.92
增产粮食/万 t	1270.20	553.50	2161.50
增加单位面积粮食产量/万 t	—	—	5.05

注：基础数据来源于《黑龙江统计年鉴》，2012 年粮食产量数据来源于黑龙江省粮食和物资储备局网站。

随着农业税的取消、农业效益的提高，2005 年以后全省耕地面积大幅增加，粮食产量猛增，这主要是开垦湿地和其他草地、扩大播种面积的结果。

4.1.2　耕地后备资源潜力分析

4.1.2.1　耕地后备资源的界定范围

从保护生态环境的角度，我们认为黑龙江省现有湿地和草地（可利用草地部分）不能作为耕地后备资源开发耕地。本书耕地后备资源界定的范围为二调未利用地类中的其他草地、盐碱地、沙地和裸地。

4.1.2.2　耕地后备资源的数量变化分析

研究数据划分为三个时段：第一时段为全国第一次土地调查（1997 年底）；第二时段为农业税取消年（2005 年底）；第三时段为黑龙江省第二次土地调查 2012 年度变更完成时间。

黑龙江省耕地后备资源呈现减少的趋势，1997~2012 年，耕地后备资源减少 351.40 万 hm²，其中其他草地减少了 379.31 万 hm²，具体变化详见表 4-3。究其原因，首先是农业生产对耕地后备资源进行大规模开发整理，增加耕地面积，特别是在农业税取消以后，各地私自开荒种地的耕地逐步统计出来，这部分土地在土地年度变更数据统计中为未利用土地，使得耕地数量显著增加，未利用地数量急剧减少；其次是三江平原的中低产田改造，把旱田及低洼地的低产田改造为水田，这种大规模农田改造导致沼泽地和其他草地大面积减少，耕地后备资源数量降低。

表 4-3 黑龙江省三个时段耕地后备资源数量变化　　　（单位：万 hm²）

年份	盐碱地	沙地	裸地	其他草地	合计
1997	1.74	0.56	2.82	476.56	481.68
2005	2.93	0.67	3.15	218.08	224.83
2012	23.99	0.10	8.94	97.25	130.28

4.1.2.3 耕地后备资源数量潜力分析

为全面系统阐述和分析影响黑龙江省耕地后备资源保护开发利用的地形地貌、气候、土壤、水文、植被等自然因素和社会经济条件，定量和定位研究黑龙江省各区耕地及后备资源利用潜力，按黑龙江省地理条件，把黑龙江省划分为五个利用区，分别为大兴安岭、小兴安岭、松嫩平原、三江平原和东部山地。

在调查分析的基础上，对耕地后备资源进行适宜性评价，分析耕地后备资源开发的数量潜力和质量潜力。采用野外调查与 ArcGIS 软件数据分析相结合的方法，在分析黑龙江省耕地后备资源现状及耕地后备资源开发利用的生态变化的基础上，收集、整理、分析并确定影响耕地后备资源潜力开发的影响因素，确定影响因子，根据各影响因素对耕地后备资源影响大小进行综合分析评价，测算黑龙江省耕地后备资源开发的数量潜力和质量潜力。

耕地后备资源数量潜力评价采用"限制性因子"评价法，对二调的耕地后备资源进行耕地适宜性评价，有任何指标不符合宜耕条件的，划分为不宜耕的耕地后备资源。

评价指标涉及生态环境、立地条件、气候条件、区位指标四个方面，具体包括年积温、年降水量和灌溉条件、土壤污染状况、地形坡度、盐渍化程度、土壤质地、土壤 pH 七项评价指标（表 4-4）。

表 4-4 耕地后备资源的不宜耕评价指标表

评价指标	不宜耕的条件
年积温	<1600℃
年降水量和灌溉条件	天然降水量<350mm 且无灌溉条件，不能满足作物生长要求
土壤污染状况	土壤遭受严重污染
地形坡度	≥15°
盐渍化程度	土壤盐渍化程度为重度以上且无灌溉排水条件
土壤质地	土壤质地为砾质土或更粗或岩石露头度大于 2%
土壤 pH	pH≥9.5 或 pH≤4.0

注：依据《耕地后备资源调查与评价技术规程》（TD/T 1007—2003）。

1）年积温

黑龙江省耕地后备资源年积温限制性指标主要指区域内≥10℃的年积温低于 1600℃，且≥10℃持续期不足 100 天，无霜期约 3 个月的地区，这些地区温度较低，土层薄，影响作物的正常生长。根据黑龙江省积温带的划分，此区域位于寒温带，主要包括大兴安岭地区的漠河市、塔河县、新林区及呼中区等地区，积温偏低，无霜期时间短，只能栽培小麦、马铃薯、荞麦和谷子等，此区域内未利用土地不宜开垦成耕地。

2）年降水量和灌溉条件

根据黑龙江省年降水量分布情况，松嫩平原南部温暖半干旱区及松嫩平原西部温暖风沙干旱区两个区域内降水量较少，降水量低于420mm，主要包括大庆西部及齐齐哈尔东南部地区。全省大部分地区年降水量基本上能满足作物的生长要求，由于水利设施建设，特别是尼尔基水库建设的引嫩工程，西部干旱及半干旱地区灌溉用水基本上能满足作物生长需求。

3）土壤污染状况

黑龙江省土壤污染主要包括化肥农药污染、重金属污染、化学污染及生活污染。根据黑龙江省地力评价及重金属污染情况调查，矿区土壤重金属污染较重，个别地区化学污染及生活污染较重，土壤污染状况整体对黑龙江省影响较小。

4）地形坡度

按照国家规定，地形坡度大于等于15°的土地不宜开垦成耕地。

5）盐渍化程度

由于低洼土地常年积水，加速土壤盐渍化，通过改良积水及灌排技术不能改善土壤盐渍化程度的土壤或重度以上盐碱地不宜开垦成耕地。

6）土壤质地

为保障作物的生长需求，土壤质地为砾质土或更粗或岩石露头度大于2%的土壤不宜开垦成耕地。

7）土壤pH

参考黑龙江省土壤地力评价等资料，耕地后备资源pH大于等于9.5或小于等于4.0的土壤不宜开垦成耕地。

综上，根据耕地后备资源可开垦耕地的限制条件，采用多因素叠加法计算耕地后备资源的数量潜力，黑龙江省耕地后备资源130.28万 hm^2，适宜开垦成耕地的土地为68.79万 hm^2，占耕地后备资源总量的52.8%。其中，其他草地63.45万 hm^2，占92.24%；盐碱地5.31万 hm^2，占7.72%；沙地0.02万 hm^2，占0.03%；裸地0.01万 hm^2，占0.01%。黑龙江省适宜开垦的耕地后备资源主要为其他草地和少量的盐碱地（表4-5）。

表4-5 黑龙江省耕地后备资源、数量潜力

类型	其他草地	盐碱地	沙地	裸地	合计
后备资源/万 hm^2	97.25	23.99	0.10	8.94	130.28
数量潜力/万 hm^2	63.45	5.31	0.02	0.01	68.79
比例/%	92.24	7.72	0.03	0.01	100.00

黑龙江省耕地后备资源数量潜力评价结果，从全省不同利用区耕地后备资源的分布分析，大兴安岭由于气候原因，适宜种植作物生长的积温偏低，适宜开垦成耕地的后备

资源数量较少，东部山地土地利用率较高，耕地后备资源分布较少，因此黑龙江省耕地后备资源主要分布在小兴安岭、松嫩平原及三江平原三个区。

从全省不同利用区耕地后备资源数量潜力分析（表4-6）：大兴安岭适宜开垦成耕地的耕地后备资源2.167万 hm²，占耕地后备资源总量的3.15%，主要类型为其他草地和裸地；小兴安岭22.352万 hm²，占耕地后备资源总量的32.50%，主要类型为其他草地；松嫩平原22.233万 hm²，占32.33%，主要类型为盐碱地和其他草地；三江平原19.131万 hm²，占27.82%，主要类型为其他草地；东部山地2.894万 hm²，占4.21%，主要类型为其他草地。

表 4-6　黑龙江省不同利用区耕地后备资源数量潜力　　　（单位：万 hm²）

地区	盐碱地	其他草地	沙地	裸地	合计
大兴安岭	—	2.165	—	0.002	2.167
小兴安岭	—	22.350	—	0.002	22.352
松嫩平原	5.302	16.917	0.013	0.001	22.233
三江平原	0.005	19.121	0.004	0.001	19.131
东部山地	—	2.893	—	0.001	2.894
合计	5.307	63.446	0.017	0.007	68.777

注：由于四舍五入，合计结果与表4-5有略微差距，可忽略不计。

4.1.2.4　耕地后备资源质量潜力分析

黑龙江省耕地后备资源质量潜力测算以数量潜力为基础，按照国家《农用地质量分等规程》（GB/T 28407—2012）设定评价指标和指标权重。质量潜力评价按照不同区域耕地后备资源的数量潜力进行等别测算，根据土地平整条件，分为平地和坡地两种类型。采用多因素综合评价法分别从平地和坡地两种评价指标体系进行测算，按照耕地后备资源质量潜力评价的综合指标分值计算公式进行计算：

$$R_i = \sum_{j=1}^{n} F_{ij} \cdot W_j \tag{4-1}$$

式中，i 为耕地后备资源质量潜力评价单元编号；j 为耕地后备资源质量潜力评价指标编号；R_i 为 i 单元耕地后备资源质量潜力评价得分；F_{ij} 为第 i 单元 j 指标评价得分值；W_j 为第 j 个指标的权重。

1）确定评价指标

黑龙江省耕地后备资源质量潜力评价指标体系共包括8个指标，其中平地区分等因素包括黑土层厚度、有机质含量、土壤质地、土壤排水条件、pH、盐渍化程度和距障碍层深度7个因素。坡地区分等因素包括黑土层厚度、有机质含量、土壤质地、坡度、pH和距障碍层深度6个因素。

2）指标权重的确定

根据土壤中影响作物生长的各种因素的重要程度确定指标权重，详见表4-7和表4-8。

表 4-7 黑龙江省平地区耕地后备资源质量潜力评价指标

评价因素	权重	评价因素	权重
黑土层厚度	0.30	盐渍化程度	0.12
有机质含量	0.17	距障碍层深度	0.06
土壤质地	0.10	pH	0.06
土壤排水条件	0.19		

表 4-8 黑龙江省坡地区耕地后备资源质量潜力评价指标

评价因素	权重	评价因素	权重
黑土层厚度	0.27	坡度	0.25
有机质含量	0.19	距障碍层深度	0.08
土壤质地	0.14	pH	0.07

3）指标值的计算

根据各评价指标的实际值划分不同的取值区间，详见表 4-9。

表 4-9 黑龙江省耕地后备资源潜力评价指标赋分表

分数	有机质含量/%	排水条件	盐渍化程度	黑土层厚度/cm	质地	坡度	出现障碍层深度/cm	pH
100	≥4.0	排水设施健全	无	≥50	砂壤、轻壤、中壤	≤2°	≥60	6.0～7.8
90								5.5～5.9 或 7.9～8.4
80	<4.0 / ≥3.0					>2° / ≤6°	≥50 / <60	
70			轻微	<50 / ≥30	黏土、重壤			5.0～5.4 或 8.5～8.9
60	<3.0 / ≥2.0	排水设施基本健全					≥40 / <50	
50			轻度	<30 / ≥10	紧砂、松砂			4.5～4.9
40	<2.0 / ≥1.0	排水设施一般				>6° / ≤15°	≥30 / <40	
30			较重	<10	砾质土			<4.5 或 9.0～9.5
20	<1.0	无排水设施					≥20 / <30	
10			重度			>15°	<20	>9.5
0						>25°		

4）评价结果

根据各指标赋值及权重计算，耕地后备资源质量潜力划分为三个等级：一等对应省耕地等别 9 等、10 等、11 等；二等对应 12 等、13 等；三等对应 14 等。

黑龙江省耕地后备资源中一等耕地后备资源为 14.21 万 hm², 占适宜开垦成耕地面积的 20.66%, 主要分布在松嫩平原及三江平原, 该地区地势平坦, 土地肥沃, 农田基础设施比较完善, 农业生产条件优良, 粮食生产水平高, 是全省粮食生产高产区; 二等耕地后备资源为 37.36 万 hm², 占 54.32%, 全省大部分地区均有分布; 三等耕地后备资源为 17.21 万 hm², 占 25.02%, 主要分布在大小兴安岭森林地区, 该区气温低, 热量少, 地势高, 土质差, 自然条件比较恶劣。

全省宜耕的耕地后备资源从质量上出现中间大两头小的状况, 反映出黑龙江省耕地后备资源质量中低等别比例大的状况。全省大部分自然条件好、区位条件好的耕地后备资源经过多年的开发利用, 已经被开垦成耕地或以其他利用方式占用, 剩余的可利用的耕地后备资源自然条件、土地生态条件都较差, 未来对耕地后备资源的开发利用主要采用生态开发的手段, 在开发利用耕地后备资源的同时提高耕地质量, 改善生态环境。

4.1.3 耕地后备资源潜力分级开发评价研究

4.1.3.1 耕地后备资源潜力开发评价体系

1) 评价体系模块的构成

耕地后备资源的开发虽然受到诸多因子的影响, 但是每个因子的影响程度都不同, 如果把每个因子都作为评价因子明显不具有可操作性。耕地后备资源潜力开发评价体系是按照可持续发展的原则和要求, 结合耕地后备资源的类型, 对耕地后备资源的生产能力以及开发后产生的社会经济及生态效益进行评价, 建立评价体系的生产能力模块、社会经济模块及生态环境模块。生产能力模块中, 除了对耕地后备资源自然质量因素设置了评价指标外, 为实现耕地数量-质量平衡, 提高耕地综合生产能力这一目标, 还选取新增耕地率和耕地产出效率作为评价体系的产能因素。社会经济模块和生态环境模块主要考虑了耕地后备资源开发后, 对区域社会经济及生态环境产生的影响。

2) 评价单元的划分

本次评价对评价单元的划分以黑龙江省二调数据库为基础, 从中提取出如滩涂地、盐碱地和荒草地等耕地后备资源类型, 并参照土壤普查、地形和地貌等有关资料, 以县域数据作为耕地后备资源评价单元。

3) 评价体系自然因素模块的建立

(1) 自然因素的选取。选择耕地后备资源开发自然评价的参评因素时, 一般应针对各后备资源类型的限制性特点选择不同的参评因素。综合来看, 耕地后备资源开发自然评价的评价因素主要包括有机质含量、黑土层厚度、土壤排水条件、土壤质地、坡度、盐渍化程度、pH、距障碍层深度等相对稳定的因素。具体评价因素的选取可采用德尔菲法、主成分分析法、层次分析法等方法确定。

(2) 产能因素的选取。按照规模经营原理, 补充耕地项目应优先安排在耕地后备资源丰富地区, 因此, 新增耕地系数成为耕地潜力开发评价的重要指标。耕地后备资源开发的目的是提高耕地的综合生产能力, 既包括耕地数量的增加, 也包括耕地质量的提高。由于耕地质量与标准粮产量存在对应关系，可用产量间接反映耕地质量，将耕地后备资源标准粮产量与区域最大标准粮产量相比，即耕地产出率系数，反映耕地后备资源的质量状况。

（3）社会效益因素的选取。耕地后备资源开发最大的影响是导致区域耕地面积和粮食产量的变化，人均耕地面积变化及土地产出率可作为衡量区域社会稳定的重要指标；耕地后备资源开发同时会增加区域农村劳动力就业，因此农村劳动力就业变化率和新增耕地可供养人数可作为衡量耕地后备资源开发对区域社会效益影响的指标。

（4）经济效益因素的选取。耕地后备资源开发产生的经济效益主要体现在区域农民人均纯收入变化及耕地净收益增加值方面，投入产出率及开发投资回收期也是衡量耕地后备资源开发经济效益重要的组成部分。

（5）生态效益因素的选取。耕地后备资源开发的生态效益主要是区域生态环境的改善，本节主要选择了绿色植被覆盖率增加值、单位面积生物量增加值、灌溉水质达标率增加值、土地垦殖率增加值及有效灌溉面积增加值作为衡量耕地后备资源开发对生态效益影响的指标。

综合分析得出影响耕地后备资源潜力开发评价的指标体系因素，如表4-10所示。

表4-10　耕地后备资源潜力开发评价指标体系因素分支表

评价体系模块	评价体系因素模块	评价因子
耕地后备资源潜力开发评价指标体系	生产能力	自然质量因素	黑土层厚度
			有机质含量
			土壤质地
			距障碍层深度
			坡度
			pH
			土壤排水条件
			盐渍化程度
		产能因素	新增耕地系数
			耕地产出率系数
	社会经济	社会效益因素	人均耕地面积变化
			土地产出率变化
			新增耕地可供养人数
			农村劳动力就业变化率
		经济效益因素	农民人均纯收入变化
			耕地净收益增加值
			投入产出率
			开发投资回收期
	生态环境	区域生态因素	绿色植被覆盖率增加值
			单位面积生物量增加值
		土壤生态因素	灌溉水质达标率增加值
			土地垦殖率增加值
			有效灌溉面积增加值

4.1.3.2 耕地后备资源潜力开发综合评价

1）评价因子说明

（1）黑土层厚度。

黑土层厚度是指土壤的腐殖质层，即土层剖面 A 层的厚度。

（2）有机质含量。

有机质含量是指黑土层中单位土壤质量的有机质含量，用百分比表示。

（3）土壤质地。

土壤质地是指土壤表层 20cm 内土壤粒级情况，分中壤、重壤、砂壤和砾石四种情况。

（4）距障碍层深度。

距障碍层深度是指土壤自然条件下形成的影响作物根系生长的障碍层出现的深度，不是由人为耕作制度形成的犁底层。黑龙江省涉及的障碍层包括四类，即白浆层或者白浆化层、潜育层或者潜育化层、砾石层和铁盘层。

（5）pH。

pH 反映了耕地后备资源土壤酸碱程度，pH 一般采用水浸结果，不采用盐浸结果。

（6）坡度。

坡度即耕地后备资源的自然坡度值，一般 2°以下属平地区，2°以上（含 2°）属坡地区。

（7）盐渍化程度。

盐渍化程度是指盐碱土或者盐化土壤、碱化土壤的含盐量或者钠化率对农作物的影响程度，可通过调查作物缺苗率来表示盐渍化程度。

（8）土壤排水条件。

土壤排水条件是指土壤排水状况，分四种情况：排水设施齐全，无洪涝危害；排水设施基本齐全，在多水年或暴雨时造成洪涝灾害较轻；排水设施一般，在多水年或暴雨时造成田间积水；没有排水设施，在多水年或大雨后产生洪涝灾害。

（9）新增耕地系数。

按照规模经营原理，补充耕地项目应优先安排在耕地后备资源丰富地区，因此新增耕地系数成为耕地潜力开发评价的重要指标，计算公式如下：

$$新增耕地系数 = \frac{区域耕地后备资源面积}{区域现有耕地面积} \tag{4-2}$$

（10）耕地产出率系数。

耕地后备资源开发的目的是提高耕地的综合生产能力，既包括耕地数量的增加，还包括耕地质量的提高。由于耕地质量与标准粮产量存在对应关系，可用产量间接反映耕地质量，将耕地后备资源标准粮产量与区域最大标准粮产量相比，反映耕地后备资源的质量状况，公式如下：

$$耕地产出率系数 = \frac{区域自然质量等指数对应的标准量产量}{区域农用地最高等别对应的平均标准量产量} \quad (4\text{-}3)$$

（11）人均耕地面积变化指数。

人均耕地面积=实际耕地总面积/实际人口数量，人均耕地面积变化用人均耕地面积变化指数表示，计算方法为

$$人均耕地面积变化指数 = \frac{耕地后备资源开发后耕地面积 - 耕地后备资源开发前耕地面积}{实际人口数量}$$

$$(4\text{-}4)$$

（12）土地产出率变化。

土地产出率变化反映了耕地后备资源开发后，对单位面积粮食产量的影响，计算方法为

$$土地产出率变化 = \frac{耕地后备资源开发后粮食总产量}{耕地后备资源开发后耕地面积} - \frac{耕地后备资源开发前粮食总产量}{耕地后备资源开发前耕地面积}$$

$$(4\text{-}5)$$

（13）新增耕地可供养人数。

新增耕地可供养人数反映了耕地后备资源开发后，对区域社会人口的影响，计算方法为

$$新增耕地可供养人数 = \frac{耕地后备资源开发面积}{区域单人供养所需耕地面积} \quad (4\text{-}6)$$

（14）农村劳动力就业变化率。

农村劳动力就业可按劳动力合理负担耕地面积的方法推算，即以每亩耕地所需劳动力人数表示。而耕地后备资源的开发对农村劳动力就业的改变用净增加耕地面积乘以每亩耕地所需劳动力人数，除以农村适龄劳动力人数即为农村劳动力就业变化率。计算方法为

$$农村劳动力就业变化率 = \frac{(耕地后备资源开发后耕地面积 - 耕地后备资源开发前耕地面积) \times 每亩耕地所需劳动力人数}{农村适龄劳动力人数}$$

$$(4\text{-}7)$$

（15）农村人均纯收入变化。

耕地后备资源开发通过净增加耕地面积相对提高人均纯收入水平，提高人民生活质量。人均纯收入受实际人口数和总纯收入影响，人均纯收入为总纯收入/实际人口数量，人均纯收入变化可计算为

$$人均纯收入变化 = \frac{耕地后备资源开发后总纯收入 - 耕地后备资源开发前总纯收入}{实际人口数量}$$

$$(4\text{-}8)$$

（16）耕地净收益增加值。

这里耕地净收益是指单纯的耕地种植收益，耕地净收益增加值计算方法为

$$耕地净收益增加值 = 耕地后备资源开发后耕地净收益 - 耕地后备资源开发前耕地净收益$$

$$(4\text{-}9)$$

(17) 投入产出率。

投入产出率是指投入资金与其所创造价值之间的关系,是反映投资效果的一项指标,也称为投入产出比。

$$投入产出率 = \frac{耕地后备资源开发所获得的产出总收入}{耕地后备资源开发所投入的总成本} \times 100\% \quad (4\text{-}10)$$

(18) 开发投资回收期。

开发投资回收期是指从耕地后备资源开发的投建之日起,能够偿还原始投资的年份。

(19) 绿色植被覆盖率增加值。

绿色植被覆盖率指某一区域植物垂直投影面积与该地域面积之比,用百分数表示。一般随机选定多个 $1m^2$ 的被测点,测量其投影面积,求出平均值,然后乘以总的植被面积。本章中绿色植被覆盖率增加值是指耕地后备资源开发前后区域绿色植被覆盖率的变化值。

(20) 单位面积生物量增加值。

生物量是指某一时刻单位面积内实存生活的有机物质(干重)(包括生物体内所存食物的重量)总量,通常用 kg/m^2 表示。本章中单位面积生物量增加值是指耕地后备资源开发前后区域单位面积生物量的变化值。

(21) 灌溉水质达标率增加值。

灌溉水质标准是为防止土壤和水体污染及作物质量下降而对灌溉水质提出的要求,灌溉水质达标率一般用百分比表示,本章中灌溉水质达标率增加值是指耕地后备资源开发前后区域灌溉水质达标率的变化值。

(22) 土地垦殖率增加值。

土地垦殖率又称为土地垦殖系数,指一定区域内耕地面积占土地总面积的比例,是反映土地资源利用程度和结构的重要指标。本章中土地垦殖率增加值是指耕地后备资源开发前后区域土地垦殖率的变化值。

(23) 有效灌溉面积增加值。

有效灌溉面积是指灌溉工程设施基本配套,有一定水源、土地较平整,一般年景下当年可进行正常灌溉的耕地面积。本次评价中有效灌溉面积增加值是指耕地后备资源开发前后区域正常灌溉耕地面积的变化值。

2) 评价因子分值的确定

除自然质量因素指标采用定性分析量化外,其余指标采用定量分析后标准化处理(表 4-11)。

表 4-11 自然质量因素指标评价因子量化表

因素分值	黑土层厚度	有机质含量	土壤质地	距离障碍层深度	坡度	pH	盐渍化程度	排水条件
100	≥50	≥4.0	砂壤、轻壤、中壤	≥60	≤2°	6.0~7.8	无	排水设施健全
90						5.5~5.9 或 7.9~8.4		

续表

因素分值	黑土层厚度	有机质含量	土壤质地	距离障碍层深度	坡度	pH	盐渍化程度	排水条件
80		<4.0		≥50 <60	>2° ≤6°			排水设施健全
70	<50 ≥30	≥3.0	黏土、重壤			5.0~5.4 或 8.5~8.9	轻微	
60				≥40 <50				排水设施基本健全
50		<3.0	紧砂、松砂			4.5~4.9	轻度	
40		≥2.0		≥30 <40	>6° ≤15°			排水设施一般
30	<30 ≥10		砂质土			<4.5 或 9.0~9.5	较重	
20				≥20 <30				无排水设施
10		<2.0		<20	>15° ≤25°	>9.5	重度	
0		≥1.0			>25°			

(1) 自然质量因素指标评价因子量化。

(2) 指标标准化处理。

由于部分指标变量具有不同的单位和不同的变异程度，因此，需要对这部分指标进行标准化处理，去除数据的单位限制，将其转化为无量纲的纯数值，便于不同单位或量级的指标能够进行比较和加权。本章采用的标准化处理方法是把数据归一化后，将其等比放大。

常见的归一化处理是将数据统一映射到[0, 1]区间上，为了便于计算，将其范围映射到[0, 100]区间上，具体公式模型如下。

当指标为正相关指标时，采用如下公式：

$$X_c = \frac{X_i - X_{\min}}{X_{\max} - X_{\min}} \times 100 \tag{4-11}$$

当指标为负相关指标时，采用如下公式：

$$X_c = \frac{X_{\max} - X_i}{X_{\max} - X_{\min}} \times 100 \tag{4-12}$$

式中，X_c 为标准化后数值；X_i 为第 i 个指标变量值；$X_{\max}$ 为样本数据的最大值；$X_{\min}$ 为样本数据的最小值。

本章中负相关指标为开发投资回收期，其余指标为正相关指标。

3) 指标权重的确定

权重的确定方法大致可以分为两类：一类为客观赋值法，各个指标的数值根据特定的规则进行赋值,如主成分分析法、多元线性回归法、灰色关联分析法、因子分析法等;另一类为主观赋值法,即请多位专家基于研究区的实际情况,根据经验判断各个评价指标对研究区土地用途的重要程度,然后综合分析给出各个指标的权重,如德尔菲法、因素成对比较法、层次分析法。由于黑龙江省耕地后备资源开发利用的复杂性,评价因子权重的大小通过精确客观的数学模型来确定难度比较大。同时,如果没有充分考虑实际情况而过分依赖数据模型,则会导致权重分配不合理,选取指标体现不了重要性,导致实际评价结果不具有可参考性。因此,此次评价采用层次分析法确定评价因子的权重(表 4-12)。

表 4-12 耕地后备资源潜力开发评价指标体系因素权重表

评价体系模块权重	评价体系因素模块权重	评价因子权重
生产能力 (0.52)	自然质量因素 (0.62)	黑土层厚度(0.18)
		有机质含量(0.20)
		土壤质地(0.07)
		距障碍层深度(0.06)
		坡度(0.18)
		pH(0.07)
		土壤排水条件(0.18)
		盐渍化程度(0.06)
	产能因素 (0.38)	新增耕地系数(0.48)
		耕地产出率系数(0.52)
社会经济 (0.25)	社会效益因素 (0.47)	人均耕地面积变化指数(0.21)
		土地产出率变化(0.28)
		新增耕地可供养人数(0.27)
		农村劳动力就业变化率(0.24)
	经济效益因素 (0.53)	农村人均纯收入变量(0.24)
		耕地净收益增加值(0.22)
		投入产出率(0.26)
		开发投资回收期(0.28)
生态环境 (0.23)	区域生态因素 (0.56)	绿色植被覆盖率增加值(0.53)
		单位面积生物量增加值(0.47)
	土壤生态因素 (0.44)	灌溉水质达标率增加值(0.32)
		土地垦殖率增加值(0.33)
		有效灌溉面积增加值(0.35)

4.1.3.3 黑龙江省耕地后备资源潜力开发评价

按照上文选取的指标,分别对各县进行打分。采用综合分析法,按照某县某项指标值对应的得分确定其得分。将每个县的"各指标得分"和指标权重相乘,并将每个县的得分与指标权重的乘积相加,递进相乘加成后,最后得到各县的综合得分。结果如表4-13所示。

表 4-13 黑龙江省耕地后备资源潜力开发评价综合得分表

行政区域名称	盐碱地面积/hm²	沙地面积/hm²	裸地面积/hm²	其他草地面积/hm²	耕地后备资源总面积/hm²	综合得分
哈尔滨市区	0.00	0.80	1380.13	5292.53	6673.46	82.0321
依兰县	—	3.14	630.54	11363.67	11997.35	50.1395
方正县	—	0.18	232.68	2115.89	2348.75	55.9521
宾县	0.61	—	527.90	1796.00	2324.51	80.1062
巴彦县	—	—	172.58	7200.67	7373.25	73.3958
木兰县	—	—	154.00	2657.73	2811.73	51.3214
通河县	—	—	129.71	1495.81	1625.52	58.8413
延寿县	—	0.05	262.62	1856.03	2118.70	59.8412
双城区	93.16	3.94	28.64	2909.20	3034.94	76.2843
尚志市	1.28	1.77	527.47	2539.88	3070.40	82.6984
五常市	—	4.26	410.23	3844.58	4259.07	80.3126
齐齐哈尔市区	4315.31	2.96	672.79	10594.12	15585.18	75.3895
龙江县	1797.33	4.28	5274.14	24835.49	31911.24	50.9841
依安县	1986.91	10.01	45.81	10452.02	12494.75	75.7862
泰来县	4531.98	1.35	302.88	35280.26	40116.47	50.2684
甘南县	572.31	—	192.99	17081.67	17846.97	44.1387
富裕县	14062.30	—	122.59	7215.15	21400.04	58.9147
克山县	—	—	199.55	9700.54	9900.09	68.3378
克东县	—	4.45	250.14	5575.74	5830.33	68.9852
拜泉县	—	0.62	235.54	9966.89	10203.05	58.1678
讷河市	1367.23	7.97	364.27	8849.27	10588.74	55.6984
鸡西市	0.00	0.00	739.63	3569.75	4309.38	45.3158
鸡东县	—	2.92	608.39	5086.98	5698.29	45.6841
虎林市	—	4.39	429.26	42829.62	43263.27	46.7794
密山市	—	128.71	1084.16	16996.10	18208.97	46.8752
鹤岗市区	0.76	0.00	1015.04	6959.30	7975.10	58.8741
萝北县	0.13	8.20	3081.93	21026.85	24117.11	56.1284
绥滨县	9.00	13.29	767.42	15051.38	15841.09	59.8475
双鸭山市区	0.00	0.55	156.86	2366.32	2523.73	49.5621
集贤县	—	5.62	244.65	1406.24	1656.51	66.3561
友谊县	—	4.92	65.49	2770.16	2840.57	49.8631
宝清县	190.20	12.05	536.54	35482.88	36221.67	55.0589

续表

行政区域名称	盐碱地面积/hm²	沙地面积/hm²	裸地面积/hm²	其他草地面积/hm²	耕地后备资源总面积/hm²	综合得分
饶河县	—	—	177.81	14084.02	14261.83	49.3687
大庆市区	72526.55	0.00	1640.56	23960.16	98127.27	84.1125
肇州县	2841.34	—	309.98	3309.88	6461.20	81.2016
肇源县	36399.38	103.28	248.84	13886.40	50637.90	81.1156
林甸县	17740.25	—	394.18	5882.54	24016.97	43.1568
杜尔伯特蒙古族自治县	42023.96	614.14	325.38	14558.40	57521.88	46.8741
伊春市区	0.00	0.00	2316.15	8411.01	10727.16	41.3356
嘉荫县	—	2.33	2406.29	11173.25	13581.87	42.3698
铁力市	—	1.50	152.55	7294.11	7448.16	43.6874
佳木斯市区	0.00	6.96	484.59	1594.07	2085.62	49.5147
桦南县	—	22.86	408.49	2466.52	2897.87	46.8742
桦川县	—	—	234.85	1153.40	1388.25	56.0148
汤原县	—	0.40	639.89	10805.59	11445.88	67.3598
抚远市	—	—	135.32	33038.74	33174.06	39.9962
同江市	—	—	539.89	27788.29	28328.18	49.3681
富锦市	—	8.91	651.33	24644.31	25304.55	55.8741
七台河市区	0.00	0.00	356.42	3497.30	3853.72	48.6842
勃利县	18.26	—	198.43	9103.23	9319.92	46.9852
牡丹江市区	0.00	0.00	551.16	1696.87	2248.03	52.3176
东宁市	—	0.21	124.63	4478.40	4603.24	49.6852
林口县	—	1.80	2134.18	11686.43	13822.41	50.3985
绥芬河市	—	—	49.06	879.69	928.75	52.7763
海林市	—	0.69	1291.53	6953.83	8246.05	66.3746
宁安市	—	0.97	10873.87	9497.06	20371.90	66.5287
穆棱市	—	—	490.44	2633.40	3123.84	53.6894
黑河市区	0.00	0.00	7351.82	54407.07	61758.89	41.0036
嫩江市	—	2.65	2613.59	48753.80	51370.04	44.8792
逊克县	—	6.71	232.72	76622.31	76861.74	43.5698
孙吴县	—	4.89	213.41	22493.03	22711.33	41.0395
北安市	0.24	—	324.13	46587.01	46911.38	44.3265
五大连池市	—	10.29	8484.27	21337.52	29832.08	51.6984
绥化市区	0.00	0.00	261.84	2770.73	3032.57	81.2014
望奎县	—	—	—	4760.68	4760.68	71.3148
兰西县	68.96	—	204.91	3115.17	3389.04	66.0258
青冈县	—	—	13.97	1545.59	1559.56	55.6841
庆安县	—	0.62	241.46	32394.41	32636.49	80.1091

续表

行政区域名称	盐碱地面积/hm²	沙地面积/hm²	裸地面积/hm²	其他草地面积/hm²	耕地后备资源总面积/hm²	综合得分
明水县	—	—	91.96	4331.49	4423.45	55.3698
绥棱县	—	—	63.95	11610.53	11674.48	56.6984
安达市	28522.57	—	333.45	3274.06	32130.08	61.3489
肇东市	10840.08	3.42	84.07	4780.11	15707.68	85.3964
海伦市	—	—	426.36	9874.53	10300.89	80.3982
加格达奇区	—	—	122.78	1583.40	1706.18	37.5321
松岭区	—	—	1904.80	5867.77	7772.57	39.6684
新林区	—	—	910.38	443.48	1353.86	39.6681
呼中区	—	—	1673.83	1630.02	3303.85	37.6128
呼玛县	0.03	—	11018.62	14052.60	25071.25	37.2954
塔河县	—	—	1862.52	7386.68	9249.20	36.5812
漠河市	—	—	2945.85	2222.61	5168.46	33.0395
小计	239910.13	1019.06	89363.08	972490.22	1302782.49	

1) 评价结果

由以上评价过程得到黑龙江省耕地后备资源潜力开发评价综合开发指数，开发指数越大表示耕地后备资源开发适宜程度越高，适宜早开发；开发指数越小表示耕地后备资源开发适宜程度越低，宜晚开发或不宜开发。为更好地说明黑龙江省耕地后备资源开发时序，将黑龙江省耕地后备资源潜力开发评价综合开发指数进行了对比，将黑龙江省耕地后备资源开发时序分为五级，各适宜开发级别指数范围见表4-14。

表4-14 耕地后备资源潜力开发评价分级标准

开发级别	开发级数范围	开发时序	开发时段
一级适宜	$80 \leqslant A < 100$	当前适宜开发	1~5 年
二级适宜	$66 \leqslant A < 80$	短期适宜开发	5~10 年
三级适宜	$55 \leqslant A < 66$	中期适宜开发	10~15 年
四级适宜	$42 \leqslant A < 55$	长期适宜开发	15~20 年
五级适宜	$0 \leqslant A < 42$	不适宜开发	不适宜开发

黑龙江省耕地后备资源潜力开发共分为五个适宜区，以四级适宜区为主，所占比例达47.41%，一级适宜区比例为13.85%，二级适宜区比例为8.08%，三级适宜区比例为16.27%，五级适宜区比例为14.38%，其中四级适宜区比例最大，这也说明黑龙江省大部分后备资源适宜长期开发（图4-2）。

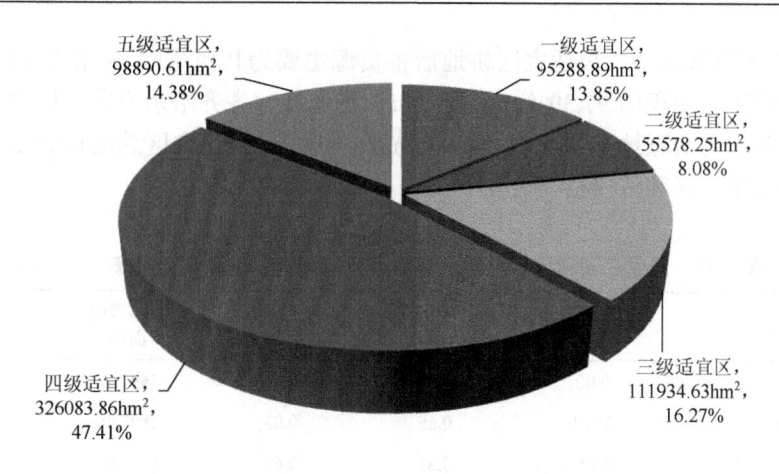

图 4-2 黑龙江省耕地后备资源潜力分区图

图中占比数据为四舍五入结果,各占比数据加和可能与100%稍有偏差,后同

（1）一级适宜区。

黑龙江省耕地后备资源潜力开发一级适宜区主要分布在大庆市区、庆安县以及肇源县、海伦市和肇东市,一级适宜区耕地后备资源主要为其他草地,面积为68142.66hm^2,约占一级适宜区总面积的71.51%,主要分布在大庆市区、绥化市区和肇源县；其次为盐碱地,面积为27121.15hm^2,约占一级适宜区总面积的28.46%,主要分布在大庆市区、肇源县和肇东市（表4-15）。

表 4-15 黑龙江省耕地后备资源潜力开发一级适宜区面积汇总表　　（单位：hm^2）

名称	盐碱地面积	沙地面积	裸地面积	其他草地面积	耕地后备资源总面积
哈尔滨市区	0.00	0.14	1.24	3452.85	3454.23
宾县	0.13	0.00	0.48	1171.71	1172.32
尚志市	0.28	0.30	0.47	1657.02	1658.07
五常市	0.00	0.73	0.37	2508.20	2509.30
大庆市区	16042.87	0.00	1.48	15631.61	31675.96
肇州县	628.50	0.00	0.28	2159.37	2788.15
肇源县	8051.54	17.74	0.22	9059.49	17128.99
绥化市区	0.00	0.00	0.24	1807.62	1807.86
庆安县	0.00	0.11	0.22	21134.11	21134.44
肇东市	2397.83	0.59	0.08	3118.54	5517.04
海伦市	0.00	0.00	0.38	6442.14	6442.52
合计	27121.15	19.61	5.46	68142.66	95288.88

（2）二级适宜区。

黑龙江省耕地后备资源潜力开发二级适宜区主要分布在齐齐哈尔市区、依安县、汤原县、克山县和宁安市,二级适宜区耕地后备资源主要为其他草地,面积为54130.19hm², 约占二级适宜区总面积的97.39%,主要分布在汤原县、齐齐哈尔市区、依安县、克山县 及宁安市;其次为盐碱地,面积为1429.91hm²,约占二级适宜区总面积的2.57%,主要 分布在齐齐哈尔市区和依安县(表4-16)。

表4-16 黑龙江省耕地后备资源潜力开发二级适宜区面积汇总表 (单位:hm²)

名称	盐碱地面积	沙地面积	裸地面积	其他草地面积	耕地后备资源总面积
巴彦县	0.00	0.00	0.16	4697.72	4697.88
双城区	20.61	0.68	0.03	1897.96	1919.28
齐齐哈尔市区	954.55	0.51	0.61	6911.60	7867.27
依安县	439.50	1.72	0.04	6818.90	7260.16
克山县	0.00	0.00	0.18	6328.63	6328.81
克东县	0.00	0.76	0.23	3637.61	3638.60
集贤县	0.00	0.97	0.22	917.43	918.62
汤原县	0.00	0.07	0.58	7049.57	7050.22
海林市	0.00	0.12	1.16	4536.68	4537.96
宁安市	0.00	0.17	9.79	6195.88	6205.84
望奎县	0.00	0.00	0.00	3105.87	3105.87
兰西县	15.25	0.00	0.18	2032.34	2047.77
合计	1429.91	5.00	13.18	54130.19	55578.28

(3)三级适宜区。

黑龙江省耕地后备资源潜力开发三级适宜区主要分布在宝清县、富锦市、萝北县、 绥滨县及安达市,三级适宜区耕地后备资源主要为其他草地,面积为102152.03hm², 约 占三级适宜区总面积的91.26%,主要分布在宝清县、富锦市、萝北县、绥滨县、绥棱县、 拜泉县、讷河市以及富裕县;其次为盐碱地,面积为9766.46hm²,约占三级适宜区总面 积的8.73%,主要分布在安达市、富裕县以及讷河市。裸地和沙地分布极少,占三级适宜 区总面积比例的0.02%(表4-17)。

表4-17 黑龙江省耕地后备资源潜力开发三级适宜区面积汇总表 (单位:hm²)

名称	盐碱地面积	沙地面积	裸地面积	其他草地面积	耕地后备资源总面积
方正县	0.00	0.03	0.21	1380.41	1380.65
通河县	0.00	0.00	0.12	975.87	975.99
延寿县	0.00	0.01	0.24	1210.87	1211.12
富裕县	3110.58	0.00	0.11	4707.16	7817.85
拜泉县	0.00	0.11	0.21	6502.40	6502.72
讷河市	302.43	1.37	0.33	5773.26	6077.39

续表

名称	盐碱地面积	沙地面积	裸地面积	其他草地面积	耕地后备资源总面积
鹤岗市市区	0.17	0.00	0.91	4540.25	4541.33
萝北县	0.03	1.41	2.77	13717.92	13722.13
绥滨县	1.99	2.28	0.69	9819.52	9824.48
宝清县	42.07	2.07	0.48	23149.03	23193.65
桦川县	0.00	0.00	0.21	752.48	752.69
富锦市	0.00	1.53	0.59	16077.95	16080.07
青冈县	0.00	0.00	0.01	1008.34	1008.35
明水县	0.00	0.00	0.08	2825.86	2825.94
绥棱县	0.00	0.00	0.06	7574.71	7574.77
安达市	6309.19	0.00	0.30	2136.00	8445.49
合计	9766.46	8.81	7.32	102152.03	111934.62

（4）四级适宜区。

黑龙江省耕地后备资源潜力开发四级适宜区主要分布在逊克县、嫩江市、北安市、虎林市、泰来县、杜尔伯特蒙古族自治县、同江市、龙江县、五大连池市、甘南县和密山市；四级适宜区耕地后备资源主要为其他草地，面积共 311165.40hm^2，约占四级适宜区总面积的 95.42%，主要分布在逊克县、嫩江市、北安市、虎林市、泰来县、同江市、龙江县、五大连池市、甘南县以及密山市；其次为盐碱地，面积为 14750.56hm^2，约占四级适宜区总面积的 4.52%，主要分布在杜尔伯特蒙古族自治县、林甸县以及泰来县（表 4-18）。

表 4-18 黑龙江省耕地后备资源潜力开发四级适宜区面积汇总表　（单位：hm^2）

名称	盐碱地面积	沙地面积	裸地面积	其他草地面积	耕地后备资源总面积
依兰县	0.00	0.54	0.57	7413.66	7414.77
木兰县	0.00	0.00	0.14	1733.90	1734.04
龙江县	397.57	0.74	4.75	16202.67	16605.73
泰来县	1002.47	0.23	0.27	23016.84	24019.81
甘南县	126.59	0.00	0.17	11144.08	11270.84
鸡西市	0.00	0.00	0.67	2328.90	2329.57
鸡东县	0.00	0.50	0.55	3318.75	3319.80
虎林市	0.00	0.75	0.39	27942.04	27943.18
密山市	0.00	22.11	0.98	11088.26	11111.35
双鸭山市	0.00	0.09	0.14	1543.79	1544.02
友谊县	0.00	0.85	0.06	1807.25	1808.16
饶河县	0.00	0.00	0.16	9188.41	9188.57

续表

名称	盐碱地面积	沙地面积	裸地面积	其他草地面积	耕地后备资源总面积
林甸县	3924.14	0.00	0.35	3837.77	7762.26
杜尔伯特蒙古族自治县	9295.70	105.51	0.29	9497.90	18899.40
嘉荫县	0.00	0.40	2.17	7289.43	7292.00
铁力市	0.00	0.26	0.14	4758.68	4759.08
佳木斯市	0.00	1.20	0.44	1039.97	1041.61
桦南县	0.00	3.93	0.37	1609.16	1613.46
同江市	0.00	0.00	0.49	18129.08	18129.57
七台河市	0.00	0.00	0.32	2281.64	2281.96
勃利县	4.04	0.00	0.18	5938.95	5943.17
牡丹江市	0.00	0.00	0.50	1107.04	1107.54
东宁市	0.00	0.04	0.11	2921.71	2921.86
林口县	0.00	0.31	1.92	7624.23	7626.46
绥芬河市	0.00	0.00	0.04	573.91	573.95
穆棱市	0.00	0.00	0.44	1718.03	1718.47
嫩江市	0.00	0.46	2.35	31806.98	31809.79
逊克县	0.00	1.15	0.21	49988.40	49989.76
北安市	0.05	0.00	0.29	30393.37	30393.71
五大连池市	0.00	1.77	7.64	13920.60	13930.01
合计	14750.56	140.84	27.10	311165.40	326083.90

（5）五级适宜区。

黑龙江省耕地后备资源潜力开发五级适宜区主要分布在黑河市、抚远市、孙吴县、呼玛县以及伊春市，五级适宜区耕地后备资源主要为其他草地，面积为 98862.35hm^2，约占五级适宜区总面积的 99.97%，主要分布在黑河市、抚远市、孙吴县以及大兴安岭地区的呼玛县；其次为裸地，面积为 27.41hm^2，约占五级适宜区总面积的 0.03%，主要分布在呼玛县、黑河市、漠河市以及伊春市（表 4-19）。

表 4-19　黑龙江省耕地后备资源潜力开发五级适宜区面积汇总表　　（单位：hm^2）

名称	盐碱地面积	沙地面积	裸地面积	其他草地面积	耕地后备资源总面积
伊春市	0.00	0.00	2.08	5487.34	5489.42
抚远市	0.00	0.00	0.12	21554.47	21554.59
黑河市	0.00	0.00	6.62	35495.17	35501.79
孙吴县	0.00	0.84	0.19	14674.45	14675.48
加格达奇区	0.00	0.00	0.11	1033.01	1033.12
松岭区	0.00	0.00	1.71	3828.13	3829.84

续表

名称	盐碱地面积	沙地面积	裸地面积	其他草地面积	耕地后备资源总面积
呼玛县	0.01	0.00	9.92	9167.92	9177.85
新林区	0.00	0.00	0.82	289.33	290.15
呼中区	0.00	0.00	1.51	1063.43	1064.94
塔河县	0.00	0.00	1.68	4819.07	4820.75
漠河市	0.00	0.00	2.65	1450.03	1452.68
合计	0.01	0.84	27.41	98862.35	98890.61

2）地类划分结果

黑龙江省耕地后备资源主要有盐碱地、沙地、裸地以及其他草地四种类型，按地类统计各适宜区面积，如表 4-20 所示。

表 4-20　黑龙江省耕地后备资源潜力开发各级适宜区面积汇总表　（单位：hm^2）

适宜区	盐碱地	沙地	裸地	其他草地	合计
一级适宜区	27121.15	19.61	5.46	68142.66	95288.88
二级适宜区	1429.91	5.00	13.18	54130.19	55578.28
三级适宜区	9766.46	8.81	7.32	102152.03	111934.62
四级适宜区	14750.56	140.84	27.10	311165.40	326083.90
五级适宜区	0.01	0.84	27.41	98862.35	98890.61
合计	53068.09	175.10	80.47	634452.63	687776.29

（1）盐碱地。

盐碱地是黑龙江省耕地后备资源中较为重要的一部分，主要分布在大庆市区、杜尔伯特蒙古族自治县、肇源县、安达市和林甸县。

从适宜区划分结果可以看出，盐碱地约占耕地后备资源总量的 7.72%，一级适宜区盐碱地面积 27121.15hm^2，约占盐碱地总面积的 51.11%，这也说明盐碱地是耕地后备资源开发比较适宜的地类，近期可将其放在重点开发的前列。其次是四级适宜区，面积为 14750.56hm^2，约占盐碱地总面积的 27.80%；三级适宜区面积 9766.46hm^2，约占盐碱地总面积的 18.40%；这两个区域所占比例也较大，同时这部分盐碱地生态环境相对较好，应将其加以保护，近期不宜做开发或地类调整（图 4-3）。

（2）沙地。

黑龙江省耕地后备资源中的沙地，主要分布在大庆市的杜尔伯特蒙古族自治县以及密山市。

从适宜区划分结果可以看出，沙地一级适宜区面积有 19.61hm^2，约占沙地总面积的 11.20%，这部分沙地主要分布在大庆市的肇源县，沙地周边土壤质地较好，比较适宜开发。黑龙江省沙地多集中在四级适宜区，共 140.84hm^2，约占沙地总面积的 80.43%，主要集中在大庆市的杜尔伯特蒙古族自治县和鸡西市的密山市,这部分沙地主要为草场沙化地,不宜作为耕地开发,建议将其作为沙地治理以及还草的重点区域(图4-4)。

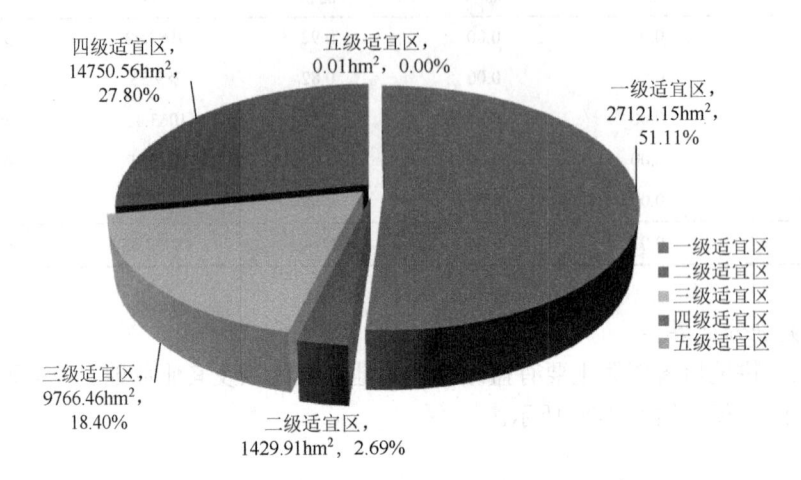

图4-3 黑龙江省耕地后备资源盐碱地适宜区分布比例图

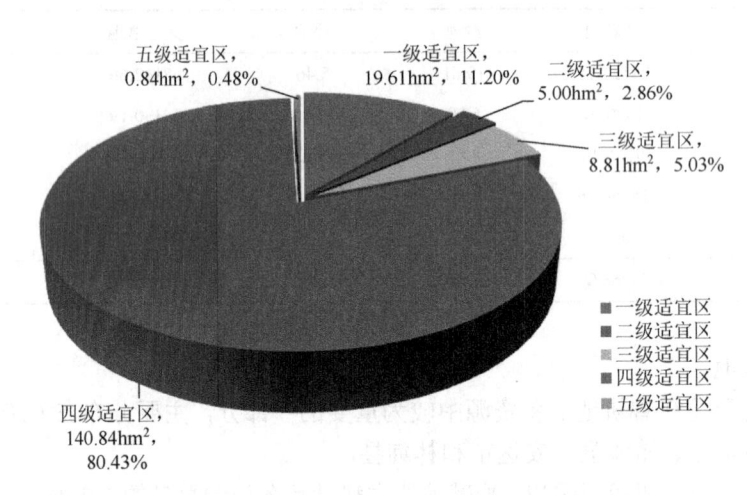

图4-4 黑龙江省耕地后备资源沙地适宜区分布比例图

(3)裸地。

黑龙江省耕地后备资源中的裸地,主要分布在牡丹江市的呼玛县、宁安市、五大连池市、黑河市区,齐齐哈尔市的龙江县以及鹤岗市的萝北县。

从适宜区划分结果可以看出,裸地多集中在四级适宜区和五级适宜区,约占裸地总面积的33.68%和34.06%;裸地一级适宜区有少量分布,约占裸地总面积的6.79%,这部分裸地主要分布在大庆市区和哈尔滨市区附近,经济条件优越,周边土壤质地也较好,比较适宜开发(图4-5)。

(4)其他草地。

黑龙江省耕地后备资源中的其他草地,主要分布在逊克县、黑河市区、嫩江市、北安市、虎林市以及宝清县和泰来县。

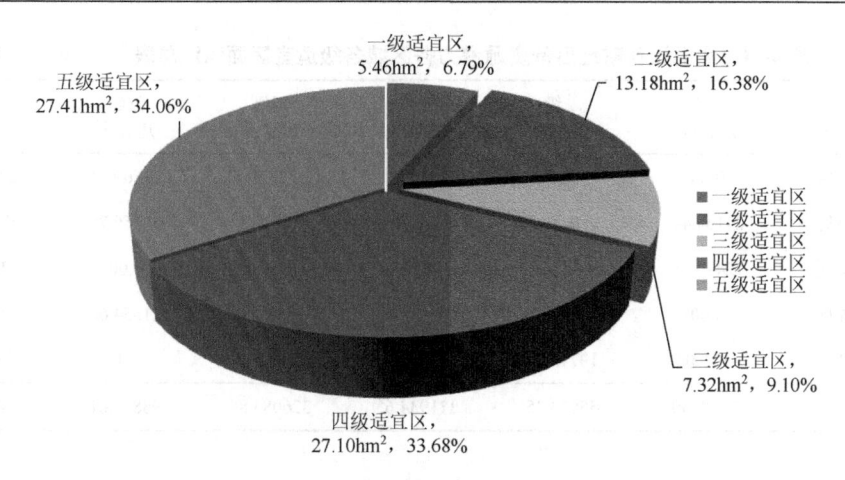

4 耕地后备资源生态化开发技术研究

图 4-5 黑龙江省耕地后备资源裸地适宜区分布比例图

从适宜区划分结果可以看出，其他草地多集中在三级、四级和五级适宜区，约占其他草地总量的 16.10%、49.04% 和 15.58%；一级适宜区约占其他草地总量的 10.74%，这部分其他草地主要分布在大庆市区和肇源县以及绥化市的庆安县附近，周边土壤质地也较好，比较适宜开发。四级适宜区的其他草地主要分布在黑河市的逊克县、嫩江市、北安市，齐齐哈尔市的泰来县、龙江县，鸡西市的虎林市以及佳木斯市的同江市，这些地区土壤质地稍差，近期、中期都不宜将其作为耕地开发的重点（图 4-6）。

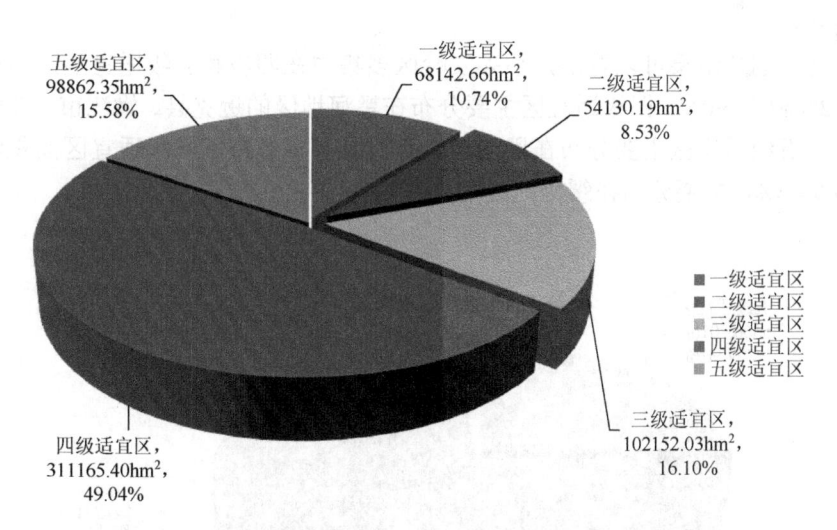

图 4-6 黑龙江省耕地后备资源其他草地适宜区分布比例图

3）区域划分结果

为了在区域上更好地比较，将黑龙江省划分为五个区域，分别为大兴安岭区、小兴安岭区、松嫩平原区、三江平原区及东部山地区，按以上五个区域对各适宜区进行面积统计，如表 4-21 所示。

表 4-21 黑龙江省耕地后备资源潜力各区域各级适宜区面积汇总表　　（单位：hm²）

区域	一级适宜区	二级适宜区	三级适宜区	四级适宜区	五级适宜区	合计
大兴安岭区	0.00	0.00	0.00	0.00	21669.31	21669.31
小兴安岭区	21134.44	0.00	8550.75	138174.32	55666.70	223526.21
松嫩平原区	72496.38	36865.63	32677.76	80292.11	0.00	222331.88
三江平原区	0.00	7968.83	68114.35	93669.16	21554.60	191306.94
东部山地区	1658.08	10743.79	2591.77	13948.27	0.00	28941.91
合计	95288.90	55578.25	111934.63	326083.86	98890.61	687776.25

（1）大兴安岭区。

大兴安岭区主要指大兴安岭地区所在的县、市，包括加格达奇区、松岭区、新林区、呼中区以及呼玛县、塔河县和漠河市。

从适宜区划分结果看，大兴安岭区全部在五级适宜区内，主要为裸地和其他草地，大兴安岭地区是我国也是黑龙江省重要的生态屏障，有着重要的生态功能，因此不宜在此进行耕地后备资源的开发。

（2）小兴安岭区。

小兴安岭区主要包括黑河地区、伊春地区、哈尔滨市的通河县以及绥化地区的庆安县和绥棱县。

从适宜区划分结果可以看出，小兴安岭区多集中在四级和五级适宜区，约占区域总量的 61.82%和 24.90%，四级适宜区主要分布在黑河地区的逊克县、嫩江市、北安市和五大连池市，五级适宜区主要分布在黑河市、孙吴县和伊春市。一级适宜区面积约占区域总面积的 9.46%，主要分布在绥化地区的庆安县（图 4-7）。

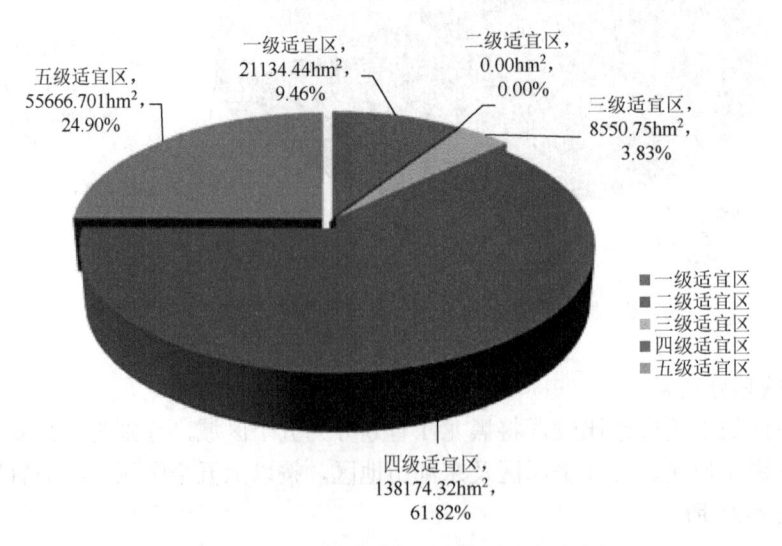

图 4-7 小兴安岭区各级适宜区分布比例图

(3) 松嫩平原区。

松嫩平原区主要包括绥化地区的北林区、望奎县、兰西县、青冈县、明水县、安达市、肇东市、海林市、齐齐哈尔地区、大庆地区以及哈尔滨市及所辖宾县、阿城区、呼兰区、双城区、巴彦县、木兰县、五常市。

从适宜区划分结果可以看出，松嫩平原区除了五级适宜区外，其余分布都较为均匀，其中一级适宜区和四级适宜区所占比例较大，分别占区域总面积的32.61%和36.11%。二级适宜区和三级适宜区分布相差不大，分别占区域总面积的16.58%和14.70%。一级适宜区主要分布在哈尔滨市区、宾县、五常市、大庆市区及肇州县、肇源县以及绥化地区的肇东市和海林市。二级适宜区主要分布在哈尔滨的巴彦县、双城区、绥化地区的望奎县、兰西县以及齐齐哈尔市区、依安县、克山县及克东县。三级适宜区分布在齐齐哈尔的拜泉县、讷河市以及绥化地区的青冈县、明水县和安达市。四级适宜区分布在哈尔滨的木兰县、齐齐哈尔的龙江县、泰来县、甘南县以及大庆地区的林甸县和杜尔伯特蒙古族自治县（图4-8）。

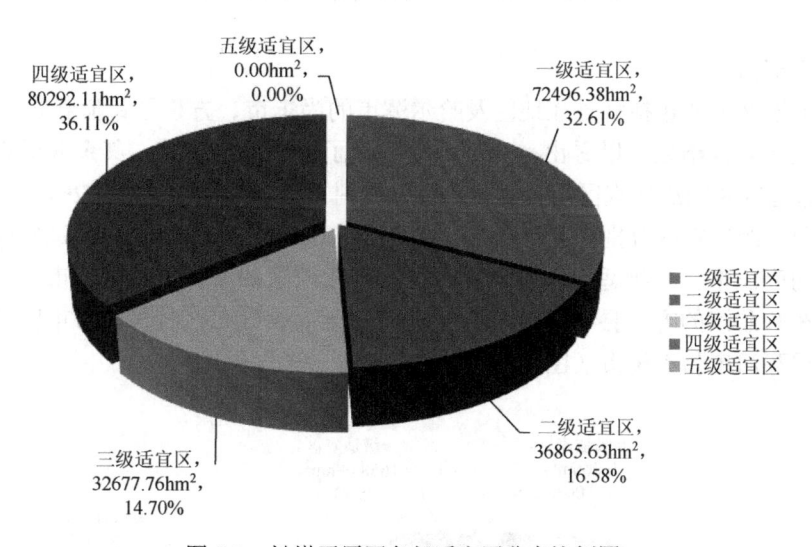

图4-8 松嫩平原区各级适宜区分布比例图

(4) 三江平原区。

三江平原区主要包括佳木斯地区、双鸭山地区、鹤岗地区、鸡西地区、七台河地区及哈尔滨市依兰县。

从适宜区划分结果可以看出，三江平原区除了一级适宜区外，其余各适宜区均有分布，三级适宜区和四级适宜区所占比例较大，分别占区域总面积的35.60%和48.96%。二级适宜区和五级适宜区，分别占区域总面积的4.17%和11.27%。其中二级适宜区主要分布在集贤县和汤原县。三级适宜区主要分布在鹤岗地区以及佳木斯市的宝清县、桦川县和富锦市。四级适宜区分布在鸡西地区、双鸭山地区、七台河地区以及佳木斯市区及桦南县和同江市。五级适宜区主要分布在抚远市（图4-9）。

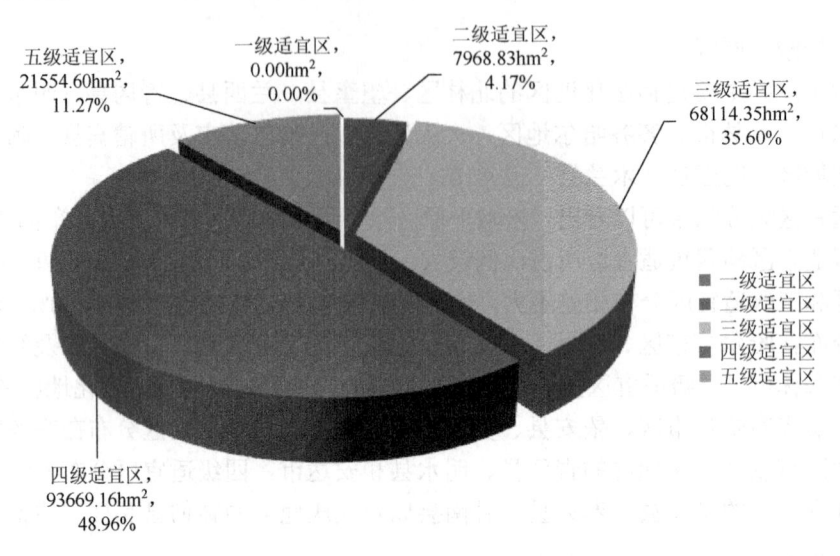

图 4-9　三江平原区各级适宜区分布比例图

（5）东部山地区。

东部山地区主要包括牡丹江地区及哈尔滨市的尚志市、方正县和延寿县。

从适宜区划分结果可以看出，东部山地区除了五级适宜区外，其余各适宜区均有分布，二级适宜区和四级适宜区所占比例较大，分别占区域总面积的 37.12% 和 48.19%。一级适宜区和三级适宜区分别占区域总面积的 5.73% 和 8.96%。其中，一级适宜区主要分布在哈尔滨的尚志市。二级适宜区主要分布在牡丹江地区的海林市和宁安市。三级适宜区主要分布在哈尔滨的方正县和延寿县。四级适宜区主要分布在牡丹江市市区及东宁市、林口县、绥芬河市和穆棱市（图 4-10）。

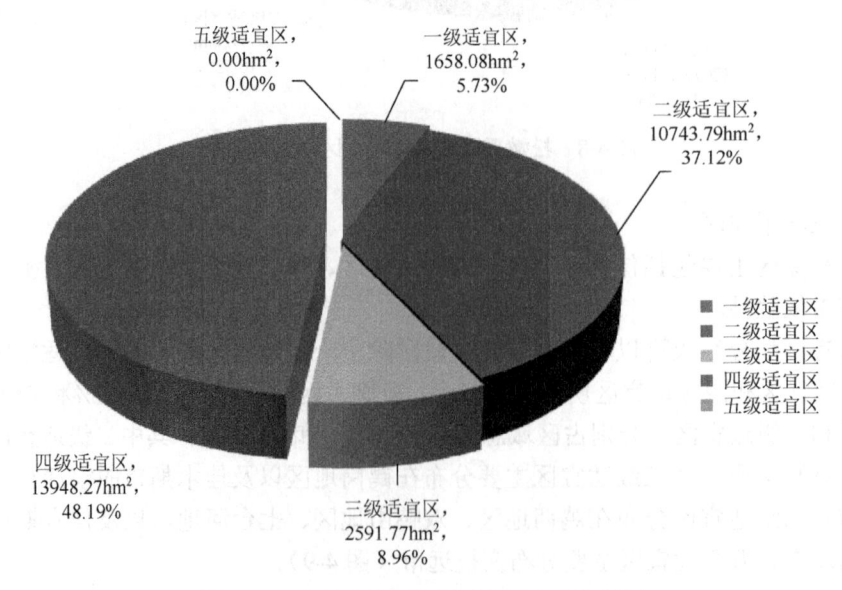

图 4-10　东部山地区各级适宜区分布比例图

4.1.4 耕地后备资源开发生态环境影响评价指标体系与方法研究

4.1.4.1 耕地后备资源开发生态影响评价指标体系及评价方法

1）构建原则

耕地后备资源开发对生态环境的影响是一个复杂过程，需要科学的评价原则作为指导来客观、准确地评价，在构建耕地后备资源开发项目的生态影响评价指标体系的过程中应遵循如下原则。

（1）科学性原则：指标体系结构的拟定，指标的取舍，公式的推导等都要有科学的依据。只有坚持科学性原则，获取的信息才具有可靠性和客观性，评价的结果才具有可信性。

（2）层次性原则：评价指标应能真实反映系统综合体，在选择评价指标时，指标体系要形成阶层性的功能群，层次之间要相互适应并具有一致性，要具有与其相适应的导向作用，即每项上层指标都要有相应的下层指标与其相适应。

（3）全面性与代表性原则：评价指标体系应尽量做到全面反映耕地后备资源开发产生生态影响的各个方面，同时，选取的评价指标能够代表该区域的生态影响状况及其变化特征，要具有一定的代表性。

（4）可操作原则：指标的设计要求定义清楚、概念明确，能方便地采集与收集数据，并且要考虑现行科技水平。而且，指标的内容不应太繁太细，过于庞杂和冗长，否则会给评价带来不必要的麻烦。

（5）可量化原则：只有通过量化，才能较为准确地揭示事物的本来面目，当某些指标不能定量时，可根据定性描述，进行半定量转化，评价过程中尽量参考相关法律法规、标准等，选取定量指标，以保证评价结果准确、可信。

2）生态影响识别

生态影响识别是某一宏观的和定性的生态影响分析和生态影响认识过程，其中包括影响因素、影响对象以及影响效应识别，即识别作用主体、作用受体以及识别作用的性质和程度等。

耕地开发项目对周围生态环境的影响主要发生在工程建设和生产运营阶段，主要表现为土地利用方式、土壤质量的改变以及水资源消耗与污染等方面。

在工程建设期，耕地整治和道路、沟渠等排水设施的建设，将使地表处于疏松和裸露状态，对原有植被和水保设施造成破坏，施工产生的弃土、弃渣可能加剧建设区的水土流失，造成排水沟渠、河道的堵塞，影响水土资源。工程建设改变了局部区域的生态环境。

工程实施后生产运营期，耕地种植作物会明显改变地表的覆盖度，并对周边自然生态系统的景观、生物多样性等产生诸多影响，同时耕地系统建立后的生产运行期间，其生产模式也会对生态系统产生不同影响，这些生产活动将会不可避免产生如畜禽粪便、农药残留以及重金属等污染，因此运营生产期的生产模式也是评价需要重点突出的识别因素。

3）指标选取依据

（1）土壤指标。

在耕地土地开荒与种植时，土壤有机质含量会有不同程度的下降，农作物种植过程中不可避免地施用化肥，也会导致土壤板结等。但农作物种植中，增施有机肥则可以提高土壤中有机质含量。土壤有机质含量和化肥施用情况能够反映耕地开发对土壤环境的影响，同时土壤农药以及重金属残留也会对土壤性质有所影响。

综合考虑选取土壤有机质含量、化肥施用强度、农药残留强度与重金属含量等指标。

（2）水资源指标。

耕地开发过程中，耕地后备资源开发重要内容是垦殖以及耕地灌溉工程等，这些工程会导致地表水系的网络结构发生变化，不但直接改变了自然环境及景观类型，而且可能对伴随原有水系网络而形成的各种相关生态过程产生影响，增加大面积绿色植被及耕地，与此同时也将会对水资源的需求量有所改变，从而影响此区域中水资源的分配。耕地后备资源开发后，农业生产中耕地退水富营养化也会对周边水系水质产生一定影响。

综合考虑选取水资源需求量、耕地退水两个指标。

（3）土地利用指标。

耕地开发会使土地利用类型结构和布局重新分布，原有的湿地或草地经过土地平整工程改造成耕地，土地利用系数会发生变化。并且耕地开发很可能导致水土流失和生态系统退化、植被覆盖率降低等。

综合考虑选取土地利用系数、森林（草原）覆盖率、草原（场）"三化"（指草原退化、沙化、盐碱化）率、水土流失率、退化土地整治率等指标。

（4）生物生产能力与生物多样性指标。

耕地后备资源开发中耕地与沟渠构建、农田用水与排水将会导致自然植被斑块化，并进一步影响周边生态系统生物多样性与生产力。

综合考虑选取景观破碎化指数、生产力（生物量）和生物多样性三个指标。

（5）农业生态化指标。

农业开发后农业生态化指标指的是在农业开发与生产中，采用的生态化措施的指标，这些指标能够相对缓解农业生产对生态环境的影响程度。耕地后备资源开发后，如果采用相应的生态农业开发或生产模式，将有效减小对生态环境的负面影响。

综合选取开发后农作物耕作方式、生态农业示范区面积比、农用薄膜回收率、畜禽粪便无害化处置率、绿色有机产品种植面积比等指标。

4）评价指标体系构建

根据耕地后备资源开发生态环境评价指标选取的原则，其指标体系主要反映耕地后备资源开发类项目实施前后对周围生态环境产生的重大影响，耕地后备资源开发的生态环境评价构建应该针对特定的土地利用类型进行，耕地后备资源开发生态环境评价指标体系在不同类型、不同地区会存在较大的差异。因此，对于不同的项目、不同的区域，可以通过对指标权重的调整，或者通过对指标的筛选优化进行调整，从而来突出不同项目的特性。

本章按照耕地后备资源开发类项目的评价目的，调查或估算耕地开发项目实施前后所涉及的各种对生态环境的影响因素,选取了待筛选优化的耕地后备资源开发生态环境影响评价指标体系,其指标值可以是数字化的定量值,也可以是描述性的定性值。该指标体系指标结构可根据开发区域实际情况进行筛选优化(表 4-22)。

表 4-22 耕地后备资源开发生态环境影响评价指标体系总体构建

准则层	指标	指标内涵
土壤 B_1	有机质含量 C_1	单位体积土壤中含有的各种动植物残体与微生物及其分解合成的有机物质的数量,一般以有机质占干土重的百分数表示
	化肥施用强度 C_2	单位耕地面积实际用于农业生产的化肥数量
	农药残留强度 C_3	单位耕地面积农药残留量
	重金属含量 C_4	单位耕地面积重金属含量
水资源 B_2	水资源需求量 C_5	反映耕地后备资源开发后单位耕地面积耗水量
	耕地退水 C_6	反映耕地退水沟渠中间源污染物浓度
土地利用 B_3	土地利用系数 C_7	研究区耕地后备资源开发后与改造前土地利用的比值
	森林(草原)覆盖率 C_8	反映耕地开发后森林或草原覆盖率变化情况
	草原(场)"三化"率 C_9	由耕地开发导致的草原(场)退化情况
	水土流失率 C_{10}	耕地开发后水土流失程度
	退化土地整治率 C_{11}	耕地开发后对已经退化的土地整治比率
生物生产能力与生物多样性 B_4	生物量 C_{12}	反映耕地后备资源开发后研究区域的生态系统生产力
	生物多样性 C_{13}	反映耕地后备资源开发后研究区域的生态系统物种结构变化情况
	景观破碎化指数 C_{14}	耕地开发后区域自然生态系统景观破碎化与斑块化情况
农业生态化 B_5	农作物耕作方式 C_{15}	反映耕地后备资源开发对研究区耕作的方式,如轮作或休耕模式情况
	生态农业示范区面积比 C_{16}	反映耕地开发后农业生产生态化作业占的百分比
	畜禽粪便无害化处置率 C_{17}	在农业生产中畜禽粪便污染的处置或者资源化情况
	农用薄膜回收率 C_{18}	农用塑料薄膜的回收情况
	绿色有机产品种植面积比 C_{19}	绿色有机产品种植面积在开发区域中的种植比例

5)生态环境影响评价方法

按照选定的五个准则层,将每个准则层再进行划分,共分成 19 个指标(指标数量根据不同后备耕地开发区域特征对指标体系进行优化筛选),根据各评价指标的等级划分进行打分,运用层次分析法确定各指标权重,筛选出权重比较大的因子,在耕地资源开发工程的环境影响评价中,应突出上述主要特征因子的识别与评价、监测等内容,最后采取综合评价指数法求得综合评价指标的结果。

(1)评价指标权重的确定。

指标权重体现了决策者对该指标地位的理解程度以及指标在系统发展中的本身价值,表现了各个指标对评价目标的贡献率大小,它在某种程度上能够决定其准确度。确定权重的方法有很多种,如专家打分法、因子分析法、灰色关联分析法、频数统计分析法、层次分析法等。本章采用德尔菲法与层次分析法相结合的方法来确定各个子系统的权重和指标权重。

（2）生态影响因子评价。

对于各个指标层，用指数法进行单因子评价：

对于正指标

$$P_i = S_i / S_{标} \tag{4-13}$$

对于负指标

$$P_i = S_{标} / S_i \tag{4-14}$$

将评价的各个生态因子现状值（耕地后备资源开发前）与预测值（耕地后备资源开发后）转换为统一的无量纲的生态影响指标。当暂时没有标准值时，用0~2表示优劣程度："0"表示最差的、极度破坏的；"2"表示最佳的，人类对生态环境干预很少几乎没有的；"1"表示耕地后备资源开发前后没有发生明显变化的。

（3）生态影响综合评价。

耕地后备资源开发生态影响的每一个评价指标都是从不同方面反映耕地后备资源开发对生态的影响情况，所以要全面地进行综合评价，根据各个指标的权重计算出综合评价指数，计算方法如下：

$$S = \sum_{i=1}^{n} B_i W_i \tag{4-15}$$

式中，B_i为第i个因子的得分，也就是标准值；W为各因子生态影响的权值；S为总得分，S值在0~2，S值越大，说明农田改造对生态影响的程度越小。

6）生态影响评价步骤

根据构建的耕地后备资源开发生态影响指标体系，首先依据评价区具体情况进行指标体系优化，确定评价指标单元。其次确定指标体系权重，权重是一个三级评判的过程。然后采用单因子指数法进行单因子的评价。最后按照计算出的权重和单因子指数，进行耕地后备资源开发的生态影响综合评价，具体步骤如下。

（1）评价指标单元确定。

（2）确定B-A层权重。

（3）确定C-B层权重。

（4）通过计算，得到C-A层权重，也就是各个指标的权重。

（5）采用单因子指数法进行单因子评价。

（6）通过单因子指数和C-A层的权重，运用综合评价指数法进行综合评价。

4.1.4.2 耕地后备资源开发生态影响评价——以三江平原为例

中国三江平原地区位于中国东北角（黑龙江省内），是以黑龙江、乌苏里江和松花江汇流冲积成的低平原——三江平原为中心的区域。三江平原地区北起黑龙江，南抵兴凯湖，东界为乌苏里江，西至小兴安岭东南余脉。地理位置在 43°49′55″N~48°27′40″N 和

129°11′20″E～135°05′10″E，东西宽 430km，南北长 520km，总面积达 10.84 万 hm²，是国内外著名的大农业生产基地。

区域目前总规模为 10842164.02hm²，其中，耕地 6358802.73hm²，园地 3160.84hm²，林地 3495971.54hm²，草地 148459.20hm²，城镇村及工矿用地 103529.99hm²，水域及水利设施用地 512501.60hm²，其他土地 219738.12hm²，预计耕地后备资源开发后新增耕地面积 188291.29hm²。

耕地后备资源开发的内容有四个方面：一是土地平整工程，二是农田水利的灌排工程，三是道路工程，四是防护林工程。

1）生态现状

（1）水文、水系。

三江平原主要河流有松花江及其支流安邦河、梧桐河、嘟噜河、蜿蜒河，黑龙江及其支流鸭蛋河、莲花河、浓江，乌苏里江及其支流别拉洪河、挠力河、七星河、穆棱河、阿布沁河、七虎林河、松阿察河等。大小河流150多条，其中主要河流有19条。主要湖泊有大兴凯湖、小兴凯湖。小兴凯湖面积为150km²；大兴凯湖为国界湖泊，分布在我国部分的面积约占总面积的 1/4，湖面为 1070km²。许多河流形成无明显河床的沼泽性河流或无尾河，甚至分布着许多在水文网变迁时遗留下的宽广古河漫滩和古河道河曲带，形成大面积沼泽地。

地下水类型及特征因不同地质地貌条件而异。完达山以北平原为第四系更新统，全新统含水组。边缘含水层浅布，中部含水层逐渐深厚并略有起伏，具有储水盆地构造特征。平原边缘的第四系含水层厚度多为 10～20m，过渡为 50～150m，中部瓦其卡一带含水层厚度达 230～270m。由于基底起伏不平，中部局部地段的含水层也有较薄之处，如前进农场石砬子山附近含水层仅 20m。各含水层之间无隔水层，为一连续的含水体，透水性好，蓄水性强，地下水蕴藏丰富。由于储水盆地构造由西南向东北微微倾斜，该区域地下水流向也为东北向。

穆棱-兴凯平原的含水层厚度，穆棱河两岸含水层厚度为 100～150m，虎林市附近含水层厚度为 30～50m，宝东和虎头以北含水层厚度为 10～30m。兴凯湖周围含水沙层多呈透镜体和夹层存在，在100m以下方可见到10～30m厚的含水砂砾水层。

（2）气候特征。

三江平原属温带湿润半湿润大陆性季风气候。四季寒暑变化显著，受季风影响，冬干冷、夏湿热、雨热同季。

光能资源：全年光合有效辐射多为 $2.01×10^5$～$2.21×10^5 J/cm^2$，全年日照时数大部分地区为 2300～2600h。

热量状况：气温分布的总趋势是西南部较高，北部和东北部较低，年平均气温在 2～3℃。无霜期一般为 140～150d，日平均气温稳定≥10℃的活跃生长期多在 130～140d，≥10℃积温 2333～2724℃。

（3）土壤植被。

三江平原植被类型十分丰富，极具保护价值。三江平原地区为我国面积最大的沼泽区，地域辽阔，由于完达山脉由东北向西南横贯而被分成两部分；山北为黑龙江、松花江和乌苏里江冲积而成的平原,称为"三江平原";山南是由穆棱河、七虎林河、阿布沁河、乌苏里江和兴凯湖共同作用下形成的冲积、湖积平原,称为"穆棱-兴凯平原"。此地区的地带性植被也是温带针叶阔叶混交林,即阔叶红松混交林。但由于气候湿润,夏季降水集中,蒸发量小,地势低而平坦,海拔仅 50~60m,坡降仅在 1/10000~3/10000,加之河流泛滥和地表径流缓慢,地下又有渗透性很弱的黏土或亚黏土层,地表常不同程度的积水,地带性温带针叶阔叶混交林不能生存,而形成大面积非地带性(隐域性)的草甸、沼泽植被,与隔江(黑龙江和乌苏里江)俄罗斯的泽雅-布列亚平原和兴凯平原植被相连。组成植物单纯,其中大部分是适于水湿条件的沼生、湿生和部分中生植物,以小叶章、多种薹草等为主。只在平原中岗地或残丘分布有小面积岛状林,其中多为以蒙古栎为主的落叶阔叶林,伴生有山杨、白桦、糠椴、紫椴、黄檗和水曲柳等。此处的湿地植被动态变化以小叶章草甸为演替中心,随着水分的增加,各类薹草侵入,逐渐形成以薹草为主的沼泽。

2)资料收集与整理

(1)土地利用现状。

三江平原土地利用现状分析采用黑龙江省二调数据。

研究区域总面积 10841096.87hm^2,其中耕地、园地、林地、天然牧草地、城镇村及工矿用地、水域及水利设施用地、其他草地和其他土地保留地各占 58.65%、0.03%、32.25%、0.04%、0.95%、4.73%、1.33%和 2.02%(表 4-23)。

表 4-23　三江平原区域土地利用现状

类型	面积/hm^2	比例/%
耕地	6358802.73	58.65
园地	3160.84	0.03
林地	3495971.54	32.25
天然牧草地	3897.33	0.04
其他草地	144561.87	1.33
交通运输用地	732.85	0.01
水域及水利设施用地	512501.60	4.73
城镇村及工矿用地	103529.99	0.95
沼泽地	215515.27	1.99
沙地	543.00	0.01
裸地	1879.85	0.02
合计	10841096.87	100.00

(2)开发后土地利用。

在耕地后备资源开发后,三江平原区域土地利用情况将会发生改变,其开发前后土地利用变化对比见表 4-24。

表 4-24 耕地后备资源开发前后土地利用变化

类型	开发前面积/hm²	开发后面积/hm²
耕地	6358802.73	6547094.02
园地	3160.84	3160.84
林地	3495971.54	3495971.54
天然牧草地	3897.33	3897.33
其他草地	144561.87	144561.87
交通运输用地	732.85	732.85
水域及水利设施用地	512501.6	512501.6
城镇村及工矿用地	103529.99	103529.99
沼泽地	215515.27	27223.98
沙地	543.00	543.00
裸地	1879.85	1879.85
合计	10841096.87	10841096.87

耕地后备资源开发后的土地利用变化，主要是在耕地与沼泽地两个土地类型面积之间，耕地面积将增加 188291.29 万 hm²，同时，沼泽地面积将减少 188291.29 万 hm²，沼泽地减少面积等于耕地增加面积。湿地植被生物量较高，为 412.07g/(m²·a)，开发为农田后减少到平均 344.0g/(m²·a)。

（3）开发前后土壤状况。

在研究区域内针对开发 6～10 年的农田和相邻湿地分别设置了 30 个对比监测，共计 450 个样品，分析结果表明，相邻湿地 0～10cm 层有机质含量平均值为 82.06g/kg（8.2%），而农田（旱田和水田）有机质含量为 33.93～35.25g/kg（3.4%～3.5%），说明耕地后备资源开发后，其土壤有机质含量发生了非常大的改变。

（4）评价指标单元确定。

根据评价原则以及结合三江平原区域自然生态条件和农业生态条件，对耕地后备资源生态影响评价指标体系进行优化，在土壤、水资源、土地利用和生物生产能力与生物多样性四个准则层中，选取了有机质含量、化肥施用强度、水资源需求量、耕地退水污染、土地利用系数、生物量、生物多样性以及景观破碎化指数 8 个指标，构建了针对三江平原优化的生态环境影响评价指标体系。通过耕地后备资源开发的实施，研究区将发生很大变化，经过收集整理以上资料，确定并归纳的生态影响评价指标以及指标值如表 4-25 所示。

表 4-25 耕地后备资源开发实施前后生态影响评价指标值

准则层	指标	开发前	开发后
土壤	有机质含量	8.2%	3.5%
	化肥施用强度	不施用化肥	以国家环保总局发布的《生态县、生态市、生态省建设指标（修订稿）》中化肥施用强度的标准作为生态影响评价标准

续表

准则层	指标	开发前	开发后
水资源	水资源需求量	自然湿地水资源丰富	耕地水资源需求平均为500.5mm
	耕地退水污染	湿地排水COD、氨氮含量较低，COD、氨氮和总磷分别为16~35mg/L、0.87~1.12mg/L和0.18~0.92mg/L	农田排水COD、氨氮和总磷含量比湿地排水高，在高峰期能分别达到32~45mg/L、1.5mg/L和0.3mg/L
土地利用	土地利用系数	耕地后备资源开发前三江平原土地利用系数为0.897	耕地后备资源开发后三江平原土地利用系数有所增加，为0.920
生物生产能力与生物多样性	生物量	湿地植被生物量较高，为412.07g/($m^2 \cdot a$)	开发为农田后生物量减少到平均344.0g/($m^2 \cdot a$)
	生物多样性	湿地生物多样性丰富度指数为1.34~1.55	开发为耕地后作物品种单一，生物多样性大幅度下降
	景观破碎化指数	湿地景观内部生境面积破碎化指数（FI1/FI2）为（0.328/0.624）	湿地景观内部生境面积破碎化指数（FI1/FI2）为（0.748/0.895），破碎化指数升高

3）开发后生态环境影响评价指标的标准分值及权重的确定

（1）评价指标的标准分值计算。

有机质含量：土壤有机质含量是指单位体积土壤中含有的各种动植物残体与微生物及其分解合成的有机物质的数量。一般以有机质占干土重的百分数表示。开发前土壤中有机质含量为8.2%，改造后土壤中有机质含量为3.5%，三江平原土壤中有机质含量标准值为5%，则改造前的单因子指数为8.2%/5%=1.64，改造后的单因子指数为3.5%/5%=0.7。

化肥施用强度：以国家环保总局发布的《生态县、生态市、生态省建设指标（修订稿）》中化肥施用强度的标准作为生态影响评价标准；改造后农田施用化肥强度在标准内，化肥施用强度分值取基准值1，改造前不需要施用化肥，取值为2。

水资源需求量：本节耕地后备资源开发是将湿地改造为农田，水资源需求量发生了变化，改造前水资源需求量分值为基准值1，改造后水资源需求量会有所增加，取值为0.8。

耕地退水：耕地退水是指灌溉后，从农田里排出来的水，开发前湿地排出的水中COD和氨氮的耕地退水分值为基准值1，开发后COD、氨氮和总磷有所增加，取值为0.67。

土地利用系数：土地利用是人们为了一定的目的，依据土地自然属性及其规律，对土地进行的使用、保护和改造活动，本节土地是由湿地开发为耕地，开发前土地利用面积为516.20万hm^2，开发后增加到535.02万hm^2，土地利用系数以研究区的背景值作为标准，改造前分值为基准值1，改造后土地利用系数分值为535.02/516.20=1.04。

生物量：耕地后备资源开发前分布着各类湿地植被，其平均生产力为412.07g/($m^2 \cdot a$)，开发为耕地后生物量减少到344.0g/($m^2 \cdot a$)，改造前生物量分值为基准值1，改造后生物量明显增加，取值为344.0/412.07=0.83。

生物多样性：耕地后备资源开发前分布着各种湿地植被，湿地生物多样性丰富，而开发后种植水稻、大豆、玉米等仅仅几个单一植被类型，开发前生物多样性分值为基准值1，开发后植被类型明显减少，取估值0.5。

景观破碎化指数：耕地后备资源开发前后，三江平原湿地景观形状变化很大，并向不规则方向变化,说明耕地后备资源受人为活动控制,景观破碎化程度加大。开发前分值的基准值为1,开发后取值0.5。

最终确定开发前后生态环境影响评价指标值,如表4-26所示。

表4-26 农田化改造生态环境影响评价指标值

指标名称		单因子指数(开发前)	单因子指数(开发后)
土壤	有机质含量	1.64	0.7
	化肥施用强度	2	1
水资源	水资源需求量	1	0.8
	耕地退水	1	0.67
土地利用	土地利用系数	1	1.04
生物生产能力与生物多样性	生物量	1	0.83
	生物多样性	1	0.5
	景观破碎化指数	1	0.5

(2)各评价指标权重的确定。

根据层次分析法计算各个因子的权重,并经过检验判断矩阵具有满意的一致性,权重值如表4-27所示。

表4-27 耕地后备资源开发生态影响评价指标的权重

目标	准则	标准化权重	指标	标准化权重	权重
耕地开发后生态影响	土壤	0.267	有机质含量	0.600	0.160
			化肥施用强度	0.400	0.107
	水资源	0.178	水资源需求量	0.592	0.105
			耕地退水	0.408	0.073
	土地利用	0.223	土地利用系数	—	0.223
	生物生产能力与生物多样性	0.332	生物量	0.090	0.030
			生物多样性	0.455	0.151
			景观破碎化指数	0.455	0.151

4)综合评价指数的计算

评价指标体系通过每个指标从不同方面反映出耕地后备资源开发的生态影响,全面的综合评价要进行综合评价指数计算,通过确定的研究区后备资源开发生态影响评价的各指标的标准化分值和权重,逐层进行加权,可以得到研究区的耕地后备资源开发的生态影响得分(表4-28)。

表 4-28 三江平原耕地后备资源开发综合指数值

指标	权重	单因子指数 开发前	单因子指数 开发后	生态环境质量分值 开发前	生态环境质量分值 开发后
有机质含量	0.160	1.64	0.7	0.262	0.112
化肥施用强度	0.107	2	1	0.214	0.107
水资源需求量	0.105	1	0.8	0.105	0.084
耕地退水	0.073	1	0.67	0.073	0.049
土地利用系数	0.223	1	1.04	0.223	0.232
生物量	0.030	1	0.83	0.030	0.025
生物多样性	0.151	1	0.5	0.151	0.076
景观破碎化指数	0.151	1	0.5	0.151	0.076
综合评价指数				1.209	0.761

5）数据分析

从耕地后备资源开发生态影响评价指标的权重值分析可以看出，耕地后备资源开发对区域土壤、水资源、土地利用、生物生产能力与生物多样性都有一定的影响，准则层土壤、水资源、土地利用和生物生产能力与生物多样性指标的权重分别为 0.267、0.178、0.223、0.332。其中，生物生产能力与生物多样性所占权重最大，并且其中核心指标生物多样性和景观破碎化指数权重表明，耕地后备资源开发会对三江平原的生物多样性和景观多样性造成较大的负面影响，因此，需要特别重视农田开发导致的生物多样性水平降低，做好开发设计，增建生态廊道，增加保护动物植物措施等，以减少三江平原生物多样性水平的下降。

根据层次总排序分析，核心指标排名依次为土地利用系数（权重 0.223），有机质含量（权重 0.160），生物多样性（权重 0.151）= 景观破碎化指数（权重 0.151），化肥施用强度（权重 0.107），水资源需求量（权重 0.105），耕地退水（权重 0.073），生物量（权重 0.030）。指标体系对生态环境评价具有指导意义：耕地后备资源开发造成的生态影响，是通过对具体指标的描述和预测体现出来的，因此，指标体系是进行生态环境评价后续工作的基础。通过对各指标的分析预测，计算每项指标的得分，结合指标所占权重，计算综合效应分值，此分值即耕地后备资源开发后可能造成的生态影响的量化表达。根据综合环境效应分值，可以定量地得出耕地后备资源开发在生态影响上是否可行以及具体的可行程度，从而给出农田化改造合理性结论及生态影响减缓措施建议。研究区域三江平原耕地开发前生态环境质量综合指数为 1.209，通过耕地后备资源开发后，研究区域的生态环境质量综合指数达到了 0.761，由此可以说明通过耕地后备资源农业开发对土壤、水资源、土地利用、生物生产能力与生物多样性均有较大负面影响，因此，需要对该区域的耕地后备资源开发进行生态化、分级化，以降低开发对生态环境的影响。

4.2 耕地后备资源景观格局及其生态效应研究

4.2.1 景观格局指数的选择

本节将从全省范围分析各类型耕地后备资源景观格局情况，同时将全省分为五个区域进行区域比较分析。

景观格局指数的选取主要根据耕地后备资源在黑龙江省零散分布，同时为详细分析耕地后备资源的破碎化、多样性等特点，选取了斑块密度指数、平均斑块面积指数、结合度指数、平均邻近指数、多样性指数等多种指数进行分析。

4.2.2 耕地后备资源景观格局数据处理

景观格局分析采用黑龙江省二调数据，通过 ArcGIS 软件将矢量数据转换为栅格数据，然后应用 Fragstats3.3 及 Excel 2003 进行空间格局指数计算、统计分析。

4.2.3 景观格局分析

4.2.3.1 黑龙江省不同类型耕地后备资源景观格局分析

黑龙江省耕地后备资源总量为 1302782.49hm^2。为深入分析耕地后备资源的景观格局，现根据黑龙江省地貌、植被的特点，将全省划分为五个土地利用区，分别为大兴安岭、小兴安岭、三江平原、松嫩平原和东部山地（张广才岭、老爷岭）五个土地利用区（表4-29）。

表 4-29　黑龙江省耕地后备资源分区数量　　　　　　（单位：hm^2）

地区	盐碱地（124）	沙地（126）	裸地（127）	其他草地（043）	合计
大兴安岭	0.03	0.00	20438.78	33186.56	53625.37
小兴安岭	0.24	28.37	24224.64	298574.92	322828.17
三江平原	218.35	220.00	11838.91	284427.99	296705.25
松嫩平原	239690.23	762.10	14975.09	303306.54	558733.96
东部山地	1.28	8.59	17885.66	52994.21	70889.74
合计	239910.13	1019.06	89363.08	972490.22	1302782.49

注：（ ）中数字为第二次国土调查对应的地类编码。

1）斑块密度指数

斑块密度指数可用来判断区域内景观总体的斑块分化程度或破碎化程度，它通过计算单位面积内某类景观出现的斑块数量来判断景观的破碎化程度。一般来说，斑块密度指数越大，景观破碎化程度越高。由图 4-11 可以看出，斑块密度指数从高到低分别为其他草地＞盐碱地＞裸地＞沙地。初步判断其他草地的破碎化程度最高，沙地的破碎化程度最低。由于斑块密度指数是计算单位面积内某类景观出现的斑块数量，所以其与面积紧密相关。结合表 4-29 可以看出，四类耕地后备资源的面积相差较大，其他草地、盐碱地、裸地、沙地所占比例分别为 75%、18%、7%、0.01%。由于面积的巨大差异，它们的斑块密度指数与其面积比例走势一致，所以具体破碎化程度还需要对平均斑块面积指数进行详细分析。

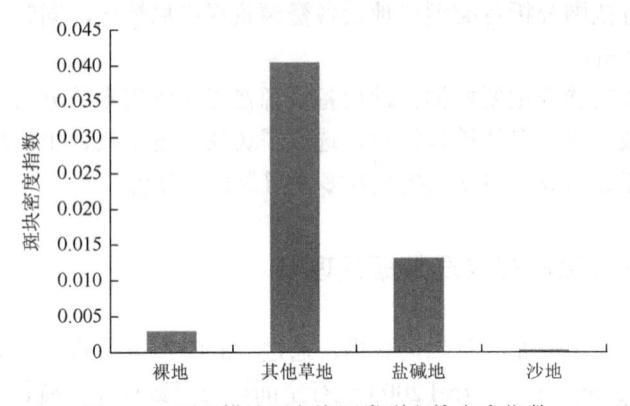

图 4-11 不同耕地后备资源类型斑块密度指数

2）平均斑块面积指数

平均斑块面积指数是指某类景观斑块的平均面积大小。一般来说，平均斑块面积越小，景观破碎化程度越大。平均斑块面积与斑块密度分别从面积、数量两个角度阐释景观的破碎化程度。从图 4-12 可以看出，平均斑块面积指数从高到低分别为盐碱地＞裸地＞其他草地＞沙地。沙地的平均斑块面积指数最小，盐碱地平均斑块面积指数最大。从平均斑块面积指数来看，沙地的破碎化程度最高，其他草地和裸地居中，盐碱地的破碎化程度最低。与斑块密度指数相比，其他草地的破碎化程度位次稍有变化，盐碱地由第二位变为最小，这主要由于盐碱地集中分布在松嫩平原，在现状中常常连片分布，所以其平均斑块面积最大。沙地由破碎化程度最小变为破碎化程度最大。这主要是由于沙地的总面积较小，所以其平均面积最小。在此，我们认为面积相差较大的情况下，平均斑块面积指数比斑块密度指数反映的景观破碎化程度更加符合实际情况。

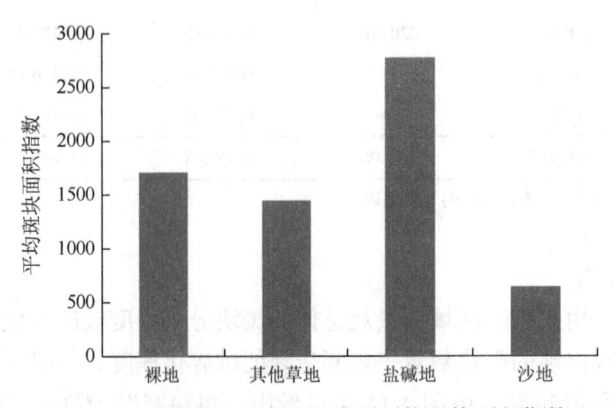

图 4-12 不同耕地后备资源类型平均斑块面积指数

3）结合度指数

结合度指数用来判断各景观类型自然连接性程度，它对关键景观类型的聚集度很敏感。当斑块类型分布变得聚集时，结合度指数值增加。这里采用结合度指数来分析同类型斑块的内部连通性（聚集性）。

从图 4-13 可以看出，结合度指数从高到低分别为盐碱地＞其他草地＞裸地＞沙地。这说明盐碱地的内部连通性最好，其他草地和裸地居中，沙地的内部连通性最差。盐碱地、其他草地由于其总面积较大、平均斑块面积也较大，在省内呈团聚性分布，所以内部连通性较好。裸地的总面积较小，但由于其集中分布在镜泊湖、五大连池等地，所以其内部连通性较好。沙地由于零散分布在全省各地，且总面积、平均面积均为最小，所以内部连通性最差。

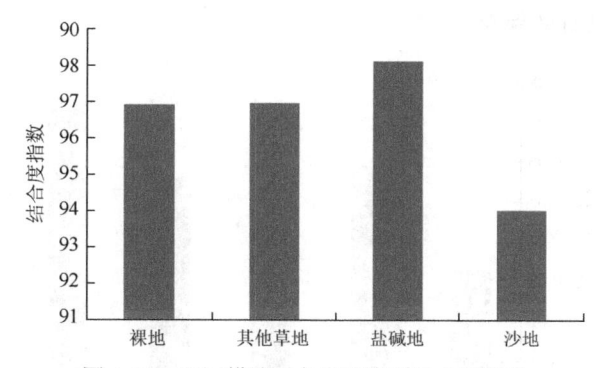

图 4-13　不同耕地后备资源类型结合度指数

4）平均邻近指数

平均邻近指数用来表示同类斑块的远近程度，其值小表明同类斑块间离散程度高，其值大则表明同类型斑块邻近度高，景观连续性好。这里用其来分析斑块间的外部连通程度。

从图 4-14 可以看出，平均邻近指数从高到低分别为盐碱地＞其他草地＞裸地＞沙地。这说明盐碱地斑块与斑块间的外部连通性最好，这主要是由于盐碱地集中分布于松嫩平原，且其总面积较大，所以其斑块与斑块间的距离较小，表明其外部连通性最好。其他草地的总面积虽然比盐碱地大得多，但其在全省内广泛分布，所以其斑块间的距离较大，表明其外部连通性一般。裸地和沙地由于其总面积较小，在全省呈零星分布，其斑块间的距离较大，表明其外部连通性较差。

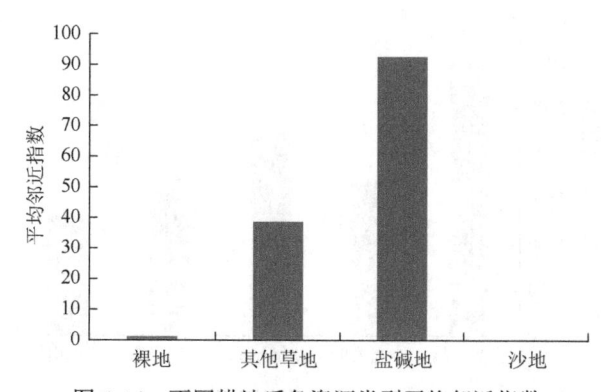

图 4-14　不同耕地后备资源类型平均邻近指数

4.2.3.2 黑龙江省不同区域景观格局比较分析

1)斑块密度指数

由图 4-15 可以看出,东部山地的斑块密度指数最高,其次分别为小兴安岭＞三江平原＞松嫩平原,大兴安岭的斑块密度指数最低。这说明东部山地的耕地后备资源的破碎化程度最高,这主要由于该区域土地开发强度较大造成耕地后备资源呈现高破碎化的趋势。大兴安岭的斑块密度指数最低,说明该区域耕地后备资源破碎化程度最低,这主要是由于大兴安岭地区人为活动较少,加之天保工程的实施,使得林区的耕地后备资源受人为干扰较少,得以有效保存。

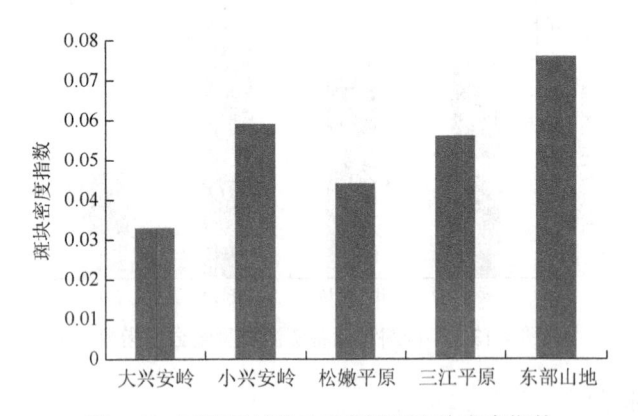

图 4-15 不同区域耕地后备资源斑块密度指数

2)平均斑块面积指数

由图 4-16 可以看出,平均斑块面积指数由大到小依次为大兴安岭＞松嫩平原＞三江平原＞小兴安岭＞东部山地。大兴安岭地区的平均斑块面积指数最大,说明其保护现状相对较好;松嫩平原平均斑块面积指数居第二位,这主要是由于该区盐碱地较多,其开发利用受到限制,此类耕地后备资源得以大面积保留,所以其平均斑块面积较大;东部山地平均斑块面积指数最小,这说明该区土地开发强度较大,耕地后备资源呈破碎化、小型化趋势。

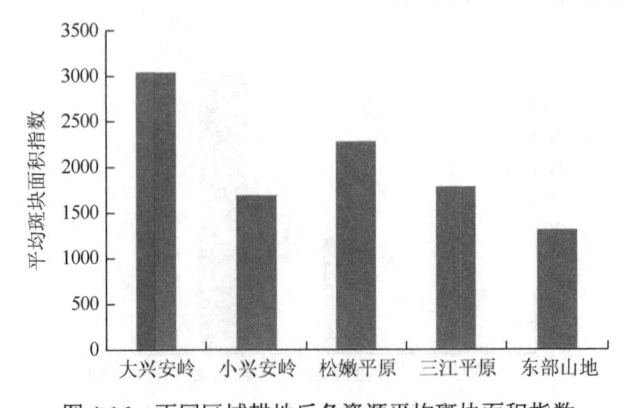

图 4-16 不同区域耕地后备资源平均斑块面积指数

3）结合度指数

由图 4-17 可以看出，结合度指数由大到小依次为大兴安岭＞松嫩平原＞三江平原＞小兴安岭＞东部山地。这说明在大兴安岭地区，耕地后备资源的分布最为集中，呈团聚性分布，所以其结合度指数最高。松嫩平原由于其耕地后备资源的面积最大，约占全省的 43%，且团聚性分布较多，所以其结合度指数次之。三江平原和小兴安岭的耕地后备资源面积居中，但其分布相对较为分散，所以其结合度指数较低。东部山地耕地后备资源较少，但分布相对集中，所以其结合度指数虽为最低，但与其他地区相差不多。

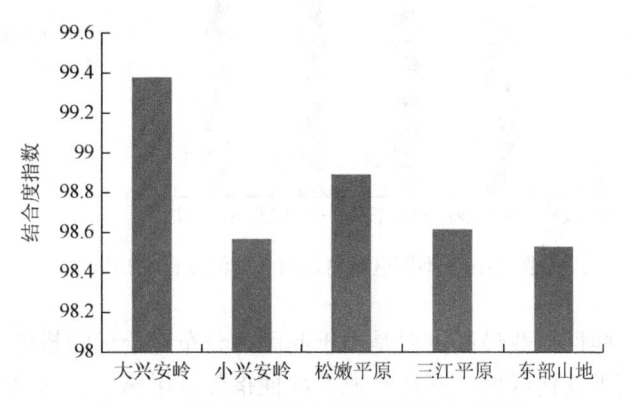

图 4-17　不同区域耕地后备资源结合度指数

4）平均邻近指数

由图 4-18 可以看出，平均邻近指数依次为松嫩平原＞大兴安岭＞三江平原＞东部山地＞小兴安岭。松嫩平原耕地后备资源面积最大，约占全省的 43%，斑块间平均距离最小，斑块间外部连通性最好。大兴安岭地区的耕地后备资源总面积较小，但由其空间分布可以看出，其集中分布于区域的南部，所以其斑块间平均距离较小，斑块间外部连通性较好。三江平原的耕地后备资源以其他草地为主，在全区内零星分布，虽然其总面积较大，但外部连通性一般。东部山地的耕地后备资源面积较小，但其分布相对集中，所以其斑块距离较远，外部连通性还高于小兴安岭地区。小兴安岭地区的耕地后备资源面积虽然较大，但主要在分区内广泛、零星分布，所以其斑块距离最大，外部连通性最差。

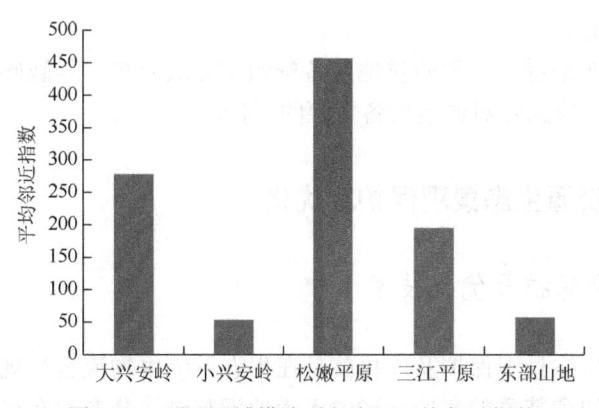

图 4-18　不同区域耕地后备资源平均邻近指数

5）多样性指数

由图 4-19 可以看出，耕地后备资源的多样性指数中香农-维纳多样性指数和辛普森指数的趋势一致，从高到低分别为松嫩平原＞三江平原＞东部山地＞小兴安岭＞大兴安岭。

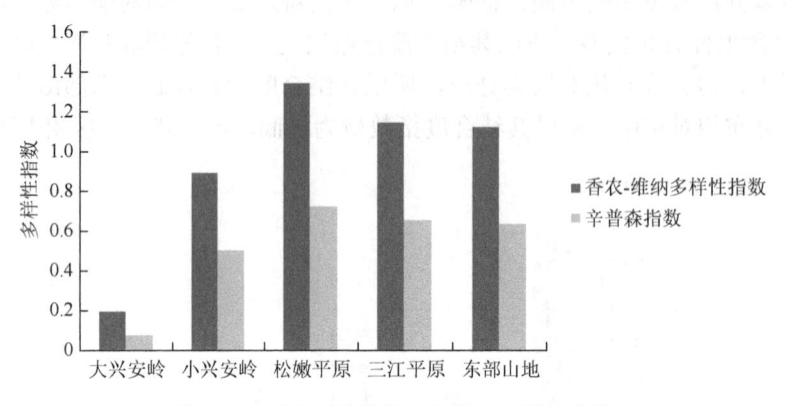

图 4-19　不同区域耕地后备资源多样性指数

松嫩平原的多样性指数最高主要是由于此区内分布有全部的耕地后备资源类型，且每种类型面积均高于其他区域。三江平原多样性指数位居第二，同松嫩平原一样，此区域内耕地后备资源的类型较多，但盐碱地、沙地等的面积较松嫩平原少，所以其值低于松嫩平原。大兴安岭区域的多样性指数最低，这主要是由于此区没有沙地分布，且盐碱地也只有极小量分布。

4.2.3.3　结论

从耕地后备资源类型来看，沙地的破碎化程度最大，其次为其他草地、裸地，盐碱地的破碎化程度最小。沙地、裸地的连通性最差，其他草地的连通性略好，盐碱地的连通性最好。

分区域来看，东部山地的耕地后备资源破碎化程度最高，其次为松嫩平原、三江平原，大兴安岭区域的破碎化程度最低。松嫩平原的连通性最好，其次为大兴安岭、三江平原，东部山地最低。

从整体空间分布来看，全省的耕地后备资源呈分散分布，其破碎化程度较高，且容易受人为干扰影响，应加强对耕地后备资源的保护。

4.2.4　耕地后备资源生态景观保护及优化

4.2.4.1　生态景观保护及优化技术

耕地后备资源生态景观保护及优化就是在生态系统生物流运行规律的基础上，综合考虑生态系统各斑块和基质的属性，通过人为地调整斑块分布和布局，以达到生态系统服务功能最大化的规划方法。在此，采用最小阻力模型方法进行景观保护及优化。

根据不同土地利用类型，借鉴 Costanza 等（1997）以及谢高地等（2008）的研究成果，得到不同土地利用类型的生态系统服务价值，计算其倒数，为计算方便，将其扩大 10000 倍，得到景观生态阻力值。建设用地景观生态阻力赋值为 10000，其他土地利用类型生态阻力值见表 4-30。

表 4-30　景观生态阻力值

土地利用类型	建设用地	其他用地	耕地	草地	林地	水域
单位面积生态系统服务功能值/[元/(km^2·a)]	0	624	3547	5241	12628	20366
景观生态阻力值/（×10000）	10000	16.025	2.819	1.908	0.792	0.491

与其他土地利用类型相比，耕地后备资源破碎化程度严重，相互之间的连通性不是很好，生态系统服务功能得不到充分发挥，所以应通过空间上的生态格局优化建设达到生态系统服务功能最大化。其优化流程如图 4-20 所示。

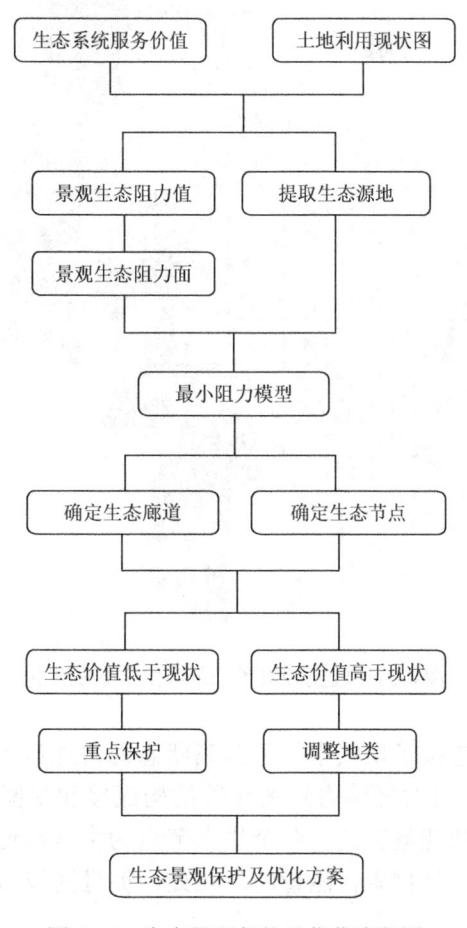

图 4-20　生态景观保护及优化流程图

4.2.4.2 生态景观保护及优化示例

以饶河县红旗岭农场示范区为例,以农场土地利用现状图为底图。耕地后备资源确定为生态源地,分别对耕地、水域、林地进行生态景观阻力赋值,生成生态景观阻力面栅格图像。应用 ArcGIS 进行最小耗费距离分析,得到九条生态廊道,两个生态节点(图 4-21)。

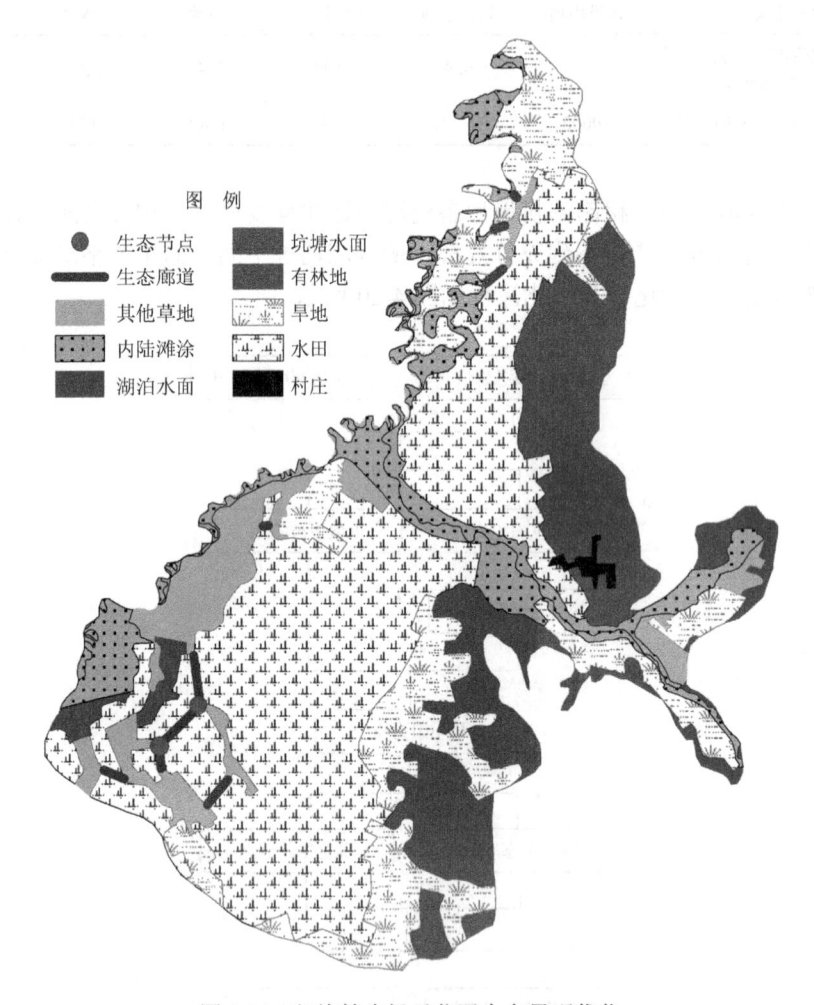

图 4-21 红旗岭农场示范区生态景观优化

九条生态廊道分别连接了现状中处于分离状态的耕地后备资源斑块(在示例中为其他草地),这些生态廊道对区域内景观起着结构连接和功能连接的作用,可以促进区域内生物的信息交流和能量交流。两个生态节点为生态廊道的交汇点,它实现了空间联系生态廊道的功能,是物质、能量的汇集处,促进区域内生态廊道充分发挥生态功能。

4.2.4.3 生态廊道构建、优化技术

1）湿地生态廊道

宽度：60m。

走向：根据地形、地势，在需连接的两个生态廊道中取直线最短距离走向。

周边：主体满足湿地特性，要求能够耐水流冲刷。

植被：廊道植被采用湿地植被结构，可种耐湿的乔、灌、草类植物，形成绿色的生态廊道。在不影响行洪的情况下，在季节性裸露的河滩上形成以湿生草类为主的自然生态群落。

附加：条件较适宜的地段可修建休闲游览场地，充分发挥其社会、生态效益。

2）防护林生态廊道

宽度：乔木树种 8～20 行，林带宽度 20～100m。

走向：有显著主害风和盛行风地区，采取主林带为长边的长方形网格，并与主害风方向垂直，风偏角的变化不得超过 45°。

周边：在林带范围内选种耐干旱、耐瘠薄、耐遮阴的作物；在靠近耕地的一侧挖沟断根或切根贴膜，减小根幅胁地范围。

苗木：裸根苗应使用《主要造林树种苗木质量分级》（GB 6000—1999）规定的Ⅰ、Ⅱ级苗木。经济林树种，应执行《名特优经济林基地建设技术规程》（LY/T 1557—2000）的规定。

容器苗：执行《容器育苗技术》（LY/T 1000—2013）。

种条：执行《造林技术规程》（GB/T 15776—2016）。

附加：易受冻害的树种，当年冬季造林时应采取覆土、盖草等防寒措施。易受风害的树种，当年造林时应采取堆土等防风措施。

4.3 耕地后备资源生态化开发技术研究

经过多年的开发利用，黑龙江省耕地后备资源的数量和分布发生了比较大的变化，对生态环境产生了一定的影响。这种影响是两方面的：既有对生态环境的改善作用，也有对生态环境的破坏作用。

对生态环境的改善作用主要体现在对可复垦耕地后备资源的开发利用上。通过压占破坏地、挖损及塌陷破坏地、自然灾害损毁地的复垦活动，使裸露的煤矸石堆、采矿塌陷地等得到重新利用和绿化覆盖，减少了空气中粉尘等悬浮颗粒的含量，减轻了空气污染程度。但整体来看，对耕地后备资源的开发利用，尤其是违背自然规律对可开垦耕地后备资源的不合理开发利用，则更多地表现为对生态环境的破坏作用。主要表现为土地退化直接或间接破坏湿地以及自然灾害逐年增加等。

黑龙江省耕地后备资源以其他草地（湿地）为主，其是人类最重要的环境资本之一，也是自然界生物多样性丰富和生产力较高的生态系统。草地不但具有丰富的资源，还有

巨大的环境调节功能和生态效益，其本身也是水陆交汇作用的典型脆弱生态系统。黑龙江省生态环境比较敏感，尤其是西部地区及东部三江平原地区均属于环境脆弱区域。在黑龙江省西部（主要是齐齐哈尔、大庆）一些生态环境比较脆弱的地区开展的不合理土地开发整理活动，破坏了当地脆弱的生态环境，不同程度地造成了土地次生盐渍化、沙化等土地退化现象。由于在三江平原大规模开发耕地后备资源，大量沼泽湿地被开垦，水土流失比较严重，土壤肥力下降，水旱灾害频繁发生。不论是从开发时间的角度还是从开发方式的角度分析，耕地后备资源的不合理开发都可能产生不可逆转的环境负效应。因此，选择合适的开发方式显得尤为重要。

黑龙江省耕地后备资源生态化开发的研究，是根据耕地后备资源分布区的生态特点，评价开发的生态影响，建立开发的标准，研究开发的模式，建立相应配套生态环境保护措施，减少生态环境恶化，防止生物多样性遭到破坏，避免水土流失、土壤污染、土壤肥力下降、土地沙化、盐碱化等土地退化问题的发生。

4.3.1 耕地后备资源生态化分区研究

在分析黑龙江省五个土地利用区生态特点的基础上，对耕地后备资源中的其他草地、盐碱地、沙地和裸地（去除自然保护区、国家湿地公园、国家森林公园等自然保护地范围的耕地后备资源）进行生态化开发适宜性评价，并与耕地后备资源潜力开发评价结果进行叠加，划分生态化开发时序，最终确定生态化开发的分级标准及数量。

4.3.1.1 黑龙江省五个土地利用区的生态背景

（1）大兴安岭森林生态功能区。包括大兴安岭地区各县、区，区内林地面积占比86.2%，是国家主要木材生产基地和实施天然林保护工程重点区域之一，也是全省实施"八大经济区"建设的重要生态功能区，起到对松嫩平原的天然屏障保护作用。耕地后备资源生态化开发方向以增加林业用地为主，加强营林建设，维持良好生态环境。

（2）小兴安岭生态功能与山地林农区。包括黑河、伊春所辖市县及哈尔滨市通河县，绥化市庆安县、绥棱县，区内有森林、草原、湿地等多种生态系统类型以及多处国家级自然保护区、风景名胜区、地质公园和森林公园，野生动植物资源丰富，对维护整体生态功能，涵养黑龙江、嫩江等重要水系具有重要作用。该区由于种种原因，生态环境遭到破坏，森林质量下降，原始林趋于破碎，草地、湿地面积减少，今后要大力实施天然林保护工程和植被恢复，推进水土流失治理及林地、草地、湿地等生态系统的维护与重建，增强生态系统功能。

区内按土地利用方式可划分为东部林业区和西部林农区，耕地后备资源生态化开发东部林业区以增加林地为主，林农结合，提高森林质量和蓄积量。西部林农区应适当增加有效耕地面积，提高耕地质量。

（3）松嫩平原农牧区。包括齐齐哈尔、大庆市所辖市县及绥化的北林区、安达市、肇东市、海伦市、望奎县、兰西县、青冈县、明水县和哈尔滨市区及所辖宾县、阿城区、呼兰区、双城区、巴彦县、木兰县、五常市。该区是全省实施"八大经济区"建设的重点区域，包括哈大齐工业区、农业综合开发区、高新技术产业区等重点建设区，是全省主要的工业和农牧业生产基地。耕地后备资源开发应以农牧用地为主。要落实粮食生产区农田保护，开展生态建设。

（4）三江平原农矿区。包括佳木斯、双鸭山、鹤岗、鸡西、七台河所辖市县及哈尔滨市依兰县。该区地势平坦，水资源丰富，可垦荒原多，国营农场集中，是国家重要的农业综合开发区。耕地后备资源开发除满足工矿用地外，要以增加耕地为主，结合三江平原东部地区水利工程建设，建立优质水稻生产基地，增加有效耕地面积，提高耕地质量。

（5）张广才岭、老爷岭农林区。包括牡丹江市及哈尔滨市尚志市、方正县、延寿县。该区林地面积大，树种类型多，是黑龙江省主要优质木材生产基地，西部的蚂蚁河、海浪河流域水田面积多，是黑龙江省水稻产区之一，绥芬河、东宁是黑龙江省对俄罗斯的主要贸易口岸，土地利用以林农业为主，发展多种经营，要进一步优化土地利用结构，合理安排各业用地，提高土地利用效益。耕地后备资源开发应以增加林地和水田面积为主。

4.3.1.2 耕地后备资源生态化开发适宜性评价

1）指标选取的原则

指标是评价的依据，评价的可行性与合理性关键取决于指标。为了科学全面地评价耕地后备资源生态化开发适宜性，在选取评价指标时必须遵循以下原则。

（1）科学性与可操作性原则。科学性是制定评价指标体系最基本的原则。构建的指标体系既要能揭示耕地后备资源开发的生态效益，又要能反映社会经济发展的内在需求。但是它并非单纯的理论探索，而要能发挥实际作用，因此必须具有可操作性。如果不具备可操作性，那么建立体系就毫无意义。对于不同的开发区域，应该具体问题具体分析，而不能生搬硬套。

（2）系统性与完整性原则。指标体系作为一个整体，要比较全面地反映被评价区域的发展特征。因此，构建评价体系时，要从系统的观点出发，把整个区域作为一个相对独立而又与其周围环境体系紧密联系的系统。在保证完整性的原则下，充分考虑全局的因素，选取能反映耕地生态化开发与社会经济资源结合的特点，能反映耕地后备资源生态化开发与土地区域、专业化利用相结合的，能考虑到生态化开发的广度和深度的各种因子。只有这样，评价体系才能真正地反映耕地后备资源生态化开发带来的各种影响。

（3）主成分与独立性原则。设置指标时应尽量选择那些有代表性的综合指标和那些具有相对独立性的指标。

（4）定性与定量相结合原则。为了能够全面反映耕地后备资源生态化开发的情况，选取的指标包括定性和定量指标；为了能够客观反映问题，把定性指标量化，把数值运用到指标体系中，最终得出定量的结论。

（5）重视生态效益的原则。耕地后备资源开发是一项系统工程，它一方面可增加有效耕地面积，缓解人地矛盾，带动各类相关行业的发展，解决大量的就业问题，带来良好的社会效益；另一方面也能改善土地的质量，提高土地的生产能力，因此又具有很好的经济效益。同时，耕地后备资源开发必然改变当地的生态结构，进而改变当地的生态功能。生态化开发，顾名思义，要相当重视生态效益，在不破坏当地生态功能的基础上，甚至要改善生态环境，判断实施开发能不能使土地永续利用，能不能给子孙后代留下良好的生存环境。

（6）动态可持续性原则。动态可持续发展是指耕地后备资源生态化开发评价体系必须着眼于对生态环境的保护和合理利用，要考虑到未来对开发耕地的不同投入，会产生不同的生态、经济和社会效果。

2）指标的选取与指标的含义

耕地后备资源的生态化开发适宜性评价指标的选取，是在耕地后备资源潜力开发评价的基础上，从自然、生态、经济和社会条件出发，全面分析各影响因素，列出影响矩阵表，比较各影响因子在项目区的影响程度，并慎重厘清各种因素之间的关系，根据资料和数据的可获取性及完备性情况，结合各区域实际，最终筛选出适于项目区的耕地后备资源生态化开发评价指标体系，具体指标含义如下。

多年平均温度：多年气温的平均值。

多年平均降水量：多年降水量总和除以年数得到的均值。

多年平均日照：多年日照时间的平均值。

年无霜期：一年中终霜后至初霜前的一整段时间。

土壤pH：pH反映了耕地后备资源土壤酸碱程度，pH一般采用水浸结果，不采用盐浸结果。

≥10℃积温：一年内日平均气温≥10℃持续期间日平均气温的总和，表示温度对生物有机体生长发育的影响。

有机质含量：有机质含量是指土壤黑土层中的有机质含量，用百分比表示。

有效土层厚度：能生长植物的实际土层厚度。

排水条件：排水条件是指土壤排水状况，分四种情况：排水设施齐全，无洪涝危害；排水设施基本齐全，在多水年或暴雨时造成洪涝灾害较轻；排水设施一般，在多水年或暴雨时造成田间积水；没有排水设施，在多水年或大雨后产生洪涝灾害。

有效灌溉面积增加值：灌溉工程设施基本配套，有一定水源、土地较平整，一般年景下当年可进行正常灌溉的耕地面积。本次评价中有效灌溉面积增加值是指耕地后备资源开发前后区域正常灌溉耕地面积的变化值。

1/盐渍化程度（含盐总量）：盐渍化程度是指易溶性盐分在土壤表层积累的程度。土壤含盐总量<0.3（干土重%），作物正常生长；土壤含盐总量在0.3~0.5，作物生长不良；土壤含盐总量在0.5~1.0，作物正常生长；土壤含盐总量>1.0，作物不能生长。

沙化面积：指气候变化和人类活动所导致的天然沙漠扩张和砂质土壤上植被破坏、沙土裸露的面积。

1/25°坡度面积：1984年全国农业区划委员会颁发的《土地利用现状调查技术规程》将耕地坡度分为五级：≤2°一般无水土流失现象；2°~6°可发生轻度土壤侵蚀，需注意水土保持；6°~15°可发生中度水土流失，应采取修筑梯田、等高种植等措施，加强水土保持；15°~25°水土流失严重，必须采取工程、生物等综合措施防治水土流失；>25°为《中华人民共和国水土保持法》规定的开荒限制坡度,即不准开荒种植农作物,已经开垦为耕地的,要逐步退耕还林还草。

砾石含量:土壤颗粒组成中,>2mm 的石砾超过 1%的土壤,根据石砾含量分别定为砾质土或砾石土。少砾质土砾石含量在 1%~5%;中砾质土砾石含量在 5%~10%;多砾质土砾石含量在 10%~30%。

绿色植被覆盖率增加值:绿色植被覆盖率指绿色植被面积占土地总面积之比,用百分数表示。绿色植被覆盖率降低是生态恶化的主要原因之一,绿色植被覆盖率的高低直接关系着土地生态环境的优劣。本次评价中绿色植被覆盖率增加值是指耕地后备资源开发前后区域绿色植被覆盖率的变化值。

商品能源获取的难易程度:农村生活用能中商品能源的比例正以较快的速度增加,农民收入的增加与商品能源容易获得都能成为他们转向使用商品能源的契机与动力。在较为接近商品能源产区的农村地区或富裕的农村地区,商品能源(如煤、液化石油气等)已成为其主要的炊事用能。以传统方式利用的秸秆首先成为被替代的对象,致使被弃于地头田间直接燃烧的秸秆量逐年增大,许多地区废弃秸秆量已占总秸秆量的 60%以上,既危害环境,又浪费资源。因此,商品能源获取的难易程度对耕地开发后环境资源的保护尤为重要。

单位面积生物量增加值:生物量是生态学术语,或对植物专称植物量,是指某一时刻单位面积内实存生活的有机物质(干重)(包括生物体内所存食物的重量)总量,通常用 kg/m^2 表示。本次评价中单位面积生物量增加值是指耕地后备资源开发前后区域单位面积生物量的变化值。

灌溉水质达标率增加值:灌溉水质标准是为防止土壤和水体污染及作物质量下降对灌溉水质提出的要求,灌溉水质达标率一般用百分比表示,本次评价中灌溉水质达标率增加值是指耕地后备资源开发前后区域灌溉水质达标率的变化值。水质达标率公式为

$$水质达标率 = \frac{达标指标数}{指标总数} \times 100\% \tag{4-16}$$

固碳释氧能力:全球气候变化异常,植被的固碳释氧能力及其产生的价值显得尤为重要,也成为耕地后备资源生态化开发的重要指标。

物种多样性指数:群落内种类多样性的程度,是用来判断耕地后备资源生态系统的稳定性指标。

土地垦殖率:又称土地垦殖系数,指一定区域内耕地面积占土地总面积的比例,是反映土地资源利用程度和结构的重要指标。耕地作为一个主要的用地类型,其面积的多少、比例的高低,不但对国民经济产生重要影响,而且深深影响一个地区甚至更大范围的生态系统,产生不可低估的环境效应。其反映了该区域的生态环境状况。土地垦殖系数测算公式为

$$土地垦殖系数 = \frac{耕地面积}{土地总面积} \tag{4-17}$$

土地垦殖率增加值:本次评价中土地垦殖率增加值是指耕地后备资源开发前后区域土地垦殖率的变化值。

系统承灾能力：系统承灾能力也称系统抗灾能力，可通过灾害发生率来间接表示。

$$C = \frac{A}{B} \times 100\% \tag{4-18}$$

式中，C 为灾害发生率；A 为受灾面积；B 为耕地总面积。其中，灾害发生率越大，系统承灾能力（1–灾害发生率）就越弱，说明系统抗灾能力越差；反之，灾害发生率越小，系统承灾能力就越强，说明系统抗灾能力越强。

土壤污染指数：指土壤污染程度或土壤环境质量等级。评测土壤污染的指数有两种，分别是单项污染指数（P_i）和综合污染指数（P）。综合污染指数由单项污染指数综合而成。本章采用综合污染指数。单项污染指数为土壤污染的实测值（C_i）与评价标准（S_i）之比。

景观多样性：景观多样性是指不同类型的景观在空间结构、功能机制和时间动态方面的多样化和变异性。

第一产业比重：第一产业总值占 GDP 比重。

农民人均纯收入：耕地后备资源开发的效益不仅要体现增加耕地数量和提高耕地质量，其最终目的还要体现农民的增产和增收。提高项目区农民的收入水平，改善他们的生产、生活条件，这也是调动和提高广大农民参与项目建设积极性的一个直接动因。农民人均年纯收入计量单位是万元/人，计算公式为

$$农民人均年纯收入 = 项目区农户年纯收入/项目区人口数量 \tag{4-19}$$

地均农业产值：农业总产值除以生产所占用地，计算每单位地面的产值（元/m²）。

机械化程度：农业机械化使农业综合生产能力得到大幅度提高，农业机械的推广使用，提高了生产效率，增强了抵抗干旱、洪涝等自然灾害的能力，该指标在一定程度上反映了人类对土地的投入，计量单位是 kW/hm²，计算公式为

$$机械化程度 = 农业机械总功率/耕地面积 \tag{4-20}$$

国家投资：国家投资是指国家或政府通过财政拨款及其他方式所实施的直接投资行为，是耕地后备资源生态化开发资金的主要来源。

人口密度：人口密度作为反映人口环境的指标，在一定的区域内，人口密度越大，人类对生态系统的干扰就越大，土地的生态压力也就越大。人口密度计量单位是人/km²，计算公式为

$$人口密度 = 区域人口总数/土地总面积 \tag{4-21}$$

人口自然增长率：人口自然增长率是指在一定时期内（通常为一年）人口自然增加数（出生人数减去死亡人数）与该时期内平均人数（或期中人数）之比，一般用千分率表示。计算公式为

$$人口自然增长率 = (年内出生人数 - 年内死亡人数)/年平均人数 \times 1000‰ \tag{4-22}$$
$$= 人口出生率 - 人口死亡率$$

农民平均文化水平：拥有大学、高中（含中专）、初中、小学文化程度的人口占总人口的比例。

路网密度：路网密度是道路长度与道路所服务用地范围面积的比值。依道路网内道路中心线计算其长度，依道路网所服务的用地范围计算其面积。

与建制镇距离：到最近建制镇的实际距离。

3）指标权重的确定

耕地后备资源生态化开发的综合评价是一个多目标、多层次的决策问题，它涉及自然、生态、经济、社会等诸多方面因素的综合分析和比较。

不同指标对土地生态化开发的影响、贡献程度不同。经过相关学科专家的多次讨论，结合各因素对黑龙江省耕地后备资源生态化开发的影响程度，采用层次分析法确定各评价因子的权重（表 4-31）。

表 4-31 黑龙江省耕地后备资源生态化开发适宜性评价指标及权重表

目标层权重	序号	评价指标权重
自然条件 （0.31）	1	多年平均温度（0.068）
	2	多年平均降水量（0.067）
	3	多年平均日照（0.067）
	4	年无霜期（0.070）
	5	土壤 pH（0.068）
	6	≥10℃积温（0.072）
	7	有机质含量（0.085）
	8	有效土层厚度（0.080）
	9	排水条件（0.081）
	10	有效灌溉面积增加值（0.080）
	11	1/盐渍化程度（全盐含量）（0.065）
	12	1/沙化面积（0.065）
	13	>1/25°坡度面积（0.066）
	14	1/砾石含量（0.066）
生态条件 （0.41）	15	绿色植被覆盖率增加值（0.095）
	16	商品能源获取的难易程度（0.083）
	17	单位面积生物量增加值（0.10）
	18	灌溉水质达标率增加值（0.084）
	19	1/土地垦殖率增加值（0.081）
	20	固碳释氧能力（0.10）
	21	物种多样性指数（0.11）
	22	土地垦殖率增加值（0.084）
	23	系统承灾能力（0.082）
	24	土壤污染指数（0.081）
	25	景观多样性（0.10）
经济条件 （0.16）	26	1/第一产业比重（0.19）
	27	农民人均纯收入（0.18）
	28	地均农业产值（0.19）
	29	机械化程度（0.23）
	30	国家投资（0.21）

续表

目标层权重	序号	评价指标权重
社会条件 （0.12）	31	1/人口密度（0.18）
	32	1/人口自然增长率（0.19）
	33	农民平均文化水平（0.23）
	34	路网密度（0.21）
	35	1/与建制镇距离（0.19）

采用层次分析法对耕地后备资源生态化开发进行综合评价。层次分析法是一种实用的多准则评价方法，它把一个复杂的问题表示为有序统一处理决策中的定性与定量因素，更具科学性、系统性、实用性、完整性和层次性。该方法所需数据量少、评分花费时间短、计算工作量小、易于理解和掌握，现在已经成为系统科学中常用的决策分析工具。下面对其进行简要介绍。

层次分析法是美国著名运筹学家Saaty于20世纪70年代中期创立的一种定性与定量相结合的多目标决策方法，其本质是试图使人的思维条理化、层次化，这种方法具有将复杂的决策思维过程转变为易于理解的简单数量化的功能。这种方法能够充分利用人的经验和判断，对决策方案、各子系统、影响因子进行优劣排序，具有实用性、系统性、简洁性等优点，是目前系统工程处理定性与定量相结合问题比较简便易行而又行之有效的方法。运用层次分析法进行评价，主要步骤如下。

（1）建立层次框架。在深入分析所面临的问题之后，对构成评价系统的目的、评价项目（准则）及影响因素等要素建立多级递阶的结构模型，如目标层、准则层、指标层等，并用结构图的形式说明层次的递阶结构与因素的从属关系。

（2）构造判断矩阵。对同一层的要素关于上一层中某一元素的重要性进行两两比较，根据评价尺度确定其相对重要程度，据此建立判断矩阵。判断矩阵是层次分析法的基本信息，也是进行相对重要度计算的重要依据。

判断矩阵以上一层次的要素作为评价准则，对本层次的要素进行两两比较来构造判断矩阵元素。假定A层因素中ak与下一层次中B_1、B_2、B_3、…、B_n有联系，构造判断矩阵一般形式，见表4-32。

表4-32 判断矩阵

ak	B_1	B_2	…	B_n
B_1	b_{11}	b_{12}	…	b_{1n}
B_2	b_{21}	b_{22}	…	b_{2n}
⋮	⋮	⋮		⋮
B_n	b_{n1}	b_{n2}	…	b_{nn}

判断矩阵中，元素b_{ij}表示对准则ak而言，因素b_i与b_j的相对重要程度，即$b_{ij}=w_i/w_j$。

其中，w_i、w_j 分别表示 b_i、b_j 对准则 ak 的重要度。通常 b_{ij} 取 1，2，3，4，…，9 及它们的倒数，其含义如表 4-33 所示。

表 4-33 判断矩阵中元素 b_{ij} 含义

标度	含义
1	表示 b_i 与 b_j 一样重要
3	表示 b_i 与 b_j 稍微重要
5	表示 b_i 与 b_j 明显重要
7	表示 b_i 与 b_j 强烈重要
9	表示 b_i 与 b_j 绝对重要
2、4、6、8	表示上述相邻判断的中值
倒数	$b_{ij} = 1/b_{ji}$

判断矩阵构造完成后，需要对其进行一致性检验。检验时需要计算判断矩阵的最大特征值 $\lambda_{\max}$，则其一致性指标为

$$CI = \frac{\lambda_{\max} - n}{n - 1} \tag{4-23}$$

式中，n 为判断矩阵的阶数。

显然，当判断矩阵具有完全一致性时，CI = 0。$\lambda_{\max} - n$ 越大，CI 越大，矩阵的一致性越差。为了检验矩阵是否具有满意的一致性，还需要引入判断矩阵的平均随机一致性指标 RI 值，将 CI 与平均随机一致性指标 RI 进行比较。对于 1~9 阶判断矩阵，RI 分别如表 4-34 所示。

表 4-34 1~9 阶判断矩阵的 RI

	1阶	2阶	3阶	4阶	5阶	6阶	7阶	8阶	9阶
RI	0.00	0.00	0.58	0.90	1.12	1.24	1.32	1.41	1.45

对于 1 阶、2 阶判断矩阵，RI 只是形式上的，按照我们对判断矩阵所下的定义，1 阶、2 阶判断矩阵总是完全一致的。当阶数大于 2 时，判断矩阵的一致性指标 CI 与同阶平均随机一致性的指标 RI 之比称为判断矩阵的随机一致性比例，记为 CR，当 CR = CI/RI＜0.1 时，判断矩阵具有满意的一致性，否则就需要对判断矩阵进行调整。

（3）层次总排序。同一层次所有因素对于最高层（目标层）相对重要性的排序权值，称为层次总排序。具体计算过程如表 4-35 所示。

表 4-35 层次总排序权值计算表

层次 B	层次 A_1	层次 A_2	…	层次 A_m	B 层次的总排序
	a_1	a_2	…	a_m	
层次 B_1	b_{11}	b_{12}	…	b_{1m}	$b_1 = \sum_{j=1}^{m} a_j b_{1j}$

续表

层次 B	层次 A_1 a_1	层次 A_2 a_2	$\cdots$	层次 A_m a_m	B 层次的总排序
层次 B_2	b_{21}	b_{22}	$\cdots$	b_{2m}	$b_2 = \sum\limits_{j=1}^{m} a_j b_{2j}$
$\vdots$	$\vdots$	$\vdots$		$\vdots$	$\vdots$
层次 B_n	b_{n1}	b_{n2}	$\cdots$	b_{nm}	$b_n = \sum\limits_{j=1}^{m} a_j b_{nj}$

设 A 级各要素 $A_1, A_2, \cdots, A_m$，其层次总排序权值分别为 $a_1, a_2, \cdots, a_m$，A 级的下一层次 B 级有 n 个因素 $B_1, B_2, \cdots, B_n$，它们对于因素 A_j 的层次单排序权值分别为 $b_{1j}, b_{2j}, \cdots, b_{ij}$，若 B_i 与 A_j 无关，则 $b_{ij} = 0$，此时 B 层总排序权值为

$$B_i = \sum_{j=1}^{m} a_j b_{ij}, \quad i = 1, 2, \cdots, n \tag{4-24}$$

即某一元素的层次总排序权值是上一要素的层次总排序权值为权重的相对重要度的加权和。显然

$$\sum_{i=1}^{n} \sum_{j=1}^{m} a_j b_{ij} = 1 \tag{4-25}$$

即层次总排序仍然是归一化正规向量。层次总排序是从上而下逐层计算的。其结果仍需进行总的一致性检验。当

$$CR = \frac{CI}{RI} = \frac{\sum\limits_{j=1}^{m} a_j CI_j}{\sum\limits_{i=1}^{m} a_i RI_j} < 0.1 \tag{4-26}$$

时，则认为层次总排序的计算结果可以接受。式中，CI_j 和 RI_j 分别为与 a_m 对应的 B 层中判断矩阵的一致性指标和随机一致性指标。

4) 评价模型的构建

耕地后备资源生态化开发评价指标体系的每一个指标都是从不同侧面来反映土地开发对生态环境的影响情况的，要反映全貌还得进行综合评价，根据各个指标的权重计算出综合指数，公式如下：

$$Y = \sum_{i=1}^{n} X_i W_i \tag{4-27}$$

式中，Y 为总得分；X_i 为第 i 个因子的得分，即标准值；W_i 为第 i 个因子的权重，逐层对各指标的标准值进行加权平均，即得到耕地后备资源生态化开发适宜性指数。

4.3.2 耕地后备资源生态化开发评价的步骤

根据前面建立的评价指标体系和评价方法，可以看出耕地后备资源生态化开发评价

是一个多级（三级）评判过程。第一级为准则层，该级各项指标的确定决定最后的评价结果；第二级为次准则层，通过该层计算得到第一级各指标的数据；第三级为指标层，该层计算可以得到第二级各指标的数据。进行方案综合评价时，应先从第三级开始，其方法如下：

（1）三级评判过程，以确定 C-B 权重数据。

（2）二级评判过程，以确定 B-A 权重数据。

（3）一级评判过程，得到最终 C-A 权重。

（4）运用综合指数法进行综合评价。

按照上述选取的指标，对各区域、各地类分别进行打分。采用综合分析法，按照某项指标值对应的得分确定其得分。将"各指标得分"和指标权重相乘，并将得分与指标权重的乘积相加，递进相乘加成后，最后得到不同地区、不同地类的综合得分。

由以上评价过程可得耕地后备资源生态化开发评价综合开发指数，开发指数越大表示耕地后备资源生态化开发适宜程度越高，适宜早开发；开发指数越小表示耕地后备资源生态化开发适宜程度越低，宜晚开发或不宜开发。其划分区域分为高适宜生态开发区、适宜生态开发区、低适宜生态开发区、不适宜生态开发区。

那么，黑龙江省可生态化开发的耕地后备资源，主要是将黑龙江省耕地后备资源潜力开发评价中一级、二级和三级资源列入可生态化开发的范畴，扣除不适宜生态化开发区域，同时扣除国家法律法规限制及保护区、国家森林公园、国家湿地公园范围内的耕地后备资源。

4.3.3 耕地后备资源生态化开发分级评价结果

4.3.3.1 耕地后备资源生态化开发分类分级评价

通过对黑龙江省具有开发潜力的耕地后备资源进行生态化开发适宜性评价，评价结果见表 4-36。可以看出，其他草地、盐碱地、沙地、裸地四种地类中均为高适宜生态开发区居多，都占本地类的 60%以上。四种地类的适宜生态开发区面积均最小，仅占本地类的 10%以下。

表 4-36 黑龙江省耕地后备资源分类型生态化开发分级面积 （单位：hm^2）

开发分级	盐碱地	沙地	裸地	其他草地	合计
高适宜生态开发区	18903.76	60.78	20.04	187835.55	206820.13
适宜生态开发区	2331.04	7.84	2.65	24704.90	27046.43
低适宜生态开发区	4669.01	20.91	4.94	65104.02	69798.88
小计	25903.81	89.53	27.63	277644.47	303665.44

高适宜生态开发区以其他草地居多，其次为盐碱地，沙地和裸地较少；适宜生态开发区、低适宜生态开发区也表现为同样的趋势。

1）盐碱地

盐碱地是黑龙江省耕地后备资源中较为重要的一部分，主要分布在黑龙江省西部生态脆弱带：讷河市、甘南县、龙江县、齐齐哈尔市、富裕县、依安县、泰来县、杜尔伯特蒙古族自治县、林甸县、大庆市、安达市、肇源县、肇州县、肇东市、双城区。从适宜区划分结果可以看出：盐碱地约占耕地后备资源总量的8.53%，高适宜生态开发区盐碱地面积18903.76hm²，约占盐碱地总量的72.98%；其次是低适宜生态开发区，面积为4669.01hm²，约占盐碱地总量的18.02%；适宜生态开发区面积为2331.04hm²，约占盐碱地总量的9.00%。

2）沙地

黑龙江省耕地后备资源中的沙地，主要分布在大庆市的杜尔伯特蒙古族自治县、肇源县、密山市一带。从适宜区划分结果可以看出：沙地多集中在高适宜生态开发区，面积为60.78hm²，约占沙地总量的67.89%；低适宜生态开发区也有分布，面积约20.91hm²，约占沙地总量的23.36%，这部分沙地主要分布在大庆市的肇源县，周边土壤质地较好，比较适宜开发。适宜生态开发区面积7.84hm²，约占沙地总量的8.76%。

3）裸地

黑龙江省耕地后备资源中的裸地主要分布在牡丹江地区的宁安市、黑河市区、五大连池市、齐齐哈尔地区的龙江县以及鹤岗地区的萝北县。从适宜区划分结果可以看出：裸地多集中在高适宜生态开发区，面积约20.04hm²，约占裸地总量的72.53%；低适宜生态开发区面积4.94hm²；适宜生态开发区面积约2.65hm²。

4）其他草地

黑龙江省耕地后备资源以其他草地为主，主要分布在逊克县、黑河市区、嫩江市、北安市、鸡西地区的虎林市以及佳木斯和大庆地区。从适宜区划分结果可以看出：其他草地集中在高适宜生态开发区，面积约187835.55hm²，约占其他草地总量的67.65%；适宜生态开发区和低适宜生态开发区分别约占其他草地总量的8.90%和23.45%。

4.3.3.2 耕地后备资源生态化开发分区分级评价

结合黑龙江省五大土地利用区生态背景，对耕地后备资源进行生态化开发适宜性评价，由表4-37可以看出，大兴安岭高适宜生态开发区面积最大，为1930.74hm²，占81.00%；低适宜生态开发区面积最小，为166.85hm²，占7.00%。小兴安岭高适宜生态开发区面积最大，为53632.88hm²，占86.00%；低适宜生态开发区面积最小，为2494.55hm²，占4.00%。三江平原高适宜生态开发区面积最大，为79203.51hm²，占73.00%；适宜生态开发区最小，为9764.82hm²，占9.00%。松嫩平原高适宜生态开发区面积最大，为63370.42hm²，占53.00%；适宜生态开发区面积最小，为9565.35hm²，占8.00%。东部山地高适宜生态开发区面积最大，为8682.57hm²，占80.00%；低适宜生态开发区面积最小，为976.79hm²，占9.00%。

4 耕地后备资源生态化开发技术研究

表 4-37 黑龙江省耕地后备资源分区生态化开发分级面积　　（单位：hm^2）

区域	高适宜生态开发区	适宜生态开发区	低适宜生态开发区	小计
大兴安岭	1930.74	286.03	166.85	2383.62
小兴安岭	53632.88	6236.38	2494.55	62363.81
三江平原	79203.51	9764.82	19529.63	108497.96
松嫩平原	63370.42	9565.35	46631.07	119566.84
东部山地	8682.57	1193.85	976.79	10853.21

高适宜生态开发区以三江平原面积最大，其次为松嫩平原、小兴安岭，东部山地和大兴安岭面积较小；适宜生态开发区以三江平原、松嫩平原、小兴安岭面积居多，东部山地、大兴安岭面积较少；低适宜生态开发区以松嫩平原面积居多，其次为三江平原，大兴安岭面积最少。

1）大兴安岭区

大兴安岭区主要指大兴安岭所在的县、市，包括加格达奇区、松岭区、新林区、呼中区以及呼玛县、塔河县和漠河市。

从适宜区划分结果看，大兴安岭区主要为裸地和其他草地，高适宜生态开发区面积约 1930.74hm^2，占区域总量的 81%；适宜生态开发区面积约 286.03hm^2，占区域总量的 12%；低适宜生态开发区面积占区域总量的 7%。

2）小兴安岭区

小兴安岭区主要包括黑河地区、伊春地区、哈尔滨市的通河县以及绥化地区的庆安县和绥棱县。

从适宜区划分结果可以看出，小兴安岭区集中在高适宜生态开发区，面积约 53632.88hm^2，约占区域总量的 86.00%；适宜生态开发区也有分布，面积约 6236.38hm^2，约占区域总量的 10.00%；低适宜生态开发区面积占区域总量的 4%。

3）三江平原区

三江平原区主要包括佳木斯地区、双鸭山地区、鹤岗地区、鸡西地区、七台河地区及哈尔滨市依兰县。

从适宜区划分结果可以看出，三江平原区主要集中在高适宜生态开发区，面积约 79203.51hm^2，约占区域总量的 73.00%；其次是低适宜生态开发区，面积约 19529.63hm^2，占区域总量的 18.00%；适宜生态开发区面积 9764.82hm^2，仅占区域总量的 9.00%。

4）松嫩平原区

松嫩平原区主要包括绥化地区的北林区、望奎县、兰西县、青冈县、明水县、安达市、肇东市、海林市、齐齐哈尔地区、大庆地区以及哈尔滨市及所辖宾县、阿城区、呼兰区、双城区、巴彦县、木兰县、五常市。

从适宜区划分结果可以看出，松嫩平原区主要集中在高适宜生态开发区，面积约 63370.42hm^2，占区域总量的 53.00%；其次是低适宜生态开发区，面积约 46631.07hm^2，占区域总量的 39%。

5）东部山地区

东部山地区主要包括牡丹江地区及哈尔滨市的尚志市、方正县和延寿县。

从适宜区划分结果可以看出，东部山地区主要集中分布在高适宜生态开发区，面积约 8682.57hm²，占区域总量的 80.00%；适宜生态开发区和低适宜生态开发区也均有分布，分别占区域总量的 11.00%和 9.00%。

4.3.4 耕地后备资源生态化开发模式研究

耕地后备资源生态化开发指在保护和改善生态环境的前提下，以保护生态环境为基本要求，实施在保护中开发，在开发中保护的耕地后备资源开发方式。

盐碱地主要分布在松嫩平原，其他草地主要分布在小兴安岭、三江平原和松嫩平原，沙地主要分布在松嫩平原西部，裸地在各地零散分布。

根据耕地后备资源特点，主要研发其他草地开发模式、盐碱地开发模式、裸地开发模式、观光农业与生态旅游模式、农田生态化种植模式、农田生态链模式、特种经济植物种植模式等。

4.3.4.1 其他草地开发模式

1）开发条件和开发方向技术

（1）其他草地生态开发面积不小于 5hm²，且要求集中连片，有利于土地规模经营。

（2）坡度不得超过 15°，2°以上坡地应采取水土流失防范措施，6°以上坡地应修筑梯田。

（3）其他草地开发应种植水稻，修建梯田，梯田规格 0.1～0.3hm²，格田内田间高差不大于±5cm。

（4）松嫩平原干旱区其他草地开发应修建抗旱灌溉工程，三江平原湿地地区其他草地开发应修建防洪排涝工程。

2）基础设施保障技术

（1）土地生态化开发后应修建灌溉、排水、防洪工程。

（2）农田灌溉工程保证水资源丰富地区占比应在 85%～90%。

（3）农田排水工程应达到 5～10 年一遇标准，水田区排水工程应达到 10 年一遇标准。

（4）农田防洪工程应达到 20 年一遇标准。

（5）田间边路分为田间路和生产路，一般沿田边长度布设，并与排沟、农田防护相结合。田间路面宽 6～8m，生产路宽 3～4m，路基高于地面 0.5m。田间路应铺砂石。

3）耕地质量保障技术

（1）生态化开发后耕地黑土层厚度在 15cm 以上，其中盐碱地黑土层厚度在 20cm 以上，其他草地黑土层厚度在 30cm 以上。

（2）耕地开发后，施用农家有机肥，培育地力，增加土壤有机质。

（3）耕地开发后，通过种植大豆绿肥作物等措施，提高耕地质量。

4.3.4.2 盐碱地开发模式

1) 开发条件和开发方向技术

(1) 盐碱地生态化开发面积不小于 $2hm^2$。
(2) 盐碱地生态化开发后,黑土层厚度不低于 20cm。
(3) 盐碱地开发以轻度盐碱地为主,避免开发重度盐碱地。
(4) 盐碱地开发后,前两年种植耐盐碱的星星草、草木樨等植物,同时配以生态制剂进行土壤改良。

2) 基础设施保障技术

(1) 土地生态化开发后应修建灌溉、排水、防洪及农田防护林工程。
(2) 农田灌溉工程保证水资源丰富地区占比应在 80%～90%。
(3) 农田排水工程应达到 5～10 年一遇标准,水田区排水工程应达到 10 年一遇标准。
(4) 农田防洪工程应达到 20 年一遇标准。
(5) 农田防护林走向一般与风向垂直,偏角不得超过 30°;主林带间距 100～300m,副林带间距 200～400m。
(6) 田间边路分为田间路和生产路,一般沿田边长度布设,并与排沟、农田防护相结合。田间路面宽 4～6m,生产路宽 2～4m,路基高于围田地面 0.5m。田间路应铺砂石。

3) 开发后耕地质量保障技术

(1) 生态化开发后耕地黑土层厚度在 20cm 以上。
(2) 耕地开发后,施用生态制剂(腐殖酸、农家肥),提高耕地质量。

4.3.4.3 裸地开发模式

1) 开发条件和开发方向技术

(1) 裸地生态化开发面积不小于 $1hm^2$。
(2) 裸地开发后,黑土层厚度不低于 15cm。
(3) 裸地开发后,田面在裸地上覆盖 20cm 客土。
(4) 沙地自然肥力较低的土地开发后,前两年应种植紫花苜蓿及绿化植物。

2) 基础设施保障技术

(1) 土地生态化开发后应修建灌溉、排水及农田防护林工程。
(2) 农田灌溉工程保证水资源丰富地区占比应在 85%～95%。
(3) 农田排水工程应达到 5～10 年一遇标准,水田区排水工程应达到 10 年一遇标准。
(4) 农田防洪工程应达到 20 年一遇标准。
(5) 农田防护林走向一般与风向垂直,偏角不得超过 30°;主林带间距 100～200m,副林带间距 200～300m。
(6) 田间边路分为田间路和生产路,一般沿田边长度布设,并与排沟、农田防护相结合。田间路面宽 4～6m,生产路宽 2～4m,路基高于围田地面 0.5m。田间路应铺砂石。

3）开发后耕地质量保障技术

（1）耕地开发后，施用农家有机肥，培育地力，提高土壤有机质含量。

（2）耕地开发后，前两年种植紫花苜蓿等豆科作物，适当进行客土覆盖等措施，提高耕地质量。

4.3.4.4　耕地后备资源综合利用模式

1）观光农业与生态旅游模式及配套技术

针对现有未开发的耕地后备资源的高适宜生态开发区和适宜生态开发区，开发利用为生态旅游模式。依靠当地较好的自然环境资源，开发更多的度假休闲体验游产品。在生态教育方面，依靠当地的生态教育资源开展生态教育游。同时在开发层次上，提出以自然生态观赏旅游为开发重点，生态文化体验游作为其有益的补充，而将度假休闲体验游作为新增长点，最后将科普考察等模式作为以上开发内容的有益补充。开发生态旅游的部分收入反过来投入生态环境保护的同时，又能促进旅游业与环境保护之间的良性循环与可持续发展，这在推进生态旅游经济的发展进程中具有不可替代的意义。

配套技术：农业生产、生态旅游、生态服务统筹协调，突出生态农业与旅游业的对接与产业升级，形成生态-农业-旅游融为一体的休闲农业特色产业和经济发展模式，将农业生产活动与发展休闲旅游结合起来。

2）农田生态化种植模式及技术

已开垦成农田的耕地后备资源，主要分布在高适宜生态开发区和适宜生态开发区。以发展生态农业、转变农业发展方式为主线，按照生态、优质、安全的要求，健全完善生态农业政策支撑体系、产业技术体系和工程建设体系，提高农业综合生产能力、抗风险能力和市场竞争能力。在保证粮食产量和生态安全的前提下，结合农田"三减"，即减少化肥、减少农药、减少除草剂，对现有农田的化肥、农药和除草剂等实施科学管理，建立生态化种植模式。

3）农田生态链模式及技术

该模式根据生物间的食物链原理，通过生物与农作物、环境互利的方式，在改善耕地资源生态环境的基础上，增加经济效益，如稻-鸭模式、稻-蟹模式。

稻-蟹模式根据稻养蟹、蟹养稻、稻蟹共生的理论。在稻蟹种养的环境内，蟹能清除田中的杂草，吃掉害虫，排泄物可以肥田，促进水稻生长；而水稻又为河蟹的生长提供丰富的天然饵料和良好的栖息条件，互惠互利，形成良性的生态循环的生态链模式。稻-鸭模式的目的是提高水稻有机化程度，杜绝化肥、农药的公害，实现水稻纯有机生产。鸭子在有机水稻田里发挥灭虫、施肥、松土作用，最终实现水稻与鸭子双丰收。

4）特种经济植物种植模式及技术

苗圃是培育苗木的场所，是培育和经营各类树木苗木的生产单位或企业。在培育和经营各类树木苗木的同时，间作或套种适应该地域环境生长的多种植物，以此获得更好的经济效益和生态环境效益。苗圃建立的相关技术包括苗圃位置与立地条件的要求、苗圃规划设计（含苗圃区划）、苗圃工程设计、苗圃育苗设备设施等方面，以及苗圃生产计划的制订与执行、苗圃档案等。

5 城乡建设用地再开发应用技术研究

随着我国的城市化水平快速提高,城乡建设用地规模迅猛扩展,与城乡用地的外延扩张相对应的是耕地面积的急剧减少。开展城乡建设用地开发技术研究、提升城乡建设用地集约利用水平,是确保东北商品粮基地土地保障的一项重要研究内容。

黑龙江省农村居民点用地存在着用地超标、内部结构不合理、布局混乱、土地利用效率不高、环境条件差等问题。随着城镇化的不断发展,农民搬迁到城镇居住的现象十分普遍,原村内留下大量宅基地,形成"空心村",造成土地严重浪费。与此同时,黑龙江省拥有七台河市、鸡西市、双鸭山市、鹤岗市等典型煤炭资源型城市,伴随着煤炭资源逐渐枯竭,产业结构在不断转型,沉陷、压占等类型的工矿废弃地造成环境破坏和土地浪费,开展工矿废弃地再开发关键技术,尤其是以耕地为目标的复垦技术研究,对于提高土地利用效率、改善生态环境、保障耕地安全具有重要意义。

本章主要开展城乡建设用地节约集约评价、农村居民点用地再开发、工矿废弃地高效利用等研究,对于高效、合理利用东北商品粮基地土地具有重要意义。通过分析东北商品粮基地城乡建设用地节约集约利用情况,构建建设用地释放潜力评价模型;根据社会经济发展状况,研究潜力释放的方式和规模。开发释放潜力置换和复垦技术,探讨建设用地再利用和农用地高效利用方式,为实现商品粮基地资源转型城市建设用地合理利用和农用地高效利用提供决策支持,技术路线见图5-1。

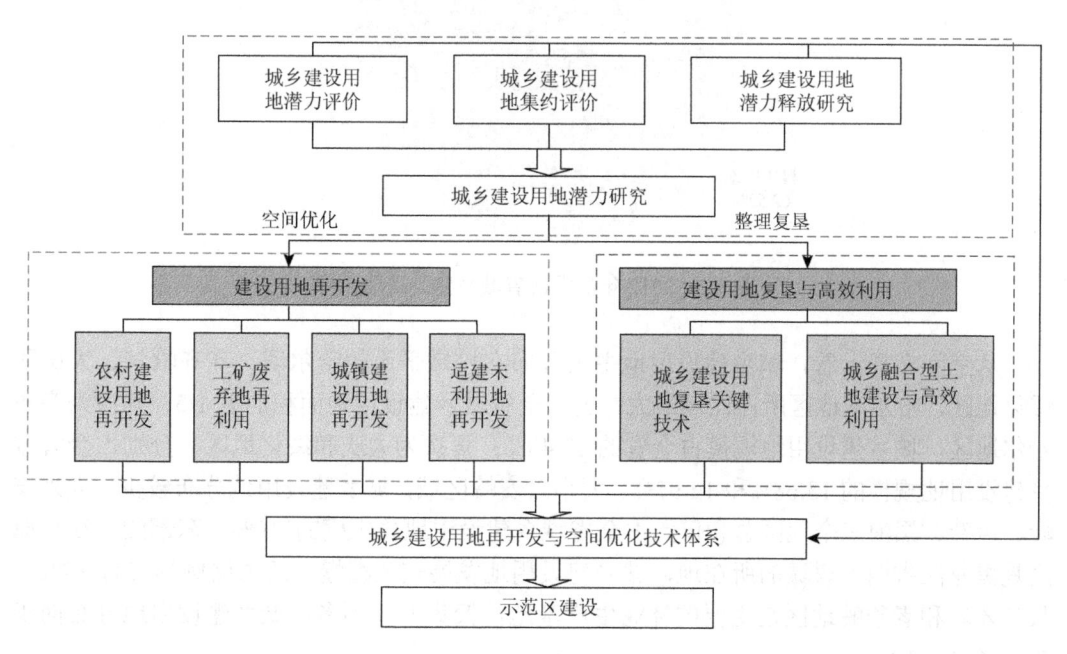

图 5-1 技术路线图

5.1 黑龙江省城乡建设用地现状

5.1.1 城乡建设用地结构与布局

5.1.1.1 城乡建设用地

根据黑龙江省土地利用现状变更数据，2012年底全省城乡建设用地规模120.44万 hm^2，占全省土地总面积的2.56%。其中城市用地17.12万 hm^2，占城乡建设用地面积的14.21%；建制镇用地13.95万 hm^2，占城乡建设用地面积的11.58%；村庄用地面积75.3万 hm^2，占城乡建设用地面积的62.52%；采矿用地面积10.96万 hm^2，占城乡建设用地面积的9.10%；风景名胜及特殊用地3.11万 hm^2，占城乡建设用地面积的2.58%（图5-2）。从用地类型分布上可以看出，村庄用地所占比例最大，是主要的用地方式，黑龙江省作为国家重要商品粮基地，是全国耕地面积最大的省份之一，村庄用地面积比例较高，与其产业结构相关。

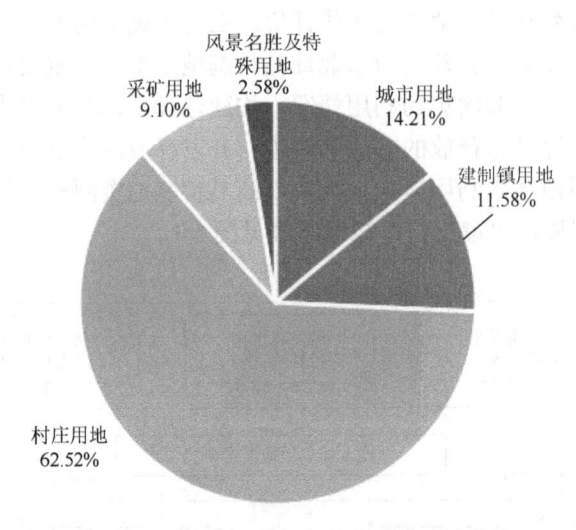

图 5-2 2012年黑龙江省城乡建设用地结构

从空间布局上看，城乡建设用地主要分布在松嫩平原的哈尔滨、齐齐哈尔、大庆和绥化地区，哈尔滨地区所占比例最大，占到全省城乡建设用地面积的近1/5；其次为齐齐哈尔地区，城乡建设用地规模占全省的17.40%；再次为大庆和绥化地区，分别占全省城乡建设用地规模的13.68%和12.97%。大小兴安岭区域，城乡建设用地分布较少，大兴安岭、伊春、黑河三个地区总和仅约占全省城乡建设用地总规模的10%；东部的三江平原区是黑龙江省四大煤城的所在地，城乡建设用地发展较为缓慢，所占比例为2%~7%；张广才岭和老爷岭地区是主要的林业生产基地，聚集人口不多，城乡建设用地分布面积较小（表5-1）。

表 5-1　2012 年黑龙江省城乡建设用地区域分布

地区	城市用地/hm²	建制镇用地/hm²	村庄用地/hm²	采矿用地/hm²	风景名胜及特殊用地/hm²	合计/hm²	比例/%
哈尔滨	41586.49	30251.84	140639.69	8964.95	8181.63	229624.60	19.07
齐齐哈尔	15597.67	19616.37	159372.39	6582.29	8443.50	209612.22	17.40
鸡西	11995.19	5659.81	39579.59	6562.43	775.51	64572.53	5.36
鹤岗	9142.90	3289.00	20375.49	2696.61	526.29	36030.29	2.99
双鸭山	6648.50	8441.55	33183.55	4946.62	420.59	53640.81	4.45
大庆	27305.71	14813.68	62277.48	57452.44	2957.40	164806.71	13.68
伊春	13554.00	3286.15	15145.41	1345.59	414.69	33745.84	2.80
佳木斯	9478.08	9193.42	52244.55	4033.53	1493.76	76443.34	6.35
七台河	7192.82	2077.57	12002.40	2907.48	417.70	24597.97	2.04
牡丹江	11400.72	11085.28	38191.86	2943.75	2713.56	66335.17	5.51
黑河	5020.65	8368.82	48037.12	4143.10	1659.64	67229.33	5.58
绥化	10077.18	12929.47	124763.09	5882.88	2541.50	156194.12	12.97
大兴安岭	2188.22	10491.15	7215.05	1181.78	508.00	21584.20	1.79
全省合计	171188.13	139504.11	753027.67	109643.45	31053.77	1204417.13	100.00

5.1.1.2　城市与建制镇用地

根据黑龙江省土地利用现状变更数据，2012 年底全省城市和建制镇用地总面积为 310692.24hm²，占城乡建设用地的 25.80%。城镇用地主要分布于松嫩平原的哈尔滨、大庆和齐齐哈尔地区，三个地区城镇用地规模占到全省城镇建设用地规模的 48.01%（表 5-2）。2012 年，全省城镇人口 2201.3 万人，人均城镇建设用地面积 141m²。

表 5-2　2012 年黑龙江省城镇用地现状

地区	城镇用地/hm²	所占比例/%
哈尔滨	71838.33	23.12
齐齐哈尔	35214.04	11.33
鸡西	17655	5.68
鹤岗	12431.9	4.00
双鸭山	15090.05	4.86
大庆	42119.39	13.56
伊春	16840.15	5.42
佳木斯	18671.5	6.01
七台河	9270.39	2.98
牡丹江	22486	7.24
黑河	13389.47	4.31
绥化	23006.65	7.40
大兴安岭	12679.37	4.08
全省合计	310692.24	100.00

资料来源：黑龙江省土地利用现状变更台账。

5.1.1.3 村庄用地

截至 2012 年底,黑龙江省村庄用地面积 753027.67hm^2,占全省城乡建设用地面积的 62.52%。全省各地市村庄用地面积和占比差异较大。从规模上看,齐齐哈尔地区村庄用地面积最大,达到 159372.39hm^2,占全省村庄用地面积的 21.16%,其次为哈尔滨地区,村庄用地面积 140639.69hm^2,占全省村庄用地面积的 18.68%;排在第三位的是绥化地区,村庄用地面积 12.48 万 hm^2,占全省村庄用地面积的 16.57%(图 5-3)。

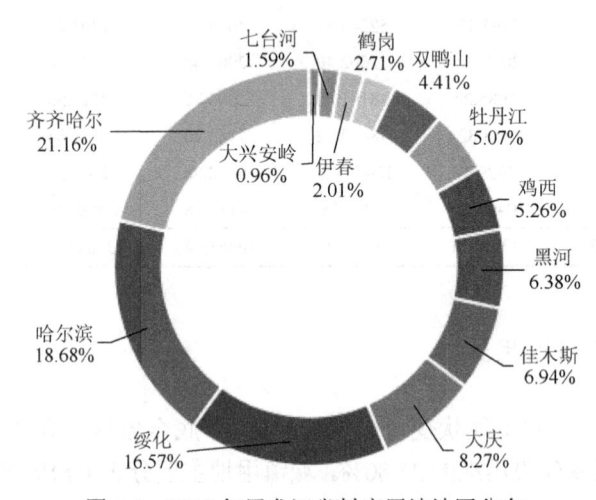

图 5-3 2012 年黑龙江省村庄用地地区分布

从各地区内部村庄用地占城乡建设用地比例看,绥化地区村庄用地面积占比最高,占到本地区城乡建设用地总规模的 79.88%;齐齐哈尔地区村庄用地面积占比 76.03%,排在第二位;大兴安岭地区村庄用地面积占比最小,仅为 33.43%(表 5-3)。

表 5-3 黑龙江省各地区村庄用地占比

地区	城乡建设用地/hm^2	村庄用地/hm^2	村庄用地占城乡建设用地比例/%
哈尔滨	229624.60	140639.69	61.25
齐齐哈尔	209612.22	159372.39	76.03
鸡西	64572.53	39579.59	61.29
鹤岗	36030.29	20375.49	56.55
双鸭山	53640.81	33183.55	61.86
大庆	164806.71	62277.48	37.79
伊春	33745.84	15145.41	44.88
佳木斯	76443.34	52244.55	68.34
七台河	24597.97	12002.40	48.79
牡丹江	66335.17	38191.86	57.57

续表

地区	城乡建设用地/hm²	村庄用地/hm²	村庄用地占城乡建设用地比例/%
黑河	67229.33	48037.12	71.45
绥化	156194.12	124763.09	79.88
大兴安岭	21584.20	7215.05	33.43
全省合计	1204417.13	753027.67	62.52

5.1.1.4 采矿用地

截至 2012 年底，全省采矿用地 109643.45hm²，占城乡建设用地规模的 9.10%，采矿用地半数以上集中在大庆地区。大庆采矿用地面积较大的原因是该地区拥有大庆油田，黑龙江省各地区采矿用地面积及比例详见表 5-4。

表 5-4 2012 年黑龙江省各地区采矿用地面积及比例

地区	采矿用地/hm²	占比/%
哈尔滨	8964.95	8.18
齐齐哈尔	6582.29	6.00
鸡西	6562.43	5.99
鹤岗	2696.61	2.46
双鸭山	4946.62	4.51
大庆	57452.44	52.40
伊春	1345.59	1.23
佳木斯	4033.53	3.68
七台河	2907.48	2.65
牡丹江	2943.75	2.68
黑河	4143.10	3.78
绥化	5882.88	5.37
大兴安岭	1181.78	1.08
全省合计	109643.45	100.00

5.1.2 城乡建设用地动态变化

从 20 世纪开始，黑龙江省共组织过三次规模较大的土地调查，即 1985 年土地概查、1996 年土地详查和 2009 年二调，以 2009 年二调的土地利用分类系统为标准，结合调查统计数据，分四个时段进行土地利用变化情况分析。

5.1.2.1 城镇建设用地动态变化

1985～2012年，全省城市和建制镇用地总量增加14.48万hm²（表5-5），平均每年净增城镇用地5363hm²。其中，1985～1996年净增5.44万hm²，平均每年增加4945hm²；1996～2009年净增6.28万hm²，平均每年新增4831hm²；2009～2012年净增2.76万hm²，平均每年新增9200hm²。1985～2009年，平均每年净增4883hm²，约是2倍，说明黑龙江省城市和建制镇规模扩大，土地城市化率提高。

表5-5 黑龙江省1985～2012年城镇用地数量变化 （单位：万hm²）

地区	1985～1996年	1996～2009年	2009～2012年	1985～2012年
哈尔滨	0.55	1.91	1.13	3.59
齐齐哈尔	1.4	0.66	0.27	2.33
鸡西	0.13	0.21	0.06	0.40
鹤岗	−0.09	−0.03	0.07	−0.05
双鸭山	0.31	0.46	0.10	0.87
大庆	0.9	1.36	0.25	2.51
伊春	0.6	0.16	0.10	0.86
佳木斯	0.26	0.32	0.14	0.72
七台河	−0.02	0.25	0.08	0.31
牡丹江	0.02	0.25	0.14	0.41
黑河	0.19	0.26	0.13	0.58
绥化	0.4	0.38	0.24	1.02
大兴安岭	0.79	0.09	0.05	0.93
全省合计	5.44	6.28	2.76	14.48

从区域城镇用地数量变化情况看，除鹤岗地区外，其他地区都有所增加。其中，哈尔滨地区1985～2012年城镇用地净增加3.59万hm²，平均每年增加1330hm²，无论是规模还是增速，都是最高的区域；其次是大庆市，1985～2012年城镇用地净增加量和增速分别为2.51万hm²和平均每年930hm²。排在第三位的是齐齐哈尔地区，净增加量和增速分别为2.33万hm²和平均每年863hm²，除此之外的其他区域在27年间变化不大，平均每年净增加量在400hm²以下（表5-5）。

5.1.2.2 村庄及采矿用地动态变化

总体来看，全省1985～2012年村庄及采矿用地净减少15.56万hm²（表5-6），平均每年减少5763hm²。从不同发展阶段看，1985～1996年及1996～2009年村庄及采矿用地分别减少 8.84 万 hm² 及 7.08 万 hm²，平均每年分别减少 8036hm² 和 5446hm²，但是在 2009~2012 年，村庄及采矿用地没有延续原来的趋势，不仅没有减少，反而增加了 0.36 万 hm²。

表 5-6　1985~2012 年黑龙江省村庄及采矿用地数量变化　（单位：万 hm²）

地区	1985~1996 年	1996~2009 年	2009~2012 年	1985~2012 年
哈尔滨	1.47	−1.13	−0.05	0.29
齐齐哈尔	3.63	−2.64	0.03	1.02
鸡西	−0.29	0.12	0.05	−0.12
鹤岗	−1.54	0.01	0.03	−1.50
双鸭山	−0.03	−0.52	0.08	−0.47
大庆	−4.29	1.09	0.11	−3.09
伊春	−10.04	−0.75	−0.03	−10.82
佳木斯	−0.73	0.14	0.07	−0.52
七台河	−0.14	0.06	0.01	−0.07
牡丹江	0.53	−0.51	0.02	0.04
黑河	0.19	−0.41	−0.05	−0.27
绥化	−0.42	−0.05	0.07	−0.40
大兴安岭	2.82	−2.49	0.02	0.35
全省合计	−8.84	−7.08	0.36	−15.56

从空间上看，哈尔滨、齐齐哈尔、牡丹江和大兴安岭地区村庄及采矿用地有所增加，其他地区都为净减少状态。分别统计主要地市数量变化，发现表现为净增加的地区，基本上在 1985~1996 年增加较快，例如，哈尔滨此期间增加 1.47 万 hm²，齐齐哈尔增加 3.63 万 hm²，牡丹江增加 0.53 万 hm²，大兴安岭地区增加 2.82 万 hm²，由于这个阶段增加量较大，即使后期有所减少，但最终仍然表现出净增加状态（表 5-6）。

5.1.3　黑龙江省城乡建设用地节约集约评价

5.1.3.1　评价指标体系

黑龙江省城乡建设用地集约利用状况定量评价指标体系见表 5-7。

表 5-7　黑龙江省城乡建设用地集约利用状况定量评价指标体系

指数（代码）	分指数（代码）	分指数指标（代码）
利用强度指数（UII）	人口密度指数（PUII）	城乡建设用地人口密度（PUII1）
	经济强度指数（EUII）	建设用地地均固定资产投资（EUII1）
		建设用地地均地区生产总值（EUII2）

续表

指数（代码）	分指数（代码）	分指数指标（代码）
增长耗地指数（GCI）	人口增长耗地指数（PGCI）	单位人口增长消耗新增城乡建设用地量（PGCI1）
	经济增长耗地指数（EGCI）	单位地区生产总值耗地下降率（EGCI1）
		单位地区生产总值增长消耗新增建设用地量（EGCI2）
		单位固定资产投资消耗新增建设用地量（EGCI3）
用地弹性指数（EI）	人口用地弹性指数（PEI）	人口与城乡建设用地增长弹性系数（PEI1）
	经济用地弹性指数（EEI）	地区生产总值与建设用地增长弹性系数（EEI1）
管理绩效指数（API）	城市用地管理绩效指数（ULAPI）	城市存量土地供应比率（ULAPI1）
		城市批次土地供应比率（ULAPI2）

各评价指标的具体内涵及公式如下。

（1）城乡建设用地人口密度（PUII1）：是指基准年的常住总人口规模与城乡建设用地总面积的比值，属正向相关指标，计量单位为人/km²。公式如下：

$$\mathrm{PUII1} = \frac{2012年常住人口数}{2012年城乡建设用地总面积} \tag{5-1}$$

（2）建设用地地均固定资产投资（EUII1）：是指 2009～2012 年的黑龙江省（下同）全社会固定资产投资总额的平均值与基准年的建设用地总面积的比值，属正向相关指标，计量单位为万元/km²。公式如下：

$$\mathrm{EUII1} = \frac{2009\sim2012年全社会固定资产投资总额均值}{2012年建设用地总面积} \tag{5-2}$$

（3）建设用地地均地区生产总值（EUII2）：是指基准年的地区生产总值与建设用地总面积的比值，属正向相关指标，计量单位为万元/km²。公式如下：

$$\mathrm{EUII2} = \frac{2012年地区生产总值（当年价）}{2012年建设用地总面积} \tag{5-3}$$

（4）单位人口增长消耗新增城乡建设用地量（PGCI1）：是指基准年的新增城乡建设用地面积与人口增长量比值，属反向相关指标，计量单位为 m²/人。公式如下：

$$\mathrm{PGCI1} = \frac{2012年新增城乡建设用地面积}{2012年常住人口-2011年常住人口} \tag{5-4}$$

（5）单位地区生产总值耗地下降率（EGCI1）：是指基准年前一年的单位地区生产总值耗地与基准年的单位地区生产总值耗地的差值占基准年前一年单位地区生产总值耗地的比率，属正向相关指标，计量单位为%。公式如下：

$$\mathrm{EGCI1} = \left(\frac{2011年建设用地面积}{2011年地区生产总值} - \frac{2012年建设用地面积}{2012年地区生产总值}\right) \Big/ \left(\frac{2011年建设用地面积}{2011年地区生产总值}\right) \tag{5-5}$$

（6）单位地区生产总值增长消耗新增建设用地量（EGCI2）：是指基准年的新增建设

用地量与同期地区生产总值增长量的比值，属反向相关指标，计量单位为 m^2/万元。公式如下：

$$EGCI2 = \frac{2012年新增建设用地面积}{2012年地区生产总值 - 2011年地区生产总值} \quad (5-6)$$

（7）单位固定资产投资消耗新增建设用地量（EGCI3）：是指基准年的新增建设用地量与全社会固定资产投资总额的比值，属反向相关指标，计量单位为 m^2/万元。公式如下：

$$EGCI3 = \frac{2012年新增建设用地面积}{2012年全社会固定资产投资总额} \quad (5-7)$$

（8）人口与城乡建设用地增长弹性系数（PEI1）：是指 2009~2012 年的人口增长幅度与同期城乡建设用地增长幅度的比值，属正向相关指标，公式如下：

$$PEI1 = \frac{2012年常住人口数 - 2009年常住人口数}{2012年城乡建设用地面积 - 2009年城乡建设用地面积} \times \frac{2009年城乡建设用地面积}{2009年常住人口数}$$

$$(5-8)$$

（9）地区生产总值与建设用地增长弹性系数（EEI1）：是指 2009~2012 年的地区生产总值增长幅度与同期建设用地总面积增长幅度的比值。EEI1 属正向相关指标，公式如下：

$$EEI1 = \frac{2012年地区生产总值 - 2009年地区生产总值}{2012年建设用地面积 - 2009年建设用地面积} \times \frac{2009年建设用地面积}{2009年地区生产总值} \quad (5-9)$$

（10）城市存量土地供应比率（ULAPI1）：是指基准年之前三年（含基准年）的各年实际供应的城市存量土地总量与城市土地供应总量的比值，属正向相关指标，计量单位为%，公式如下：

$$ULAPI1 = \frac{2010~2012年存量建设用地供应总量}{2010~2012年土地供应总量} \times 100\% \quad (5-10)$$

（11）城市批次土地供应比率（ULAPI2）：是指基准年之前三年（不含基准年）的实际供应城市土地总量与经批准批次允许供应的城市土地供应总量的比值，属正向相关指标，计量单位为%，公式如下：

$$ULAPI2 = \frac{截至2012年底已供应的2009~2011年批准批次土地总面积}{2009~2011年批准批次土地总面积} \times 100\% \quad (5-11)$$

5.1.3.2 指标权重

权重是指标本身物理属性的反映，是主客观综合量度的结果，权重应依据评价的指数、分指数、分指数指标对建设用地节约集约利用的影响程度确定。指数、分指数、分指数指标的权重值在 0~1，每个指数对应下一层分指数或分指数指标的权重值之和都应为 1。本章采用德尔菲法、因素成对比较法、层次分析法等方法确定权重，各指标权重详见表 5-8。

表 5-8　黑龙江省城乡建设用地集约利用定量评价指标权重值表

指数	权重	分指数	权重	指标	权重
利用强度指数	0.47	人口密度分指数	0.45	PUII1	1.00
		经济强度分指数	0.55	EUII1	0.56
				EUII2	0.44
增长耗地指数	0.2	人口增长耗地分指数	0.44	PGCI1	1.00
		经济增长耗地分指数	0.56	EGCI1	0.4
				EGCI2	0.36
				EGCI3	0.24
用地弹性指数	0.18	人口用地弹性分指数	0.42	PEI1	1
		经济用地弹性分指数	0.58	EEI1	1
管理绩效指数	0.15	城市用地管理绩效分指数	1	ULAPI1	0.43
				ULAPI2	0.57

5.1.3.3　指标理想值确定

黑龙江省城乡建设用地节约集约评价指标理想值，依据节约集约用地的原则、相关法律法规以及国家和地方指导的技术标准要求，结合文献资料法、德尔菲法、发展趋势法、极值法、分位数法等加以综合确定（表 5-9）。

表 5-9　黑龙江省城乡建设用地集约利用定量评价指标理想值表

指标	计量单位	理想值	确定方法
PUII1	人/km²	4320.00	发展趋势法
EUII1	万元/km²	11062.00	1/4 分位数法
EUII2	万元/km²	19815.82	1/4 分位数法
PGCI1	m²/人	408.12	1/4 分位数法
EGCI1	%	3.45	1/4 分位数法
EGCI2	m²/万元	11.78	1/4 分位数法
EGCI3	m²/万元	2.18	1/4 分位数法
PEI1	—	0.22	极值法
EEI1	—	54.78	极值法
ULAPI1	%	100	极值法
ULAPI2	%	100	极值法

（1）城乡建设用地人口密度（PUII1）：理想值通过发展趋势法来确定。对黑龙江统计年鉴 2005~2012 年常住人口数据进行回归分析，预测 2012 年的人口。城乡建设用地面积根据《黑龙江省土地利用总体规划（2006—2020 年）》确定，计算出城乡建设用地年均增长量，以 2009 年为基期，推导出 2012 年城乡建设用地面积。以预测的 2012 年人口

和 2012 年城乡建设用地面积的比值计算出城乡建设用地人口密度，并以此作为城乡建设用地人口密度理想值。

（2）建设用地地均固定资产投资（EUII1）：采用 1/4 分位数法来确定，将参与评价的 13 个地区的建设用地地均固定资产投资剔除异常值后，按数值从大到小排列，选取排行第二位的牡丹江市建设用地地均固定生产总值作为理想值。

（3）建设用地地均地区生产总值（EUII2）：采用 1/4 分位数法来确定，将参与评价的 13 个地区的建设用地地均地区生产总值剔除异常值后，按数值从大到小排列，选取排行第二位的港区建设用地地均固定生产总值作为理想值。

（4）单位人口增长消耗新增城乡建设用地量（PGCI1）：采用 1/4 分位数法来确定，将参与评价的 13 个地区的单位人口增长消耗新增城乡建设用地量剔除异常值后，按数值从小到大排列，选取排行第二位的大庆市单位人口增长消耗新增城乡建设用地量作为理想值。

（5）单位地区生产总值耗地下降率（EGCI1）：采用 1/4 分位数法来确定，将参与评价的 13 个地区的单位地区生产总值耗地下降率剔除异常值后，按数值从大到小排列，选取排行第一位的牡丹江市地区生产总值耗地下降率作为理想值。

（6）单位地区生产总值增长消耗新增建设用地量（EGCI2）：采用 1/4 分位数法来确定，将参与评价的 13 个地区的单位地区生产总值增长消耗新增建设用地量剔除异常值后，按数值从小到大排列（EGCI2 是反相关指标），选取排行第二位的大庆市单位地区生产总值增长消耗新增建设用地量作为理想值。

（7）单位固定资产投资消耗新增建设用地量（EGCI3）：采用 1/4 分位数法来确定，将参与评价的 13 个地区的单位固定资产投资消耗新增建设用地量剔除异常值后，按数值从小到大排列（EGCI3 是反相关指标），选取排行第二位的双鸭山市单位固定资产投资消耗新增建设用地量作为理想值。

（8）人口与城乡建设用地增长弹性系数（PEI1）：采用极值法来确定，将参与评价的 13 个地区的人口与城乡建设用地增长弹性系数剔除异常值后，按数值从小到大排列，选取排行第一位的大庆市人口与城乡建设用地增长弹性系数作为理想值。

（9）地区生产总值与建设用地增长弹性系数（EEI1）：采用极值法来确定，将参与评价的 13 个地区的地区生产总值与建设用地增长弹性系数剔除异常值后，按数值从大到小排列，选取排行第一位的黑河市地区生产总值与建设用地增长弹性系数作为理想值。

（10）城市存量土地供应比率（ULAPI1）、城市批次土地供应比率（ULAPI2）：均采用极值法来确定，选取最大值 100%作为理想值。

5.1.3.4　指标标准化

由于以上评价指标中各源数据分别来自土地数据、经济数据和人口数据，不同的数据衡量单位不同，数量级有异。当各指标间的水平相差很大时，如果直接采用原始指标数值来进行分析，数值较高的指标在综合分析中的作用就会较为突出，数值水平较低的指标的作用就会被削弱。因此，为了保证结果的可靠性，需要对原始数据进行无量纲化处理，消除因量纲量级不同造成的数据差异，使各指标间具有可比性，即标准化处理。

对区域用地状况定量评价的分指数指标进行标准化一般采用极值标准化或理想值标准化两种方法。在本章区域用地状况定量评价中，采用极值标准化方法对分指数指标进行标准化处理。

1）指标标准化方法

评价指标标准化应采用标准值比例推算法。指标标准化初始值公式如下：

$$S_{i0} = \frac{a_i}{t_i} \tag{5-12}$$

式中，S_{i0} 为第 i 项分指数指标标准化值的初始值；t_i 为第 i 项分指数指标理想值；a_i 为第 i 项分指数指标实际值。

2）指标标准化值的确定原则

根据有关指标或对应理想值的特征差异，需要对指标标准化值的初始值按照以下原则处理，确定各项分指数指标标准化值 S_i，S_i 数值越大，区域用地状况可能越佳。具体原则如下：

(1) 对于正向相关指标 $S_i = S_{i0}$；对于反向相关指标 $S_i = 1/S_{i0}$。

(2) 权值应在 0～1。

(3) 对于利用强度指数、管理绩效指数涉及的指标（PUII1、EUII1、EUII2、ULAPI1、ULAPI2），若 $S_{i0} \geq 1$，S_i 直接赋为 1，表示指标实际值为理想状态。管理绩效指数涉及的指标（ULAPI1、ULAPI2）无法计算时，S_i 直接赋为 1。

(4) 对于增长耗地指数、用地弹性指数涉及的指标（PGCI1、EGCI1、EGCI2、EGCI3、PEI1、EEI1），应结合定性分析结论进行分别处理：①当人口、经济为正增长，用地减少或不变时，S_i 直接赋为 1；②当人口、经济为负增长或零增长时，S_i 直接赋为 0；③其他情形下，若 $S_{i0} \geq 1$，S_i 直接赋为 1。

5.1.3.5 指标计算

(1) 分指数计算公式：

$$a_j = \sum_{i=1}^{n}(W_{ji} \times S_{ji}) \times 100 \tag{5-13}$$

式中，a_j 为第 j 项分指数的值；W_{ji} 为第 j 项分指数下第 i 个指标的权重；S_{ji} 为第 j 项分指数下第 i 个指标的标准化值；n 为第 j 项分指数下的分指数指标个数。

(2) 指数计算按如下公式进行：

$$\beta_k = \sum_{j=1}^{n}(W_{kj} \times \alpha_j) \tag{5-14}$$

式中，β_k 为第 k 项指数的值；W_{kj} 为第 k 项指数下第 j 个分指数的权重；α_j 为第 j 项分指数的值；n 为第 k 项指数下的分指数个数。

(3) 总指数按照以下公式计算：

$$总指数 = \sum_{k=1}^{n}(W_k \times \beta_k) \quad (5-15)$$

式中，W_k 为第 k 项指数的权重；β_k 为第 k 项指数的值；n 为总指数下的指数个数。

5.1.3.6 结果分析

依据指标计算公式和权重赋值，计算出黑龙江省 13 个地区的总指数，并根据区域土地利用状况类型判定结果。结果采用分型方法：Ⅰ级对应的集约度指数在 70 以上，表明土地集约利用程度较高；Ⅱ级对应的集约度指数在 60~70，集约利用程度居中；Ⅲ级对应的集约度指数在 60 以下，表明土地使用较为粗放，集约利用程度较低（表 5-10）。根据评价结果，哈尔滨市与大庆市的集约度指数较高并且相差不大，都在 74 以上，属于Ⅰ级；牡丹江、鸡西、伊春、黑河集约度指数在 60~70，判定为Ⅱ级；齐齐哈尔、佳木斯、双鸭山、七台河、鹤岗、绥化集约度指数在 50~60，可以判断为Ⅲ级；大兴安岭地区集约度指数在 50 以下，判定为Ⅲ级。

表 5-10 评价单元总指数结果表

评价单元	总指数值	集约型
哈尔滨	74.50	Ⅰ级
齐齐哈尔	51.44	Ⅲ级
牡丹江	67.09	Ⅱ级
佳木斯	52.82	Ⅲ级
大庆	74.22	Ⅰ级
鸡西	62.63	Ⅱ级
双鸭山	59.49	Ⅲ级
伊春	60.73	Ⅱ级
七台河	54.81	Ⅲ级
鹤岗	56.90	Ⅲ级
黑河	64.42	Ⅱ级
绥化	54.37	Ⅲ级
大兴安岭地区	39.64	Ⅲ级

5.1.4 黑龙江省城乡建设用地存在的问题

5.1.4.1 人均村庄面积大，"空心村"现象突出

黑龙江省村庄用地面积大，人均占有量多，2012 年全省人均村庄用地面积达到

456m²,远超国家和黑龙江省相关标准。长期以来,农村居民点建设处于无规划指导的自发状态,形成了松散式的自然村落分布格局,其建设过程注重增量土地的发展,忽视存量土地的挖潜,"小家大院""一户多宅""空心村"现象普遍。

5.1.4.2 城镇建设用地与农村居民点用地同向增长

进入21世纪以来,随着人口城镇化水平的提高,全省城镇人口不断增加,同时,城镇用地规模也越来越大。随着农村人口的减少,相应的农村居民点用地理论规模应减小,但实际上全省农村居民点用地规模一直与城镇建设用地保持着同步增长的趋势。出现此种现象的原因是多方面的:①法律体系不健全,农村集体土地产权不明确。②集体土地市场发育不全,缺乏农村建设用地合法流转的机制和渠道。③受传统思想的影响,人们对土地利用缺乏正确的认识,很多农民认为自家宅基地是祖祖辈辈遗传下来的,不准别人占用。④农村土地管理难以到位。⑤农村居民点整理缺乏资金支持。⑥"两栖"人口在城市和农村双重占地。

5.1.4.3 城乡建设用地发展与耕地保护相冲突

黑龙江省是我国重要的商品粮生产基地,耕地保护情况直接关系着全省乃至全国的粮食安全问题。同时,耕地保护又存在一定的外部经济性,耕地与建设用地之间存在相当大的土地利用经济收益差。另外,基本农田空间布局的不合理在一定程度上阻碍了城乡建设的发展。部分地市在基本农田保护区划定过程中,单方面重视基本农田保有量指标的执行,缺乏对城镇合理扩张的理性分析,而忽视了基本农田空间布局的社会、生态以及经济效益,使得大面积的基本农田保护区位于城镇扩张区范围内,既增加了规划调补次数又影响了经济建设。

5.1.4.4 城乡接合部用地矛盾突出

城乡接合部是城市建成区与广大乡村地区相连接的特殊经济地理部位,是农业活动与非农业活动多种因素相互作用所形成的复杂动态过程的结果。城乡接合部作为城市地域结构的一个重要组成部分,在城市郊区化和乡村城镇化的双重作用下,发展十分迅速,成为城乡争夺的核心地域,也是土地利用问题最多、矛盾最尖锐的地区。受人口自然增长、外来人口集聚和市区人口扩散等因素的影响,全省部分地区城乡接合部人口增长幅度明显高于城市建成区和农村地区,人口数量的增加加大了土地的压力。城市用地和农业用地的争夺日趋激烈,土地供求矛盾突出。

5.1.4.5 城镇规模偏小,土地集约利用程度低

黑龙江省大城市数量相对较多,功能比较完善,而小城市(镇)的发展相对缓慢,

特别是小城镇发展具有一定的盲目追求、随意性大、重点不突出、全面开花、性质类同、多以行政中心为重、无特色等问题。加之历史沿袭和产业结构原因形成的农村居民点用地浪费，造成全省城乡建设用地土地利用效率不高，节约集约利用程度较低。

5.2　城市更新与城镇建设用地再开发

5.2.1　城镇建设用地利用现状

5.2.1.1　城镇发展现状

近年来，黑龙江省按照国家推进新型城镇化建设的总体战略部署，以实施老工业基地调整改造、现代农业综合配套改革试验、沿边开发开放、资源型城市可持续发展、林业生态保护和经济转型等国家战略规划为牵动，通过优化区域空间布局，加大产业项目和基础设施投入，改革户籍制度和推进基本公共服务均等化，促进人口向大、中、小城市有序转移和促进城乡统筹协调发展，走出了一条具有黑龙江省特色的城镇化发展道路。截至2013年底，全省城镇人口2181.5万人，城镇化率提高到56.9%，高出全国平均水平3.17个百分点，在全国31个省级行政区（未计港澳台）中排名第11位。从数据来看，黑龙江省的城镇化在全国处于较高水平，但是在推进老工业基地建设过程中，黑龙江省过重的国有工业化发展体系表现出明显的"路径依赖"特征，使得与其对应的城镇化发展演进徘徊不前，无论是城镇空间结构的演变还是城镇体系建设发展始终没有规律，处于自发的状态。在城镇体系中，缺少具有核心作用的城镇体系建设，伴随着资源的衰竭，资源型城市也面临着转型的困境。由于是自发的状态，城镇体系内部之间的结构关系松散，缺少内部相互作用机制。黑龙江省经济发展中城镇体系建设存在的这些问题，反过来也影响了区域内的经济社会发展，负面作用较大。

5.2.1.2　城镇用地规模布局

根据《黑龙江统计年鉴2012》，全省包括市/地辖区68个，县级市18个，县/自治县46个，镇474个，民族镇11个。城镇体系可以分为四级：一级为副省级城市的中心城镇，哈尔滨市的行政级别为副省级的地级市，同时作为黑龙江省省会，是省内的政治、经济、文化中心，城镇的功能较强，具有区域影响力；二级为地级市的中心城镇，是黑龙江省各地级市的政府驻地所在城镇；三级为县级城镇，可以分为县级市、县/自治县的政府驻地所在城镇；四级为一般城镇，指镇、民族镇的驻地所在城镇。

根据黑龙江省二调成果，将集中连片的四级城镇体系用地进行整理，各地区土地利用规模见表5-11。

表 5-11 各地区辖区土地利用规模

地区	总规模/hm²	辖区数量/个	区平均规模/hm²	区最大规模/hm²	区最小规模/hm²
哈尔滨	33996.65	8	4408.29	7419.79	1376.72
齐齐哈尔	14380.33	7	285692	3375.39	304.54
鸡西	9946.57	6	3170.00	6156.75	436.56
鹤岗	9433.78	6	1310.61	2509.15	752.18
双鸭山	6659.67	4	1800.41	2583.09	1080.95
大庆	30113.94	5	8404.14	8996.14	482.03
伊春	12166.16	15	1391.10	1832.72	535.42
佳木斯	4921.04	4	1640.35	2416.19	898.68
七台河	6512.77	3	2170.92	3232.97	1206.68
牡丹江	5566.91	4	1551.23	2353.49	913.23
黑河	2172.07	1	2172.07	2172.07	2172.07
绥化	3299.38	1	3299.38	3299.38	3299.38
大兴安岭	3849.53	4	1072.69	2010.58	569.32
合计	143018.8	68	—	—	—

哈尔滨市作为省会城市，是省内等级最高的中心城镇，拥有 8 个辖区，城市及建制镇面积 33996.65hm²，占到全省城镇体系用地的 23.8%；黑河市、绥化市均仅有 1 个辖区，城市规模较小，约为地级市平均规模的三分之一，甚至小于规模较大的低等级城镇；伊春地区辖区分布较为凌乱，大兴安岭地区规模又极小。由此可见，全省城镇体系分布不均衡，这种状况多与行政管理、国防、边境贸易（简称边贸）等发展相关。

5.2.1.3 城镇建设用地利用存在的问题

黑龙江省城镇建设用地利用过程中，在城镇体系布局以及内部利用状况等方面存在着以下问题：①人口城市化与基础设施建设水平不协调。黑龙江省人口城市化水平较高，城市经济在全省经济发展中占有重要地位，但除个别中心城市外，全省城镇基础设施建设水平落后，城镇总体功能还需完善。②城市布局结构需进一步优化。黑龙江省大城市数量相对较多，功能比较完善，而小城市（镇）的发展相对缓慢，成为全省城镇体系发展的薄弱环节。另外，许多统计为大城市的资源型城市实际是小城市（镇）群，其城市功能不够完善，城市布局需进一步优化。③城镇经济结构普遍偏重，第三产业不够发达，产业结构的弹性较小，经济效益较差。④全省各级城市，尤其是中小城镇的社会设施不够完善，影响了城市功能的发挥，已不能满足城镇居民的物质、文化需求。⑤城镇基础设施建设滞后于社会经济的发展，而且城镇建设的特色不够鲜明，城市环境的建设层次较低，有"千城一面"的现象。⑥省内"条块分割"比较严重，一些实际已发展成为一定规模城镇的农场、林场等由于行政管理体制不同等，未能与其他城镇形成良好的经济、社会、基础设施等方面的联系，使全省城镇体系的健康发展受到一定的影响。

5.2.2 土地城镇化与人口城镇化关系分析

城镇化主要指农村人口向城镇转移，第二产业及第三产业不断向城镇集聚，扩大城镇规模的历史进程，人口城镇化和土地城镇化是城镇化建设的重要组成部分，处理好人口与土地的关系是确保黑龙江省经济发展、社会稳定、推动农民农村生活方式转向城市生活方式的关键。

5.2.2.1 人口城镇化现状

受历史因素影响，一直以来黑龙江省人口城镇化水平较高，但起步较晚。黑龙江省城市人口发展呈机械增长态势，这是由于新中国成立初期人口城镇化的发展依赖于当时优先发展重工业的战略，黑龙江省城市人口的增长要符合当时大环境的需求，主要依靠国家资本对资源产业的投入来推进城镇化过程。而黑龙江省以得天独厚的物产条件，良好的交通运输优势承担起了新中国成立初期发展重工业的任务，进而促进了人口城镇化的快速发展。改革开放以后，黑龙江省的人口城镇化速度开始趋缓，国家建设发展战略开始从内地向沿海转移，国家资产投入也大规模倾向于沿海地区，同国内沿海地区和较发达地区比较，黑龙江省人口城镇化水平已不具备优势可言。截至2012年底，黑龙江省总人口数为3834万人，城镇人口总数为2181.5万人，人口城镇化率为56.9%，比辽宁省的65.65%低近10个百分点，更低于长三角地区和珠三角地区以及其他沿海发达地区。

从内部来讲，黑龙江省人口城镇化水平各地之间差距也较大。黑龙江省各市（地）按人口城镇化水平排序名列前五位的分别是大兴安岭地区（87.0%）、伊春市（86.8%）、鹤岗市（80.8%）、双鸭山市（64.3%）和鸡西市（63.9%），2012年底的数据显示，这五个地区的平均人口城镇化率为76.6%，比全省人口城镇化率平均水平高出近20个百分点。而处于黑龙江省西北的老工业城市齐齐哈尔市和绥化市，人口城镇化率则比较低，平均值仅为31.2%。

5.2.2.2 土地城镇化现状

根据黑龙江省土地利用变更数据，2009年全省城市用地面积为152814.48hm^2，建制镇用地为130208.17hm^2，至2012年，城市用地面积和建制镇用地面积分别增长到171188.13hm^{2}和139504.11hm^2。从增长速度看，城市用地增长较快，2010年环比增长速度达到5.08%，之后逐渐下降，到2012年环比增长速度降为2.08%；建制镇用地增长较为稳定，环比增速则保持在2%以上（表5-12）。

表 5-12 黑龙江省城镇面积增长情况

指标	2009 年	2010 年	2011 年	2012 年
城市用地/hm²	152814.48	160583.90	167699.16	171188.13
建制镇用地/hm²	130208.17	133035.50	136633.73	139504.11
城市用地环比增长速度/%	—	5.08	4.43	2.08
建制镇用地环比增长速度/%	—	2.17	2.70	2.10

5.2.2.3 人口城市化与土地城市化协调性分析

城市是人口和土地变化较为频繁的地区，也是土地管理的重点区域，人口城市化和土地城市化的协调发展是土地管理追求的目标。为了描述人口城市化和土地城市化的协调程度，利用 12 个城市人口和建成区面积的环比增长速度来考察二者之间的关系，用建成区用地面积来代表城镇化区域的大小，建成区指一个市政区范围内经过征用的土地和实际建设发展起来的非农业生产建设的地段，包括市区集中连片的部分以及分散在近郊区域与城市有密切联系，具有基本完善的市政公用设施的城市建设用地（如机场、污水处理厂、通信电台）。这里考察的对象是黑龙江省哈尔滨市、齐齐哈尔市、鸡西市、鹤岗市、双鸭山市、大庆市、伊春市、佳木斯市、七台河市、牡丹江市、黑河市和绥化市 12 个地级城市数据（不包括大兴安岭地区），建成区面积及市辖区人口数据均来自 1994~2015 年的中国城市统计年鉴。

从图 5-4 可以看出，12 个地级市城市人口除 2004 年和 2006 年增长速率较高之外，基本上保持在低位，尤其从 2011 年开始，连续四年出现负增长；建成区面积在 1997 年和 2002 年出现负增长，大多数年份都保持在 2%以上的增长率。总体看来，土地城市化速率要高于人口城市化速率，这种表现在近年来更加明显。

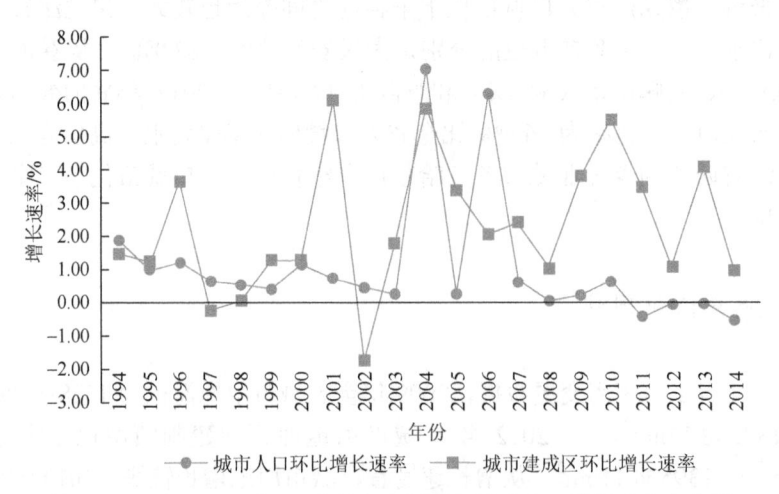

图 5-4 1993~2014 年 12 个地级市城镇用地及人口增长速率变化图

人口城市化和土地城市化没有统筹兼顾，发展不均衡。目前，黑龙江省人口城镇化处于质量水平较低、发展速度趋缓的阶段，虽然改革开放带来许多积极的发展机遇，尤其我国加入世界贸易组织以来，市场化速度加快，农业生产劳动力不断提高，进一步推进农村人口向城镇转移。但是，人口综合素质、社会保障意识、对城市生活的适应能力等方面还存在不足与缺陷。这不仅制约了黑龙江省人口城镇化发展总体评价水平，也间接影响了黑龙江省土地城镇化健康、稳步发展。

5.2.3 资源型城市更新与建设用地再开发

5.2.3.1 城市更新

从城市诞生的那一天起，城市更新就是城市发展的永恒主题，而更新更是在不断地发生与进行着。解决城市发展中影响甚至阻挡城市发展的相关问题是城市更新的目的所在，而相关问题的产生可能是由于环境的影响，或者是经济和社会等方面的原因。不良的生活环境不仅影响居民的日常生活，还会损害一个城市的形象，导致城市或者地区的吸引力降低。产业革命以前，城市基本上是以自发、缓慢的状态更新。现代意义上的有组织、有计划的城市更新是伴随着工业革命、人口集中引起的"城市病"的产生而产生的。随着城市化的升级，现代城市问题也愈发多样化。

第二次世界大战结束以后，西方国家在城市发展中出现了城市郊区化的现象，这一现象日益凸显，导致占地过多，道路交通及公共服务设施不足，住房紧张、失业等诸多社会问题的出现及环境污染，这些问题促使西方国家自我反省，开始了大规模的城市更新实践活动，具体实践以旧城区的改造为主，希望以此为城市的发展注入新动力。在我国，城市更新出现得相对较晚，初期我国关于城市更新的研究重点是旧城改造与完善城市的基础设施，包括城市危房改造、旧城更新的相关经验等，进入2000年以后，学者开始重视全面、整体地研究城市更新，城市更新的内涵也更为丰富，城市改造、社会环境改善、土地置换等都作为城市更新的手段。

5.2.3.2 资源型城市更新能力分析

以资源型城市七台河市为例，进行城市更新能力评价。七台河市是一座典型的以煤炭为主的资源型城市，地处黑龙江省东部，长白山系完达山脉西麓，与广袤的三江平原接壤，是一座因煤而生、缘煤而兴，以煤为主、多业并举的新兴工业城市，下辖三区一县，总面积6221km^2，截至2011年末总人口为92.7万人。七台河已探明有煤炭、石墨、大理石、黄金、膨润土等30余种矿产资源，储量可观，品位较高，开发开采潜力巨大，尤以煤炭资源得天独厚，煤质优良，煤种齐全，炼焦煤占总储量的82%，具有国家保护性开采的三大稀有煤田之一。

2012年全市生产总值实现298.91亿元，是2007年的2.2倍，2003年的4倍，"十一五"至2012年期间是七台河经济发展较快的时期。2012年第一、第二、第三产业分别实现增加值30.27亿元、174.53亿元、94.11亿元，分别是2007年的1.53倍、2.94倍、

1.54 倍，按可比价计算，五年年均分别增长 8.9%、24.1%和 9.0%。2013 年以来，煤炭行业不景气，七台河经济发展下行压力增大。

七台河市尚处在工业化中前期阶段，第二产业比重较高，第三产业比重较小。2012 年三次产业结构为 10.1∶58.4∶31.5，与 2007 年产业结构 10.2∶51.8∶38.0 相比，第二产业比重提高 6.6 个百分点，第一、第三产业比重分别下降 0.1 个、6.5 个百分点，工业化进程明显加快，产业结构得到优化。第一产业增长以种植业和畜牧业为主。工业以煤炭产业为主，2012 年全市规模以上煤炭开采和洗选业实现增加值 95.4 亿元，占规模以上工业增加值的 69.2%；焦化行业实现增加值 18.0 亿元，占规模以上工业增加值的 13.1%；电力行业实现增加值 11.4 亿元，占规模以上工业增加值的 8.3%，煤炭开采和洗选业、焦化行业和电力产业增加值占规模以上工业增加值的比重高达 90.6%。

经过近 60 年的开采，至 2012 年底七台河可供开采的剩余保有基础储量仅有 1.82 亿 t，按测算，均衡生产年限仅为 11 年，衰退期为 45 年，资源接续和经济转型迫在眉睫。当前七台河市经济总量规模较小，在全省位次居后，经济增长受煤炭行业市场行情影响巨大，2013 年以来煤炭行业市场疲软，七台河经济呈现下行态势，增速为负。作为老工矿区，七台河市目前已经通过拆迁腾出大量建设用地，包括矿区塌陷区、拆迁后的原居民点、矸石堆放埋藏区等，迫切需要进行城市更新。

影响城市更新的因素可以归纳为经济基础、资源基础和社会环境。七台河市经济基础较为薄弱，支柱产业发展不景气，地方财政收入低，依靠政府投入进行城市更新存在一定困难，只能争取国家和省内的棚户区改造等政策；煤炭是七台河市最大的矿产资源，其他资源稀少，在煤炭面临枯竭和国家产业政策限制下，基本上没有其他资源可以利用；对于环境来说，七台河市依矿而建，老城区基本上都在采空区上，城市更新必要性和更新能力较弱。

5.2.3.3 城市更新下的建设用地再开发

以七台河市新兴区木制品产业园为例来探讨资源型城市更新模式。七台河市自 1980 年新兴区发生地面塌陷以来，塌陷面积逐年增加，至 2000 年，塌陷区面积已达 114.6km²，平均下沉深度为 2m，影响人口达 17 万人，占规划人口的 35.8%，严重地制约了当地的经济发展。七台河市新兴区位于七台河市西北部，1958 年开发建设，1984 年建区，是一座因煤而生、缘煤而兴的新型工业化城区，是原市委、市政府的所在地，也是受采煤塌陷影响的重点区域，新兴区棚户区改造工程约占全市的 70%，累计安置居民 3 万余户、分配楼房 3.5 万套，储备了大量棚改腾空土地，为新上项目提供了优质的用地资源。从 2009 年开始，新兴区利用原有的双叶公司品牌优势，建设木制品产业园区，该项目计划总投资 25 亿元，共分三期实施。一期工程计划用地 7.5 万 m²，作为木制品产品展示厅和生产车间。园区建成后，将成为黑龙江省知名的木制品加工园区。木制品产业园用地充分利用塌陷区整理后建设用地，通过建设标准厂房，降低投入成本，缩短使用年限等措施减少塌陷对园区的影响，不仅能够充分利用原有的建设用地，还支撑了当地的产业转型和经济发展。

5.3 农村居民点用地整理与再开发

5.3.1 农村居民点用地与耕地面积相关性

2012年全省村庄用地总面积达753027.67hm^2，在空间上分布极不均衡。最多的是齐齐哈尔市，村庄用地面积达159372.39hm^2，占全省村庄用地面积的21.2%，其次是哈尔滨市和绥化市，村庄用地面积分别为140639.69hm^{2}和124763.09hm^2，这三个城市的村庄用地面积占到了全省村庄用地面积的56.5%（图5-5）。

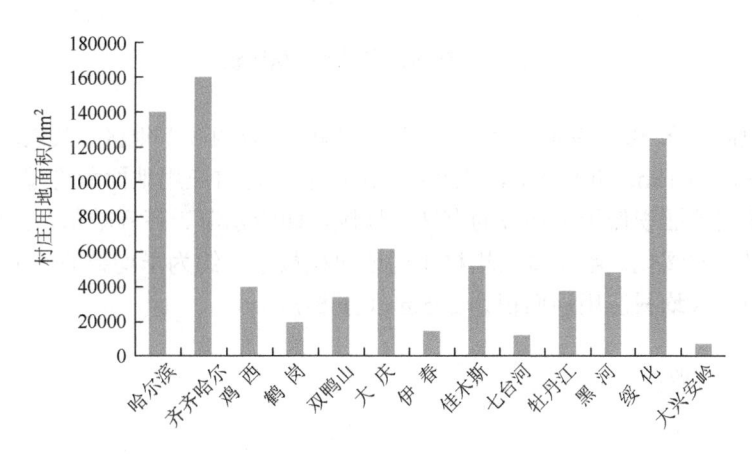

图5-5 2012年各地区村庄用地面积比较

5.3.1.1 户均与人均村庄用地面积分析

1）户均村庄用地面积

2012年黑龙江全省共有农户5124597户，村庄用地总面积753027.67hm^2，全省平均每户村庄用地面积为1469m^2，13个地区差异较大（图5-6）。户均村庄用地面积超过3000m^{2}的有大兴安岭地区、鹤岗市和伊春市，这3个地区户均村庄用地面积均是全省平均数的2倍多，最高的是大兴安岭地区，户均村庄用地面积达3968m^2，是全省平均数的2.7倍。户均村庄用地面积在2000～3000m^{2}的有双鸭山、黑河和鸡西3个地区，超过平均数的还有齐齐哈尔和大庆两市。户均村庄用地面积低于平均数的有5个地区，即佳木斯、七台河、绥化、牡丹江和哈尔滨。户均村庄用地面积最低的是哈尔滨市，户均村庄用地面积只有1049m^2。从户均村庄用地面积分析，即使面积最低的哈尔滨市也超过省规定的标准。

2）人均村庄用地面积

根据《黑龙江统计年鉴2013》，2012年黑龙江全省乡村人口共有1652.5万人，村庄用地总面积753027.67hm^2，人均村庄用地面积为456m^2。人均村庄用地面积最高的是大兴安岭地区，人均村庄用地面积达1083m^2，鹤岗市和伊春市分列第二和第三，人均村庄用地面积分别为976m^{2}和925m^2。这3个地区人均村庄用地面积均是全省平均数的2倍多；

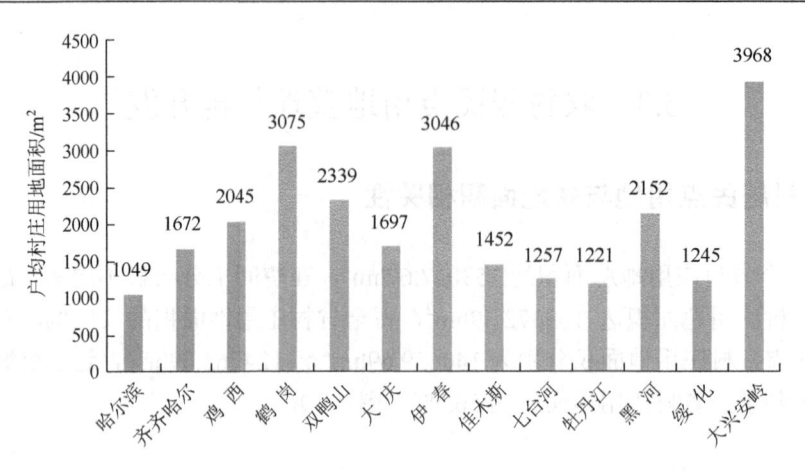

图 5-6 户均村庄用地面积比较

人均村庄用地面积在 500~900m² 的有黑河、双鸭山和鸡西 3 个地区，其人均村庄用地面积分别为 650m²、618m² 和 589m²。以上 6 个地区的人均村庄用地面积均超过了全省平均数；人均村庄用地面积低于平均数的有 7 个地区，即哈尔滨、齐齐哈尔、大庆、佳木斯、七台河、牡丹江和绥化。哈尔滨人均村庄用地面积最小，约为平均数的一半，为 273m²；其次是绥化市，人均村庄用地面积为 295m²（图 5-7）。

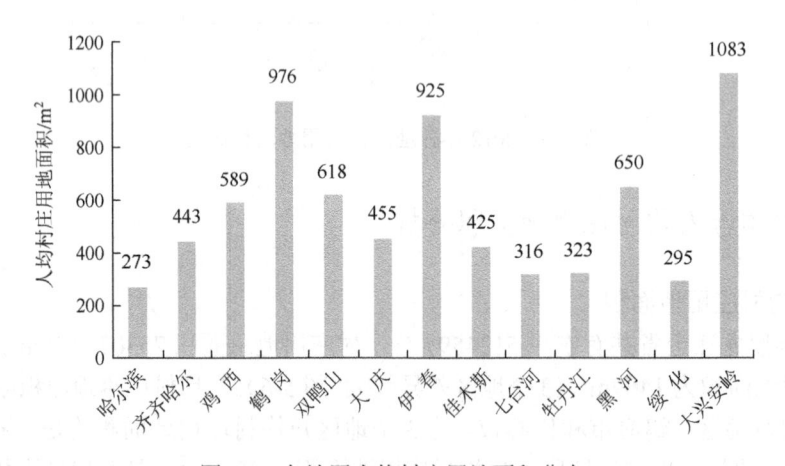

图 5-7 各地区人均村庄用地面积分布

从人均村庄用地面积分析，全省平均值是国家标准的 3 倍还多，面积最高的大兴安岭地区是国家标准的 9 倍，即使面积最低的哈尔滨市，人均村庄用地面积也接近国家标准的 2 倍。

5.3.1.2 户均与人均耕地面积分析

1）户均耕地面积

根据土地利用变更调查，2012 年全省共有耕地 15927245.29hm²，乡村农户有 5124597 户，户均耕地面积 47 亩，各地区差异依然非常大。户均耕地面积最高的是黑河市，户均耕地面积达 129 亩，超过 100 亩的还有鹤岗、大兴安岭和双鸭山。户均耕地面积超过平均数但小于 100 亩的有佳木斯、伊春和鸡西，分别为 85 亩、78 亩和 76 亩。户均耕地面积低于平均数的有 6 个地区，即七台河、齐齐哈尔、牡丹江、大庆、绥化和哈尔滨。其中，哈尔滨市户均耕地面积全省最低，户均耕地面积只有 26 亩（图 5-8）。

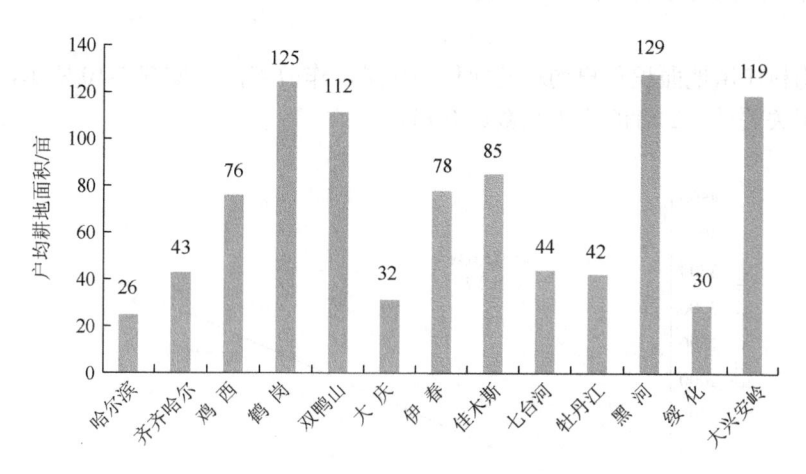

图 5-8　各地区户均耕地分布

2）人均耕地面积

根据土地利用变更调查，2012 年全省共有耕地 15927245.29hm^2，根据《黑龙江统计年鉴 2013》，2012 年乡村人口 1652.5 万人，乡村人均耕地面积 14.5 亩。各地区差异悬殊（图 5-9）。

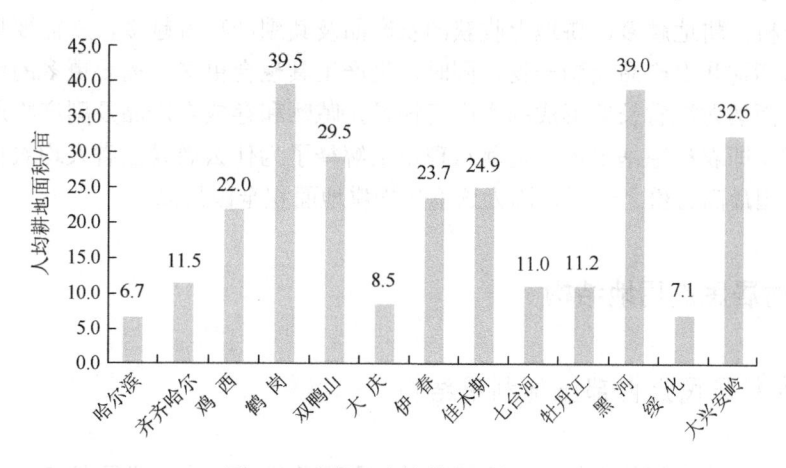

图 5-9　各地区人均耕地面积分布

人均耕地面积超过 30 亩的有鹤岗、黑河和大兴安岭 3 个地区。其中，鹤岗人均耕地面积最高，达 39.5 亩；其次是黑河，人均耕地面积为 39 亩。人均耕地面积在 20~30 亩的有双鸭山、鸡西、伊春和佳木斯 4 个地区。

人均耕地面积低于全省平均数的有哈尔滨、齐齐哈尔、大庆、七台河、牡丹江和绥化。其中，人均耕地面积最低的是哈尔滨市，人均耕地面积仅有 6.7 亩；其次是绥化和大庆，人均耕地面积分别为 7.1 亩和 8.5 亩。

5.3.1.3 村庄用地与耕地相关分析

以户均村庄用地面积和户均耕地面积为变量，作散点图，如图 5-10 所示，二者具有明显的正相关关系，二者的相关系数达 0.76。

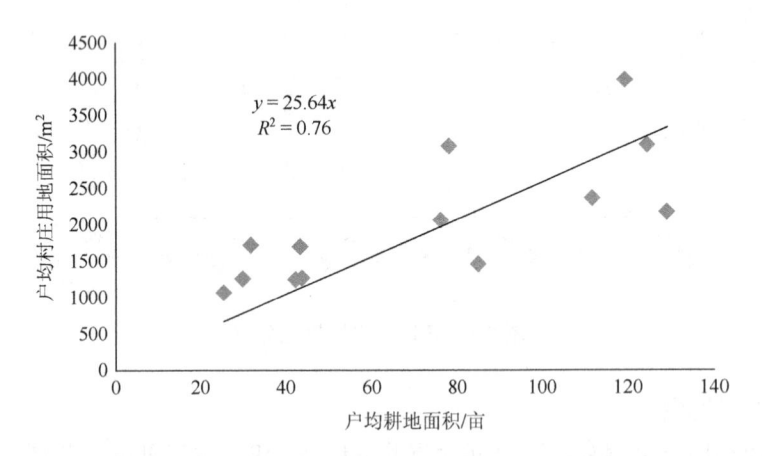

图 5-10 户均村庄用地面积与户均耕地面积散点图

进一步分析发现：户均村庄用地面积与户均耕地面积之间具有明显的正相关关系。从理论上分析，耕地越多，耕地上收获的农产品及其副产物就越多，就需要越多的土地来存放和晾晒这些农产品及副产物，同时，生产工具也会更多，需要更多的地方来存放生产工具。而黑龙江省长期形成的生产习惯是，晾晒和存放农产品及副产物通常都在自家的院子里，即农村宅基地内。这就从理论上解释了为什么黑龙江省人均农村居民点用地面积是全国最高省份之一了，因为这里户均耕地面积全国最高。

5.3.2 农村居民点用地结构

5.3.2.1 农村居民点内部土地利用结构

通过调研及检索相关文献，一般行政村中需要承载的土地功能见表 5-13。对照农村居民点土地服务项目，对黑龙江省农村居民点用地结构进行实地调查，调查结果表明，黑龙江省农村居民点村庄结构各用地类型比例基本一致，下面以宾县和集贤县两地村庄结构加以说明。

表 5-13　农村居民点土地服务项目配置

类别	项目	村级 行政村	村级 自然村
一、行政管理	1. 村委会	●	●
二、教育机构	2. 小学	●	○
	3. 幼儿园、托儿所	●	○
三、文体科技	4. 文化站、青少年及老年之家	●	○
	5. 健身场	●	●
四、医疗保健	6. 医疗站或卫生室	●	●
五、商业服务	7. 食品店（超市）	●	●
	8. 日杂商店	●	●
	9. 农家乐（餐饮）	●	○
	10. 理发店	●	●
	11. 生鲜市场	●	○
六、交通	12. 村内道路	●	●
七、公共设施	13. 垃圾站	●	○
八、住宅	14. 宅基地	●	●

注：●为应配建的项目；○为根据实际情况按需配建的项目。

1）宾县平坊镇村庄内部土地利用结构分析

宾县平坊镇参加本次农村建设用地集约利用评价调查的村庄有 3 个，分别为益阳村、共和村和新发村，总面积为 3439390m^2。在村庄土地利用现状中：住宅用地 2334031m^2，占总面积的 67.86%；公共管理与公共服务用地为 72278m^2，占总面积 2.10%；交通运输用地 544291m^2，占总面积的 15.83%；水域及水利设施用地 4754m^2，占总面积的 0.14%；其他土地为 484036m^2，占总面积的 14.07%（图 5-11）。

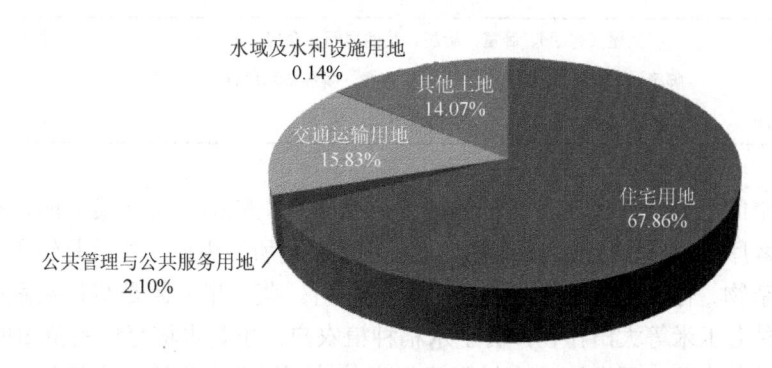

图 5-11　宾县平坊镇村庄内部土地利用结构图

2）集贤县福利镇村庄内部土地利用结构分析

集贤县福利镇参加本次农村建设用地集约利用评价调查的村庄有两个，分别为先锋村和长征村,总面积为542127m²。在村庄土地利用现状中:住宅用地379997m²,占总面积的70.09%;公共管理与公共服务用地17906m²,占总面积的3.30%;交通运输用地124034m²,占总面积的22.88%,其他土地20190m²,占总面积的3.72%(图5-12)。

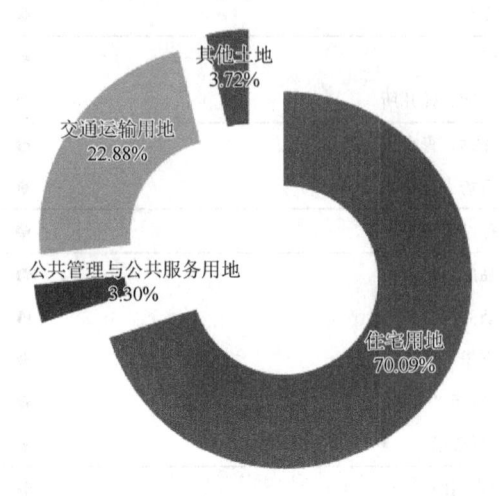

图5-12 集贤县福利镇村庄内部土地利用结构图

5.3.2.2 宅基地土地利用功能与结构

在村镇规划建设中,宅基地的计算口径很不一致,一种认为宅基地应该是生活用房的基地面积加非耕地,即房屋周边必不可少的用地和零星隙地,农民习惯称其为脚廊地,但不包括畜舍、厕所、场地等用地;另一种认为畜舍、厕所应计算为宅基地,但场地不能称为宅基地,应计入生产建设用地,宅基地空间和功能具体划分见表5-14。

表5-14 黑龙江省宅基地空间与功能表

空间	类别	功能
住房	堂屋(客厅)、卧室、厨房、其他房间(仓房、厕所)	生活、收益
院落	脚廊地、农机具停放地、粮仓、畜禽舍、薪煤柴草放置地、旱厕	生产
菜(果)园	菜园、果园	生产、收益

(1)从空间上分,黑龙江省农村宅基地分为住房、院落、菜(果)园。住房用地一般由堂屋(客厅)、卧室、厨房、其他房间(仓房、厕所)组成。院落是饲养畜禽、晾晒衣物、堆放杂物、停放机械、粮食晾晒储存的场所。菜(果)园是栽种果蔬的地方,有一些甚至栽种着玉米等大田作物,对于水稻种植农户,也是水稻育秧的苗田所在。

(2)从功能上分,黑龙江省农村居民点宅基地可以分为生活、生产和收益等不同功能宅基地。生活用地主要包括用于日常交流、学习、待客、家务劳动、用餐、休息等的堂屋、卧室,以及配套的厨房、厕所、餐厅、锅炉房等其他日常生活用房。此外,由于农村生活与生产的特点,各种物品储藏量较大,因此,粮食、薪煤柴草的存储用地也属于生活用地。生产用地是宅基地中除了作为人们生活起居住所外从事一些庭院农业和手工业、副业生产的场所。这些生产用地一般包括宅院内的菜地、果园用地以及畜禽圈舍。此外，农民进行农业生产需要的存储空间也属于生产用地，如粮仓、农机具停放地等。在市场经济条件下，宅基地中一部分空余闲置的住房可以用来创造经济效益，从而形成了收益功能。收益功能主要体现为农民自有住房中兼为工商业面积和房屋出租面积，以及庭院的经济功能。前者收益用地基本由堂屋或者起居室等生活用地兼做，后者由菜（果）园完成。

5.3.2.3 宅基地内部土地利用结构分析

1）宾县平坊镇宅基地内部土地利用结构分析

宾县平坊镇参加本次农村建设用地集约利用评价调查的村庄有 3 个，分别为益阳村、共和村和新发村，宅基地总面积为 2334031m^2。在宅基地土地利用现状中：房屋用地 258748m^2，占宅基地总面积的 11.09%；菜园用地 1186451m^2，占宅基地总面积的 50.83%；仓房用地 128884m^2，占宅基地总面积的 5.52%；畜舍用地 14570m^2，占宅基地总面积的 0.62%；活动场所用地 654547m^2，占宅基地总面积的 28.04%；其他用地（厕所、水坑、杂货堆、树林）90831m^2，占宅基地总面积的 3.89%（图 5-13）。

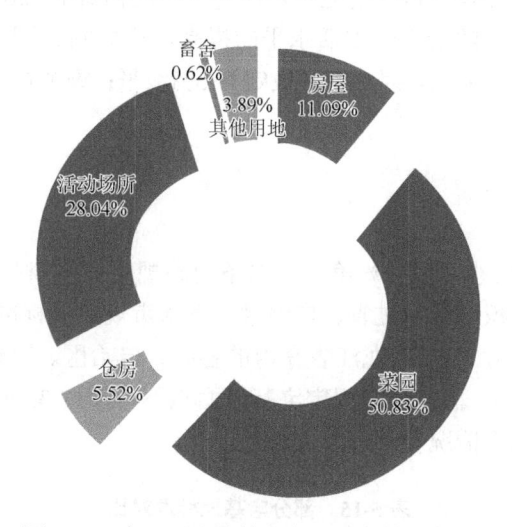

图 5-13　宾县平坊镇村庄内部土地利用结构图

2）集贤县福利镇宅基地内部土地利用结构分析

集贤县福利镇参加本次农村建设用地集约利用评价调查的村庄有两个，分别为长征村和先锋村，宅基地总面积为 379997m^2。在宅基地土地利用现状中：房屋用地 67513m^2，占宅基地总面积的 17.77%；菜园用地 157619m^2，占宅基地总面积的 41.48%；仓房用地 24495m^2，占宅基地总面积的 6.45%；畜舍用地 5564m^2，占宅基地总面积的 1.46%；活动场所用地 122892m^2，占宅基地总面积的 32.34%；其他用地（厕所、水坑、杂货堆、树林）1914m^2，占宅基地总面积的 0.50%（图 5-14）。

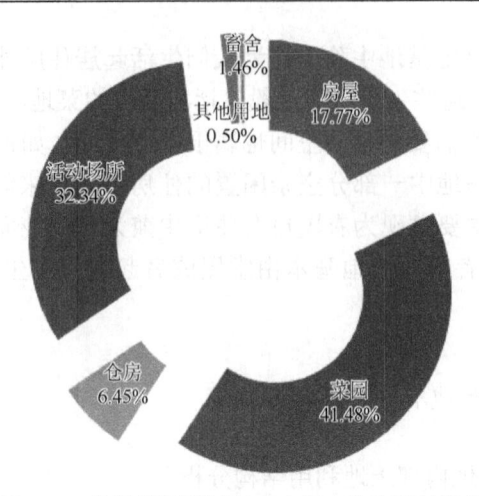

图 5-14 集贤县福利镇村庄内部土地利用结构图

5.3.3 农村居民点土地利用标准

5.3.3.1 农村居民点用地结构标准

通过调研分析估算合理的村庄用地结构，一个村庄内部有 20%左右的交通用地就能极大地方便村民的出行。随着人们生活水平的提高，垃圾站、图书馆、运动场等公益性服务设施的空间需求也在加大，因此将之设定为 5%水平；每个村庄给予 5%的其他土地；宅基地占 70%。

5.3.3.2 宅基地用地标准

《中华人民共和国土地管理法》第六十二条明确规定："农村村民一户只能拥有一处宅基地，其宅基地的面积不得超过省、自治区、直辖市规定的标准。"为贯彻执行《中华人民共和国土地管理法》，包括黑龙江省在内的各省、自治区、直辖市都制定了相应的宅基地面积标准（表 5-15）。黑龙江省规定宅基地面积不得超过 350m^2，与其他省份相比已经算高水平，但实际利用情况仍然高于此标准。

表 5-15 部分宅基地标准对比

地区	技术文件	宅基地标准
国家标准	《镇规划标准》（GB 50188—2007）	农村居民点用地标准为人均不大于 150m^2
黑龙江省	《黑龙江省土地管理条例》	农村村民新建住宅的宅基地，每户不得超过 350m^2。城市近郊和乡政府所在地以及省属农、林、牧、渔场场部的宅基地，每户不得超过 350m^2
江苏省	《江苏省土地管理条例》《江苏省村庄规划导则》	城市郊区和人均耕地在 1/15hm^2 以下的县，每户宅基地不得超过 135m^2；人均耕地在 1/15hm^2 以上的县，每户宅基地不得超过 200m^2
山东省	《山东省村庄建设规划编制技术导则》	城市郊区及乡（镇）所在地的村庄，每户面积不得超过 166m^2，平原地区的村庄，每户面积不得超过 200m^2
福建省	《福建省村庄规划编制技术则》	农村村民每户只能拥有一处宅基地。村民每户建住宅用地面积限额为 80～120m^2

续表

省份	技术文件	宅基地标准
山西省	《山西省村庄建设规划编制导则》	山区或丘陵地区村庄建设住宅的，每户宅基地面积不得超过180m²，平原地区村庄建设住宅的，每户不得超过130m²，特殊情况经县有关部门批准，每户不得超过200m²
陕西省	《陕西省村庄建设规划技术导则》	平原区133m²，人均40m²；川地、塬地区200m²，人均50m²；山地、丘陵区267m²，人均60m²
江西省	《江西省村庄建设规划技术导则》	占用耕地建住宅的，每户宅基地面积不得超过120m²；占用原有宅基地或村内空闲地的，每户不得超过180m²，因为地形条件限制、占用荒山荒坡地的，每户不得超过240m²

根据黑龙江省宅基地行使的功能，将宅基地分为三部分分别制定标准：一部分是生活用地，包括住房、脚廊地、薪煤柴草堆放地、活动场所等；一部分是院落生产用地，主要是行使生产辅助功能的农机停放地、粮仓（由于养殖农户较少，这部分不再单独制定标准）；还有一部分是保证农民吃菜的菜园用地。

1）生活用地

根据实际调研情况，黑龙江省农户中人均住房面积为 18～35m²，平均水平大约在25m²，即使生活条件改善，由于气候原因，黑龙江省农村居民点住房面积也不会增加太多，我们认为这部分给予32m²的标准是合适的，也就是三口之家可以建100m²的住房。通过调研，脚廊地和薪煤柴草堆放地为住房用地一半时可以保证使用方便。这部分标准为16m²/人；根据实地调研，院落的活动场所大约与住房面积相当，即人均32m²。住房、活动场所、脚廊地等面积标准合计为80m²/人，2012年黑龙江省农村人口1652.5万人，农户数512.46万户，平均每户人口3.22人，则户均住房用地为258m²。

2）生产用地

院落中的活动场所兼具生活和生产两种功能，可以采用底数＋浮动来安排，人均32m²的标准可以作为基础用地。因为院落中还兼具农机具存放和粮食堆放功能，所以单独计算这部分需求作为浮动。实际调研中，黑龙江省农户平均种植耕地面积120亩左右，考虑耕作半径、劳动力情况，认为黑龙江省农户种植面积200～300亩是合理和可行的。一般种植200亩耕地，多数是两户或者几户搭伙种植，每户大约有农用四轮车、小型播种机等农机具两台，平均每台占地面积10m²，每台摆放间距5m²，通道按照2m×10m计算，一共需要50m²，其他农机具占地面积可见表5-16。随着耕地面积的增加，农机具和摆放间距增加，可以设定系数为30%，即耕地每增加200亩，农机具占地面积允许增加15m²。考虑到大型家庭农场会建设单独的农机存放点，一般情况下在农村居民点内部的农机具停放场所有200m²即可满足需要，因此设定上限为200m²。

表5-16 部分农机具占地面积标准

序号	农机具	占地面积/m²
1	东方红拖拉机	10
2	五铧犁	15
3	旋耕机	4

续表

序号	农机具	占地面积/m²
4	打浆机	3
5	拖车	8
6	插秧机	6
7	筑埂机	6
8	拉苗车	10
9	弥雾机	3
10	播种器	3
11	覆土器	3
12	喷药机	4

对于有些农户，粮食生产后不能及时卖出，或者存储用于畜禽养殖，设定粮食仓储面积。玉米单产按照 500kg/亩、水稻单产按照 600kg/亩计算，则拥有 200 亩耕地的农户生产粮食 10 万～12 万 kg，按照每立方米粮食 0.8t 计算，则生产粮食体积在 125～150m³，假设有 1/3 左右的粮食要存放在院落中，存放高度为 2m，则大约需要 25m² 存放地，如果四周按照 1.5m 通风走路间距要求，则需 21m² 通风走路面积。对于大规模粮食生产农户，则考虑粮食不会存放在院落中，因此这部分是固定的，不设上限。

3）菜（果）园

黑龙江省农户基本上蔬菜可以自给自足，所以保留部分农户的菜地是必要的。正常成人每天需要蔬菜 300～500g，假设包括白菜等冬储菜，蔬菜供应天数为 120d/a，蔬菜自给率为 80%，则每户需要蔬菜 3.22 人×0.5kg/(人·d)×120d/a×80% = 155kg/a，要满足这些蔬菜需要，至少要生产 200kg 蔬菜，按照蔬菜产量 1000kg/亩计算，则需要菜地 133m²，因为有一些蔬菜可以复种，所以按照一半保守计算需要菜地 67m²。

综上所述，一个不从事种植的农户宅基地标准为 258 + 67 = 325m²；大约种植 200 亩耕地的农户宅基地面积为 258 + 67 + 50 + 46 = 421m²；农户最大宅基地面积标准为 258 + 67 + 200 + 46 = 571m²。

5.3.4 农村居民点用地整理潜力与释放

5.3.4.1 农村居民点用地潜力来源

目前农村建设用地潜力挖掘主要通过农村居民点整理实现。从农村居民点整理的实践来看，农村居民点用地潜力主要通过以下四种途径来实现。

（1）降低农村居民点人均现状面积析出的土地。将现状人均农村居民点用地面积，降低到国家或本地区规定的人均用地标准，所节约的土地面积。由于农村居民点用地缺乏严格管理、科学规划和合理引导，农村居民宅基地超标严重。许多新建房户，并不退出旧宅；已进城务工经商并购置商品房的农民，大多还保留农村旧宅，于是出现双重占地，甚至一户多宅、多重占地现象，严重的会出现"空心村"现象。

（2）适当提高建筑容积率所节约的土地面积。农村居民的居住建筑多为平房，楼房很少，建筑容积率低。农村居民点整理过程中可根据实际情况，使农村居民点由外延式向内涵式发展，改为"向天要地"，多建一些"公寓式"住宅，逐步提高农村居民点用地的建筑容积率，可节约土地面积。

（3）通过对村庄中的闲散土地整理所节约的土地面积。农村居民点用地中有部分村办企业，以圈大院的形式占地，出现了未被利用的空地。此外，农村居民点用地中的一些生产性用地，如通常所说的菜园或庭院经济用地，也存在土地利用不充分和闲置问题。通过将这些利用不充分、闲置和空闲的土地进行整治利用，可节约出大量的土地。

（4）通过中心村建设所节约的土地面积。随着农村经济的发展和生活水平的提高，中心村建设将成为今后农村居民点发展的必然，同时也为农村居民点土地集约利用创造了条件。它可以通过两种方式达到节约土地的目的：①对于经济条件比较好，并且现有居民点人均建设用地指标严重超标的重点村、中心村，原地改造为现代化的中心村，并吸引周边规模小的自然村；②对于现有规模小、布局分散的农村居民点，可以通过迁村合并到大的中心村，也可以将几个小自然村合并成大的中心村模式进行整理。原地改造或合并后的中心村，人均建设用地标准要严格控制在国家和当地规定的指标之内，从而可以大大节约建设用地。

根据调查，典型村农村居民点用地集约利用潜力，主要反映在两个方面：一是当前农村人均、户均用地面积过大，可以腾退出大量用地；二是盘活村庄内的闲置和空闲土地可节约出大量土地。

5.3.4.2 农村居民点用地整理潜力测算

1）农村居民点用地潜力测算方法

农村居民点用地集约利用潜力测算的方法可概括为七种，分别是人均建设用地标准法、户均建设用地标准法、农村居民点内部土地闲置率法、城镇体系规划方案测算法、经验值法、农村居民点整理潜力现场调查统计法和人均建设用地标准改进法（表 5-17）。

表 5-17 农村居民点潜力测算常用方法汇总

序号	潜力测算方法	方法优缺点	
		优点	缺点
1	人均建设用地标准法	—	—
1.1	基于现状的人均建设用地标准法	计算方便	潜力值偏大，且未考虑未来人口的变化
1.2	基于规划的人均建设用地标准法	计算方便，考虑未来人口变化	潜力偏大
2	户均建设用地标准法	比人均建设用地结果贴近实际	没有考虑人口的变化

续表

序号	潜力测算方法	方法优缺点	
		优点	缺点
3	农村居民点内部土地闲置率法	测算潜力几乎为全部可实现的潜力	未考虑低效利用的非闲置农村居民点用地整理的潜力
4	城镇体系规划方案测算法	计算方便	本质是1、2,只是标准参考了城镇体系规划内设定的值
5	经验值法	计算方便	采用经验人士对研究区的了解程度估算当地的农村居民点腾退率,进而测算整理潜力
6	农村居民点整理潜力现场调查统计法	最贴近真实潜力	费时费力
7	人均建设用地标准改进法	较贴近现实	计算复杂,且影响因素的数据可获取性较差

黑龙江省农村居民点人均耕地面积大,大型农器具放置及粮食储藏需要占用一定空间,结合农村居民点用地潜力测算常用方法的优缺点,选取户均建设用地标准法进行潜力测算。

2）农村居民点用地潜力测算

根据农村居民点用地状况调查数据可知,导致人均建设用地和户均宅基地面积大的原因是宅基地中分布着大量的菜园用地。菜园用地从建设用地利用角度看是粗放的,但是从农地利用角度看是高度集约的。因为菜园用地从利用功能角度讲属于农用地中的菜地,即水浇地,每年种几茬菜,在秋季又能放置收获的玉米,在冬季又可放置黄豆秆,供取暖用。基于这种现状,农村居民点用地潜力测算分为两种情况:一是菜园用地属农用地范畴,从农村建设用地中剥离,不参与潜力测算;二是菜园用地属农村建设用地范畴,参与潜力测算。

（1）菜园用地的剥离。

黑龙江省属寒温带温带湿润和半湿润地区,冬季长而寒冷,乡村地区基本上是自采暖,受采暖方式限制,住房面积各地区相差不大。不同区域农村居民点面积差异主要受菜园地面积大小的影响。在人均用地面积较大的村庄中,住宅、放置农产品和农机具的场地有限,多出来的面积基本上都是菜园地,甚至在房前屋后进行粮食种植,这部分面积从利用上看,应该属于农用地,因此可以将菜园地在农村居民点用地面积中剥离出去。菜园地剥离分为两种情况:一是地级市市域范围内的农村居民点,由于离城市较近,尤其是城市周边地区,菜园地面积一般较小,根据实际情况,可以按照20%菜园地面积比例进行剥离。二是其他县市按照人均农村居民点用地面积进行分级,一级人均面积在200~400m^2,按照20%进行剥离;二级人均面积在400~600m^2,按照30%进行剥离;三级人均面积在600~800m^2,按照40%进行剥离;四级人均面积在800m^{2}以上,按照60%比例进行剥离（表5-18）。

表 5-18 农村居民点用地菜园地剥离比例

分级	个数/个	范围	人均用地面积/m²	剥离比例/%
市辖区	13	地级市市域	208	20%
一级区	34	阳明区、阿城区、勃利县、双城区、北林区、宾县、巴彦县、呼兰区、木兰县、五常市、延寿县、绥芬河市、海伦市、肇东市、望奎县、克东县、集贤县、尚志市、肇州县、桦南县、青冈县、林口县、绥棱县、克山县、庆安县、兰西县、依兰县、桦川县、安达市、肇源县、明水县、佳木斯郊区、拜泉县、通河县	293	20%
二级区	18	宁安市、穆棱市、东宁市、方正县、汤原县、龙江县、讷河市、鸡东县、依安县、海林市、大同区、富锦市、加格达地区、孙吴县、梅里斯区、泰来县、北安市、林甸县	451	30%
三级区	12	杜尔伯特蒙古族自治县、铁力市、密山市、五大连池市、宝清县、爱辉区、富裕县、甘南县、嫩江市、逊克县、呼玛县、绥滨县	701	40%
四级区	9	嘉荫县、饶河县、同江市、虎林市、抚远市、漠河市、塔河县、萝北县、友谊县	1202	60%

（2）理论潜力。

2012 年，全省农村居民点用地面积 75.3 万 hm²，乡村人口 1652.5 万人，人均占用土地 456m²，《村镇规划标准》中将人均建设用地划分为五个级别，其中五级为最高级别，要求人均用地不能超过 150m²，黑龙江省人均农村居民点用地面积超过标准中规定的上限值 306m²。理论上，若按照《村镇规划标准》中人均建设用地 150m² 标准计算，如果菜园用地参与潜力测算，则 2012 年全省 1625.5 万乡村人口需占用土地约 24.8 万 hm²，可以节约用地约 50.5 万 hm²。如果菜园地被剥离后进行潜力计算，分级进行菜园地扣除后，农村居民点用地面积为 53.7 万 hm²，可以节约用地 29.3 万 hm²。

3）按照农村居民点用地标准计算的潜力

黑龙江省现有农户除靠近城区的部分外，其他基本上以农业生产为主，因此户均用地面积可以采用 421m² 标准进行计算。2012 年黑龙江省农村总户数为 512.46 万户，按照户均 421m² 进行计算，则全省需要农村居民点用地面积 21.6 万 hm²，可以节约用地 53.7 万 hm²，剥离菜园地则按照户均 354m² 进行计算，则可以节约用地 35.6 万 hm²。

5.3.4.3 农村居民点用地潜力释放

1）农村居民点用地释放潜力计算

农村居民点用地潜力能否释放，关键因素是资金来源，高昂的成本限制了农村居民点用地整理。通过对黑龙江省农村居民点用地整理经费投入的调查，仅农村居民点用地复垦的工程性投入就达到 2 万~3 万元，加上对农民拆迁安置经费，如果按照 600 元/m²，每户 150m² 建筑面积计算，拆迁补偿费用 6 万元左右，如果按照每户用地面积 450m² 计，则每公顷农村居民点拆迁复垦至少需要 203 万元。

另外，农村居民的生产方式和生活习惯也是制约农村居民点用地整理的主要因素之一。一般情况下，农村居民点距离农民的生产活动场所较近，但是村庄的改造、归并等往往会增加农民的生产活动半径。同时，由于农民的生活习惯不同于城市居民，在进行居民点用地整理时也可能遇到较大阻力。例如，农村居民习惯于饲养家禽牲畜，在房前屋后种植蔬菜等，这些都会加大农村居民点拆迁和新建集中区后期管理的难度和成本。

2）农村居民点用地潜力释放途径

（1）村庄内部控制改造模式：采用村庄内部改造的模式。一是在宅基地审批过程中，严格执行"一户一宅"政策，并且面积不得超过国家或地方规定的用地标准。乡镇或集体经济组织根据不同的情况采取不同的方式，以对农户多占的宅基地无偿收回、对空置的宅基地给予适当补偿的方式进行储备利用，统一整理后分配给需要建房的农户。二是引导农民充分利用废弃地和空闲地新建住房，禁止占用耕地。三是做好村庄内部基础设施配套，吸引农户到规划划定的区域内建房。通过以上几种措施达到给空心村"复实"的目的。此模式普适性较强，并经常与迁村并点模式结合实施。

（2）缩并自然村，建设中心村模式：缩并自然村，建设中心村模式是指对一定范围内布局分散且规模较小的自然村庄进行整体性搬迁或者分期搬迁。这种模式一般采取就近原则，将几个自然村庄合并形成新的村庄，并对调整出来的土地进行复垦；或者以某个经济发展状况比较好的村庄作为中心村，将周边的村庄迁入形成新的大村庄，并对小的自然村进行复垦。这样既增加了耕地面积，又方便了管理，也有利于村庄公共基础设施的集中配置。但是，由于涉及范围比较广，这种模式要求中心村的地理位置和经济条件较好，在村庄合并后能够有效发挥生产与生活中心的职能。

（3）城镇化改造模式：城镇化改造模式指撤销乡镇或城市郊区周边的村庄，并在城镇规划区内建设新居民社区，将原村庄居民逐步分期迁入，加快城镇化发展，即农民向城镇或城市集中的过程。整理腾出的土地可以复垦为耕地或者整理成工业用地，用于工业集中区的建设。此种模式一般要求：①共建、联建，以协调各方面的关系，降低人均用地标准，从而提高土地利用率；②政府引导与政策扶持，如配套积极的人口就业政策等。由于其实施的限制条件较多，一般只适于经济发展水平较高且近期内城市化趋向明显的城乡接合部和集镇周边农村。

5.4 工矿废弃地复垦与再开发

5.4.1 工矿废弃地复垦方法与模式

5.4.1.1 常规矿区土地复垦方法

目前，国内外对露天采矿废弃地土地复垦的对象主要有废弃矿坑、排土场、尾矿区三种，每种复垦的方法都不同，具体如下。

1）废弃矿坑复垦

将矿坑内排土回填（或者是粉煤灰回填）后，再覆盖一定厚度表土，形成供农业或林业发展用的梯田；积水沉陷区、积水沉陷区的边坡地带、井工矿矸石山、露天矿剥离物堆放场，均可采用平整土地、改造成梯田或梯田绿化带的方法复垦。根据复垦区的地形地貌特点，因地制宜地采取不同的复垦模式：①农业复垦。比较平坦或改造方便的区域，可改成梯田，用作耕地种植粮食、蔬菜、果树、药材等。②林业复垦。坡度较大的区域，略加平整后可作为林业用地，通过整地营造防护林、水土保持林，建立森林公园。矿区造林的树种一般要求耐酸、耐碱、耐有毒元素，抗逆性强，根系发达。③水利资源复垦。将废弃的露天矿坑修筑成水库、鱼塘、水上公园等，或利用采空区和井下巷道进行人工充水。作为工业企业、居民用水的补给水，必要时可设置坑口水净化站。

2）排土场复垦

排土场复垦主要包括排弃物料的分采分堆和土场的整治；一般露天矿排土场整修主要采用梯田平盘式，具体根据排土场的边坡角、堆放方式占地面积、堆积物的物理特性、抗侵蚀能力和水土流失量的大小以及绿化需要等因素通常选择以下方式：①水平式平盘。复垦平盘被整治为水平地。②反坡式平盘。平盘地表稍向内倾斜，反坡角度一般可达20°，这种形状适合于工作面较窄的平盘，能够大幅度地提高田间蓄水能力，并使暴雨过多时上部平盘坡面产生的径流由平盘内侧安全排走。③坡式平盘。当平盘较宽并且向内有一定的坡度时，需顺坡在每隔一定间距略高于等离线0.3～0.5m处修筑田埂。随着逐年翻耕、径流冲淤而逐渐加高地埂，使田面坡度逐年变缓，最终形成水平出地。然后依据排土场整治后的土地来决定不同的土地利用方式。

3）尾矿区复垦

通常使用修整覆土的方法，复垦与矿山生产相结合，利用尾矿充填低洼地或冲沟。有的尾矿需要覆土后再整修，有的可直接整修，应该根据具体情况进行选择。尾矿整修不仅仅要对土地进行平整，还要考虑尾矿的污染问题，如果污染超标需要采用固化方式或其他方式处理尾矿，要合理安排好污染物外泄的防护工程。另外，也要合理安排尾矿的排水工程。

井下采矿废弃地复垦主要是针对塌陷地采取的复垦，具体来说方法如下：①疏排法。开挖排水渠，使塌陷区的积水排干，再加以必要的整修工程，使塌陷区不再积水，并得以恢复利用。疏排法通过强排或自排的方式实现开采沉陷积水区的复垦治理，即通过开挖沟渠、疏排水系。将塌陷区积水引入附近的河流、湖泊或设泵站强行排除积水，对采煤沉陷地的积水进行排放。再加以必要的地表整修，使采煤沉陷地不再积水并得以恢复利用。开挖沟渠、疏排水系是防止和减轻低洼易涝地灾害的有效途径。疏排复垦法需要与地表整修相结合，也可与挖深垫浅工艺配合使用。②挖深垫浅法。用挖掘机械将塌陷深的区域再挖深，形成水（鱼）塘（图5-15），去除的土方充填塌陷坑浅的地方，形成耕地，达到水产养殖和农业种植并举。挖深垫浅法主要应用于沉陷较深，有积水的高中潜水位地区。同时，应满足挖出的土方量大于或等于充填所需土方量，且水质适宜于水产养殖。在地下潜水位较高的采矿区，待稳沉后复垦时，常常形成大面积积水区，需要进行排水，且长期淹没后土壤质地不佳、质地黏、肥力低，需要进行改良，后期经营投入较大。因此，需要表土剥离进行生态预复垦。③充填复垦。采用粉煤灰进行充填（粉煤灰和糠醛渣4∶1和9∶1混合）。

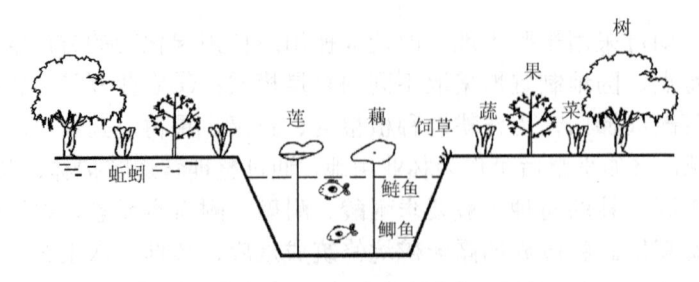

图 5-15 挖深垫浅法复垦模式示意图

5.4.1.2 矿区复垦中污染土壤治理方法

目前常规的污染土壤治理方法主要有以下几种：①物理方法。改善矿山受污染土壤的物理方法主要有排土、换土、去表土、客土。②化学措施。施用易溶性磷酸盐，促进重金属形成难溶性盐，减弱大多数重金属的生物有效性。常用的磷酸盐有 Na_3PO_4、$Pb_3(PO_4)_2$。使用含 Ca^{2+} 化合物可以提高 pH，降低酸性，引起重金属与 Ca 共沉淀现象从而促进重金属沉淀的产生。添加营养物质提高土壤肥力，一般添加肥料或利用豆科植物的固氮能力来提高土壤肥力。③生物复垦。利用超积累植物对重金属的吸收作用来治理污染的土壤。微生物修复方式主要包括添加嗜重金属菌、添加营养、接种外源降解菌、生物通气、土地处理、堆肥式处理。

5.4.1.3 煤矸石山治理

煤矸石山的治理目前主要采取网格式填埋或者封闭灭火的方式，但是这种治理模式受成本及煤矸石山堆体稳定性影响较大，较多地使用网格箱状隔离回填的模式。在回填的煤矸石山，一般可根据具体情况，将矸石山整修为梯田式或者螺旋式、微台阶式等形式。①在梯田式整形中，应以保持边坡稳定为原则，根据矸石的岩石力学性质确定梯田边坡角，一般边坡角不能太大，否则边坡稳定性差。梯田落差的大小取决于整形后矸石山占地面积的大小、抗侵蚀能力和水土流失量的大小以及绿化需要等因素。落差越大，梯田台阶则越少。梯田台阶宽度则根据矸石堆占地量和矸石山整形的工程量来定，占地多、工程巨大的台阶可宽些。②螺旋式整形工程，除应该遵循梯田式整形要求外，螺旋台阶面坡度和宽度要满足行人和运输要求，一般沿边坡方向的间隔在山脚方向较大，山顶方向较小。③微台阶式整形工程，基本与梯田式整形要求一样，仅仅是工程量相对较小，通常用手工和简单机械就可以完成。

5.4.1.4 矿区生态复垦典型模式介绍

1）鞍山矿山复垦模式

该矿区复垦中：①铁矿废弃地的表体裸岩石砾通体裸露，植被不能生长；②复垦区地形复杂，复垦难度大；③排岩场基质保水、保土性差，不利于植被的生长；④复垦区基础设施破坏严重,重建难度大等限制因素,将复垦过程与复垦后土地利用结合起来,提出了废弃地为林、园、灌、草、渔相结合的复垦模式,可以精炼地概括为平为园林,水利为牧,坡为灌草,低为鱼塘。复垦后其土地利用类型如表5-19所示。

表5-19 鞍山矿山复垦模式

复垦区类型	复垦后土地利用类型
场地平整,阶梯平台较为宽敞的地方	高效益的园地和经济林地
水源充足,交通便利区域	规模牧业用地,适当布置牧业生产建设用地
阶梯坡地地势较差的区域	植被恢复用地,种植易成活且防治水土流失、改善生态环境作用明显的灌木类及耐生草类
采石场矿坑负海拔区域	修筑集水、渔业池塘,供应农业、林业、牧业生产和植被恢复用水,兼养精品鱼类

2) 鄂尔多斯采煤损毁土地复垦模式

矿区的采煤沉陷区均属于无积水类型,沉陷耕地复垦应以人工或机械工程复垦为主,辅以生态重建。工程复垦作业的主要内容是充填沉陷裂缝和平整土地,同时采取必要的坡面工程、灌溉工程、排水工程、集雨工程及道路工程(表5-20)。

表5-20 沉陷区土地复垦模式

复垦模式	复垦措施	适用范围及注意事项	复垦目标
充填工程	裂缝充填	已沉稳和未沉稳的裂缝发生区域,裂缝填充贯穿复垦始终,注重沉稳前裂缝的填充,以保证生产安全。同时,对于耕地区的耕作层土壤采取单独剥离,就近堆放,及时回填	减少由裂缝导致的土壤水分流失、根系裸露等造成农作物产量降低、植物死亡或倒伏等
平整工程	田面平整	对于原地形坡度较缓但沉降损毁程度较重区,进行土地平整工程,平整过程中合理确定标高,实现挖填方工程	提高田面平整度,提高土壤保墒性
坡面工程	梯田工程	适用于已经稳定的、沉陷深度较大、本身坡度起伏较大,甚至呈台阶状的坡耕地	减少土壤侵蚀,提高土壤保水保肥性
集雨工程	水窖及集水坪	适用于坡耕地等具备集雨条件的地区	避免水资源时空分布不均,提高降水的水资源利用率

3) 江苏徐州复垦模式

徐州在全国首创了采煤塌陷地复垦置换新模式,对采煤塌陷地状况及分类治理的原则:①不积水的坡耕地复垦。治理的基本思路是采取工程措施,如推土机或人工平整措施,沿地形等高线修整成梯田,并略向内倾以拦水保墒,以利于水土保持。平整坡地,如果塌陷地落差大,采取梯田平整方式;如果坡度起伏大,采取台田平整方式。塌陷土地恢复后可以大力发展立体种植生态农业,种植大田作物,积极引进良种,实施"三高一优"(指优良品种、高新技术、高端市场、高效益)农业。对于靠近城镇和农贸市场的坡耕地,可适当种植经济作物和油料作物。对于有很好的特种种植经验的塌陷地区,可适当发展特种植业,如铜山花卉、贾汪药材和石榴、铜山梨桃等。②季节性积水区。开挖疏浚排水沟,控制地下水位,重建排灌水利工程和道路林网,恢复农田基本设施,在此基础上，采取基塘复垦措施，即以 1~1.2∶1 的比例挖塘抬田，挖深垫浅，塌陷深处挖塘，用以饲养鱼类或者种植水生植物，塌陷浅处抬田，治理成梯级田，形成小平大不平的格局。有足够充填物的地区，可采取充填复垦方式，将表土剥离 10~20cm，然后充填塌陷地至设计水平，再将表土覆盖，恢复成农用地。对于季节性积水塌陷地，基塘式规模利用和立体生态农业是最理想的综合利用途径。果基、菜基、林基等模式在徐州都有很成功的示范模式，可大力推广。③常年积水区。维持水体不变，直接作为灌溉水源或矿区湿地，治理成水产养殖用地，即取土打成网格或者是用煤矸石回填打成网格，将大水面分割成若干较小水面，按照鱼塘设计标准整理形成水产用地，有条件的地方，可治理为风景旅游用地。常年积水、塌陷深度较深的塌陷地，塌陷深度一般在 2.5m 以上，范围较小。主要采用煤矸石充填法，即直接以煤矸石或粉煤灰向塌陷处充填至原地面标高，可用于住宅基建和非农建设用地，此种治理不仅避免了大量堆积煤矸石对土地的占用、压损，而且增加土地面积，减少了环境污染。

4）山西朔州复垦模式

我国山西朔州露天矿生态复垦模式形成了采矿、排土、复垦、种植一条龙生产作业方式：①建立了草、灌、乔木复垦种植的立体模式，水土流失逐年减轻，土壤肥力和植被状况明显改善。②复垦土地的循环利用，利用复垦地开展了养殖畜牧业、土豆加工业、食用菌栽培业、中药材种植等，积极发展现代农业。探索复垦土地的开发利用，发展生态产业，统筹考虑失地农民就业，为中国矿区耕地保护、土地资源再利用、矿区失地农民就业、资源型企业经济转型方面提供了一种新的模式。

5.4.1.5 矿区生态复垦后土地利用方式

现有复垦实践表明，复垦后土地的利用途径出现多样化，具体归纳为以下几类：①农业用地，②工业用地，③生态用地，④城市用地。

5.4.2 工矿废弃地复垦规划技术研究

本章着重从景观水平探讨矿区对区域土地生态造成的影响，分析土地、生态、视觉景观各敏感性分布特征，辨识亟待修复治理单元和优化提升单元，划定区域生态修复治理区，提出各分区修复治理目标和修复策略。最后，在管理模式上进行复垦模式创新，主要考虑从引导社会力量进行工矿废弃地治理的角度来研究工矿废弃地的复垦与土地利用。

5.4.2.1 研究方法

1）混合基质养分评价

收集七台河市土地利用矢量数据、Landsat TM 遥感影像（2014 年 9 月）、DEM 数据（分辨率为 30m）、七台河市行政图、土地利用总体规划图（2006~2020 年）等。七台河土地利用矢量数据中各地类统计如图 5-16 所示。

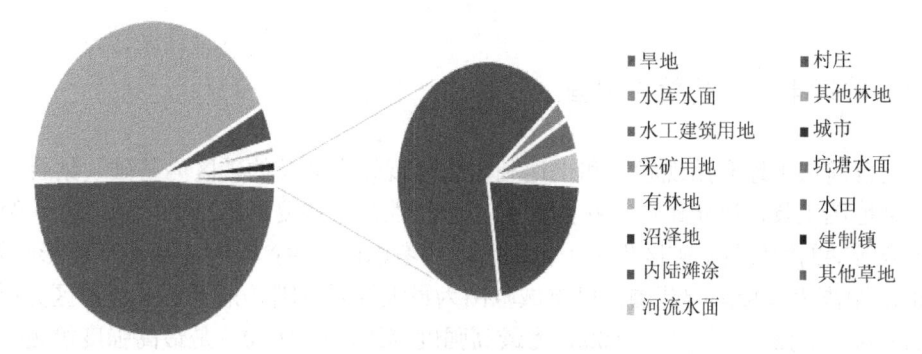

图 5-16 研究区土地利用类型面积统计

2）数据处理

利用 ENVI5.0 软件对遥感图进行裁剪、波段组合和归一化植被指数（NDVI）计算；利用 ArcGIS10.1 软件对土地利用规划图进行空间校正和矢量化，提取矿区、道路、重点景区等主要景观要素；在 ArcGIS 软件环境中建立七台河市主要生态要素基础数据库，从矿区生态干扰影响角度确定矿区生态敏感性指标属性值，并基于 GIS 空间叠加分析技术分析七台河市生态敏感性。

5.4.2.2 生态敏感性评价指标体系构建

资源型城市矿区资源开发对生态环境造成严重影响，已成为当前国土整治的重要内容。指标体系构建中以增强市域生态安全保障水平为目标，建立土地资源保护、森林植被保护、自然山体保护、视觉景观保护四个准则层，选取土地利用类型、植被覆盖指数、坡度、高程、视觉景观元素五项指标，结合专家打分，采用层次分析法确定指标权重和敏感程度分级。其中，土地利用类型按照土地利用分类体系一级分类，按水域 6、林地 5、草地 4、耕地 3、建成区 2、其他 1 进行赋值；植被覆盖度采用中位数分级法对 NDVI 值进行分级；高程按照 500m 以上为 6、400~500m 为 5、300~400m 为 4、200~300m 为 3、100~200m 为 2、0~100m 为 1 的原则赋值；坡度按照 50°以上为 6、40°~50°为 5、30°~40°为 4、20°~30°为 3、10°~20°为 2、小于 10°为 1 的原则赋值；视觉景观元素采用建成区（不含道路）为 6、旅游景点为 5、农林水景观为 4、300m 以上山体为 3、道路为 2、其余为 1 赋值。指标体系如表 5-21 所示。

表 5-21 矿区干扰背景下区域生态敏感性评价指标体系

目标层	准则层	因子层	权重
增强市域生态安全保障水平	土地资源保护	土地利用类型	0.22
	森林植被保护	植被覆盖度	0.28
	自然山体保护	高程	0.16
		坡度	0.20
	视觉景观保护	视觉景观元素	0.14

5.4.2.3 矿区生态干扰效应刻画

以七台河市土地利用现状图和土地利用总体规划中涉及的矿区为基础，结合谷歌卫星等网络地图工具，确定矿区干扰源。生态敏感性是生态要素本身对土地开发、经济发展和人类活动的敏感性；矿区生态干扰强度主要考虑矿区生产开发对周边环境影响效应，以4500m距离为直接影响范围，以市域范围为最大辐射范围。采用GIS缓冲区分析法，每500m为一个强度等级，0～500m为最高强度等级，记为10，是最高强度等级，依次划分到4000～4500m标记为2，4500m至市域边界范围统一为1。

5.4.2.4 市域景观水平生态敏感性评价

1）土地资源保护敏感性

从土地资源保护敏感性分布可知，高敏感性单元主要分布于高海拔区。这些区域是森林集中分布区，同时也是自然山体景观保护区，面积达到整个市域的一半以上。根据统计，水源景观敏感性单元面积也较大，达到了区域总面积的18%。聚落景观和草地面积紧随其后，也是土地资源保护的重要类型。

2）森林植被保护敏感性

从森林植被保护敏感性分布格局看，依然是山区由于植被覆盖度较高，森林植被保护敏感性最高，主要分布于市域西部地区。水体、裸露地貌等景观单元敏感性较低，主要分布于市区北部、东北部山体。这些地域应该加强保护，尽可能增加林地面积。

3）自然山体保护敏感性

从高程敏感性分布看，市域西部、南部、东北部山体是重要生态敏感区，占整个区域面积6%以上。从高程看，各流域底部以及下游平原区是山体保护最不敏感区。

从坡度敏感性分布格局看，敏感性高值区依然是市域西部、南部、东北部山区。因此这些区域是地质灾害重点监测区，特别需要注意矿山开采对这些区域的扰动。但从全市域看，区内大部分单元坡度分布格局相似，地貌景观属于同一类，集中分布于市区西部、正北部和东北部。

综合考虑高程和坡度敏感性，叠加形成自然山体保护敏感性分布格局，市域西部、南部、东北部山区是自然山体保护最敏感区域，市区正北部局部山体生态保护敏感性极高，应进行重点保护。

4）视觉景观保护敏感性

以土地利用景观为基础，增加景区、道路等景观元素，构建视觉景观保护敏感性分布格局。市区周边等景区是最敏感区域，这些区域也是矿区分布最集中区域，矿区资源开发面貌与风景区景观存在不和谐现象。此外，大面积农林水景观、道路等单元是市域优势视觉景观，在该区域内的矿区建议适当控制开发强度和范围，对冲突严重的区段应该采取遮蔽等措施。

5.4.2.5 资源开发干扰下生态修复治理格局与优化

1) 亟待修复治理景观单元辨识与整治措施

综合考虑区域生态敏感性分布和矿区对生态干扰的距离效应,叠加运算获得亟待修复治理景观单元分布格局,经统计,连同矿区在内,亟待修复治理单元面积为12011hm^2,占市域总面积的1.9%。这些单元受矿区干扰最强烈,是资源开发与生态保护问题最突出的地区。应该加强预防,最大限度地避免地面塌陷、崩塌、滑坡、含水层破坏、地形地貌景观破坏,以及土地和植被资源损毁,重点加强土壤、植物修复,对严重裸露地貌、塌陷山体等景观单元实施景观重建。应加大对这一类型的环境监测,掌握其生态发展动态,及时采取保护预防措施。

2) 有待修复优化景观单元辨识与生态功能提升措施

在确定亟待修复治理景观单元基础上,进一步扩大矿区影响干扰范围内敏感性分布较高的区域,运用栅格像元属性查询工具,获得市域范围内有待修复优化景观单元分布格局。经统计,该区域面积为22599hm^2,占市域总面积的3.6%。这些单元有一定生态环境基础,主要受资源开发边缘性扰动,生态功能较差。对于该类单元,一方面要结合现有生态基础,恢复和增加林地、草地等生态型景观组分面积,提升生态功能和景观弹性;另一方面,要充分结合周边基础生态设施,实施整体生态格局优化,恢复生态系统完整性,重新让矿区周边生态系统得到良性循环。

5.4.2.6 市域生态修复治理分区及生态治理策略

1) 城乡建设及矿区综合整治区

该区面积为198031hm^2,占市域总面积的32%。范围为七台河市中心城区及周边矿区分布区。该区域生态修复治理导向:建立矿山环境保护技术支撑体系,实施一批重点治理恢复工程,健全完善矿山环境管理制度,严格监督管理矿山环境,有效减轻矿产资源开发对环境的破坏和影响,促进矿山环境整体状况好转。该区域生态修复及引导控制措施:加强对地表植被和土壤腐殖层的保护,加强对地下采空区的监测管理,妥善处置固体废弃物,防范次生地质灾害。

2) 西北部农业生态化发展区

该区面积为96787hm^2,占市域总面积的16%。范围为倭肯河平原、北兴农场及宏伟镇等区域。该区域生态修复治理导向:加强区内耕地保护,调整农业结构,依靠区域自然资源,发展高效农业。生态修复及引导控制措施:控制重点农业生产区内污染型矿产资源开发建设活动;实行田水路林综合治理,改造中低产田,不断提高基本农田质量;鼓励发展具有地方特色的农产品种植,积极发展农产品的深加工企业,发展规模型、合作型特色农业(图5-17)。

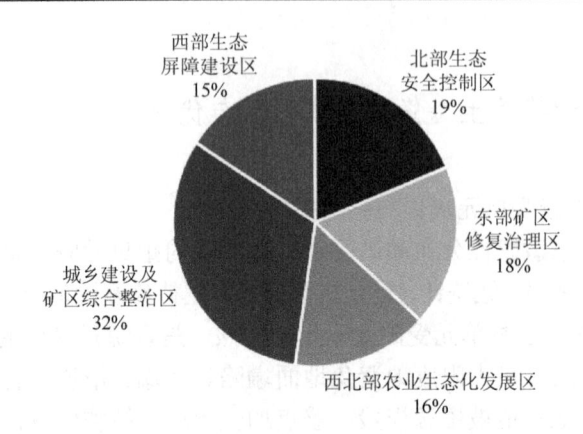

图 5-17 市域生态修复治理分区面积占比统计

3）西部生态屏障建设区

该区面积为 96654hm²，占市域总面积的 15%，范围为市西部山区。该区域生态修复治理导向：增加生态型景观面积，实施水土保持和防风固沙工程。生态修复及引导控制措施：区内土地利用以生态化利用为主，保护自然山体，营造水源涵养林、水土保持林、防风固沙林等公益林。实施生态退耕。严格控制采矿用地对生态环境的负面影响，确保区域生态系统的整体和谐。

4）东部矿区修复治理区

该区面积为 111888hm²，占市域总面积的 18%，范围为市区东部矿区集中分布的山区。该区域生态修复治理导向：失稳边坡治理、破损山体景观重建、采空塌陷区综合整治、污染治理及压占土地恢复。生态修复及引导控制措施：矿产资源开发过程中加强预防，最大限度地避免诱发地面塌陷、地裂缝、崩塌、滑坡、含水层破坏、地形地貌景观破坏，以及土地和植被资源损毁；限制对大气、水土环境污染严重，危害人类及动植物生存安全的矿产资源开发活动。

5）北部生态安全控制区

该区面积为 116639hm²，占市域总面积的 19%，为市区北部山区。该区域是水源涵养保护重点区域，生态修复治理导向：保护重要水源地，修复提升重要生态功能单元质量。生态修复及引导控制措施：加强生态保护小区建设，推进湖库、湿地、优质生态林区等重要功能区生态恢复重建，继续实施天然林保护、发挥自然修复作用，严格保护生物多样性和生态系统的整体功能。积极推进采石场、取土场和裸露山体与边坡的整治复绿，控制水土流失。

5.4.2.7 矿山生态复垦技术模式研究

根据复垦规划技术的研究，基于工矿地分类结果，针对不同矿区废弃地类型，开展典型的设计方法研究，实行复垦区划分类指导治理的原则。

1）城乡建设及矿区综合整治模式

该技术适用范围为七台河市中心城区及周边矿区分布区。

该区域复垦模式特征：以搬迁土地整治、塌陷沉降治理和处置固体废弃物为主，实现复垦后土地变成工业园区建设用地、各类景观公园用地及部分生态建设用地，其技术核心是煤矸石及稳定化后煤矸石的再利用与回填技术。

2）西北部农业生态整治模式

范围为倭肯河平原、北兴农场及宏伟镇等区域。

该区域复垦模式特征：以部分矿业用地复垦为耕地为主，该模式技术核心是在复耕中土体构型及复耕中土壤水分的高效利用及耕作层的改善。

3）西部生态屏障建设模式

该区域复垦模式特征：该区域矿区废弃地的复垦主要采取生态修复的措施，其关键技术核心是实行土壤基质构建技术，废弃地复垦为林木、灌草等生态用地。

4）东部矿区修复治理模式

市区东部矿区集中分布的山区，治理矿山的地质灾害及水土流失为主要特征，所采取的技术措施为：矿区地质灾害治理、生态复绿。

5）北部生态安全控制模式

对于该区域内的矿山一律采取闭矿停产，对矿山区域实行封山育林，实现矿区的自然生态修复。

假设矿区对周边土地、生态景观具有重要影响，综合运用GIS分析与制图、空间统计等方法和生态环境影响评价技术，从土地资源保护、自然山体保护、森林植被保护、视觉景观保护等方面选取典型指标，建立矿区干扰背景下区域生态修复治理评价指标体系，通过评价辨识研究区亟待修复治理单元、有待恢复优化单元及生态修复治理区划。主要结论如下：

（1）七台河市矿区主要分布于中心城区周边和东部山区，这些区域是重要自然山体、农林水景观优势分布的区域，同时也是城乡建设最集中的地区，生态扰动大，影响明显。

（2）综合考虑市域生态敏感性和矿区生态干扰距离效应，确定亟待修复治理单元面积为12011hm^2，占市域总面积的1.9%。建议重点加强土壤、植物修复，对严重裸露地貌、塌陷山体等景观单元实施景观重建。

（3）根据矿区周边生态环境现状，分析确定有待修复优化景观单元面积为22599hm^2，占市域总面积的3.6%。其恢复策略是恢复和增加林地、草地等生态型景观组分面积，实施整体生态格局优化，防控矿区周边生态系统格局破碎化。

（4）综合考虑矿区干扰效应和区域生态敏感性特征，将市域分为城乡建设及矿区综合整治区、西北部农业生态化发展区、西部生态屏障建设区、东部矿区修复治理区和北部生态安全控制区，针对各分区矿区资源开发特点和区域实际，提出生态修复治理方向和生态保护引导控制策略，为全市矿区生态环境治理和土地综合整治提供参考。

5.4.3 矿山生态复垦基质开发及效果研究

七台河是依矿而建的资源型城市，因此在分区中城乡建设及矿区综合整治区不仅是七台河建设用地集中的地区，也是采煤造成塌陷、压占亟须修复的区域。根据七台河实际情况提出以搬迁土地整治、塌陷沉降治理和处置固体废弃物为主,实现复垦后土地变成工业园区建设用地、各类景观公园用地及部分生态建设用地。复垦为耕地的技术核心是煤矸石及稳定化后煤矸石的再利用与回填技术。七台河市现有的煤矸石填充方法所形成的土体构型存在土壤保水、保墒、保肥性能差,耕作的农作物产量低,不能最大限度恢复沉陷区废弃土地使用价值的问题。

5.4.3.1 土地混合基质最优配比

矿山生态复垦基质主要是将污泥利用到矿山客土构建中,通过不同材料(矿山渣土、污泥、煤矸石和自然土壤)的配比试验,并对配比基质进行理化性质及种植试验的检测,寻找一种较为理想的矿山修复土壤的配比模式,这样一方面能解决固体废弃物的处理问题,另一方面也能有效解决矿山修复理想客土的来源问题,并且能够为矿山土壤修复提供数据支撑。

根据黑龙江省七台河市城市固体废弃物产量的情况和矿山废弃地生态复垦过程中存在的问题,项目主要利用污泥堆肥、采石场废弃渣土与自然土壤的不同质量配比来构造修复生长基质。通过分析对比找出较为适合矿山废弃地植被恢复的最优配比基质。①不同配比基质理化性质对比:比较不同配比生长基质的理化性质、肥力及含水率变化过程,选出较为理想的配比模式组。②不同配比基质对试种植物生长影响对比:试验进行过程中对不同配比基质条件下试种植物生长状况进行监测,并且对比找出较为适合植物生长的配比基质。③对试验前后的土壤重金属含量进行检测对比,初步分析试种植物对重金属富集效果。综合对比分析找出适合矿山废弃地平缓地带植被恢复的最优配比基质。研究技术路线如图 5-18 所示。

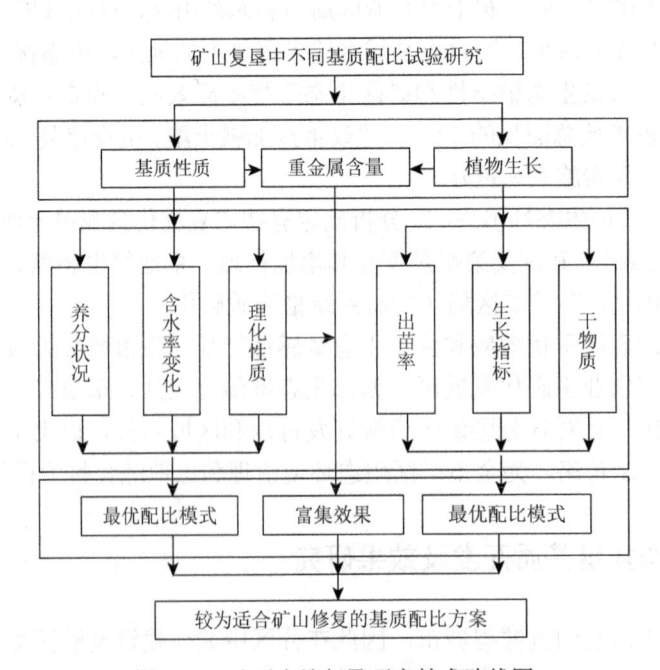

图 5-18 矿区土地复垦研究技术路线图

通过黄土、煤矸石、堆肥污泥的混合配比试验可初步得出以下结论：

（1）当黄土（土壤）含量0%~40%时，添加堆肥污泥可提高混合基质的养分水平，其中有机质、碱解氮、有效磷、速效钾、全氮、全磷含量均有明显提高。

（2）结合试验效果综合考虑，在混合基质中堆肥污泥添加量以 20%~30%为宜，不宜超过40%。

5.4.3.2 土体构型与废弃地复耕整治方法

根据试验结果，对土体构型进行了研究，并依据土体构型开展相关工矿废弃地整治方法研究。

1）土地构型

所开发的土地构型主要特征：在待填充废弃地底层由下至上依次设置混合层、生土层和耕作层，混合层包括煤矸石填充区和生土填充区；生土填充区由多个隔离线段区组成汉字字形结构，生土填充区将所述煤矸石填充区隔离为多个部分。土体构型中各组分可以采取"田"字形或者"米"字形，每个工程单位（字形工程量）为 100m²。煤矸石填充区和生土填充区的厚度均为 1~2m。混合层层面的坡度小于 3°；待填充废弃地底层坡面小于3°，生土层的厚度为30~40cm，耕作层的厚度为25~35cm，隔离线段区的宽度为2.5m。

土体构型所具有的优点：这种土体构型在待填充废弃地底层 4 由下至上依次建立了立体式的混合层6、生土层2和耕作层1的土体构型。混合层6包括煤矸石填充区3和生土填充区5；生土填充区5由多个隔离线段区组成"田"字形或"米"字形结构，生土填充区 5 将煤矸石填充区 3 隔离为多个部分。这种土体构型不仅有煤矸石和生土的垂直结合，还有水平结合。生土填充区 5 可以保持水分，煤矸石填充区 3 虽然不保持水分，但是可以进行水分的迁移，通过网络结构的生土填充区 5 的建立，使水分最终迁移并保持在生土填充区 5，从而避免了水分迅速流失，大大提高了水分保持率。

其中，耕作层 1 可以保持水分和养分，耕作层 1 的下面填充生土层 2，生土层 2 可以有效地保持水分，供耕作层农作物生长使用。这种土体构型具有良好的土壤保水、保墒、保肥效果，提高了农作物产量，实现了废弃地的再利用，达到了土地整治的目的，最大限度恢复了沉陷区废弃土地的使用价值。使用煤矸石进行填充，节约了生土资源，同时利用了煤矸石资源，降低了裸露的煤矸石对环境的污染（图5-19）。

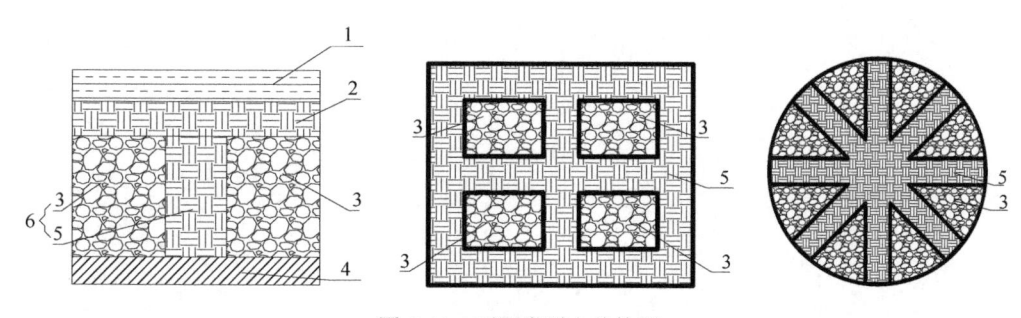

图5-19 不同类型土体构型

2）整治方法

与土体构型相配套的耕作方法为：

（1）根据废弃地底层的地理形态，确定拟整治土地填充的面积。

（2）对废弃地底层的地表进行平整和碾压。

（3）将步骤（2）所述废弃地底层分成多个单元区。

（4）在单元区内依据设定的字形进行划线，以形成隔离线段区。

（5）在所述隔离线段区内填充生土，以形成生土填充区。

（6）在单元区内隔离线段区以外的区域填充煤矸石，形成煤矸石填充区，所述煤矸石填充区与所述生土填充区的厚度一致，且所述煤矸石填充区与所述生土填充区形成混合层。

（7）对所述混合层进行平整和碾压。

（8）在步骤（7）中平整和碾压后的所述混合层上面整体回填一层生土，并进行平整和碾压，以形成生土层。

（9）在步骤（8）所述生土层上面整体回填一层耕作土壤，并对土壤进行平整，以形成耕作层。

所述隔离线段区的字形为"田"字形或者"米"字形。混合层厚度为 1~2m，生土层厚度为 30~40cm，耕作层厚度为 25~35cm。待填充废弃地底层平整和碾压后的坡面的坡度小于 3°，混合层的层面的坡度小于 3°。

6 沿边开放带土地支撑关键技术研究

发挥黑龙江省对俄罗斯及东北亚开放的区位优势,加快推进沿边开放带建设,既关系黑龙江省自身发展,也关系国家对外开放的整体布局,具有重要的战略意义。建设黑龙江省沿边开放带有利于推动边境地区经济社会全面进步,加快兴边富民步伐,保障边疆安全;有利于提升东北地区国际化水平,加快老工业基地全面振兴,促进区域经济协调发展;有利于充分利用国内外两种资源、两个市场,增强国家粮食、能源、原材料保障能力;有利于深化我国与俄罗斯及东北亚各国合作关系,构建优势互补、合作共赢的东北亚国际合作体系。

本章结合沿边区域经济发展新格局,深入研究开放带发展建设中遇到和面临的土地利用问题,通过开展沿边开放带各功能区域内的土地支撑技术研究,探索总结优势突出、特色鲜明、整体协调、差异化发展的沿边开放板块的土地利用优化模式;通过对沿边开放带园区用地布局优化和集约用地问题的研究,探索支撑国际经贸大流通、外向型产业体系、综合保税区和跨境经贸科技合作区、特色旅游产业带的土地节约集约和空间布局优化技术;通过沿边开放带农用地多功能评价技术、农用地多功能规划技术研究,构建农用地多功能经营模式,探索农用地多功能经营实现机制,为东北商品粮基地沿边开放带发展建设的土地问题的解决提供技术支撑。

本章采用了理论研究与实证分析相结合、定性分析与定量分析相结合、数理模型与3S 技术相结合以及系统分析等方法。具体技术路线如图 6-1 所示。

6.1 沿边开放带概况

6.1.1 沿边开放带地理位置概况

黑龙江省沿边开放带分布于黑龙江省北部、三江和东部地区,地处寒温带、温带大陆性季风气候区,跨越 121°11′E~135°05′E,43°26′N~53°33′N,地势由西北向东南方向呈下降趋势。黑龙江省沿边开放带由大兴安岭地区、伊春市、黑河市、鹤岗市、双鸭山市、佳木斯市、牡丹江市、鸡西市等城市所辖的沿边城镇组成,土地面积约 134160km²,人口约 1130 万人,共有漠河市、塔河县、呼玛县、爱辉区、孙吴县、逊克县、嘉荫县、萝北县、绥滨县、同江市、抚远市、饶河县、虎林市、鸡东县、密山市、绥芬河市、穆棱市、东宁市 18 个县(市、区)。从区域经济角度来看,黑龙江省沿边开放带处于东北亚经济圈范围内,与俄罗斯、日本、韩国、朝鲜和蒙古国接壤和相邻,在发展面向东北亚国家的经济合作方面具有得天独厚的区位优势,可与周边国家(地区)形成资源、资金与技术互补的经济关系,是中俄两国重要的工商、边贸经济纽带,城乡居民点多集中分布于三江和东部地区。

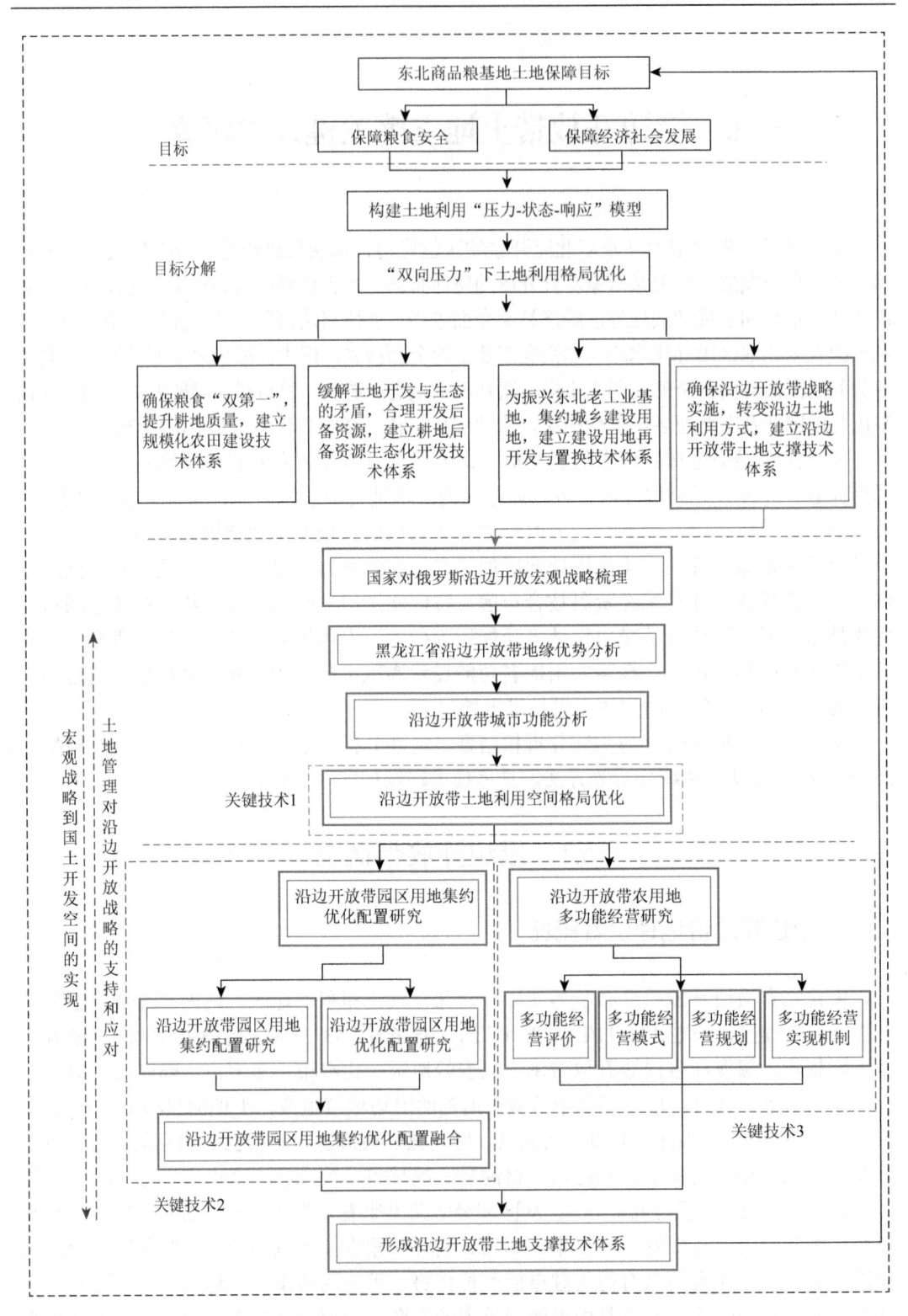

图 6-1　沿边开放带关键技术研究技术路线图

6.1.2 沿边开放带土地利用概况

根据2013年全省土地变更调查数据库，按照沿边开放组团构成将黑龙江省沿边地区分为东部山区、北部林区和三江平原区几个区域进行研究。

东部山区土地面积2694985.99hm^2，其中耕地面积800813.9hm^2，占东部山区土地面积的29.71%；林地面积1502477.4hm^2，占55.75%；园地和草地面积共41598.8hm^2，分别占0.33%和1.22%；交通用地和水域及水利设施用地面积共227445.7hm^2，分别占1.14%和7.3%；城镇村及工矿用地面积70614.72hm^2，占2.62%；其他用地面积52035.47hm^2，占1.93%。

三江平原区土地面积3720412.52hm^2，其中耕地面积2096575.1hm^2，占三江平原区土地面积的56.35%；林地面积862626hm^2，占23.19%；园地和草地面积共131515.7hm^2，分别占0.02%和3.525%；交通用地和水域及水利设施用地面积共453879.2hm^2，分别占1.34%和10.86%；城镇村及工矿用地面积58762hm^2，占1.58%；其他用地面积117054.52hm^2，占3.15%。

北部林区土地面积8915586hm^2，其中耕地面积672819hm^2，占北部林区土地面积的7.55%；林地面积7189633hm^2，占80.64%；园地和草地面积共245659.7hm^2，分别占0.03%和2.73%；交通用地和水域及水利设施用地面积共166796.2hm^2，分别占0.42%和1.45%；城镇村及工矿用地面积35163.6hm^2，占0.39%；其他用地面积605514.5hm^2，占6.79%。

6.1.3 沿边开放带园区概况

根据实际需要以及相关数据获取的难易程度，只对沿边开放带园区中的省级以上（含省级）园区进行研究。在确定的沿边开放带所包含的18个县（市、区）中，共有省级以上（含省级）园区10个。其中，国家级园区4个，分别为中俄东宁—波尔塔夫卡互市贸易区、黑河边境经济合作区、绥芬河综合保税区、绥芬河边境经济合作区；省级园区6个，分别为穆棱经济园区、东宁经济园区、同江市经济园区、密山经济园区、虎林经济园区、逊克经济园区。

6.1.4 沿边开放带农用地概况

截至2014年，沿边18个县（市、区）农用地总面积1338.23万hm^2，占土地总面积的87.92%。其中耕地333.47万hm^2，占农用地面积的24.92%；园地0.94万hm^2，占农用地面积的0.07%；林地969.28万hm^2，占农用地面积的72.43%；牧草地6.10万hm^2，占农用地面积的0.46%；其他农用地28.44万hm^2，占农用地面积的2.13%。

6.2 沿边开放带土地利用空间格局优化

6.2.1 沿边开放带土地利用态势与功能定位

6.2.1.1 沿边开放带发展机遇与优势

1）发展机遇

进入 21 世纪以来，经济全球化、区域经济一体化进程加快，产业的国际转移、生产要素的跨境流动已成为世界经济主流。为了应对国际经济的周期性波动，各主要经济体互动、协作，进一步加强了合作关系，为实现黑龙江省发挥沿边开放优势，承接产业转移，充分利用两种资源、两个市场提供了良好的外部环境。

（1）东北亚经济合作方兴未艾。

包括中国东北地区、日本、韩国、蒙古和俄罗斯远东地区在内的东北亚各经济体之间合作领域不断拓展，经济关联度大幅提高，东北亚已经成为世界第三大经济实体，为黑龙江省高起点参与东北亚区域合作带来了新的契机。中俄两国政府确立了战略协作伙伴关系，签订了睦邻友好合作条约，并就中国东北地区老工业基地振兴战略与俄罗斯远东开发战略衔接互动达成共识，长期稳定的政治经济关系为扩大对俄开放提供了有力的保证。

（2）国内政策环境显著改善。

我国深入实行对外开放的政策，使沿边地区成为我国的开放门户和发展对外贸易、国际交流的地域和口岸。2007 年颁布的《东北地区振兴规划》，将扩大对俄开放列为振兴老工业基地工作的重要组成部分和重大举措。《黑龙江省城镇体系规划（2010—2030 年）》与《黑龙江和内蒙古东北部地区沿边开发开放规划》的编制，将黑龙江省沿边开放带确定为重点区域建设发展的主要内容，为黑龙江省沿边开放带的发展建设提供了重要依据。

（3）黑龙江省的东部陆海丝绸之路经济带有多通道可选择。

一方面，从中国各个省（区、市）出口到欧洲的货物，可以走铁路到哈尔滨，转向大庆、满洲里，进而到俄罗斯、欧洲，这条线路已经使用。从苏州、沈阳、天津等地发往欧洲的货运列车，目前已经实现了平均一天一列的常态化运营。另一方面，中国东南沿海，以及日本、韩国的货物，可以通过俄罗斯符拉迪沃斯托克（海参崴）上岸，到黑龙江省的绥芬河，再到哈尔滨、满洲里，再到俄罗斯、欧洲。

2）发展优势

黑龙江省沿边地区发展优势主要包括六方面：①沿边开放的区位优势。黑龙江省位于东北亚的中心地带，与俄罗斯、日本、韩国、朝鲜和蒙古国接壤和相邻，在发展面向东北亚国家的经济合作方面具有得天独厚的区位优势，可与周边国家（地区）形成资源、资金与技术互补的经济关系。②沿边开放的人才优势。黑龙江省人才综合实力雄厚、特色优势明显。通过打造农业、装备、能源、石化、医药、食品等优势主导产业人才高地，培养引进信息、生物、新材料、环保等高新技术产业人才，大力发展金融、保险、旅游、物流、会展等现代专门人才，以及加强多层次俄语人才培养等，将形成适应全省沿边开放要求、特色优势明显的"人才兴安岭"。③沿边开放的口岸优势。沿边口岸优势使黑龙江省成为东北亚区域经济圈中重要的人员流动、物资集散、信息传递中心，在扩大沿边开放、推进东北亚区域经济一体化进程中具有特殊重要的战略地位。④沿边开放的人文优势。黑龙江省与俄罗斯的交往历史悠久。目前，黑龙江省与阿穆尔州及哈巴罗夫斯克（伯力）边疆区、哈尔滨市与斯维尔德洛夫斯克州及哈巴罗夫斯克（伯力）、大庆市与秋明、海拉尔区与赤塔、牡丹江市与乌苏里斯克（双城子）、佳木斯市与阿穆尔河畔共青城、黑河市与克拉斯诺亚尔斯克、七台河市与阿尔乔姆等均建立了友好关系。黑龙江省凭借这种人文渊源关系，在沿边开放中形成了独特的人文优势。⑤沿边开放的资源优势。黑龙江省自然资源丰富：森林、耕地资源丰富；矿产资源储量丰厚，石油、石墨等矿产资源探明储量居全国首位；有松花江、黑龙江、乌苏里江和绥芬河四大水系，水资源总量居东北之首；冰雪旅游资源、避暑旅游资源、边境旅游资源、历史遗迹和民俗风情旅游资源十分丰富。依托这些宝贵资源并加以合理利用与开发，将使黑龙江省的资源优势更好地转化为沿边开放优势。⑥沿边开放的产业优势。黑龙江省具有装备制造业、能源工业、石化工业、食品工业等支柱产业优势，是全国最大的发电设备制造和成套设备出口基地、全国最大的铸锻钢生产基地、全国微型汽车和汽车发动机生产基地、全国最大的绿色食品制造基地，能源和石化工业在全国举足轻重。这些产业优势为黑龙江省对俄产业带建设提供了坚实的产业基础。

6.2.1.2 沿边开放带发展阻碍

沿边开放带发展阻碍主要有如下三点。

（1）交通网建设滞后。

首先，多式联运法治建设漏洞很多，在集装箱的管理规则及办法和进出口业务数据交换等流程方面发展滞后，不利于国际联运统筹化发展。其次，多式联运基础设施薄弱，并没有形成大型化发展需要的体系，通航航道集装箱船舶不能适应大规模发展，许多内河进出口口岸装卸设备不足，公路网密集度小，呈分散状态，铁路网电气化和复线率仍然处于偏低水平。最后，多式联运自身协调发展存在不足，更多灵活性的内部机制有待完善，距离形成多式联运网络发展系统还有很长一段路要走。

（2）沿边开放带资源整合力度不够。

目前，黑龙江省沿边开放带已经形成了点对点的口岸模式，但并没有依据自身地域优势合理配置自然资源，针对地域制定口岸资源网的战略一直被搁置，大多数资源以初级产品大量运往国外，价格优势明显不足，形成沿边带口岸出口结构相似、内耗比较严重的不良趋势。除此之外，沿边带大部分地区的资源配置也出现大同小异的不良竞争状态，各种矿产、野生产品仍停留在中等级欠发达水平。

（3）地域开放程度不平衡。

黑龙江省沿边开放带地区是依据国界而形成的带状区域，先天的地域差异导致沿边开放带发达与落后的悬殊反差尤为明显，在地域上形成一种散在而不是有机的分布状态。

一些自然条件差的沿边地带，尤其是自然封闭性较强的地域，虽然拥有十分富庶的自然资源，但受各种条件的制约，人口稀疏，交通不发达，经济落后，还未得到较快的发展。

6.2.1.3 沿边开放带功能定位

"边贸合作平台功能"的发展定位。黑龙江省沿边对外合作可划分为两个层面：一是重点直接对俄合作，抓住机遇乘势而上，放大政策效应，做大做强对俄的经贸和旅游。二是与东北亚国家（日本、韩国、朝鲜、蒙古国）的战略合作。对外合作高地的定位已由过去的省级上升为国家级战略。黑龙江省沿边开放带东部地区是对俄贸易口岸集中分布区，其以绥芬河（东宁）为节点，辐射穆棱、宁安、林口、虎林、密山、鸡东等县（市），依托牡丹江、鸡西两市，发挥牡丹江地区基础条件好、产业升级快、口岸功能强和绥芬河数字设施先进等优势，加快建设综合保税区、绥波和东宁跨境经贸合作区，重点发展现代经贸、现代物流、商务会展、综合旅游、机电装配、轻工纺织、木材精深加工、建筑装饰材料、农产品生产加工与出口等产业，是建设以跨国物流、商贸旅游、进出口加工为特色，陆海相通的外向型经济先导区。

"中介服务功能"的发展定位。黑龙江省沿边开放带要打造特色农副产品进出口通道，通过国家战略的实施，在黑龙江省建设一个面向东北亚，尤其俄罗斯的特色农产品出口大通道，加快铁路、航运和公路建设步伐，扩大对外特色农产品出口总量。黑龙江省沿边开放带三江地区是农副产品生产加工聚集地，以同江（抚远）为节点，辐射富锦、桦川、萝北、绥滨、饶河等县（市），依托佳木斯、鹤岗、双鸭山三市，发挥自身江海联运临港临桥、交通便利、黑瞎子岛位置前凸与原始生态等优势，依托同江黑龙江跨境铁路大桥和黑瞎子岛跨境通道，主要发展冶金、新材料、跨境经贸、生态与休闲度假旅游、现代物流、木材加工与建筑材料、绿色食品生产加工与出口等产业。

"文化交流功能"的发展定位。历经5~10年的不断努力，沿边开放带已建成中俄两国的科技文化交流平台。黑龙江省要把握沿边开放战略带来的良好契机，在做大贸易的同时，注重与俄罗斯之间的文化和科技交流，更加注重引进俄罗斯先进的科学技术，吸引俄罗斯的高科技人才，借鉴俄罗斯先进的教育理念和教育方法，变成黑龙江省发展的后发优势，以更高的起点、更高的层次，做大中国对俄交流贸易。

"生态保障与国土防护功能"的发展定位。北部沿边开放区也因拥有大面积森林、湿地且黑龙江流域生态系统功能健全，是我国重要的生态保障区域，对维护我国生态环境、领土安全起着重要的作用。要加快建设宜居、宜业、宜游的生态沿边开放带，在中俄边境线上建设更多的旅游名镇、文化名镇，注重生态环境保护，大力发展绿色外贸和低碳旅游，让两国人民共享生态文明，在满足物质需求的同时，满足更高层次的精神文化需求，提高中俄两国人民的幸福指数。

6.2.2 沿边开放带土地优化功能分区

沿边开放带土地优化功能分区必须客观体现土地利用的现势性、适宜性、预见性，坚持分区原则与土地科学利用的高度统一性，在充分考虑坚持互利共赢、共同发展、坚持发挥优势、错位发展、坚持统筹兼顾、协调发展等原则的基础上，对沿边开放带进行土地优化功能分区。

6.2.2.1 生态涵养区

生态涵养区是生态屏障和重要资源保证地，是构建城乡一体化发展的重点地区，也是产业结构优化调整的重要区域。黑龙江省沿边开放区与俄罗斯远东地区仅一江之隔，黑龙江是中俄共建友谊、合作互赢的水上通道。其形成的一个完整的生态系统，使得黑龙江省沿边开放区域北部林区及三江地区的湿地保护区生态类型多样，生物多样性丰富。在黑龙江省沿边开放带区域内，中俄双方积极建设各自的自然保护区体系，以作为跨界自然保护区网络建设的基础。目前，中俄双方已经建立了兴凯湖-汉卡斯基、达赉湖-达乌尔斯基、三江-大赫黑契尔、八岔岛-巴斯达克、洪河-兴安斯基、三江-博隆斯基六对跨界自然保护区。

6.2.2.2 民族文化区

黑龙江省作为我国最北边的省份与俄罗斯毗邻相望，由于独特的历史传承原因，在黑龙江省沿边开放区内居住着很多有代表性的少数民族，以满族、蒙古族、朝鲜族、鄂伦春族、赫哲族和哈萨克族为主，且区域内分布着很多中俄民族风情园、若干个民族村，在享受旅游观光与参与体验等系列活动之余，可以进一步观赏兴安岭、龙江水、黑土地、边境线等自然景观，充分领略中俄两国迥异的民族风情。

6.2.2.3 产业集聚区

产业集聚区是企业相对比较集中、实现资源集约利用、提高整体效益的区域，包括经济技术开发区、高新技术产业开发区、工业园区、现代服务业园区、科技创新园区、加工贸易园区、高效农业园区等各类开发区和园区。产业集聚区是以若干特色主导产业为支撑，产业集聚特征明显，产业和城市融合发展，产业结构合理，吸纳就业充分，以经济功能为主的功能区。产业集聚区的基本内涵主要是"四集一转"，即企业（项目）集中布局、产业集群发展、资源集约利用、功能集合构建、促进农村人口向城镇转移。

6.2.2.4 突破开发区

突破开发区，主要针对的是"经济结构调整"和"落后地区建设"的地区。目前，沿边开放部分园区基础设施滞后，功能不完善，吸引企业入园能力不强；受国家政策影响，多数园区存在用地紧张问题；招商机制不活，围绕产业链招商引资不够；园区企业大多是资源型、高耗能企业，环境安全压力大；园区建设起步较晚、起点不高，在产业扶持、配套政策、服务管理等方面仍有很大不足；管理体制不顺畅，运行机制不够活等问题凸显。因此，应该实现五个"新突破"，即加大招商力度，力争在引进大项目上有新突破；创新运作思路，力争在缓解要素制约上有新突破；增强推进力度，力争在加快平台建设上有新突破；继续创优服务，力争在增强环境吸引力上有新突破；加强队伍建设，力争在挖掘潜力、调动人才积极性上有新突破。

6.2.2.5 后备保障区

从地缘政治出发，黑龙江省与俄罗斯远东地区山水相连，发展双边经贸合作具有独特的区位优势。近年来，中俄双方分别提出振兴东北和开发远东的发展战略，并共同签订了《中华人民共和国东北地区与俄罗斯联邦远东及东西伯利亚地区合作规划纲要（2009—2018年）》，也为黑龙江省与远东发展区域合作提供了难得的契机。从地缘经济出发，以"市场经济为主、政策调节为辅"的原则，建立推动地域合作的制度保障机制；以边境经贸合作为依托，以双方中心城市及两地之间各"省州结对的对口友好城市"为核心，以"能源、农业、林业、基础设施建设等"双方合作的优先领域的开发合作为切入点，实现生产要素的优化组合，提高双方生产效益。

6.2.3 沿边开放带土地利用结构优化与模式分析

6.2.3.1 沿边开放带土地利用结构优化

黑龙江省沿边开放带生态服务价值由1984年的1561.407亿元增加到2013年的1571.628亿元，总增加量为10.221亿元，年均增加量为0.352亿元，增长率为0.655%，年均增长率为0.023%。沿边开放带生态服务价值总体呈现增长趋势，但各土地利用类型的生态服务价值变化则具有明显的差异性（表6-1）。

表6-1 沿边开放带生态服务价值变化状况

年份	项目	耕地	园地	林地	草地	交通用地	水域及水利设施用地	其他用地	城镇村及工矿用地
1984	价值/亿元	90.349	0.274	1248.766	47.636	0.093	170.788	3.309	0.192
	比例/%	5.786	0.018	79.977	3.051	0.006	10.938	0.212	0.012
1996	价值/亿元	88.987	0.311	1247.826	48.281	0.097	177.641	3.29	0.193
	比例/%	5.680	0.020	79.651	3.082	0.006	11.339	0.210	0.012
2013	价值/亿元	145.436	0.508	1230.688	17.354	0.142	175.401	1.918	0.181
	比例/%	9.254	0.032	78.307	1.104	0.009	11.160	0.122	0.012

总体而言，耕地、水域及水利设施用地、园地以及交通用地生态服务价值变化量为正，生态服务价值有所增加，而城镇村及工矿用地、其他用地、林地、草地生态服务价

值变化量为负值,生态服务价值有所减少。其中,耕地的生态服务价值增加量最大,其增加量为55.087亿元,而林地、草地的生态服务价值呈现减少态势,其生态服务价值减少量分别为18.078亿元、30.282亿元。然而,耕地、园地、交通用地生态服务价值增长率较高,其中,园地的生态服务价值增长率高达85.401%,而草地的生态服务价值减少程度最大,其减少率为63.570%。

针对沿边开放带1984~2013年土地利用变化及其生态服务功能转化特征,在沿边开放带经济提升、社会发展与生态保护等的综合作用过程中,根据不同土地利用类型在社会经济与生态系统功能的多重发展目标,在保障沿边开放带生态系统服务功能可持续发展的基础上,合理高效地开展社会经济发展,并基于社会经济与生态服务功能演变过程及趋势,制定各土地利用类型的线性约束条件,对沿边开放带土地利用结构进行优化。

针对黑龙江省沿边开放带各土地利用变化特征,基于生态服务的线性规划模型,运用MATLAB软件对沿边开放带线性函数进行计算,沿边开放带土地利用多目标优化见表6-2。

表6-2 沿边开放带土地利用多目标优化

土地利用类型	2013年 面积/hm²	2013年 比例/%	2030年 面积/hm²	2030年 比例/%
耕地	3570208.23	23.29	3391697.82	22.12
园地	12190.86	0.08	15848.12	0.10
林地	9554736.42	62.32	9650283.78	62.95
草地	406583.33	2.65	447241.66	2.92
交通用地	129261.03	0.84	168039.34	1.10
水域及水利设施用地	718860.08	4.69	790746.09	5.16
其他用地	774604.52	5.05	669679.59	4.37
城镇村及工矿用地	164540.35	1.07	197448.42	1.29

根据黑龙江省沿边开放带2030年土地利用结构优化结果,2030年沿边开放带耕地、其他用地面积有所减少,其减少量均在10万hm²以上,且耕地减少量最大,减少17.85万hm²,而园地、城镇村及工矿用地、交通用地、草地、水域及水利设施用地、林地面积均有所增加,其中,林地面积增加量最大,而园地面积增加量相对较小。然而,交通用地、园地和城镇村及工矿用地增长率大,均在20%及以上,但其他用地面积降低程度为13.55%。

黑龙江省沿边开放带土地利用优化结果中耕地面积略有减少,但仍需保障区域粮食安全,而与社会经济不断发展密切相关的水域及水利设施用地、交通用地、城镇村及工矿用地等建设用地面积大幅度增加。此外,林地作为沿边开放带重要的生态屏障,其面积的增加对于提升区域生态安全具有积极的作用,而园地、草地等兼具生态与经济功能的土地利用面积的增加,则对区域社会经济发展与生态环境保护起着促进作用。

6.2.3.2 典型沿边开放带口岸优化发展分析

黑龙江省沿边开放带口岸应按照"大腹地、小门户、高效率"的模式进行发展建设。

"大腹地",黑龙江省地域辽阔,其沿边开放带对俄贸易口岸主要有 15 个,绥芬河、同江、黑河等口岸属于边境前沿口岸类,极适合形成贸易、通关型门户口岸。黑龙江省是我国的资源型大省,矿产资源、农林资源等十分丰富,作为腹地对资源进行生产加工,形成支撑口岸发展的各项产业链条,为口岸开展对俄经贸提供动力。

"小门户",并不是真的将门户口岸缩小,而是集中力量有选择地把边境口岸建"精",确切点说就是"精门户"。借鉴海口口岸的经验,对重点建设口岸的各项基础设施,包括国境桥、查验楼、货物检查场地以及旅客候检场地等进行更新完善,保证通关效率和通关质量,并建立起包含俄方对应口岸在内的专业化信息平台,完善门户口岸和俄方口岸的物流运输系统,保证高节奏的贸易和高效率的通关。

"高效率",不仅仅指通关的高效率,还包括人流、物流、资金流、信息流的高效率;也不仅仅指口岸地区的高效率,还包括腹地的高效率;总结为一句话就是积极实现在口岸带动下整个口岸地区和非口岸地区腹地的高效率,推动整个黑龙江省经济的发展,这是黑龙江省沿边开放带对俄贸易口岸今后发展的方向和努力的目标。而在上述"高效率"的阐述中,最优先发展的就是口岸的高效率,这包括口岸管理系统的简而快、查验系统的快而准,运输系统的畅通和服务系统的高质量。

综上所述,黑龙江省沿边开放带口岸的发展模式就应该是结合黑龙江省自身的实际情况并借鉴其他口岸成功发展模式而形成的"大腹地、小门户、高效率"模式。

6.3 沿边开放带园区用地集约优化分析

6.3.1 不同类型园区土地集约利用评价

6.3.1.1 指标体系建立与评价方法

1)园区土地集约利用评价指标体系的建立

园区土地集约利用评价指标的选取是在园区土地集约利用总原则的基础上,遵循园区土地集约利用评价指标选取原则进行的。

首先,根据园区土地集约利用评价总体原则中的综合性原则选择土地利用状况、用地效益和管理绩效为主导本次评价活动的主体指标。其次,根据以上三个主体指标中的第一个指标土地利用状况来选取第二级的指标,土地利用状况即为园区土地利用的现状,包括土地开发程度、用地结构状况和土地利用强度三个二级指标,根据这三个二级指标再选取能充分体现这三点的三级指标;据此方法,依次确定用地效益和管理绩效的二级、三级指标。最终完成整个评价指标体系的建立。

2）评价方法的选择

（1）子目标分值计算。

子目标分值按照如下公式计算：

$$F_i = \sum_{j=1}^{n}(F_{ij} \times w_{ij}) \qquad (6\text{-}1)$$

式中，F_i 为 i 子目标的分值；F_{ij} 为 i 子目标 j 指标的分值；w_{ij} 为 i 子目标 j 指标相对 i 子目标的权重值；n 为指标个数。

（2）目标分值计算。

目标分值按照如下公式计算：

$$F = \sum_{i=1}^{n}(F_i' \times w_i) \qquad (6\text{-}2)$$

式中，F 为目标分值；F_i' 为 i 目标分值；w_i 为 i 目标的权重值；n 为目标个数。

6.3.1.2 高新技术产业园区土地集约利用评价

高新技术产业园区包括穆棱经济园区、密山经济园区、东宁经济园区、逊克经济园区、虎林经济园区、同江市经济园区 6 个园区，现对上述 6 个园区的土地集约利用情况进行评价。

1）评价指标及权重的确定

根据园区土地集约利用评价指标体系的构建原则，高新技术产业园区土地集约利用评价确定了 3 个评价目标、12 个评价指标。权重的确定采用的是德尔菲法。按照德尔菲法的具体要求，我们组织了 15 位具有相关专业背景的专家对所选的 12 个评价因子的权重进行赋值，经过相应处理后，得到了各层次指标的权重。具体评价指标体系及权重详见表 6-3。

表 6-3　高新技术产业园区土地集约利用评价指标体系及权重表

目标	目标权重	子目标	子目标权重	指标	指标权重
土地利用状况	0.49	土地开发程度	0.28	土地供应率	0.51
				土地建成率	0.49
		用地结构状况	0.28	高新技术产业用地率	1.0
		土地利用强度	0.44	综合容积率	0.25
				建筑密度	0.23
				高新技术产业用地综合容积率	0.24
				高新技术产业用地建筑系数	0.28
用地效益	0.34	产业用地投入产出强度	1.0	高新技术产业固定资产投入强度	0.27
				高新技术产业用地地均进出口总额	0.24
				高新技术产业用地地均服务人数	0.23
				高新技术产业用地地均税收	0.26
管理绩效	0.17	土地利用监管绩效	1.0	闲置土地处置率	1.0

2) 评价结果

根据高新技术产业园区用地集约利用评价计算方法,可得出高新技术产业园区土地利用状况集约度分值为 89.10,园区开发程度较高。制约土地利用状况集约度的因素主要有用地结构状况和土地利用强度。高新技术产业园区土地利用状况集约度分值计算情况详见表 6-4。

表 6-4 高新技术产业园区土地利用状况集约度分值计算情况表

集约度分值	目标	目标分值	目标权重	子目标	子目标分值	子目标权重	指标	指标分值	指标权重
89.10	土地利用状况	78.46	0.49	土地开发程度	99.57	0.28	土地供应率	100.00	0.51
							土地建成率	99.13	0.49
				用地结构状况	73.02	0.28	高新技术产业用地率	73.02	1.0
				土地利用强度	68.49	0.44	综合容积率	81.91	0.25
							建筑密度	55.39	0.23
							高新技术产业用地综合容积率	57.47	0.24
							高新技术产业用地建筑系数	76.72	0.28
	用地效益	98.97	0.34	产业用地投入产出强度	98.97	1.00	高新技术产业固定资产投入强度	97.99	0.27
							高新技术产业用地地均进出口总额	100	0.24
							高新技术产业用地地均服务人数	99.7	0.23
							高新技术产业用地地均税收	98.4	0.26
	管理绩效	100.00	0.17	土地利用监管绩效	100.00	1.00	闲置土地处置率	100.00	1.0

6.3.1.3 综合保税区土地集约利用评价

综合保税区仅包括绥芬河综合保税区,现对绥芬河综合保税区的土地集约利用情况进行评价。

1) 评价指标及权重的确定

根据园区土地集约利用评价指标体系的构建原则,综合保税区土地集约利用评价确定了 3 个评价目标、12 个评价指标。权重的确定方法同上,经过相应处理后,得到了各层次指标的权重。具体评价指标体系及权重详见表 6-5。

6 沿边开放带土地支撑关键技术研究

表 6-5 综合保税区土地集约利用评价指标体系及权重表

目标	目标权重	子目标	子目标权重	指标	指标权重
土地利用状况	0.49	土地开发程度	0.28	土地供应率	0.51
				土地建成率	0.49
		用地结构状况	0.28	工业用地率	1.0
		土地利用强度	0.44	综合容积率	0.25
				建筑密度	0.23
				工业用地综合容积率	0.24
				工业用地建筑系数	0.28
用地效益	0.34	产业用地投入产出强度	1.0	工业用地固定资产投入强度	0.27
				工业用地均物流量	0.23
				工业用地地均服务人数	0.24
				工业用地地均税收	0.26
管理绩效	0.17	土地利用监管绩效	1.0	闲置土地处置率	1.0

2）评价结果

根据综合保税区用地集约利用评价计算方法，可以得出综合保税区土地利用状况集约度分值为 88.37，园区开发程度较高。制约土地利用状况集约度的因素主要有用地结构状况和产业用地投入产出强度。综合保税区土地利用状况集约度分值计算情况详见表 6-6。

表 6-6 综合保税区土地利用状况集约度分值计算情况表

集约度分值	目标	目标分值	目标权重	子目标	子目标分值	子目标权重	指标	指标分值	指标权重
88.37	土地利用状况	77.94	0.49	土地开发程度	99.57	0.28	土地供应率	100	0.51
							土地建成率	97.4	0.49
				用地结构状况	73.02	0.28	工业用地率	75.6	1
				土地利用强度	67.3	0.44	综合容积率	79.8	0.25
							建筑密度	54.9	0.23
							工业用地综合容积率	56.7	0.24
							工业用地建筑系数	75.4	0.28
	用地效益	97.58	0.34	产业用地投入产出强度	97.58	1	工业用地固定资产投入强度	96.8	0.27
							工业用地地均物流量	97.6	0.24
							工业用地地均服务人数	98.9	0.23
							工业用地地均税收	97.2	0.26
	管理绩效	100	0.17	土地利用监管绩效	100	1	闲置土地处置率	100	1

6.3.1.4 边境合作园区土地集约利用评价

1) 评价指标及权重的确定

根据园区土地集约利用评价指标体系的构建原则,边境合作园区土地集约利用评价确定了 3 个评价目标、13 个评价指标。权重的确定方法同上,经过相应处理后,得到了各层次指标的权重。具体评价指标体系及权重详见表 6-7。

表 6-7 边境合作园区土地集约利用评价指标体系及权重表

目标	目标权重	子目标	子目标权重	指标	指标权重
土地利用状况	0.49	土地开发程度	0.28	土地供应率	0.51
				土地建成率	0.49
		用地结构状况	0.28	工业用地率	0.79
				跨境合作处比率	0.21
		土地利用强度	0.44	综合容积率	0.25
				建筑密度	0.23
				工业用地综合容积率	0.24
				工业用地建筑系数	0.28
用地效益	0.34	产业用地投入产出强度	1.0	工业用地固定资产投入强度	0.26
				工业用地地均边贸进出口总额	0.24
				工业用地地均服务人数	0.24
				工业用地地均税收	0.26
管理绩效	0.17	土地利用监管绩效	1.0	闲置土地处置率	1.0

2) 评价结果

根据边境合作园区用地集约利用评价计算方法,可以得出边境合作园区土地利用状况集约度分值为 86.22,园区开发程度较高。制约土地利用状况集约度的因素主要有土地开发程度、用地结构状况和产业用地投入产出强度。边境合作园区土地利用状况集约度分值计算情况详见表 6-8。

表 6-8 边境合作园区土地利用状况集约度分值计算情况表

集约度分值	目标	目标分值	目标权重	子目标	子目标分值	子目标权重	指标	指标分值	指标权重
86.22	土地利用状况	74.54	0.49	土地开发程度	87.05	0.28	土地供应率	89.7	0.51
							土地建成率	84.3	0.49
				用地结构状况	78.59	0.28	工业用地率	72.9	0.79
							跨境合作处比率	100	0.21
				土地利用强度	64	0.44	综合容积率	76.4	0.25
							建筑密度	52.1	0.23
							工业用地综合容积率	53.6	0.24
							工业用地建筑系数	71.6	0.28

续表

集约度分值	目标	目标分值	目标权重	子目标	子目标分值	子目标权重	指标	指标分值	指标权重
86.22	用地效益	96.16	0.34	产业用地投入产出强度	96.16	1	工业用地固定资产投入强度	95.4	0.26
							工业用地地均边贸进出口总额	95.4	0.24
							工业用地地均服务人数	97.6	0.24
							工业用地地均税收	96.3	0.26
	管理绩效	100	0.17	土地利用监管绩效	100	1	闲置土地处置率	100	1

6.3.2 不同类型园区土地资源优化配置研究

6.3.2.1 高新技术产业园区土地资源优化配置研究

高新技术产业园区土地资源优化配置研究以集约节约用地为目标，具体技术路线如图 6-2 所示。

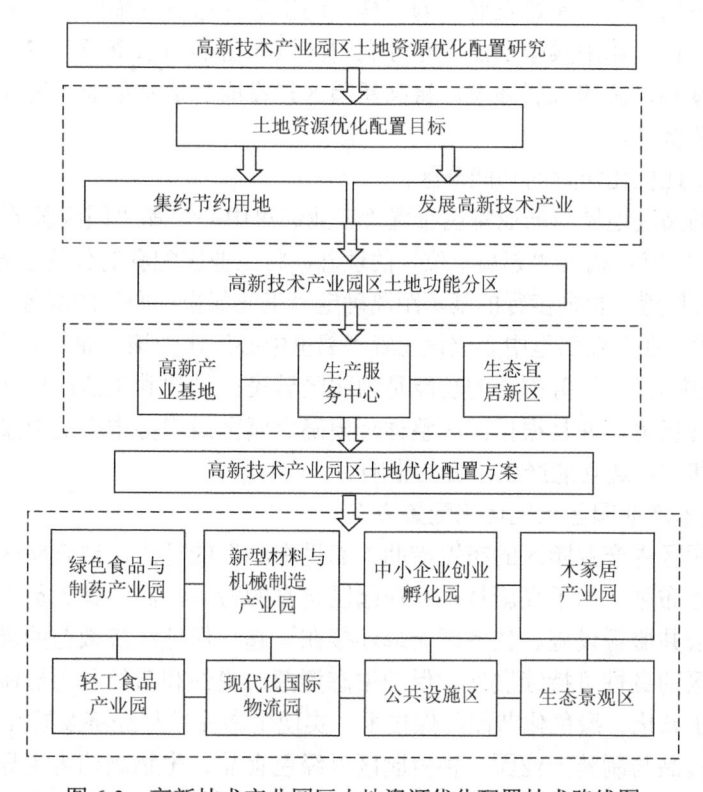

图 6-2 高新技术产业园区土地资源优化配置技术路线图

1）高新技术产业园区土地优化配置目标

高新技术产业园区的用地配置应结合园区整体的产业规划，同时在考虑园区已着手发展的产业基础上突出和发挥园区独特的地理优势，在节约集约用地的前提下，布置并发展高附加值、服务型、以高新技术产业为主的高回报产业。

2）高新技术产业园区土地功能分区

（1）园区功能定位。

准确的园区功能定位是实现园区规划的基础，着力打造集自主创新、高新产业、现代服务、文化休闲、宜业宜居等功能于一体的现代化高新产业园区，重点发展信息技术、先进制造、新材料、科技创新服务等高新产业，努力使高新区成为高新产业的聚集区、体制机制的创新区、经济发展的新支点、新型城镇化的示范区。

园区有三大功能定位：一是高新产业基地，高新园区未来发展目标的实现在很大程度上依赖于其产业高端地位的形成。高新园区高端产业核心的形成，能够促进当地产业职能的转型与优化，巩固其在经济发展中的主要地位。具体而言，高新园区需要加快发展高新技术产业，成为具有较强国际竞争力的高新科技产业基地、创新基地，重点发展以电子、生物工程、新能源、高科技制造为主的高新技术产业，增强科技研发能力。二是生产服务中心，高新园区要构筑多极职能分工的区域性服务中心。通过培育生产性服务业，为当地产业升级提供支撑；拥有相对集中专门化的高档商务办公区和文化、艺术集中区，以及发达的酒店业、咨询业和信息服务业。三是生态宜居新区，以就业岗位为基础，地域环境为特色，通过发展更为多样化的生活性服务功能类型，兼具全面的生活服务、高品质居住、休闲娱乐功能，充分利用区域丰富的山水资源，完善、优化城区综合服务功能、基础设施和人居环境，将高新园区建设成为适宜创业发展和生活居住的现代化生态人居新城区。

（2）园区土地优化配置的功能分区。

根据具体的园区地域与产业特色布置"工业邻里中心"和"园区服务中心"。

"工业邻里中心"：借助"邻里单位"的理念，将工业区配套的公共服务设施集中布置在工业组团中心位置，根据步行的基本距离确定"工业邻里中心"的服务范围，进而确定工业邻里的规模。在工业邻里中心位置配置"邻里中心"作为该工业邻里的服务中心。

"园区服务中心"：服务中心的功能是为园区居民提供便利生活的用地，选址要依托周围环境与交通优势，并且根据园区整体规模确定园区级服务中心的数量。尽量避免公共资源的浪费和对周边功能产生不良的影响。

3）高新技术产业园区土地优化配置方案

高新技术园区内产业园区的布置借助"邻里中心"的理念，结合园区发展特点，按照相关规范进行布划。由于高新技术产业园区自身的特点，高科技人员对舒适生活的需要，将园区与公共服务设施、住宅无缝连接在一起。保证经济效益的最大化，实现高新技术产业园区的良性可持续发展。保护生态资源，集约和节约利用资源，综合采用各项适应当地的生态化、绿色化节能环保技术，实现生态保护与经济发展并重。

（1）绿色食品与制药产业园：种植园区以绿色食品、生物制药为主导点，抓好拉长烟、糖、米、猪、鸡、菜、油、菊、酒、肥十大产业链条的精深加工项目，打造中国北方绿色食品产业城。围绕近几年不断发展壮大的主导产业项目，不断提升园区主导产业的集聚度。绿色食品与制药产业园确立以绿色食品为主导产业，不仅带有明显的区域特征，而且确定着力加强绿色食品、生物工程、现代中药、绿色能源材料四大产业链建设，既梯次递进，又互补配套，既分工，又合作，使园区内企业能够具有较强的关联性，保证产业之间具有很强的前向拉动和后向推动作用，这样容易形成相互需求、相互推动、相互渗透的局面，带动下游与上游产业的增长。

（2）新型材料与机械制造产业园：《国务院关于加快培育和发展战略性新兴产业的决定》指出，力争到2020年新型材料产业成为国民经济的先导产业。以此为契机，高新技术园区要规划一处新型材料与机械制造产业园，重点抓好钢铁、水泥、陶瓷、石材、机械制造的改造扩能、绿色化生产项目，积极发展磁性材料、超高分子量聚乙烯耐磨管道材料、新型合金材料等先进结构材料，以及相关配套产品的研究和生产，打造沿边开放带新型建材基地，填补东北三省新型材料包装行业的空白，并带动服装、玩具、家用日化、彩印、胶带等行业入驻园区发展。

（3）中小企业创业孵化园：实行园区、经济、劳动就业、职业教育、企业、社会等资源统筹，政策资金捆绑利用，一个漏斗投入的资金使用模式，创建中小企业创业孵化园。规划选址在工业园区内，吸引中小企业创业入驻，安置就业岗位。在建设管理模式上，实行政府统筹、部门协作、企业化管理。做到高起点规划、高标准建设、市场化经营，建立有力的园区持续发展的支撑要素体系，包括结构、关联、配套、激励、协调、服务、环境等要素，通过园区这一平台，集成国家老工业基地政策、农产品加工业支持政策、循环经济支持政策、市场支持政策、物流支持政策等各项政策的支持，有效形成较强的资源筹措能力。

（4）木家居产业园：将以家具、地板等产品为代表的林木产业聚集到木家居产业园，形成集群发展态势，成为黑龙江省强力推进的产业项目。积极推进家具龙头企业入驻，以填补北方地区高档家具终端产品的空白。地板产业方面主做实木、实木多层、实木复合地板，成为东北地区重要的地板生产基地。板材产业以大型企业为主导，引领多家配套企业入驻木家居产业园，争创高新技术园区自主品牌，并打入国际前沿市场。

（5）轻工食品产业园：依托东北地区特色农产品的产业优势，规划轻工食品产业园。建立深度对接常态化机制，利用技术、资金、人才等优势，在沿边开放带建设研究院、工作站和检测平台等多种服务平台，吸引优势企业的入驻，有力拉动轻工食品产业向多元化方向发展，破解企业发展瓶颈，为推动沿边地区食品产业转型升级、传统企业"智能化"升级提供更多优质资源，助力沿边地区的食品产业更好地实现创新突破。

（6）现代化国际物流园：按照建设现代物流核心枢纽的定位，现代化国际物流园以吸引商贸物流企业，形成强大的市场交易能力为目标，成为工业园区规划设计的核心内容之一。在道路规划方面，园内交通道路的使用效率直接影响园区效率的发挥。园区道路规划在交通特征分析的基础上，结合"工业邻里"布局方式重点突出人货分流、快慢分置，减少彼此交织，缩短日常交通距离等原则而制定，形成以园区内主要交通干道为依托的快速货运交通体系。在企业选择方面，重点抓好工业品物流、冷链物流、粮食农副产品物流、新型燃料物流、建材（钢材）物流项目，尽快建立形成集市场交易、检验检测、产品展示、产品储运、配送和信息、金融服务等功能为一体的市场体系，使其成为区域性的产品物流中心，拉动产业发展，形成科学研究、贸易往来、商务洽谈的媒介基地。

（7）公共设施区：具体设施主要包括商务酒店、会议中心、科研孵化器和金融服务设施（会计事务所、银行办事处）、员工食堂、超市、公寓、工人宿舍、医疗诊所、派出所、银行网点和经济酒店等。高新技术产业园区的公共设施用地优化配置要结合相关规范以及地域特色，并充分考虑布局方式、服务半径、用地规模以及防护距离范围等进行布置。

（8）生态景观区：园区生态景观建设规划引入绿道设计理念构思绿地系统总体结构。绿道是一种线形绿色开敞空间，通常沿着河滨、溪谷、风景道路等自然和人工廊道建立，内设可供人和骑车者进入的景观游憩线路，连接主要的公园、居住区等，有利于更好地保护和利用自然资源，并为居民提供充足的游憩和交往空间。

6.3.2.2 综合保税区土地资源优化配置研究

综合保税区是经国务院批准，设立在国家对外开放的口岸港区和与之相连的特定区域内，具有口岸、物流、加工等功能的海关特殊监管区域。它整合叠加了保税区、出口加工区、保税物流园区（中心）的所有政策和功能，是中国目前开放程度最高、政策最优惠、功能最齐全的经济区。2013年，我国沿边经济开放带的综合保税区仅包括绥芬河综合保税区。绥芬河综合保税区是2009年4月21日由国务院正式批准设立的我国第六个综合保税区，也是黑龙江省以及东北地区当时唯一的沿边陆路综合保税区。综合保税区土地资源优化配置研究意义重大，技术路线如图6-3所示。

1）综合保税区土地资源优化配置目标

综合保税区的建设就是要振兴东北老工业基地，促进综合保税区成为我国北方陆路的国际物流中心，提升东北地区的服务和外贸对外开放的水平，活跃东北亚地区经贸，加强东北亚地区的经济一体化建设，实现中俄经贸合作战略升级。在保税区进行土地资源优化配置，是要进一步改善投资环境，加速要素集聚，以新型工业化、城镇化带动区域协调发展，充分利用市场和区位优势发展现代物流产业，承接东部地区和国际产业转移，积极发展现代制造业和高新技术产业，促进传统产业升级和资源型城市转型，打造开放高地。

2）综合保税区土地功能分区

（1）园区的功能定位。

综合保税区的功能定位：建立以国际商贸、国际物流、进出口加工、国际旅游、现代金融为重点的现代服务业主导型经济体系。进一步推进园区发展模式，成为黑龙江省新型工业化基地建设的服务平台和全国低碳经济与节能减排的"典范"。

（2）土地优化配置的功能分区。

绥芬河综合保税区内土地利用现状如图6-4所示，地块划分应便于管理，有利于土地出让，充分考虑保持用地性质的完整性和唯一性。依据由城市道路、步行道等形成的人工界线，兼顾土地权属界线，将园区划分为"一心、两轴、五片"的网络化功能区。

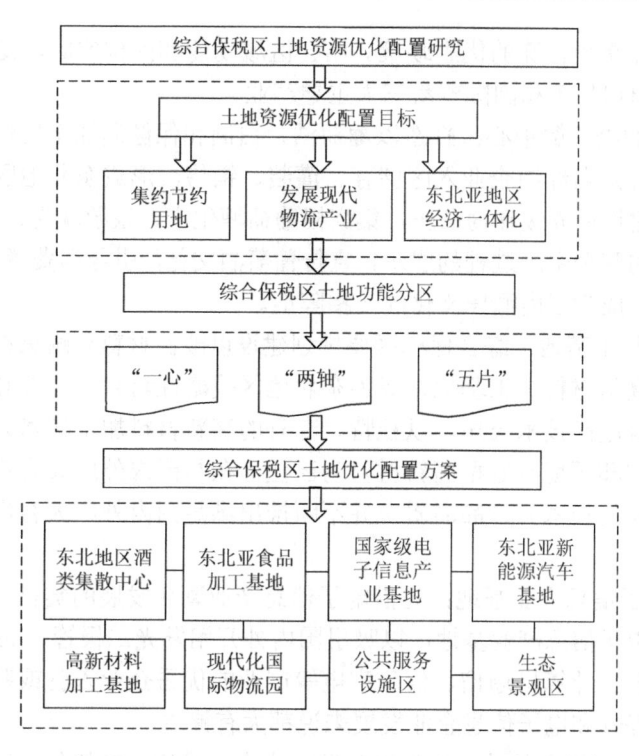

图 6-3 综合保税区土地资源优化配置技术路线图

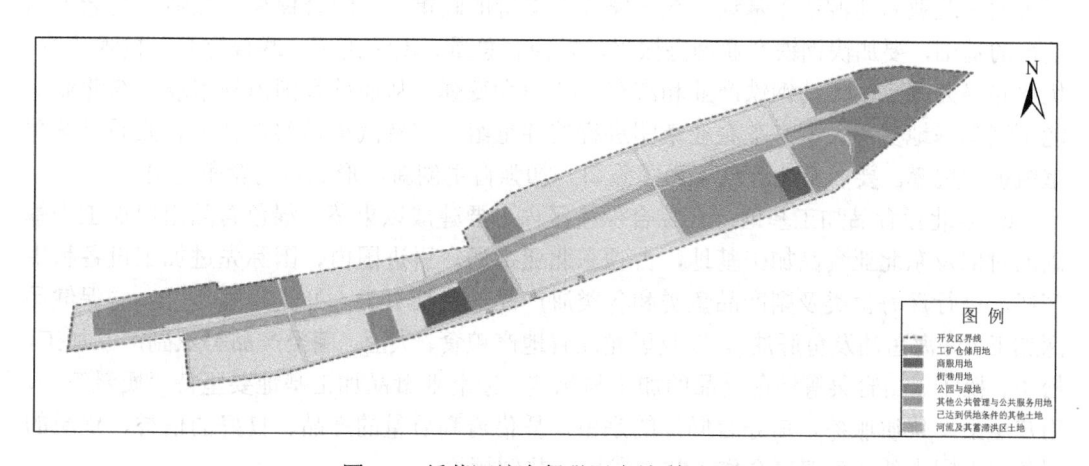

图 6-4 绥芬河综合保税区土地利用现状

"一心",在规划区中部建设综合性商业商务中心、行政办公中心,是未来园区发展中心。"两轴",以中部东西向干道(东西大道)为横向发展轴,联系园区与城区;以中部南北向铁道(绥滨铁路)为纵向发展轴,联系规划区与外环高速。"五片",包括综合经贸区、现代物流区、进出口加工区、木材加工区和服装加工区。

(3) 园区土地资源优化配置方案。

综合保税区具有国际中转、国际配送、国际采购、转口贸易、商品展销、进出口加工、保税仓储等多项功能,在海关监管、关税征免、贸易政策、税费退减、外汇管理、进出口加工等方面享受特殊的优惠政策。结合区域功能和区位实际，综合保税区重点发展现代物流、进出口加工和国际贸易三大主导产业。

a. 东北地区酒类集散中心：打造以葡萄酒、白酒和保健酒加工展销为支撑的特色产业基地，引进国外知名红酒企业入区储存、灌装、销售，形成东北地区酒类集散中心。集散中心内，可建设世界级葡萄酒庄，集高档葡萄酒生产、旅游观光、休闲娱乐于一体，通过高档葡萄酒的整个生产过程的展示，宣传葡萄酒文化，引导消费者正确认识葡萄酒，理性消费葡萄酒，成为国内酒庄文化的传播阵地。

b. 高新材料加工基地：综合保税区要规划建设以改性材料和耐火材料等高新材料生产加工为基础的高新材料加工基地，成为东北地区战略性新兴产业的亮点。在全区内要建设并大力支持崛起高技术公司，以独特、专有的高新材料加工技术为深厚基础，以生产加工资源节约型和环境友好型高新材料为己任，在与国内外广大客户朋友的合作与交流中不断提升自身的技术和产品品质，并不断推出满足国内外广大客户生产和应用要求的新产品。

c. 国家级电子信息产业基地：凭借电子信息产业繁荣发展的契机，在综合保税区内规划一块国家级电子信息产业基地，以吸引国内外开闸发光二极管（light emitting diode，LED）新产品开发、计算机通信、信息家电等产业的优秀企业入驻或联合开发，这对沿边经济带的经济提升和电子信息企业发展来说都大有裨益。

d. 东北亚新能源汽车基地：规划以研发、生产、维修为支撑的一体化作业、全方位服务的东北亚新能源汽车基地。在国家大力支持的政策下，综合保税区凭借东北老工业基地的基础，要加快钢铁产业调整振兴，以控制总量、淘汰落后、联合重组、技术改造、优化布局为重点，推动钢铁产业和汽车产业由大变强，从而统筹国内外市场。东北亚新能源汽车基地支持大型汽车企业集团进行兼并重组，支持汽车零部件骨干企业通过兼并重组扩大规模。要以新能源汽车为突破口，加强自主创新，形成新的竞争优势。

e. 东北亚食品加工基地：在综合保税区内，要建成以果蔬、绿色食品出口加工为基础的对俄及东北亚食品加工基地，占领东北亚市场。引进国内、国际先进加工设备和生产线，进行深海鱼类及副产品鱼类和各类海产品（包括贝类、虾类、海参等）与保健品深加工（深海鱼油及鱼肝油），以及黑龙江省地产粮食、大豆、菌类产品等农副产品加工，松子、榛子、山野菜等绿色食品的加工与包装。东北亚食品加工基地要坚持"质量第一，用户至上，优质服务，信守合同"的宗旨，凭借着高质量的产品、良好的信誉、优质的服务，与国内外商家双赢合作，共同发展，共创辉煌。

f. 现代化国际物流园：综合保税区的现代化国际物流发展目标定位是立足综合保税区、服务沿边经济带，建设以陆路枢纽为基础，区域配送为特色，产业物流为主导，第三方物流集聚和物流资源整合为核心、原材料加工分拨为拓展，物流科技应用为支撑的沿边经济制造业、商贸业、物流业三业联动的现代物流示范园区，使之成为有一定规模的和具有多种服务功能的物流企业的集结点。在设施配套方面，作为综合保税区物流功能区，物流园区包括物流中心、配送中心、运输枢纽设施、运输组织及管理中心和物流信息管理中心等适应城市物流管理与运作需要的物流基础设施；在规划区位方面，作为经济功能区，物流园区主要任务是开展满足城市居民消费、就近生产、区域生产组织所需要的企业生产、经营活动,为此要综合考虑降低物流成本、提高物流运作效率和改善企业服务等因素。

g. 公共服务设施区:划分配套公共服务设施区,建设过程中要注意各类配套公共服务设施的布局、用地规模、服务半径、建设方式及其他对环境有特殊影响的卫生设施与安全防护距离和范围。

h. 生态景观区:综合保税区的土地优化配置离不开创建绿色、环保的理念,因此园区规划要重视景观特色,重点建设核心主干道两侧的绿化及景观,形成景观大道。要充分考虑区内土地利用、功能分区、交通组织等,将景观大道划分为园区主干道、园区次干道和园区支路三个层次。城市道路设计应结合城市的绿地以及开敞空间系统,适应山城交通特点。主干道上宜尽量采用人行过街天桥方式,结合规划区内的干道、水体、山体、陡坡地控制城市绿地,形成"点、线、面"有机结合的绿地网络结构。

6.3.2.3 边境合作园区土地资源优化配置研究

边境合作园区立足于发挥口岸与区位优势,承接中国黑龙江省沿边地区产业转移,凭借良好的产业基础和投资环境,吸引越来越多的东北亚国家前来洽谈投资合作。边境合作园区土地资源优化配置技术路线如图6-5所示,以发展高附加值出口加工业、商贸中心区、保税仓储区等功能区为主,努力营造完善的投资环境,提高土地附加值与产出率,实现土地节约、集约利用的目标。

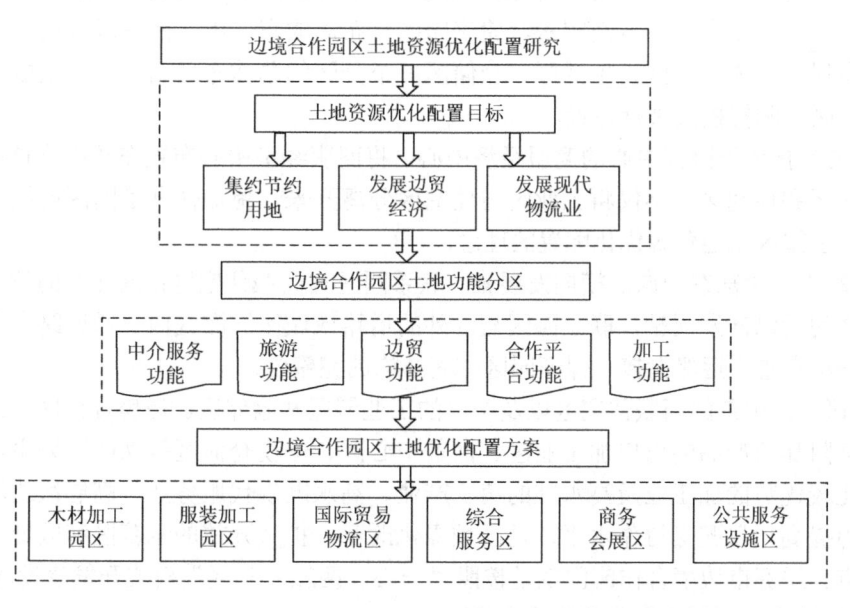

图6-5 边境合作园区土地资源优化配置技术路线

1) 边境合作园区土地资源优化配置目标

边境合作园区以对俄经济为主导,建设面向俄罗斯、韩国、日本的出口加工基地。

边境合作园区寻求各种发展契机，着重发展能源合作、矿产资源合作、农林产品的加工合作，不断合理调整产业结构，扩大深加工，在延伸产业链中分配和布局产业加工链，实现贸易和产业的对接，并在自由贸易体制、基础设施共建共享、资源开发利用、生态环保等领域与其他国家开展合作。边境合作园区积极寻求由资源粗加工向科技密集型产业转型的路径，以期形成小商品加工、电子信息、对外贸易、国际物流四大类型产业集群，并积极发展生活服务、会展、旅游等配套产业，形成"产、销、运、服"为一体的经济体系，为跨境经济合作区的核心区提供物流货物，确保核心区的物流量和功能的充分发挥。

2) 边境合作园区土地功能分区

(1) 园区功能定位。

边境合作园区的功能定位：边境合作区立足于发挥口岸优势，以对俄经济为主导，增加对俄经济类型，加大产业链条延伸力度，寻求各种发展契机，由资源粗加工向科技密集型产业转型，形成小商品加工、电子信息、对外贸易、国际物流四大类型产业集群，并积极发展生活服务、会展、旅游等配套产业，形成"产、销、运、服"为一体的经济体系。边境合作园区的主体功能定位有中介服务功能、旅游功能、边贸功能、合作平台功能以及加工功能五大类，从而促进边境经济合作区的快速、持续发展，带动沿边地区的总体发展，提高沿边居民生活水平。

(2) 园区土地优化配置的功能分区。

根据边境合作园区的自身发展情况及地域特点，基于地块功能分区的科学性与整体性，结合边境合作园区现状用地情况、功能分区情况、产业布局要求、地形地质条件以及近期开发建设要求等各方面因素，建议园区可布局成东、中、西三段式的空间格局。按功能布局，形成工业区、生活区、仓储区三个分区的总体布局结构，即采取"一心、两轴、三区"配置模式进行建设。

"一心"指位于园区中心的商服经济中心，将商服经济中心布置在核心位置联系了周边的工业区和住宅区，不仅将工业区与住宅区分离开来，更加便利了园区居民的生活生产，体现了园区土地资源优化配置的理念。

"两轴"即中部东西向的横向发展轴，联系园区与商服住宅区；南北向的位于园区与住宅区之间的纵向发展轴，联系园区与区外的道路或城区。园区内交通道路布置应因地制宜、分级布置、逐级衔接，保证园区空间结构的完整性。

"三区"即中部的商服住宅区以及两侧的工业园区和仓储区。边境合作区的工业园区以发展高附加值产品的出口加工业区、商贸中心区、保税仓储区等功能区为主，重点发展具有比较优势的加工业及高水准的第三产业、高水准现代服务业、高层次边境经济技术，着力提高项目配套协作水平，是区域深化改革、扩大开放的示范区和区域经济发展的增长点。绥芬市边境合作园区就是按照"一心、两轴、三区"模式开发建设的。

3) 边境合作园区土地优化配置方案

边境合作园区以发展高附加值产品的出口加工业区、商贸中心区、保税仓储区等功能区为主，需要努力营造完善的投资环境，大力开展招商引资工作。边境合作园区布置应遵循自身的发展需求，把原料、生产、加工、运输等作业环节结合在一起，实现产业区的良性运作。基于边境合作区面向俄罗斯、韩国、日本的出口加工基地，着重发展能源合作、矿产资源合作、农林产品的加工合作，其优化配置要将产业合作链有序、合理地规划起来，并且要将园区绿地景观、交通道路、附属设施等用地科学地无缝接入产业园区中，以便适应居民生活的需要。

（1）木材加工园区。依托俄罗斯木材的主产区，绥芬河现已发展成为我国最大的俄罗斯木材进口集散地。加工产品主要有集成材、实木地板、实木复合地板原料、家具半成品、实木桌椅等。由于合作区内木材加工业刚刚起步，多倾向于木材的初级加工，资源的利用率和增值率较低，因此，依托绥芬河市边境经济合作园区的前期基础，在边境合作园区形成木材加工产业园发展木材加工业的潜力巨大。

（2）服装加工园区。服装、鞋类是我国边境地区出口的重要商品。在边境合作园区，可以划分服装加工园区，继续招商引资，吸引国内外知名品牌加盟、入驻，前期可以提供一定的政策性优惠，助推园区经济的发展壮大，形成产销一体的经济链条。以保障服装加工区成为基础设施完备（六通一平，指通电、通路、通信、通给水、通排水、通燃气、土地平整）、功能齐全、产业布局合理、集边境贸易、跨国经济合作、进出口加工、国际物流和旅游业于一体的现代化服装加工与展销区。

（3）国际贸易物流区。作为边关贸易枢纽，边境合作区必须加强区域衔接，合理利用及衔接高速路、快速路等对外交通运输系统，进一步带动辐射周边乡镇；配合用地布局，构建开放的园区路网布局，形成级配合理、功能明确、服务高效的道路网系统，国际贸易物流区应规划建成为集系统化、规模化、集约化、标准化、专业化为一体的国际商品展销平台，以大宗货物批发流通为主，厂房以多层为主。一方面，应距离主要产业园区较近，方便产品运输、降低运输成本；另一方面，应距主要交通干道节点或沿海口岸较近，方便货物运输方式的自由转换，以最快的速度、最低的成本协助国内外产品互通。

（4）商务会展区。商务会展区是为各级行政管理机构、商贸企业、金融等提供服务机构的办公区域，同时也是国际交流中心。其功能包括行政管理中心、国际经济交流中心、国际金融中心、商业办公写字楼、国际展览中心、国际会议中心、国际采购中心、国际信息中心、中心广场等景观。该区域也可作为商品展示销售中心，是以展示、交易中国优质出口产品为主，规划大型商品展示、批零、交易市场。功能组织建议包括商品展示建筑、商品交易建筑、贸易市场步行街等。

（5）综合服务区。综合服务区是可为游客提供各项配套服务的综合性区域，设置有宾馆、酒店、会馆、商务公寓、医疗、邮电、通信等设施。因此，综合服务区应该距商务会展区较近，方便参与展销的国内外宾客的住宿、餐饮与交通等。此外，综合服务区应该包含休闲娱乐区，主要是一些餐饮、娱乐、购物广场、休闲主题空间、咖啡馆、茶楼等其他相关地产项目，不仅方便客户全身心地放松与休闲，也为商务洽谈提供更多的场所。

（6）公共服务设施区：在合作区范围内，还应建有政府及其他职能部门，如海关、检验检疫、边防检查站等单位。而且应包括学校、派出所、体育用地、卫生服务站、社区文化中心（如人工湖、街心公园、人民广场）等，其优化配置要结合相关规范并充分考虑布局方式、用地规模、服务半径以及防护距离范围等。此外，道路交通用地要根据上述园区的土地利用结构、功能分区等来进行布置，从而确定路网的基本形式、道路密度的分布、不同等级道路（主干道、次干道）的分布、主要联系点等。园区内布设步行系统，包括位于综合服务区的商业步行街和工业组团内部的步行小径。此外，园区的土地优化配置离不开绿地的修饰，园区的规划要时刻以环保、绿色、可持续为理念，做到合理分级、均衡布置，因地制宜、结合环境，内外结合、形成系统。

6.3.3 沿边开放带园区土地集约优化配置存在的问题

6.3.3.1 用地效益问题

园区功能分区不尽合理，土地利用的经济效益有待提高。一些土地利用效益较低的单位占据着园区的中心区和高地价区，以致园区商务中心不明显。

6.3.3.2 土地利用强度集约度问题

土地利用强度方面，土地利用强度集约度分值为68.49，这一指标集约度较低。该园区主导产业是木材加工业和物流业，单就这两项产业的土地利用强度来看是合理的，但从园区总体土地利用强度来看，有些偏低。

6.3.3.3 市场供应程度问题

该园区通过招标、拍卖、挂牌方式出让的土地面积为 138.54hm^2，占园区总面积的14.73%，占有偿使用土地面积的30.07%。工矿仓储用地全部是通过协议出让方式获得的。由此来看，该园区通过招标、拍卖、挂牌方式出让的土地面积相对较小。

6.3.3.4 高新技术产业问题

该园区高新技术产业相对较少，这一点对园区工业用地投入产出强度影响较大，如果引进了高新技术产业，该园区的工业用地投入产出强度将会大幅提高。

6.3.3.5 规划问题

该园区缺少独立的土地利用的总体规划和建设规划，这对土地集约利用有不利影响。在发展产业方面，由于园区在进区项目上的审批权有限，地方一般优先选择本身有审批权限的项目，导致从全局上园区缺乏规划布局和协调，致使园区大力发展各种产业，园区的产业结构没完全体现自己的特色。土地利用表现为土地供给跟着项目走，规划没有起到引导产业布局和筛选项目进区的作用。

6.4 沿边开放带农用地多功能经营技术研究

6.4.1 沿边开放带农用地多功能的定位

6.4.1.1 影响农用地多功能显化的因素分析

农用地随时间推移而不断变化，是一个随单位时间变化的时空复合体。农用地多功能性并不是一开始就显现出来的，它的显化受农用地资源禀赋，经济发展水平和人的需求变化，农用地区位条件和政府因素等多种因素的影响。

1）农用地资源禀赋

农用地资源禀赋影响着农用地功能的发挥。影响农用地条件的要素（如土壤质量、气候、水文、地貌等）很大程度上决定了农用地粮食生产功能，从而影响农用地生产功能的大小。另外，受地貌地形的影响，农用地呈现差异的农业景观。

2）经济发展水平和人的需求变化

农用地功能的显化随社会经济发展发生转变。社会经济发展初期，农用地功能以农业生产和为农民提供生存与就业保障为主；社会经济发展中期，农用地大量被占用，转变为建设用地，生态环境恶化，农用地生态系统健康可持续性利用的要求导致农用地生态服务功能得以重视；社会经济快速发展阶段，农用地生产和社会保障功能弱化，农用地生态服务、景观文化等功能更为凸显。

3）农用地区位条件

农用地多功能性对区位条件具有较强的依赖性。区位对农用地功能显化的影响体现在区域社会经济发展的差异及距消费市场的远近上。在偏远农区，农用地是农民世代耕作的乐土，农用地的多功能特征并不为人们认知。邻近城市，尤其是交通便利的近郊区，农用地利用形式也趋于多元化，以致各地兴建农业示范基地、农业观光园及地方特色乡村游等，耕地的教育、体验、景观等多功能为人们所需要和认识，郊区游成为市民周末活动的好选择。

4）政府因素

农用地所具有的生产效益、生态效益和社会效益为国家安全提供重要保障，农用地资源作为一种公共物品，具有外部性，政府干预可以弥补市场调控的不足，促进农用地保护，实现"一要吃饭，二要建设，三要生态"的目标。政府干预对农用地多功能的影响还体现在对农用地利用的主导和限制作用，而农用地利用是发挥农用地功能、满足人类需求的必然途径。政府干预通过一系列补贴、税收优惠等激励措施促进农用地生产和生态环境保护，实现农用地的多功能利用。

综上，农用地的多功能特征受农用地自身资源禀赋制约，又与城市经济发展水平、层次和政策引导密切关联。因此，应注重分析农用地资源状况、区位条件及相邻地区的社会经济发展水平，增加农村和农业投入，有目的地利用农用地的多功能性丰富人们的生活体验，提高农民财产性收入，创造城乡共荣的环境。

6.4.1.2 沿边开放带农用地多功能的定位

根据农用地多功能显化的影响因素,本节将沿边开放带农用地所具有的功能划分为生产与经济功能、安全与社会功能、生态调节与保护功能和文化与休闲功能四大功能。其中,农用地的生产与经济功能包括生产供给功能、经济支撑功能、对俄贸易功能三个子功能;农用地的安全与社会功能包括维护国家粮食安全功能、保障绿色食品安全功能、维护边疆安全功能、就业的蓄水池功能四个子功能;农用地的生态调节与保护功能包括生态修复与整治功能、生物多样性保护功能、生态调节与碳减排功能三个子功能;农用地的文化与休闲功能包括民俗文化的传承功能、观光农业的旅游功能、农村田园休闲与体验功能三个子功能。

6.4.2 沿边开放带农用地多功能体系利用评价

6.4.2.1 农用地利用多功能性动态变异性评价

土地利用多功能性评价是可持续土地评价的重要内容,本节采用表征方法,即针对土地利用功能类型,构建评价指标体系,确定权重及阈值,综合评价计算功能分值,以各功能分值为基础计算分析,表征土地利用功能水平及动态变化。

1)农用地利用多功能性评价指标体系及权重

依据整体性、代表性、科学性和适应性原则,选取相互独立且表征农用地利用功能的典型敏感指标,并侧重考虑效益性指标、满足人类需求的属性和符合区域实际三个方面,同时参考现有文献,综合专家知识,选取了如下评价指标,详见表6-9。

表6-9 沿边开放带土地利用多功能性评价指标体系

决策层	目标层	目标层单项功能权重	因素层	因素层子功能权重	指标编码	指标	指标说明	指标权重	指标属性
总功能	生产功能	0.188	农业生产功能	0.6	1	人均粮食产量	粮食产量/区域总人口	1	正向
			牧业生产功能	0.2	2	人均猪牛羊肉产量	猪牛羊肉产量/区域总人口	1	正向
			渔业生产功能	0.2	3	人均渔业生产量	渔业产量/区域总人口	1	正向
	经济功能	0.262	经济增长功能	0.7	4	人均第一产业产值	第一产业产值之和/区域总人口	0.5	正向
					5	农业产值比例	农业产值/地区生产总值	0.5	逆向
			对俄贸易功能	0.3	6	农产品贸易额比例	对俄农产品贸易额/总贸易额	1	正向
	生态功能	0.313	维系生物多样性功能	0.425	7	生态用地比例	耕地、园地、林地、牧草地面积占区域土地总面积的比例	0.667	正向
					8	生态用地结构系数	林地面积/生态用地面积	0.333	正向
			生态保障功能	0.349	9	自然保护区占土地总面积的比例	—	1	正向

续表

决策层	目标层	目标层单项功能权重	因素层	因素层子功能权重	指标编码	指标	指标说明	指标权重	指标属性
总功能	生态功能	0.313	维持生态系统平衡功能	0.226	10	水土流失率	水土流失面积占区域土地总面积的比例	0.3	逆向
					11	草地退化率	牧草地减少面积/区域牧草地的面积	0.7	逆向
	社会功能	0.157	维护粮食安全功能	0.426	12	农民人均纯收入	—	0.4	正向
					13	人均耕地面积	耕地面积/区域总人口	0.267	正向
					14	恩格尔系数	农民人均全年食品支出/农民人均全年消费支出总额	0.333	逆向
			维护边疆安全功能	0.325	15	人口密度	区域总人口/区域土地面积	0.6	正向
					16	可拓展农用地潜力	区域后备农用地的潜力与俄罗斯可开发的潜力之和	0.4	正向
			就业功能	0.249	17	农业劳动力比例	农业劳动人口/农业总人口	1	正向
	文化功能	0.08	游憩服务功能	1	18	乡村旅游收入	—	0.5	正向
					19	休闲农业园数目	—	0.5	正向

2）农用地利用多功能性指标阈值及标准化

确定指标阈值是进行农用地利用多功能性评价的重要环节。农用地利用多功能性评价指标的阈值是指农用地资源在现阶段可持续利用下，各指标能够达到的合理值。参考相关研究，指标阈值的确定可遵照以下准则：①尽可能揭示自然的承压阈值，应用指标10、11。②系统资源约束与开放系统相结合，应用指标5、6、7、8、9。③高标准且可以追求的发展目标，应用指标1、3、4、12、13、14、15、16、17、18、19。

在遵照上述准则的基础上，1、3、4、7、8、9、12、13、14、15、16、17指标阈值参考全国平均水平确定；2、5、6、10、11、18、19指标根据经验及已有文献确定阈值（表6-10）。

表6-10 农用地多功能性评价指标阈值

指标编码	因素层指标	最不可持续阈值上限	可持续临界阈值	最可持续阈值下限
1	人均粮食产量	130	500	1800
2	人均猪牛羊肉产量	20	50	80
3	人均渔业生产量	5	40	60
4	人均第一产业产值	1500	3300	10000
5	农业产值比例	42	21	8
6	农产品贸易额比例	4	10	40
7	生态用地比例	75	85	90
8	生态用地结构系数	50	70	90

续表

指标编码	因素层指标	最不可持续阈值上限	可持续临界阈值	最可持续阈值下限
9	自然保护区占土地总面积的比例	3	15	30
10	水土流失率	25	19	10
11	草地退化率	15	5	2
12	农民人均纯收入	1000	5500	10000
13	人均耕地面积	1	3	8
14	恩格尔系数	80	50	20
15	人口密度	3	143	580
16	可拓展农用地潜力	3	10	20
17	农业劳动力比例	10	40	80
18	乡村旅游收入	5	20	50
19	休闲农业园数目	50	150	300

为了使不同量纲、数量级的各指标具有可比性，对指标进行标准化处理。正向指标根据式（6-3）进行处理，逆向指标根据式（6-4）进行处理。标准化后指标值域为[1, 5]，以 3 作为临界影响的分水岭。

$$V_i' = \begin{cases} 1 & V_i \leqslant V_i^{\text{low}} \\ 1 + 2 \times \dfrac{V_i - V_i^{\text{low}}}{V_i^{\text{thr}} - V_i^{\text{low}}} & V_i^{\text{low}} < V_i \leqslant V_i^{\text{thr}} \\ 3 + 2 \times \dfrac{V_i - V_i^{\text{thr}}}{V_i^{\text{upp}} - V_i^{\text{thr}}} & V_i^{\text{thr}} < V_i < V_i^{\text{upp}} \\ 5 & V_i \geqslant V_i^{\text{upp}} \end{cases} \quad (6\text{-}3)$$

$$V_i' = \begin{cases} 1 & V_i \geqslant V_i^{\text{low}} \\ 1 + 2 \times \dfrac{V_i^{\text{low}} - V_i}{V_i^{\text{low}} - V_i^{\text{thr}}} & V_i^{\text{low}} > V_i \geqslant V_i^{\text{thr}} \\ 3 + 2 \times \dfrac{V_i^{\text{thr}} - V_i}{V_i^{\text{thr}} - V_i^{\text{upp}}} & V_i^{\text{thr}} > V_i > V_i^{\text{upp}} \\ 5 & V_i \leqslant V_i^{\text{upp}} \end{cases} \quad (6\text{-}4)$$

式中，i 为指标编号；V' 为标准化指标值；V 为指标实际值；V^{low}、V^{thr}、V^{upp} 分别为某指标的最不可持续阈值上限、可持续临界阈值、最可持续阈值下限。

3）农用地利用多功能性测度指标

采用功能值（f）、功能实现率（r）、功能标准差（σ）、功能变化优势度（s）、功能动态变化度（d）五个指标测度农用地利用的多功能性。

（1）农用地利用功能值：农用地利用功能值反映农用地利用功能水平。本节中，f 值越大，表示该功能水平越高；反之，则表示该功能水平越低。根据各指标标准化结果及各层权重，逐层依次确定 1996~2015 年度，三个沿边开放区的各子功能值（f''）、单项功能值（f'）及总功能值（f^0）：

$$\begin{aligned} f'' &= \sum W_i V_i' \\ f' &= \sum W_j f_j'' \\ f^0 &= \sum W_n f_n' \end{aligned} \quad (6\text{-}5)$$

式中，f^0、f'、f'' 分别为总功能值、单项功能值、子功能值；W_i 为指标权重；W_j 为因素层子功能权重；W_n 为目标层单项功能权重。

（2）农用地利用功能实现率：采用功能实现率（r）表征 1996～2015 年连续 20 年内不同沿边开放区的农用地利用功能实现程度。农用地利用功能实现率等于某一时间区域某农用地利用功能值与理论最大值的比率。在所有功能指标值都等于或优于最可持续阈值时，农用地利用功能达到理论最大值，理论最大值为5。依据 r 的大小将功能水平划分为低度持续、中度持续和高度持续。

（3）农用地利用功能动态变化度：采用功能动态变化度（d）测度不同时期不同区域的农用地利用功能的相对变化程度。依据 d 正负及大小将功能变化情况进行归类，可归为快速退化、缓慢退化、维持不变、缓慢提高、快速提高等类型。

$$d = \frac{f_{t+1} - f_t}{f_t} \times 100\% \quad (6\text{-}6)$$

式中，d 为功能动态变化度，%；f_{t+1} 及 f_t 分别为 $t+1$ 及 t 时期某农用地利用功能值。

（4）农用地利用功能标准差：采用功能标准差（σ）测度农用地利用功能值之间的差异，反映农用地利用多功能协调性。σ 越小，农用地利用多功能协调性越高；反之，σ 越大，农用地利用多功能协调性越低。

$$\sigma = \sqrt{\frac{\sum (f - \bar{f})^2}{N}} \quad (6\text{-}7)$$

式中，σ 为功能标准差；$\bar{f}$ 为功能值均值；N 为功能数。

（5）农用地利用功能变化优势度：采用功能变化优势度（s）表征某期间农用地利用多功能性变化的差异性。最大值为1，s 越大，其间农用地利用多功能性变化差异越大，农用地利用越趋于单一化；反之，农用地利用越趋于多元化。

$$s = |d|_{\max} / \sum |d| \quad (6\text{-}8)$$

式中，s 为功能变化优势度；$|d|_{\max}$ 为动态变化度绝对数最大值；$\sum |d|$ 为动态变化度绝对值和。

4）农用地利用多功能性评价结果测算

（1）指标数据采集与处理。其中，涉及的 1996～2015 年的人口、粮食产量、猪牛羊肉产量、第一产业产值、地区生产总值、农产品贸易额、对外贸易额、水土流失面积、恩格尔系数、农民人均全年食品支出、农民人均全年消费支出总额、农业劳动力等社会经济数据来源于 1996～2015 年的黑龙江统计年鉴及同时期地方政府工作报告；2010～2015 年土地利用数据来源于黑龙江省土地利用变更调查成果，1996～2010 年的土地利用数据主要来源于地方统计数据，部分缺省数据由相邻近年数据取平均值得出；列入非物质文化遗产数目及自然保护区面积数据来源于黑龙江省非物质文化遗产目录，1996～2015 年的乡村旅游收入、休闲农业园个数来源于地方相关文献资料。

（2）指标标准化。根据前述指标标准化公式，依次计算 1996~2015 年各指标的标准化值。

5）农用地利用多功能性评价结果

（1）不同沿边开放区农用地利用功能值。

根据农用地利用多功能性评价技术体系，以纵向和横向两个角度测算 1996~2015 年黑龙江省牡丹江鸡西沿边开放区、三江沿边开放区、兴安沿边开放区三个沿边开放区农用地利用功能值（表 6-11）。

表 6-11　1996~2015 年农用地利用功能值

年份	开放区	生产功能	经济功能	生态功能	社会功能	文化功能	总功能
1996	牡丹江鸡西沿边开放区	3.27	3.78	5.00	2.24	0.48	3.56
	三江沿边开放区	3.47	3.35	4.94	1.53	0.40	3.35
	兴安沿边开放区	2.22	3.87	5.00	1.48	0.48	3.27
1997	牡丹江鸡西沿边开放区	3.26	4.29	5.00	1.58	0.48	3.59
	三江沿边开放区	3.55	4.32	4.94	1.45	0.40	3.61
	兴安沿边开放区	2.40	4.42	5.00	1.45	0.48	3.44
1998	牡丹江鸡西沿边开放区	3.34	4.22	5.00	1.61	0.48	3.59
	三江沿边开放区	3.57	3.82	4.94	1.46	0.40	3.48
	兴安沿边开放区	2.42	4.08	5.00	1.50	0.48	3.36
1999	牡丹江鸡西沿边开放区	3.33	4.19	5.00	1.73	0.48	3.60
	三江沿边开放区	3.61	3.95	4.94	1.48	0.40	3.52
	兴安沿边开放区	2.34	4.09	5.00	1.51	0.48	3.35
2000	牡丹江鸡西沿边开放区	3.29	5.00	5.00	1.99	0.48	3.84
	三江沿边开放区	3.59	4.67	4.94	1.62	0.40	3.73
	兴安沿边开放区	2.66	5.00	5.00	1.88	0.94	3.75
2001	牡丹江鸡西沿边开放区	2.92	5.00	5.00	1.96	0.48	3.77
	三江沿边开放区	2.54	4.61	4.94	1.45	0.40	3.49
	兴安沿边开放区	2.30	5.00	5.00	1.84	0.96	3.67
2002	牡丹江鸡西沿边开放区	3.08	5.00	5.00	1.97	0.48	3.80
	三江沿边开放区	2.41	4.64	4.94	1.57	0.40	3.49
	兴安沿边开放区	2.37	5.00	5.00	1.87	0.56	3.66
2003	牡丹江鸡西沿边开放区	2.81	5.00	5.00	1.89	0.48	3.74
	三江沿边开放区	2.34	4.62	4.89	1.45	0.40	3.44
	兴安沿边开放区	2.42	5.00	5.00	1.86	0.56	3.67
2004	牡丹江鸡西沿边开放区	2.91	5.00	5.00	1.97	0.48	3.77
	三江沿边开放区	2.33	4.68	4.94	1.54	0.40	3.48
	兴安沿边开放区	1.84	5.00	5.00	1.87	0.52	3.56

续表

年份	开放区	生产功能	经济功能	生态功能	社会功能	文化功能	总功能
2005	牡丹江鸡西沿边开放区	3.21	5.00	5.00	2.08	0.48	3.84
	三江沿边开放区	2.63	4.76	4.94	1.63	0.40	3.58
	兴安沿边开放区	2.19	5.00	5.00	1.93	0.56	3.63
2006	牡丹江鸡西沿边开放区	3.38	5.00	5.00	2.12	0.48	3.88
	三江沿边开放区	3.06	5.00	4.94	1.66	0.40	3.72
	兴安沿边开放区	2.31	5.00	5.00	2.00	0.56	3.67
2007	牡丹江鸡西沿边开放区	3.52	5.00	5.00	2.17	0.48	3.92
	三江沿边开放区	3.48	5.00	3.70	1.68	0.40	3.42
	兴安沿边开放区	2.35	5.00	5.00	2.00	0.56	3.68
2008	牡丹江鸡西沿边开放区	3.26	5.00	5.00	2.23	0.48	3.88
	三江沿边开放区	3.17	5.00	4.94	1.71	0.40	3.75
	兴安沿边开放区	2.30	5.00	5.00	2.03	0.56	3.67
2009	牡丹江鸡西沿边开放区	3.38	5.00	5.00	2.31	0.48	3.91
	三江沿边开放区	3.35	5.00	4.94	1.75	0.40	3.79
	兴安沿边开放区	2.49	5.00	5.00	2.15	0.56	3.73
2010	牡丹江鸡西沿边开放区	3.68	5.00	5.00	2.02	0.48	3.92
	三江沿边开放区	3.69	5.00	4.94	1.88	0.40	3.88
	兴安沿边开放区	3.47	5.00	5.00	2.57	0.72	3.99
2011	牡丹江鸡西沿边开放区	3.73	5.00	5.00	2.49	0.48	4.01
	三江沿边开放区	3.57	5.00	4.77	2.01	0.40	3.82
	兴安沿边开放区	4.16	5.00	5.00	2.65	0.56	4.12
2012	牡丹江鸡西沿边开放区	3.80	5.00	5.00	2.55	0.48	4.03
	三江沿边开放区	3.77	5.00	4.85	2.02	0.40	3.89
	兴安沿边开放区	3.57	5.00	5.00	2.83	0.72	4.05
2013	牡丹江鸡西沿边开放区	3.90	5.00	5.00	2.58	0.48	4.05
	三江沿边开放区	3.87	5.00	4.72	2.08	0.40	3.87
	兴安沿边开放区	3.94	5.00	5.00	2.83	0.56	4.10
2014	牡丹江鸡西沿边开放区	3.94	5.00	5.00	2.63	0.48	4.07
	三江沿边开放区	3.69	5.00	5.00	2.06	0.40	3.92
	兴安沿边开放区	3.97	5.00	5.00	2.95	0.72	4.14
2015	牡丹江鸡西沿边开放区	3.97	5.00	5.00	1.53	0.48	3.90
	三江沿边开放区	3.84	5.00	5.00	1.69	0.40	3.89
	兴安沿边开放区	3.80	5.00	5.00	2.05	0.72	3.97

(2) 农用地利用功能实现率。

在对不同开放区农用地功能值计算的基础上，进一步测度不同沿边开放区各年度农用地利用功能实现率（表 6-12）。

表 6-12　1996～2015 年农用地利用功能实现率

年份	开放区	生产功能	经济功能	生态功能	社会功能	文化功能	总功能	功能实现率水平
1996	牡丹江鸡西沿边开放区	0.65	0.76	1.00	0.45	0.10	0.71	中度持续
	三江沿边开放区	0.69	0.67	0.99	0.31	0.08	0.67	中度持续
	兴安沿边开放区	0.44	0.77	1.00	0.30	0.10	0.65	中度持续
1997	牡丹江鸡西沿边开放区	0.65	0.86	1.00	0.32	0.10	0.72	高度持续
	三江沿边开放区	0.71	0.86	0.99	0.29	0.08	0.72	高度持续
	兴安沿边开放区	0.48	0.88	1.00	0.29	0.10	0.69	中度持续
1998	牡丹江鸡西沿边开放区	0.67	0.84	1.00	0.32	0.10	0.72	高度持续
	三江沿边开放区	0.71	0.76	0.99	0.29	0.08	0.70	中度持续
	兴安沿边开放区	0.48	0.82	1.00	0.30	0.10	0.67	中度持续
1999	牡丹江鸡西沿边开放区	0.67	0.84	1.00	0.35	0.10	0.72	高度持续
	三江沿边开放区	0.72	0.79	0.99	0.30	0.08	0.70	中度持续
	兴安沿边开放区	0.47	0.82	1.00	0.30	0.10	0.67	中度持续
2000	牡丹江鸡西沿边开放区	0.66	1.00	1.00	0.40	0.10	0.77	高度持续
	三江沿边开放区	0.72	0.93	0.99	0.32	0.08	0.75	高度持续
	兴安沿边开放区	0.53	1.00	1.00	0.38	0.19	0.75	高度持续
2001	牡丹江鸡西沿边开放区	0.58	1.00	1.00	0.39	0.10	0.75	高度持续
	三江沿边开放区	0.51	0.92	0.99	0.29	0.08	0.70	中度持续
	兴安沿边开放区	0.46	1.00	1.00	0.37	0.19	0.73	高度持续
2002	牡丹江鸡西沿边开放区	0.62	1.00	1.00	0.39	0.10	0.76	高度持续
	三江沿边开放区	0.48	0.93	0.99	0.31	0.08	0.70	中度持续
	兴安沿边开放区	0.47	1.00	1.00	0.37	0.11	0.73	高度持续
2003	牡丹江鸡西沿边开放区	0.56	1.00	1.00	0.38	0.10	0.75	高度持续
	三江沿边开放区	0.47	0.92	0.98	0.29	0.08	0.69	中度持续
	兴安沿边开放区	0.48	1.00	1.00	0.37	0.11	0.73	高度持续
2004	牡丹江鸡西沿边开放区	0.58	1.00	1.00	0.39	0.10	0.75	高度持续
	三江沿边开放区	0.47	0.94	0.99	0.31	0.08	0.70	中度持续
	兴安沿边开放区	0.37	1.00	1.00	0.37	0.10	0.71	高度持续
2005	牡丹江鸡西沿边开放区	0.64	1.00	1.00	0.42	0.10	0.77	高度持续
	三江沿边开放区	0.53	0.95	0.99	0.33	0.08	0.72	高度持续
	兴安沿边开放区	0.44	1.00	1.00	0.39	0.11	0.73	高度持续

续表

年份	开放区	生产功能	经济功能	生态功能	社会功能	文化功能	总功能	功能实现率水平
2006	牡丹江鸡西沿边开放区	0.68	1.00	1.00	0.42	0.10	0.78	高度持续
	三江沿边开放区	0.61	1.00	0.99	0.33	0.08	0.74	高度持续
	兴安沿边开放区	0.46	1.00	1.00	0.40	0.11	0.73	高度持续
2007	牡丹江鸡西沿边开放区	0.70	1.00	1.00	0.43	0.10	0.78	高度持续
	三江沿边开放区	0.70	1.00	0.74	0.34	0.08	0.68	中度持续
	兴安沿边开放区	0.47	1.00	1.00	0.40	0.11	0.74	高度持续
2008	牡丹江鸡西沿边开放区	0.65	1.00	1.00	0.45	0.10	0.78	高度持续
	三江沿边开放区	0.63	1.00	0.99	0.34	0.08	0.75	高度持续
	兴安沿边开放区	0.46	1.00	1.00	0.41	0.11	0.73	高度持续
2009	牡丹江鸡西沿边开放区	0.68	1.00	1.00	0.46	0.10	0.78	高度持续
	三江沿边开放区	0.67	1.00	0.99	0.35	0.08	0.76	高度持续
	兴安沿边开放区	0.50	1.00	1.00	0.43	0.11	0.75	高度持续
2010	牡丹江鸡西沿边开放区	0.74	1.00	1.00	0.40	0.10	0.78	高度持续
	三江沿边开放区	0.74	1.00	0.99	0.38	0.08	0.78	高度持续
	兴安沿边开放区	0.69	1.00	1.00	0.51	0.14	0.80	高度持续
2011	牡丹江鸡西沿边开放区	0.75	1.00	1.00	0.50	0.10	0.80	高度持续
	三江沿边开放区	0.71	1.00	0.95	0.40	0.08	0.76	高度持续
	兴安沿边开放区	0.83	1.00	1.00	0.53	0.11	0.82	高度持续
2012	牡丹江鸡西沿边开放区	0.76	1.00	1.00	0.51	0.10	0.81	高度持续
	三江沿边开放区	0.75	1.00	0.97	0.40	0.08	0.78	高度持续
	兴安沿边开放区	0.71	1.00	1.00	0.57	0.14	0.81	高度持续
2013	牡丹江鸡西沿边开放区	0.78	1.00	1.00	0.52	0.10	0.81	高度持续
	三江沿边开放区	0.77	1.00	0.94	0.42	0.08	0.77	高度持续
	兴安沿边开放区	0.79	1.00	1.00	0.57	0.11	0.82	高度持续
2014	牡丹江鸡西沿边开放区	0.79	1.00	1.00	0.53	0.10	0.81	高度持续
	三江沿边开放区	0.74	1.00	1.00	0.41	0.08	0.78	高度持续
	兴安沿边开放区	0.79	1.00	1.00	0.59	0.14	0.83	高度持续
2015	牡丹江鸡西沿边开放区	0.79	1.00	1.00	0.31	0.10	0.78	高度持续
	三江沿边开放区	0.77	1.00	1.00	0.34	0.08	0.78	高度持续
	兴安沿边开放区	0.76	1.00	1.00	0.41	0.14	0.79	高度持续

(3) 农用地利用功能动态变化度。

在计算了不同开放区农用地利用功能值的基础上，测度 1996~2000 年、2000~2005 年、2005~2010 年、2010~2015 年四个不同时段沿边开放带农用地利用功能动态变化度（表6-13）。

表 6-13　1996～2015 年农用地利用功能动态变化度

时间	开放区	生产功能	经济功能	生态功能	社会功能	文化功能	总功能	动态变化度水平
1996～2000 年	牡丹江鸡西沿边开放区	0.61	32.28	0.00	−11.16	0.00	7.98	缓慢提高
	三江沿边开放区	3.46	39.40	0.00	5.88	0.00	11.42	缓慢提高
	兴安沿边开放区	19.82	29.20	0.00	27.03	95.83	14.64	缓慢提高
2000～2005 年	牡丹江鸡西沿边开放区	−2.43	0.00	0.00	4.52	0.00	−0.02	缓慢退化
	三江沿边开放区	−26.74	1.93	0.00	0.62	0.00	−4.16	缓慢退化
	兴安沿边开放区	−17.67	0.00	0.00	2.66	−40.43	−2.96	缓慢退化
2005～2010 年	牡丹江鸡西沿边开放区	14.64	0.00	0.00	−2.88	0.00	2.05	缓慢提高
	三江沿边开放区	40.30	5.04	0.00	15.34	0.00	8.43	缓慢提高
	兴安沿边开放区	58.45	0.00	0.00	33.16	28.57	9.74	缓慢提高
2010～2015 年	牡丹江鸡西沿边开放区	5.60	0.00	1.20	−7.00	1.60	0.46	缓慢提高
	三江沿边开放区	7.40	0.00	0.00	−17.60	−6.40	−1.88	缓慢退化
	兴安沿边开放区	1.40	0.00	0.00	−8.80	4.80	−0.73	缓慢退化

注：功能动态变化度 $d>20\%$，变化类型为快速提高；$0<d\leq20\%$，变化类型为缓慢提高；$d=0$，变化类型为维持不变；$-20\%\leq d<0$，变化类型为缓慢退化；$d<-20\%$，变化类型为快速退化。

（4）农用地利用功能标准差与农用地利用功能变化优势度。

计算 1996 年、2000 年、2005 年、2010 年、2015 年沿边开放带农用地利用功能标准差，以及 1996～2000 年、2000～2005 年、2005～2010 年、2010～2015 年四个不同时段不同沿边开放带农用地利用功能变化优势度，见表 6-14。

表 6-14　1996～2015 年农用地利用功能标准差及农用地利用功能变化优势度

开放区	农用地利用功能标准差					农用地利用功能变化优势度			
	1996 年	2000 年	2005 年	2010 年	2015 年	1996～2000 年	2000～2005 年	2005～2010 年	2010～2015 年
牡丹江鸡西沿边开放区	1.52	1.75	1.74	1.76	1.86	0.73	0.65	0.66	0.45
三江沿边开放区	1.59	1.76	1.76	1.79	1.84	0.81	0.91	0.66	0.56
兴安沿边开放区	1.63	1.65	1.77	1.61	1.69	0.56	0.84	0.49	0.59

6.4.2.2　农用地多功能利用结果分析

1）农用地利用总功能变化分析

（1）牡丹江鸡西沿边开放区。

由图 6-6 可知，牡丹江鸡西沿边开放区 1996～2015 年农用地利用总功能值呈缓慢上升趋势，1996 年农用地利用总功能值为 3.56，2014 年农用地利用总功能值达到最高（4.07），2015 年的农用地利用总功能值有所下降，农用地利用总功能值为 3.90。在 1996～

2015 年 20 年间，除 2000~2005 年农用地利用总功能的平均动态变化度为负外，牡丹江鸡西沿边开放区农用地利用总功能的动态变化度均为正值，农用地利用总功能总体呈增加趋势，但增长相对较缓慢。

牡丹江鸡西沿边开放区主要位于黑龙江省东南部沿边区域，地处东北亚区域扇形中心位置。随着国家振兴东北老工业基地、省"八大经济区，十大工程"等经济发展战略的实施，该区的经济水平也不断提高，城市化进程逐渐加快，土地利用活动空前活跃。此外，较优越的区位优势使得该区对外经贸活动日益频繁，牡丹江市成为黑龙江省对俄贸易的重要口岸，占全省对俄贸易重要份额，进出口贸易逐步成为该地区的主导。

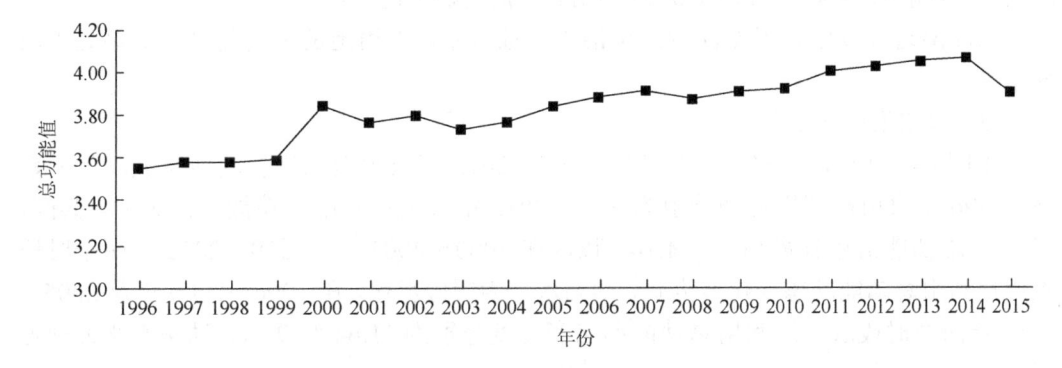

图 6-6　1996~2015 年牡丹江鸡西沿边开放区农用地利用多功能评价结果

优越的地理位置，较好的农业基础，日益增长的对外贸易是该区域农用地利用功能日趋多样化及农用地利用总功能稳步增长的主要原因。

（2）三江沿边开放区。

三江沿边开放区 1996~2015 年农用地利用多功能呈平稳上升趋势（图 6-7），1996 年农用地利用总功能值为 3.35，2015 年农用地利用总功能值为 3.89，其间 2014 年总功能值达到最高，为 3.92。该区在 2000~2005 年、2010~2015 年两个时段农用地利用总功能动态变化度为负，动态水平为缓慢退化，1996~2000 年及 2005~2010 年两个时段农用地利用总功能动态变化度分别为 11.42 和 8.43，动态水平为缓慢提高。

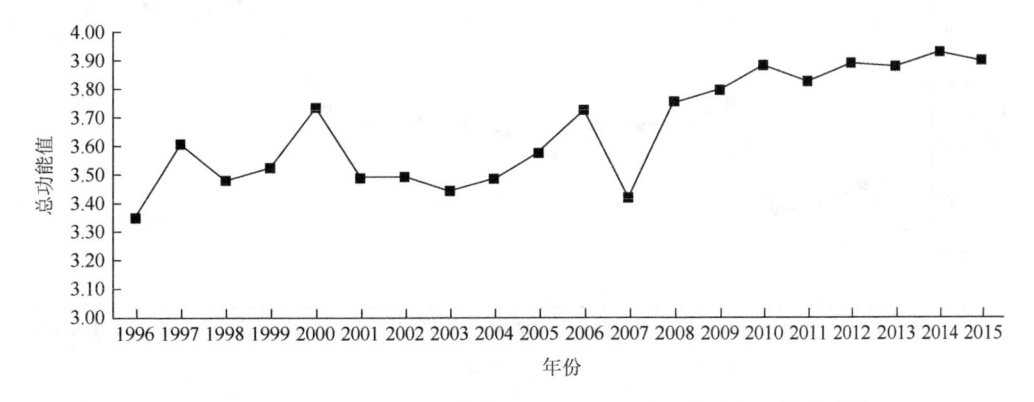

图 6-7　1996~2015 年三江沿边开放区农用地利用多功能评价结果图

三江沿边开放区主要位于黑龙江省东部，该区的大部分县市位于三江平原腹地，区域内有大量的国营农场，农业基础较好，自然资源丰富，生态环境较好。但该区域农用地多功能利用发展面临着农业生产活动限制因素、发展动力不足、资金投入短缺等问题。随着地区社会经济的快速发展及我省对俄经贸合作的战略升级与转型，该区域逐步成为与俄罗斯远东地区进行商品交流的窗口之一，初步建立了蔬菜、纺织、农机、畜产品和农副产品等对俄合作平台，农用地的经济、社会功能逐步提高。该区域现阶段农用地利用结构仍以耕地为主，牧草地相对较少，但由于长时间的开垦，该区域农用地质量逐渐下降，湿地面积减少，部分地区水土流失现象逐年加重，在很大程度上限制了农用地生产及生态功能的提高，不利于农用地利用总功能的稳步提升。

三江沿边开放区在黑龙江省三个沿边开放区中，农用地的多功能利用始终处于较低水平。

（3）兴安沿边开放区。

由图6-8可知，兴安沿边开放区1996~2015年农用地利用多功能呈波动上升趋势，1996年农用地利用总功能值为3.27，2015年农用地利用总功能值为3.97。其间，2014年总功能值达到最高，为4.14。该区在2000~2005年、2010~2015年两个时段农用地利用总功能动态变化度为负，动态水平为缓慢退化，在1996~2000年及2005~2010年两个时段农用地利用总功能动态变化度分别为11.64和9.74，动态水平为快速提高。

兴安沿边开放区主要位于黑龙江省东北部大小兴安岭地区，耕地面积较小，土地自然生产力不高，土壤肥力低，加之气候恶劣，导致农用地的生产功能增长受限，但该区域的林地面积比例大，林地面积占农用地总面积的85%以上，森林覆盖率高，生态环境较好，有利于农用地的生态功能与文化功能的可持续增长。近年来，为促进大小兴安岭地区经济快速发展，先后在漠河市、塔河县、呼玛县、黑河市建立对俄贸易经济合作区，使得该区域农用地的经济功能得以提升。

兴安沿边开放区在黑龙江省三个沿边开放区中，农用地的多功能利用长期处于较高水平。

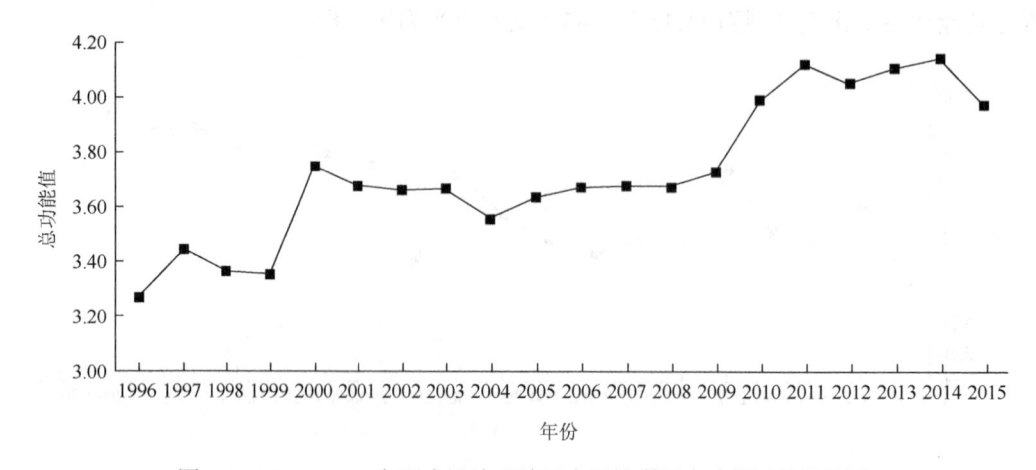

图6-8 1996~2015年兴安沿边开放区农用地利用多功能评价结果图

2）农用地多功能利用重心变化分析

(1) 牡丹江鸡西沿边开放区。

该区农用地利用重心以经济功能和生态功能共同主导。1996~2015年20年间，农用地功能中变化最大的是生产功能和经济功能，均呈上升趋势；该区生态功能较为平稳，社会功能及生产功能变动较小，但总体呈上升趋势，唯有文化功能基本无变化，以上功能的变化，反映出牡丹江鸡西沿边开放区农用地利用由单一功能逐步向多功能转变（图6-9）。

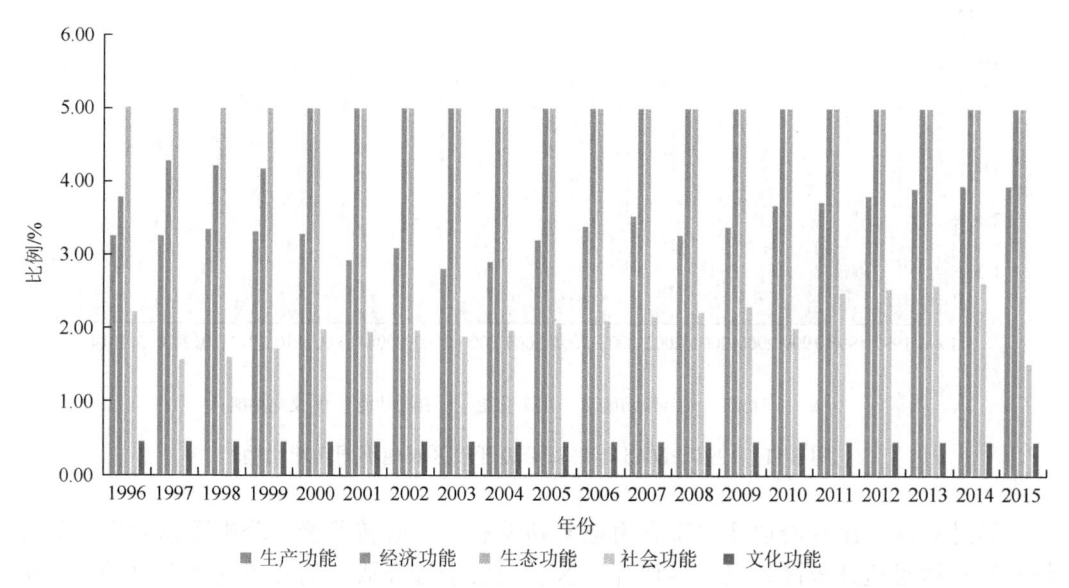

图6-9 1996~2015年牡丹江鸡西沿边开放区农用地不同功能比例

(2) 三江沿边开放区。

该区农用地利用重心以生产功能、经济功能和生态功能共同主导。1996~2015年20年间，农用地生产功能、经济功能稳步上升，生态功能呈下降趋势，该区社会功能及文化功能变动较小，总体呈上升趋势。随着三江平原不断的开发，耕地面积、水田面积大大增加，农产品生产功能不断增强。同时湿地面积不断减少，农用地生态功能呈下降趋势。这反映出三江沿边开放区农用地利用功能由生态功能向生产功能和经济功能转变（图6-10）。

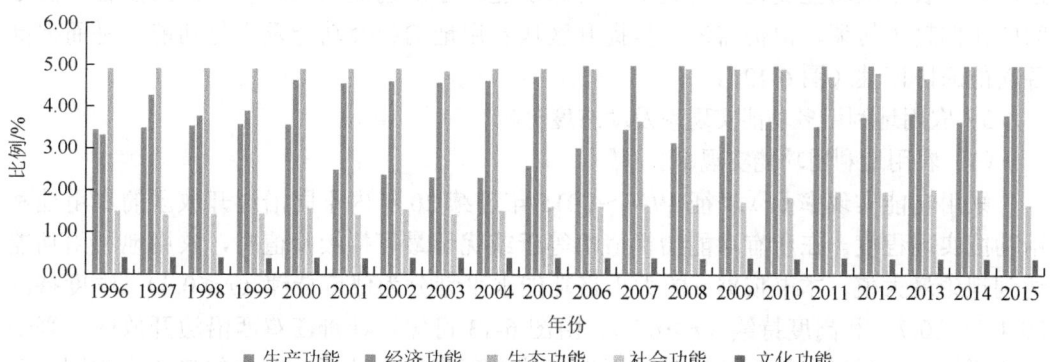

图6-10 1996~2015年三江沿边开放区农用地不同功能比例

(3) 兴安沿边开放区。

该区农用地利用重心由生态功能向经济功能与生态功能共同主导转变。1996~2015年20年间，该区农用地生产功能、经济功能基本呈上升趋势，生态功能保持稳定，该区生产功能及社会功能变动较小，但文化功能基本无波动，以上功能的变化，反映出兴安沿边开放区农用地利用功能由生态功能为主向多功能协调发展的转变（图6-11）。

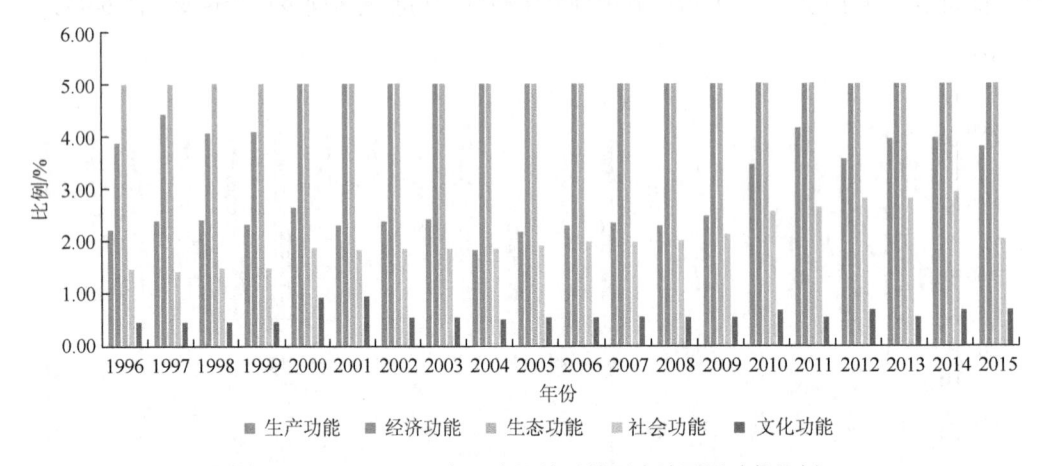

图6-11　1996~2015年兴安沿边开放区农地不同功能比例

通过对黑龙江省沿边开放带农用地多功能利用重心转移情况分析可以看出，虽然牡丹江鸡西沿边开放区、三江沿边开放区、兴安沿边开放区的各子功能及总功能的值差距较大，但各区农用地多功能的重心都在逐渐转变，由单一的功能向生产、生态、经济功能并重转变，各功能的协调性逐步提升，20年间三个沿边开放区的农用地功能标准差呈上升趋势。1996~2015年，受社会经济发展及城镇化进程的影响，各区农用地生态功能与经济功能的差距逐渐减小，而各区农用地的经济功能和生产功能则各有不同程度的提升且增长相对迅速，与变化幅度较大的经济、生产功能相比，各区农用地的社会功能、文化功能依然处于相对弱势的位置，增幅较小，区域农用地社会功能、文化功能长期处于较低水平是黑龙江省沿边开放带农地多功能利用的重要阻力，20年来，各区农用地功能变化主要集中于生态功能、经济功能与生产功能，虽然各功能之间的比例趋于协调，但仍需进一步提升区域农用地的社会功能及文化功能，进而提高各功能的协调性（图6-12）。

3）农用地利用多功能实现率及动态度分析

（1）农用地利用功能实现率。

采用功能实现率（r）表征1996~2015年连续20年内不同沿边开放区的农用地利用功能实现程度。在所有功能指标值都等于或优于最可持续阈值时，农用地利用功能达到理论最大值，本书依据r的大小将功能水平划分为低度持续（$r<0.4$）、中度持续（$0.4 \leqslant r \leqslant 0.7$）和高度持续（$r>0.7$）。由图6-13可知，牡丹江鸡西沿边开放区、兴安沿边开放区与三江沿边开放区的农用地功能实现率较为接近，变化的趋势也相同。三个开放区的农用地利用功能实现率稳步增长，由中度持续逐步变为高度持续。不同的是，牡丹江鸡西沿边开放区功能实现率在 2010 年前一直领先，其原因为绥芬河陆海联运大通道功能发挥显著，对俄开放功能大大提升，进而经济功能增强，在经济功能带动下，其他功能亦有提升。兴安沿边开放区在 2010 年功能实现率反超其他两个区域，主要原因为该区域的旅游功能不断提升，同时该区域中的黑河市是沿边开放带上唯一的地级市，对俄贸易功能显著增强，在强生态功能的加持下，总功能的实现率快速上升。

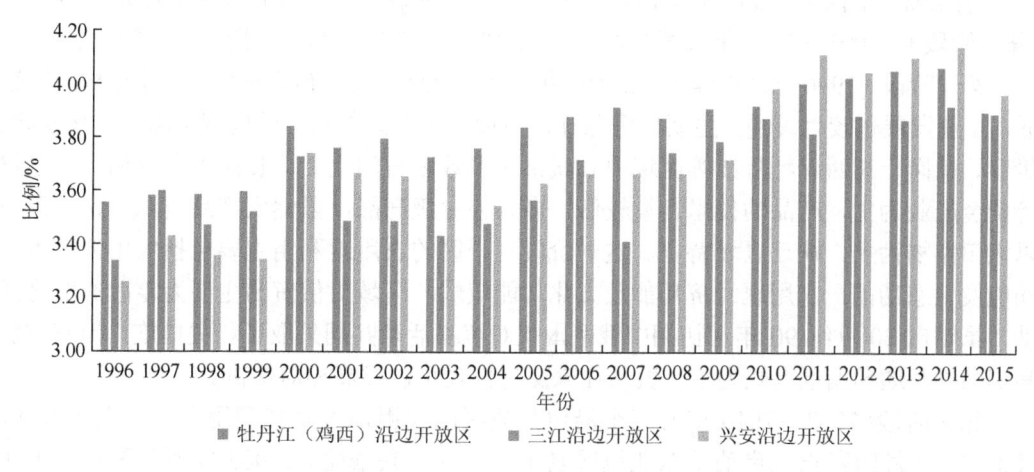

图 6-12　1996～2015 年黑龙江省不同沿边开放区农用地利用总功能变化图

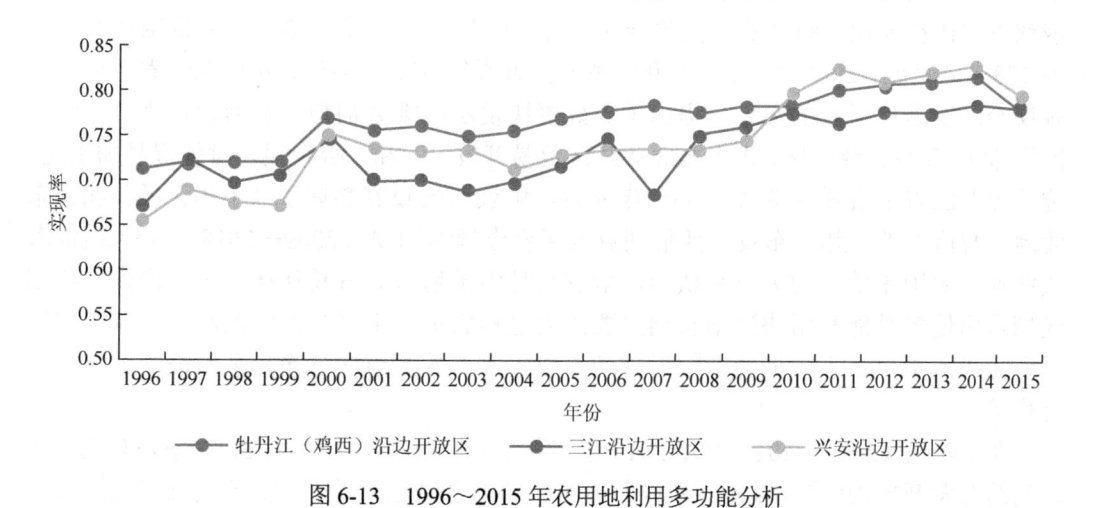

图 6-13　1996～2015 年农用地利用多功能分析

（2）农用地利用功能动态变化度。

分析 1996～2000 年、2000～2005 年、2005～2010 年、2010～2015 年四个不同时段的农用地功能动态变化度可知，牡丹江鸡西沿边开放区的农用地利用功能动态变化度前三个时段缓慢提高，后一个时段缓慢退化，由此可知，该区域农用地利用功能变化较平稳。三江沿边开放区农用地利用功能动态变化度主要呈现缓慢提高与缓慢退化波动性变化的趋势，由此可知，该区域的农用地利用功能动态性较差，相对于其他两个开放区,该区域承担着更多的生产功能与生态功能,而并不具有十分优越的经济发展条件。因此,农用地多功能利用实现难度较大,增长较缓慢。兴安沿边开放区呈现快速提高、缓慢退化的周期变化趋势,该区域生态环境良好,拥有较好的矿产资源和旅游资源,对俄贸易口岸及经济开发区数量也多于其他区域,因此,十分有利于农用地多功能利用的实现。

4) 农用地利用多功能利用综合分析

将黑龙江省不同沿边开放区 1996~2015 年的农用地多功能利用划分为 1996~2002 年（第一阶段）、2003~2010 年（第二阶段）、2010~2015 年（第三阶段）三个阶段。

第一阶段（1996~2002 年）：三个沿边开放区的经济发展初级阶段,产业结构层次较低,工业发展也较为缓慢,主要以资源开发与加工制造为重点,外向度不高。大兴安岭、伊春、鹤岗、鸡西、牡丹江等区域中心城市大多数以石油化工、食品生产及加工、建材等资金产业为主,产品的技术含量较低,多为初中级产品,虽然农产品资源丰富,但是以大田作物为主,缺乏区域特色。这一阶段三个区的农用地利用主要包括农用地的生产功能及生态功能,农用地经济功能及文化功能较弱,区域对俄贸易主要为零散的贸易活动,虽然自 20 世纪 90 年代初期中俄两国就对贸易活动共同采取了相关措施,但双方贸易仍然以互通和调剂余缺为主,贸易往来交易额较小,发展相对缓慢。

第二阶段（2003~2010 年）：三个沿边开放区的农用地多功能利用有了较大的发展,2003 年 10 月国家正式启动了东北地区老工业基地振兴战略,《2003 年国务院政府工作报告》中明确提出了"支持东北地区等老工业基地加快调整和改造",在这一期间,中俄双方加快在能源、科技等方面的合作,合作成效比较显著。2004 年中俄双边贸易额为 128.8 亿美元。2008 年 12 月召开的黑龙江省委经济工作会议,对黑龙江省之后一个时期经济发展作了新的筹划,提出了更好更快发展的规划构想,着力建设"八大经济区",其中有两大经济区,即"东北亚经济贸易开发区"和"哈牡绥东对俄贸易加工区"位于黑龙江省沿边开放带内。2009 年 9 月,中俄两国政府签订了《中华人民共和国东北地区与俄罗斯联邦远东及东西伯利亚地区合作规划纲要（2009—2018 年）》,据俄海关统计,中国是俄第四大贸易伙伴,俄罗斯是中国第八大贸易伙伴。该阶段内,限制区域农用地多功能利用快速增长的主要因素包括农用地生产功能的限制、区域经济发展资金投入不足、大中型城市辐射带动作用较弱、各城镇间分布松散、缺乏经济技术合作等。

第三阶段（2010~2015 年）：2013 年国务院正式批复了《黑龙江和内蒙古东北部地区沿边开发开放规划》,黑龙江和内蒙古东北部地区沿边开发开放为黑龙江省沿边开发开放提供了难得的机遇。在这一阶段,黑龙江省沿边开放带的三个开放区基本均形成了以沿边城镇经济为支撑,以对俄进出口为主要经贸往来的沿边口岸地区。2010~2015 年,黑龙江省沿边开放带尤其是牡丹江鸡西沿边开放区及兴安沿边开放区的农用地多功能利用发展较好,基本形成了具有地方特色的发展模式,但相较于我国珠三角和长三角等沿海开放带,黑龙江省沿边开放带依然面临着城市间协调发展程度较低,城市化水平较差,区域基础设施较不完善等问题,各个开放区以及开放区内的各城市依然是一个分隔、封闭的地区,在经济、文化上均存在较大的差异,并且还存在着缺乏大中型城市且带动性不强、区域发展模式特点不突出、地区经济发展后劲不足、区域生态环境破坏较严重、城市文化内核较薄弱等问题,使得区域农用地多功能利用发展受限,甚至呈现下降趋势。

5) 不同区域农用地利用功能标准差及变化优势度分析

功能标准差是反映农用地利用多功能协调性的指标,值越小,农用地利用多功能协调性越高;值越大,农用地利用多功能协调性越低。通过对表 6-14 的分析可知,农用地利用功能协调性较高的是兴安沿边开放区,其次为三江沿边开放区,相对较差的为牡丹江鸡西沿边开放区。以上区域内农用地利用各功能发展较协调,基本不存在一个或两个功能快速发展侵占其他功能的情况。

农用地利用功能变化优势度表示某期间农用地利用多功能变化的差异性。值越大,农用地利用越趋于单一化;通过对表 6-14 的分析可知,牡丹江鸡西沿边开放区和三个沿边开放区的农用地利用功能变化优势度呈现逐渐变小的趋势,兴安沿边开放区农用地利用功能变化优势度呈现先增加、再减少、再增加的变化,整体农用地利用功能变化优势度趋于不变。

结合评价结果可知,牡丹江鸡西沿边开放区农用地利用功能中以经济功能、生态功能为主,生产功能次之,其他功能为辅;三江沿边开放区农用地利用功能主要为生产功能,其次为经济功能和生态功能,其他功能为辅;兴安沿边开放区的农用地利用功能以生态功能、经济功能为主,其他功能为辅。

6.4.3 农用地多功能经营规划

6.4.3.1 农用地多功能性的总体发展目标

黑龙江省作为农业大省,必须承担起发展粮食生产、保障国家粮食安全的责任,在此基础上努力实现农用地的多种功能的充分发挥。沿边开放带农业多功能性的发展可以分两个阶段进行:

(1) 2015~2020 年,以发展农业的生产和经济功能为主,同时以生物农业和休闲农业为实现农业功能性的突破口。

(2) 2021~2025 年,完成由传统农业向现代农业、粮食产能向绿色食品的转变。到 2025 年,农民人均纯收入比 2013 年翻一番。

6.4.3.2 各分区农用地多功能性的具体目标

1) 牡丹江鸡西沿边开放区的农用地多功能利用发展目标
(1) 区域主导功能。
该区主导功能是强化对俄贸易功能和生态保护功能。
(2) 区域农用地功能拓展方向。
区域农用地功能拓展主要包括农业生产功能、特色旅游功能、生物多样性功能等。

利用该区旅游资源丰富的优势，发展各具特色的旅游产业。该区农业旅游资源、山川景观资源、历史人文遗迹、红色旅游资源都比较丰富，应充分发掘这些资源，将其与农业农村发展紧密结合起来，做大做强旅游产业，使其成为农业与农村经济发展新的切入点和重要的组成部分。

2）三江沿边开放区的农用地多功能利用发展目标

（1）区域主导功能。

三江沿边开放区及其依托中心城市佳木斯等地位于三江平原中东部，是黑龙江省粮食主要产区，也是国家重要的商品粮生产基地之一。因而其区域主导功能首要突出强化的是粮食生产功能。

（2）区域农用地功能拓展方向。

该区拥有湿地、森林、界江、冰雪、农业、人文历史和民俗等丰富旅游资源，特别是湿地、赫哲族渔猎民族风情园更具特色。应积极开发自然观光、休闲度假、农业生态、民俗风情、冰雪景观等旅游项目，加快推进旅游产业化发展，把旅游、农业、文化、生态有机地结合起来，兼顾经济效益、环境效益和社会效益，走可持续发展之路。同时加快对现有景区和民俗、生态旅游产品的改造提升，使之成为旅游业大发展的重要基础。同时要不断提升旅游农业的竞争力，拓宽农村产业结构调整的路子，促进农民增收。

3）兴安沿边开放区的农用地多功能利用发展目标

（1）区域主导功能。

兴安沿边开放区强调的是大力培育和发展生态主导功能，重点是要加强林地草原湿地的保护和建设，积极推进生态保护与恢复建设工程，加强自然保护区、国家森林公园建设，加快森林后备资源培育，做好草原湿地，包括平原林地的保护和建设。

（2）区域农用地功能拓展方向。

a. 坚持保护优先，适度开发，以林为主，林农牧结合，多种经营。充分利用气候温凉、雨水充沛、柞林密布、土壤腐殖质层深厚的有利条件，做好资源立体开发，积极发展林果、人参、木耳、黑豆及养牛、养羊、养鹿、养蜂、养蚕等多种经营。同时发展农林产品加工业，走产业化经营道路。总体发展应该以林为主，林农牧结合，实现资源有效利用、永续利用，促进山区生态经济全面发展。

b. 大力发展绿色特色产业。大力发展绿色特色产业，以良好的生态条件为依托，"打绿色牌，走特色路"，开发绿色食品和山特产品，推动资源优势转化为经济优势。积极发展低碳产业，利用区内具备发展低碳产业的优势条件，树立清洁发展、循环发展的理念，发展低碳经济、碳汇交易，抢占碳汇产业的发展先机。

c. 积极发展生态旅游业。区域内旅游资源十分丰富，大界江、大森林、大冰雪等自然风光独具特色，鄂伦春、达斡尔、鄂温克等民族民俗文化历史厚重，特色鲜明，发展旅游业有一定的有利条件。要充分发挥优势，挖掘潜力，把本区建设成为全省乃至全国闻名的生态旅游胜地。

作为可变性、多功能性最强的土地利用类型之一，农用地既是保障粮食安全与解决"三农"问题的载体资源，也是保障区域经济发展和城市化进程稳定发展的重要资源，更是保障区域生态安全与改善人居环境的基础要素。随着黑龙江省沿边开放带的发展，区域农用地功能正在经历着广泛而深刻的变化，农用地多功能利用的实现也变得越发重要。因此，今后应从以下几个方面完善农用地多功能经营利用机制：构建农用地多功能价值体系，厘清提升农用地多功能价值的途径；构建农用地多功能综合管理体系，实行农用地多功能的土地系统分类管理；厘清不同区位条件下农用地的主要功能，制定差别化的管制和激励政策；加强对传统产业的技术更新与改造，大力发展区域新兴产业和服务业；建立农用地多功能统筹利用保障机制，保障农用地多功能利用及合理竞争。

参 考 文 献

蔡玉梅, 张晓玲. 2004. FAO 土地利用规划指南及启示[J]. 中国土地科学（1）：28-32.
陈斌, 吉训凤, 赵峰, 等. 1995. 关于耕地土壤质量管理的思考[J]. 农业环境与发展（2）：9-11.
但承龙, 厉伟, 王万茂. 2001. 土地资源可持续利用规划耦合模型研究[J]. 农业系统科学与综合研究（4）：244-246.
杜红亮, 陈百明. 2007. 河北省耕地保护重点区域的划分与调控[J]. 自然资源学报（2）：171-176, 321.
方月. 2011. 基于 GIS 技术的新疆耕地后备资源潜力评价与分析[D]. 太原：太原理工大学.
郭怀成, 张振兴, 于湧. 2003. 流域土地可持续利用规划方法及应用研究[J]. 地理研究（6）：671-679.
韩海辉, 杨太保, 王艺霖. 2009. 近 30 年青海贵南县土地利用与景观格局变化[J]. 地理科学进展, 28（2）：207-215.
何江华, 周明中. 2010. 基于标准样地的耕地质量监测研究[J]. 河北农业科学, 14（9）：125-127.
侯西勇, 岳燕珍, 于贵瑞, 等. 2007. 基于 GIS 的华北—辽南土地潜力区土地适宜性评价[J]. 资源科学（4）：201-207.
黄宗智, 李强, 潘毅, 等. 2011. 中国非正规经济（上）[J]. 开放时代（1）：5-37.
蒋艺. 2011. 广西全州县耕地质量建设存在的问题与对策[J]. 北京农业（33）：209-210.
冷疏影, 李秀彬, 程国栋, 等. 2005. 中国西部环境和生态科学重大研究计划阶段性进展及深入研究的问题[J]. 中国科学
　　基金（5）：262-267.
李国平, 李治, 张祚. 2009. 基于 PSR 框架的城市土地集约利用评价研究：以陕西省为例[J]. 华东经济管理（10）：32-36.
李继明, 袁天佑, 曹金华, 等. 2011. 县域土地资源利用的环境友好型评价：以河南省长葛市为例[J]. 农业现代化研究,
　　32（3）：307-310.
李满春, 高月明. 2004. 基于工作流和 GIS 的土地利用规划管理信息系统体系结构研究[J]. 现代测绘（5）：3-5, 10.
李学勇, 潘卫群. 1996. 宝应县耕地质量现状及管理对策[J]. 江苏农业科学（1）：43-45.
李彦芳, 张侠. 2004. 耕地保护重在质量：对耕地总量动态平衡政策的反思[J]. 经济论坛（14）：103-104.
梁友嘉, 徐中民, 钟方雷. 2011. 基于 SD 和 CLUE-S 模型的张掖市甘州区土地利用情景分析[J]. 地理研究, 30（3）：564-576.
林爱华, 陈斌, 吉训凤, 等. 2008. 海安县耕地质量建设现状及发展对策[J]. 农业环境与发展（4）：28-30.
刘荣霞, 薛安, 韩鹏, 等. 2005. 土地利用结构优化方法述评[J]. 北京大学学报（自然科学版）（4）：655-662.
刘艳芳, 明冬萍, 杨建宇. 2002. 基于生态绿当量的土地利用结构优化[J]. 武汉大学学报（信息科学版）（5）：493-498, 515.
刘耀林, 罗志军. 2006. 基于 GIS 的小流域水土流失遥感定量监测研究[J]. 武汉大学学报（信息科学版）（1）：35-38.
骆永明, 郑茂坤, 赵其国, 等. 2006. DPSIR 体系及其在土壤圈环境管理中的意义[J]. 土壤（5）：657-661.
马克伟. 1991. 土地大辞典[M]. 长春：长春出版社.
倪绍祥. 1992. 土地的持久管理[J]. 中国人口·资源与环境（4）：5-8.
潘竟虎, 石培基, 赵锐锋. 2010. 基于 LP-MCDM-CA 模型的土地利用结构优化研究：以天水市为例[J]. 山地学报, 28（4）：
　　407-414.
邱炳文, 陈崇成. 2008. 基于多目标决策和 CA 模型的土地利用变化预测模型及其应用[J]. 地理学报（2）：165-174.
沈斌强, 吴群, 崔浩然. 2006. 县域内耕地资源质量及其生产能力的相关性研究：以佛山市农用地分等为例[J]. 国土资源科技
　　管理（3）：17-20.
师学义. 2006. 基于 GIS 的县级土地利用规划理论与方法研究[D]. 南京：南京农业大学.
石玉林, 康庆禹, 赵存兴, 等. 1984. 我国宜农荒地资源的研究[J]. 自然资源（4）：3-10.
苏伟忠, 杨桂山, 顾朝林. 2007. 苏州市耕地保护等级评价[J]. 自然资源学报（3）：353-360.
田义超, 任志远. 2012. 基于 CLUE-S 模型的黄土台塬区土地利用变化模拟：以陕西省咸阳台塬区为例[J]. 地理科学进展,
　　31（9）：1224-1234.

参 考 文 献

王万茂. 1996. 市场经济条件下土地资源配置的目标、原则和评价标准[J]. 自然资源（1）：24-28.
王万茂. 1999. 土地用途管制的实施及其效益的理性分析[J]. 中国土地科学（3）：10-13.
王万茂, 但承龙. 2003. 海门市土地利用结构优化研究[J]. 国土与自然资源研究（1）：44-46.
王万茂, 李边疆. 2006. 基本农田分级保护政策体系构想[J]. 南京农业大学学报（社会科学版）（1）：1-5，52.
吴次芳. 2014. 土地科学学科建设若干基本问题的反思与探讨[J]. 中国土地科学, 28（2）：22-28.
吴克宁, 焦雪瑾, 梁思源, 等. 2008. 基于标准样地国家级汇总的耕地质量动态监测点构架研究[J]. 农业工程学报（10）：74-79，316.
吴群. 2002. 耕地质量、等级与价格刍议[J]. 山东省农业管理干部学院学报（1）：73-74，76.
伍育鹏, 郧文聚, 李武艳. 2006. 用标准样地进行耕地质量动态监测与预警探讨[J]. 中国土地科学（4）：40-45.
谢高地, 甄霖, 鲁春霞, 等. 2008. 一个基于专家知识的生态系统服务价值化方法[J]. 自然资源学报（5）：911-919.
徐志强. 2012. 辽宁省耕地质量建设与管理现状及发展对策[J]. 农业科技与装备（4）：11-12，16.
严金明. 2002. 简论土地利用结构优化与模型设计[J]. 中国土地科学（4）：20-25.
严金明. 2008. 土地调控新定位：人地和谐[J]. 中国土地（1）：34-35.
颜国强, 杨洋. 2005. 耕地质量动态监测初探[J]. 国土资源情报（3）：41-43，29.
袁满, 刘耀林. 2014. 基于多智能体遗传算法的土地利用优化配置[J]. 农业工程学报, 30（1）：191-199.
张凤荣, 张迪, 安萍莉. 2002. 我国耕地后备资源供给量：从经济适宜性角度分析[J]. 中国土地（10）：15-18.
张贵祥, 黄凌云, 刘彦随. 2000. 区域土地利用结构优化数学模型：以浙江省乐清市为例[J]. 山西师范大学学报（自然科学版）（3）：90-94.
张克树. 2012. 沿边开发开放效应研究：以广西壮族自治区东兴市为例[D]. 北京：中央民族大学.
张露, 濮励杰, 周峰. 2004. 土地质量及其度量初步研究[J]. 南京大学学报（自然科学版）（3）：378-388.
郑文武, 田亚平. 2011. 衡阳盆地土地适宜性评价[J]. 衡阳师范学院学报, 32（3）：80-84.
周慧珍, 曹子荣, 蒋晓. 1999. 基本农田动态监测及预警研究[J]. 土壤学报（2）：245-252.
朱博融. 2013. 基于GIS的延安市吴起县耕地后备资源开发潜力评价[D]. 西安：长安大学.
邹德生, 马雁. 1994. 耕地质量及其管理问题浅议[J]. 新疆环境保护（4）：197-200.
Bammi D. 1975. Land use planning：An optimizing model[J]. Omega, 3（5）：583-594.
Borja A, Ibon G, Oihana S, et al. 2006. The European Water Framework Directive and the DPSIR, a methodological approach to assess the risk of failing to achieve good ecological status[J]. Estuarine, Coastal and Shelf Science, 66：84-96.
Charnes A, Cooper W W. 1961. Management Models and Industrial Applications of Linear Programming[M]. New York: John Wiley and Sons, Inc.
Charnes A, Haynes K E, Hazleton J E, et al. 1975. A hierarchical goal-programming approach to environmental land use management[J]. Geographical Analysis, 7（2）：121-130.
Costanza R, Arge R, Groot R, et al. 1997. The value of the world's ecosystem services and natural capital[J]. Nature, 386：253-260.
Dickey J W, Sharpe R. 1974. Transportation and urban and regional development impacts[J]. High Speed Ground Transportation Journal, 8（2）：71-80.
FAO. 1976. A Framework for Land Evaluation[M]. Rome: FAO and Agriculture Organization of the United Nations.
Fassio A, Giupponi C, Hiederer R, et al. 2005. A decision support tool for simulating the effects of alternative policies affecting water resources：An application at the European scale[J]. Journal of Hydrology, 304：462-476.
Forman R T T, Godron M. l986. Landscape Ecology[M]. New York: John Wiley and Sons, Inc.
Giupponi C. 2005. Decision support systems for implementing the European Water Framework Directive：The mulino approach[J]. Environmental Modelling and Software, 304：462-476.
Giupponi C, Vladimirova I. 2006. A GIS-based screening model for assessing agricultural pressures and impacts on water quality on a European scale[J]. The Science of the Total Environment, 359：57-75.

Giupponi C, Mysiak J, Fassio A, et al. 2004. A computer tool for sustainable use of water resources at the catchment scale[J]. Mathematics and Computers in Simulation, 1: 13-24.

Haber W. 2004. Landscape ecology as a bridge from ecosystems to human ecology[J]. Ecological Research (19): 99-106.

La Jeunesse I M, Rounsevell M, Vanclooster M. 2003. Delivering a DSS tool to a river contract: A way to implement the participatory approach principle at the catchment scale[J]. Physics and Chemistry of the Earth, 28: 547-554.

Mysiak J, Giupponi C, Rosato P. 2005. Towards the development of a decision support system for water resource management[J]. Environmental Modelling and Software, 20 (2): 203-214.

Smeets E, Weterings R. 1999. Environmental indicators: Typology and overview[R]. Technical Report No. 25. Copenhagen: European Environmental Agency.

Svarstad H, Petersen L K, Rothman D, et al. 2008. Discursive biases of the environmental research framework DPSIR[J]. Land Use Policy, 25: 116-125.

Vapnik V N. 1982. Estimation of Dependences Based on Empirical Data[M]. Berlin: Spring-Verlag.

Veldkamp A, Fresco L O. 1996. CLUE: A conceptual model to study the conversion of land use and its effects[J]. Ecological Modeling, 85 (2): 253-270.

Verburg P H, Soepboer W, Veldkamp A, et al. 2002. Modeling the spatial dynamics of regional land use: The CLUE-S model[J]. Environmental Management, 30 (3): 391-405.